成都市义务教育均衡监测年度报告(2022年卷)

中国教育学会
成都市人民政府教育督导委员会 编著

科学出版社
北京

内 容 简 介

教育公平的重点是促进义务教育均衡发展,定期开展均衡监测并适时调整公共教育资源配置是根本措施。本书构建了反映校际均衡的指标体系,引进差异系数、建立均衡指数分析测度义务教育均衡程度;通过实施监测,能够发现县域内义务教育典型弱势学校及其弱势的方面;了解县域内义务教育城乡学校的差距,发现差距变化趋势;根据已发现的差距及差距变化趋势,预警或提出干预措施,为各区(市)县政府、教育行政部门决策提供参考,促进县域内义务教育校际和城乡优质均衡发展;比较各区(市)县义务教育均衡发展状态,发现"短板",促进市域内义务教育县际均衡发展。

本书适合教育行政部门决策人员、教育政策研究人员、义务教育均衡发展研究人员与相关研究人员阅读参考。

图书在版编目(CIP)数据

成都市义务教育均衡监测年度报告. 2022 年卷 / 中国教育学会, 成都市人民政府教育督导委员会编著.北京:科学出版社, 2024. 6

ISBN 978-7-03-078714-9

Ⅰ. G522.3

中国国家版本馆 CIP 数据核字第 20245K1J14 号

责任编辑:张 展 莫永国 / 责任校对:彭 映
责任印制:罗 科 / 封面设计:墨创文化

科学出版社出版
北京东黄城根北街16号
邮政编码:100717
http://www.sciencep.com

四川煤田地质制图印务有限责任公司 印刷
科学出版社发行 各地新华书店经销

*

2024 年 6 月第 一 版　开本:787×1092　1/16
2024 年 6 月第一次印刷　印张:21 3/4
字数:360 000

定价:168.00 元
(如有印装质量问题,我社负责调换)

前　言

党的二十大把教育、科技、人才作为全面建设社会主义现代化国家的基础性、战略性支撑进行整体部署，提出要"坚持以人民为中心发展教育，加快建设高质量教育体系，发展素质教育，促进教育公平。加快义务教育优质均衡发展和城乡一体化，优化区域教育资源配置"。中共中央、国务院印发的《中国教育现代化2035》中将"实现基本公共教育服务均等化"作为十大战略任务之一，提出要不断提升义务教育均等化水平，建立学校标准化建设长效机制，推进城乡义务教育均衡发展。在实现县域内义务教育基本均衡的基础上，进一步推进优质均衡。由此可见，推动义务教育优质均衡发展和城乡一体化是党和国家确立的新时代义务教育发展的基本方略，也是建设高质量教育体系，实现教育现代化的关键一环。

成都市率先在全国省会城市和副省级城市中整体实现义务教育基本均衡。在此基础上，成都市坚持以习近平新时代中国特色社会主义思想为指导，深入贯彻落实党的二十大精神和全国、全省教育大会精神，坚持教育优先发展战略，努力办好人民满意的教育，在推动教育公平方面取得重大进展。2021年，中共成都市委、成都市人民政府印发《成都教育现代化2035》，把"推动基本公共教育服务均等化优质化"作为战略任务之一，明确提出稳步建立覆盖从常住人口到服务人口的基本公共教育服务体系，进一步健全基本公共教育资源均衡配置机制，深入推进城乡教育一体化发展，让全体市民享有更加公平、更高质量的教育。完善城乡一体的教育发展机制，推动成都统筹城乡教育一体化发展迈向"3.0时代"；全面实现城乡义务教育建设标准、经费标准、教师标准、教学标准、质量标准和评价标准"六个统一"，落实区(市)县发展义务教育主体责任，进一步强化市域统筹，提高政府保障水平，不断缩小义务教育城乡、区域、校际差距，实现义务教育优质均衡发展。

在推进义务教育优质均衡发展和城乡一体化的过程中，成都市注重发挥监测评估的促进作用。早在2008年，成都市就建立了义务教育基本均衡监测标准和年度监测工作机制，2011年教育部向全国推广成都市义务教育校际均衡监测经验。2017年，在总结义务教育基本均衡监测经验的基础上，成都市全面展开了义务教育优质均衡监测，在教育部制定的县域义务教育优质均衡发展督导评估内容与标准的基础上，对照成都市教育现代化标准对部分指标进行了提升，修订并发布《成都义务教育优质均衡监测指标体系》。在2019年教育部召开的全国县域义务教育优质均衡发展督导评估认定启动现场会上，成都市以"强监测，对标准，找差距，补短板"为题介绍了率先在全国开创义务教育校际均衡监测体系实施义务教育优质均衡监测的成功经验和做法。2022年，成都市进一步完善指标体系，调整1项B级指标，新增2项指标(B级指标"县域内心理健康专职教师配备率"、C级指标"成都市中小学教育质量综合评价相关科目学生学业水平"),通过择优竞争引入中国教育学会中小学教育质量评价办公室提供监测专业技术服务。在义务教育均衡监测中,通过对基尼系数和差异系数等数据的科学分析,探索出校际差异、城乡差异及区域差异的直观表达模型,实现了教育监测工作由模糊向数据转变、定性向定量转变、经验向实证转变的三大转变。成都市通过翔实的监测评价报告,绘出了成都教育发展现状及其趋势的清晰图谱,支撑教育行政科学决策,精准匹配义务教育优质资源,扎实推进教育供给侧结构性改革,不断扩大优质教育资源覆盖面。充分发挥监测的督导功能,以评价促发展;发挥监测评价的督促改进功能,加强监测评价结果在督导考核评估中的运用,促进各区(市)县积极争创全国"义务教育优质均衡发展县",当前成都市义务教育正由县域基本均衡向市域优质均衡迈进。

感谢四川天府新区、成都东部新区、成都高新区管委会和成都市 20 个区(市)县政府及有关部门的大力支持。本书由秦建平、张惠负责技术设计,张惠、邓森碧、李存金、陈飞鹏、姜兴林、张沛玲负责撰写报告,张惠、陈飞鹏、姜兴林、张沛玲负责分析数据,张惠、邓森碧负责统稿,秦建平、石斌、曾晶、滕欢、王振、余明涛、刘朝义负责审稿。

2022 年受新冠疫情影响,本书中个别指标数据与往年比较存在差距。因成文仓促,不足之处,敬请读者指正。

目　　录

2022 年度成都市义务教育优质均衡监测总报告······························1
　一、导言··1
　　(一)监测对象与监测年度··1
　　(二)监测依据及类别··1
　　(三)分析方法··2
　二、达标情况··2
　　(一)A 类资源配置指标达标情况··3
　　(二)B 类政府保障程度和 C 类教育质量指标达标情况····································6
　三、县域内校际差异、城乡差异和区域差异情况··6
　　(一)县域内校际差异情况··6
　　(二)城乡差异情况··11
　　(三)区域差异情况··13
　四、督导结论及建议··17
　　(一)主要成绩··17
　　(二)主要问题··18
　　(三)意见建议··19

2022 年天府新区义务教育优质均衡监测报告··································20
　一、2022 年天府新区义务教育优质均衡发展概况··20
　　(一)义务教育均衡程度··20
　　(二)义务教育优质均衡发展水平达标情况···22
　二、2022 年天府新区义务教育区域差异、城乡差异和校际差异情况······················23
　　(一)总体情况··23
　　(二)区域发展水平具体情况··24
　　(三)校际差异情况··26
　三、结论··30
　　(一)成绩与经验··30
　　(二)存在的不足··30
　　(三)建议··31

2022 年东部新区义务教育优质均衡监测报告··································32
　一、2022 年东部新区义务教育优质均衡发展概况··32

iii

(一) 义务教育均衡程度 ·· 32
　　(二) 义务教育优质均衡发展水平达标情况 ····························· 34
二、2022年东部新区义务教育区域差异、城乡差异和校际差异情况 ······ 35
　　(一) 总体情况 ··· 35
　　(二) 区域发展水平具体情况 ·· 37
　　(三) 城乡差异情况 ··· 39
　　(四) 校际差异情况 ··· 40
三、结论 ·· 44
　　(一) 成绩与经验 ·· 44
　　(二) 存在的不足 ·· 45
　　(三) 建议 ··· 46

2022年高新区义务教育优质均衡监测报告 ······································ 47
一、2022年高新区义务教育优质均衡发展概况 ································ 47
　　(一) 义务教育均衡程度 ·· 47
　　(二) 义务教育优质均衡发展水平达标情况 ····························· 49
二、2022年高新区义务教育区域差异和校际差异情况 ······················· 50
　　(一) 总体情况 ··· 50
　　(二) 区域发展水平具体情况 ·· 52
　　(三) 校际差异情况 ··· 53
三、结论 ·· 58
　　(一) 成绩与经验 ·· 58
　　(二) 存在的不足 ·· 58
　　(三) 建议 ··· 58

2022年锦江区义务教育优质均衡监测报告 ······································ 60
一、2022年锦江区义务教育优质均衡发展概况 ································ 60
　　(一) 义务教育均衡程度 ·· 60
　　(二) 义务教育优质均衡发展水平达标情况 ····························· 62
二、2022年锦江区义务教育区域差异、城乡差异和校际差异情况 ········ 63
　　(一) 总体情况 ··· 63
　　(二) 区域发展水平具体情况 ·· 65
　　(三) 校际差异情况 ··· 66
三、结论 ·· 70
　　(一) 成绩与经验 ·· 70
　　(二) 存在的不足 ·· 70
　　(三) 建议 ··· 71

2022年青羊区义务教育优质均衡监测报告 ······································ 72
一、2022年青羊区义务教育优质均衡发展概况 ································ 72
　　(一) 义务教育均衡程度 ·· 72

    (二)义务教育优质均衡发展水平达标情况 ········· 74
  二、2022年青羊区义务教育区域差异、城乡差异和校际差异情况 ········· 75
    (一)总体情况 ········· 75
    (二)区域发展水平具体情况 ········· 77
    (三)校际差异情况 ········· 78
  三、结论 ········· 81
    (一)成绩与经验 ········· 81
    (二)存在的不足 ········· 82
    (三)建议 ········· 82

2022年金牛区义务教育优质均衡监测报告 ········· 83
  一、2022年金牛区义务教育优质均衡发展概况 ········· 83
    (一)义务教育均衡程度 ········· 83
    (二)义务教育优质均衡发展水平达标情况 ········· 85
  二、2022年金牛区义务教育区域差异、城乡差异和校际差异情况 ········· 86
    (一)总体情况 ········· 86
    (二)区域发展水平具体情况 ········· 88
    (三)校际差异情况 ········· 89
  三、结论 ········· 93
    (一)成绩与经验 ········· 93
    (二)存在的不足 ········· 94
    (三)建议 ········· 94

2022年武侯区义务教育优质均衡监测报告 ········· 95
  一、2022年武侯区义务教育优质均衡发展概况 ········· 95
    (一)义务教育均衡程度 ········· 95
    (二)义务教育优质均衡发展水平达标情况 ········· 97
  二、2022年武侯区义务教育区域差异、城乡差异和校际差异情况 ········· 98
    (一)总体情况 ········· 98
    (二)区域发展水平具体情况 ········· 100
    (三)校际差异情况 ········· 102
  三、结论 ········· 106
    (一)成绩与经验 ········· 106
    (二)存在的不足 ········· 106
    (三)建议 ········· 107

2022年成华区义务教育优质均衡监测报告 ········· 108
  一、2022年成华区义务教育优质均衡发展概况 ········· 108
    (一)义务教育均衡程度 ········· 108
    (二)义务教育优质均衡发展水平达标情况 ········· 110
  二、2022年成华区义务教育区域差异、城乡差异和校际差异情况 ········· 111

(一) 总体情况 ······ 111
　　(二) 区域发展水平具体情况 ······ 113
　　(三) 校际差异情况 ······ 115
　三、结论 ······ 118
　　(一) 成绩与经验 ······ 118
　　(二) 存在的不足 ······ 118
　　(三) 建议 ······ 119

2022年龙泉驿区义务教育优质均衡监测报告 ······ 120
　一、2022年龙泉驿区义务教育优质均衡发展概况 ······ 120
　　(一) 义务教育均衡程度 ······ 120
　　(二) 义务教育优质均衡发展水平达标情况 ······ 122
　二、2022年龙泉驿区义务教育区域差异、城乡差异和校际差异情况 ······ 123
　　(一) 总体情况 ······ 123
　　(二) 区域发展水平具体情况 ······ 125
　　(三) 城乡差异情况 ······ 127
　　(四) 校际差异情况 ······ 128
　三、结论 ······ 133
　　(一) 成绩与经验 ······ 133
　　(二) 存在的不足 ······ 134
　　(三) 建议 ······ 134

2022年青白江区义务教育优质均衡监测报告 ······ 135
　一、2022年青白江区义务教育优质均衡发展概况 ······ 135
　　(一) 义务教育均衡程度 ······ 135
　　(二) 义务教育优质均衡发展水平达标情况 ······ 137
　二、2022年青白江区义务教育区域差异、城乡差异和校际差异情况 ······ 138
　　(一) 总体情况 ······ 138
　　(二) 区域发展水平具体情况 ······ 140
　　(三) 城乡差异情况 ······ 141
　　(四) 校际差异情况 ······ 143
　三、结论 ······ 145
　　(一) 成绩与经验 ······ 145
　　(二) 存在的不足 ······ 146
　　(三) 建议 ······ 146

2022年新都区义务教育优质均衡监测报告 ······ 147
　一、2022年新都区义务教育优质均衡发展概况 ······ 147
　　(一) 义务教育均衡程度 ······ 147
　　(二) 义务教育优质均衡发展水平达标情况 ······ 149
　二、2022年新都区义务教育区域差异、城乡差异和校际差异情况 ······ 150

(一) 总体情况 ··· 150
(二) 区域发展水平具体情况 ··· 152
(三) 城乡差异情况 ··· 153
(四) 校际差异情况 ··· 155
三、结论 ··· 161
(一) 成绩与经验 ··· 161
(二) 存在的不足 ··· 161
(三) 建议 ··· 162

2022年温江区义务教育优质均衡监测报告 ··· 163
一、2022年温江区义务教育优质均衡发展概况 ··· 163
(一) 义务教育均衡程度 ··· 163
(二) 义务教育优质均衡发展水平达标情况 ··· 165
二、2022年温江区义务教育区域差异、城乡差异和校际差异情况 ··· 166
(一) 总体情况 ··· 166
(二) 区域发展水平具体情况 ··· 168
(三) 城乡差异情况 ··· 170
(四) 校际差异情况 ··· 171
三、结论 ··· 175
(一) 成绩与经验 ··· 175
(二) 存在的不足 ··· 175
(三) 建议 ··· 176

2022年双流区义务教育优质均衡监测报告 ··· 177
一、2022年双流区义务教育优质均衡发展概况 ··· 177
(一) 义务教育均衡程度 ··· 177
(二) 义务教育优质均衡发展水平达标情况 ··· 179
二、2022年双流区义务教育区域差异、城乡差异和校际差异情况 ··· 180
(一) 总体情况 ··· 180
(二) 区域发展水平具体情况 ··· 182
(三) 城乡差异情况 ··· 184
(四) 校际差异情况 ··· 185
三、结论 ··· 190
(一) 成绩与经验 ··· 190
(二) 存在的不足 ··· 191
(三) 建议 ··· 192

2022年郫都区义务教育优质均衡监测报告 ··· 193
一、2022年郫都区义务教育优质均衡发展概况 ··· 193
(一) 义务教育均衡程度 ··· 193
(二) 义务教育优质均衡发展水平达标情况 ··· 195

二、2022年郫都区义务教育区域差异、城乡差异和校际差异情况 …………… 196
(一)总体情况 ………………………………………………………………… 196
(二)区域发展水平具体情况 ………………………………………………… 198
(三)城乡差异情况 …………………………………………………………… 200
(四)校际差异情况 …………………………………………………………… 201
三、结论 …………………………………………………………………………… 207
(一)成绩与经验 ……………………………………………………………… 207
(二)存在的不足 ……………………………………………………………… 207
(三)建议 ……………………………………………………………………… 208

2022年新津区义务教育优质均衡监测报告 ……………………………………… 209
一、2022年新津区义务教育优质均衡发展概况 ………………………………… 209
(一)义务教育均衡程度 ……………………………………………………… 209
(二)义务教育优质均衡发展水平达标情况 ………………………………… 211
二、2022年新津区义务教育区域差异、城乡差异和校际差异情况 …………… 212
(一)总体情况 ………………………………………………………………… 212
(二)区域发展水平具体情况 ………………………………………………… 214
(三)城乡差异情况 …………………………………………………………… 215
(四)校际差异情况 …………………………………………………………… 217
三、结论 …………………………………………………………………………… 220
(一)成绩与经验 ……………………………………………………………… 220
(二)存在的不足 ……………………………………………………………… 220
(三)建议 ……………………………………………………………………… 221

2022年简阳市义务教育优质均衡监测报告 ……………………………………… 222
一、2022年简阳市义务教育优质均衡发展概况 ………………………………… 222
(一)义务教育均衡程度 ……………………………………………………… 222
(二)义务教育优质均衡发展水平达标情况 ………………………………… 224
二、2022年简阳市义务教育区域差异、城乡差异和校际差异情况 …………… 225
(一)总体情况 ………………………………………………………………… 225
(二)区域发展水平具体情况 ………………………………………………… 227
(三)城乡差异情况 …………………………………………………………… 229
(四)校际差异情况 …………………………………………………………… 230
三、结论 …………………………………………………………………………… 236
(一)成绩与经验 ……………………………………………………………… 236
(二)存在的不足 ……………………………………………………………… 237
(三)建议 ……………………………………………………………………… 238

2022年都江堰市义务教育优质均衡监测报告 …………………………………… 239
一、2022年都江堰市义务教育优质均衡发展概况 ……………………………… 239
(一)义务教育均衡程度 ……………………………………………………… 239

(二) 义务教育优质均衡发展水平达标情况 ·············· 241
　二、2022年都江堰市义务教育区域差异、城乡差异和校际差异情况 ·············· 242
　　(一) 总体情况 ·············· 242
　　(二) 区域发展水平具体情况 ·············· 244
　　(三)城乡差异情况 ·············· 246
　　(四) 校际差异情况 ·············· 247
　三、结论 ·············· 250
　　(一) 成绩与经验 ·············· 250
　　(二) 存在的不足 ·············· 251
　　(三) 建议 ·············· 251

2022年彭州市义务教育优质均衡监测报告 ·············· 253
　一、2022年彭州市义务教育优质均衡发展概况 ·············· 253
　　(一) 义务教育均衡程度 ·············· 253
　　(二) 义务教育优质均衡发展水平达标情况 ·············· 255
　二、2022年彭州市义务教育区域差异、城乡差异和校际差异情况 ·············· 256
　　(一) 总体情况 ·············· 256
　　(二) 区域发展水平具体情况 ·············· 258
　　(三) 城乡差异情况 ·············· 260
　　(四) 校际差异情况 ·············· 261
　三、结论 ·············· 265
　　(一) 成绩与经验 ·············· 265
　　(二) 存在的不足 ·············· 266
　　(三) 建议 ·············· 266

2022年邛崃市义务教育优质均衡监测报告 ·············· 267
　一、2022年邛崃市义务教育优质均衡发展概况 ·············· 267
　　(一) 义务教育均衡程度 ·············· 267
　　(二) 义务教育优质均衡发展水平达标情况 ·············· 269
　二、2022年邛崃市义务教育区域差异、城乡差异和校际差异情况 ·············· 270
　　(一) 总体情况 ·············· 270
　　(二) 区域发展水平具体情况 ·············· 272
　　(三) 城乡差异情况 ·············· 274
　　(四) 校际差异情况 ·············· 275
　三、结论 ·············· 279
　　(一) 成绩与经验 ·············· 279
　　(二) 存在的不足 ·············· 279
　　(三) 建议 ·············· 280

2022年崇州市义务教育优质均衡监测报告 ·············· 281
　一、2022年崇州市义务教育优质均衡发展概况 ·············· 281

(一)义务教育均衡程度 ··· 281
　　(二)义务教育优质均衡发展水平达标情况 ································ 283
二、2022年崇州市义务教育区域差异、城乡差异和校际差异情况 ······· 284
　　(一)总体情况 ··· 284
　　(二)区域发展水平具体情况 ··· 286
　　(三)城乡差异情况 ·· 287
　　(四)校际差异情况 ·· 289
三、结论 ·· 291
　　(一)成绩与经验 ·· 291
　　(二)存在的不足 ·· 292
　　(三)建议 ··· 292

2022年金堂县义务教育优质均衡监测报告 ······································ 294
一、2022年金堂县义务教育优质均衡发展概况 ····································· 294
　　(一)义务教育均衡程度 ··· 294
　　(二)义务教育优质均衡发展水平达标情况 ································ 296
二、2022年金堂县义务教育区域差异、城乡差异和校际差异情况 ······· 297
　　(一)总体情况 ··· 297
　　(二)区域发展水平具体情况 ··· 299
　　(三)城乡差异情况 ·· 301
　　(四)校际差异情况 ·· 302
三、结论 ·· 306
　　(一)成绩与经验 ·· 306
　　(二)存在的不足 ·· 306
　　(三)建议 ··· 307

2022年大邑县义务教育优质均衡监测报告 ······································ 308
一、2022年大邑县义务教育优质均衡发展概况 ····································· 308
　　(一)义务教育均衡程度 ··· 308
　　(二)义务教育优质均衡发展水平达标情况 ································ 310
二、2022年大邑县义务教育区域差异、城乡差异和校际差异情况 ······· 311
　　(一)总体情况 ··· 311
　　(二)区域发展水平具体情况 ··· 313
　　(三)城乡差异情况 ·· 314
　　(四)校际差异情况 ·· 316
三、结论 ·· 319
　　(一)成绩与经验 ·· 319
　　(二)存在的不足 ·· 319
　　(三)建议 ··· 320

2022年蒲江县义务教育优质均衡监测报告·································321
一、2022年蒲江县义务教育优质均衡发展概况···························321
(一)义务教育均衡程度···321
(二)义务教育优质均衡发展水平达标情况·······························323
二、2022年蒲江县义务教育区域差异、城乡差异和校际差异情况·······324
(一)总体情况··324
(二)区域发展水平具体情况···326
(三)城乡差异情况···327
(四)校际差异情况···329
三、结论···331
(一)成绩与经验··331
(二)存在的不足··332
(三)建议··332

2022年度成都市义务教育优质均衡监测总报告

一、导言

(一)监测对象与监测年度

以四川天府新区(以下简称天府新区)、成都东部新区(以下简称东部新区)、成都高新区(以下简称高新区)和成都市 20 个区(市)县义务教育阶段 1514 所公民办学校为监测对象,其中小学 944 所(含九年一贯制学校、十二年制学校小学部,以下同),初中 570 所(含九年一贯制学校、十二年制学校初中部,以下同)。除特别注明外,本监测所有结果均为上述学校的总体结果。本次监测年度为 2022 年。

(二)监测依据及类别

(1)主要依据。本次监测,除"县域内心理健康专职教师配备率"依据成都市《2022年〈政府工作报告〉目标任务责任分解方案》(成办发〔2022〕8号)、"小学六年(初中三年)巩固率"和"学生体质健康达标合格率"依据《成都市义务教育优质均衡监测指标体系》外,其余指标均依据教育部《县域义务教育优质均衡发展督导评估办法》(以下简称部标)。

(2)分类及体系。《成都市人民政府教育督导委员会办公室关于印发〈成都市义务教育优质均衡监测指标体系〉的通知》(成府教督〔2017〕10 号)构建的监测指标体系包括 A 类(资源配置,共 14 项指标,全部指标分小学、初中)、B 类(政府保障程度,共 12 项指标,部分指标分小学、初中和九年一贯制)和 C 类(教育质量,共 7 项指标,部分指标分小学、初中),合计 33 项指标(表 1.1)。

表 1.1 成都市义务教育优质均衡发展监测指标体系及参照标准

指标类别	指标名称	教育部发展水平标准 小学	教育部发展水平标准 初中	教育部校际均衡标准 小学	教育部校际均衡标准 初中	市级发展水平标准	市级校际均衡标准
A 资源配置	*每百名学生拥有高于规定学历教师数/人	4.2	5.3	0.50	0.45	—	—
	*每百名学生拥有县级及以上骨干教师数/人	1	1	0.50	0.45	—	—
	*每百名学生拥有体育、艺术(音乐、美术)专任教师数/人	0.9	0.9	0.50	0.45	—	—
	*生均教学及辅助用房面积/平方米	4.5	5.8	0.50	0.45	—	—
	*生均体育运动场馆面积/平方米	7.5	10.2	0.50	0.45	—	—

续表

指标类别	指标名称	教育部发展水平标准 小学	教育部发展水平标准 初中	教育部校际均衡标准 小学	教育部校际均衡标准 初中	市级发展水平标准	市级校际均衡标准
A 资源配置	*生均教学仪器设备值/元	2000	2500	0.50	0.45	—	—
	*每百名学生拥有网络多媒体教室数/间	2.3	2.4	0.50	0.45	—	—
B 政府保障程度	*学校规模达标率/%	100				—	—
	*学校班额达标率/%	100				—	—
	特殊教育学校生均公用经费/元	6000				—	—
	学校培训经费占本校年度公用经费预算总额的比例/%	5				—	—
	教师全员培训完成率/%	100				—	—
	县域内每年交流轮岗教师的比例/%	10				—	—
	县域内优质高中招生名额分配比例/%	50				—	—
	符合条件的随迁子女在公办学校和政府购买服务的民办学校就读的比例/%	85				—	—
	县域内心理健康专职教师配备率/%	—	—	—	—	55	—
C 教育质量	小学六年(初中三年)巩固率/%					99	—
	残疾儿童少年入学率/%	95				—	—
	*学生体质健康达标合格率/%	—	—	—	—	93	0.15
	小学(初中)学业水平校际差异率	0.15				—	—

注：(1)*指标的发展水平：采用的是达标学校数占总学校数的比例，若区(市)县有一个学校未达标，则该区(市)县不达标，以下同。(2)"特殊教育学校生均公用经费""县域内心理健康专职教师配备率""小学(初中)学业水平校际差异率"为2022年新增指标，"学校培训经费占本校年度公用经费预算总额的比例"替换了此前的"教师培训经费占教师工资总额比例"。(3)"学校班额达标率"达标的标准为小学班额不超过45人，初中班额不超过50人。(4)"学校规模达标率"达标的标准为小学、初中不超过2000人，九年一贯制学校不超过2500人。(5)"—"代表数据缺失。

(三)分析方法

(1)差异系数分析方法。本书采用教育部《县域义务教育均衡发展督导评估暂行办法》(教督〔2012〕3号)关于"县域义务教育校际均衡情况"的差异系数计算方法，测度县域内各项监测指标的校际均衡程度，差异系数越小，均衡程度越高。

(2)均衡指数计算法。本书采用小学和初中共14项A级指标的差异系数，计算成都市和各区(市)县的义务教育校际均衡指数，均衡指数越小，均衡程度越高。

二、达标情况

部标规定：A类资源配置指标要求二维达标，即每个区(市)县的小学和初中既要校际均衡程度(均衡系数)达标，同时每所学校的每项指标水平程度也要达标；B类政府保障程度和C类教育质量指标要求水平程度达标。

（一）A 类资源配置指标达标情况

（1）小学：成都市所有区（市）县至少有 1 项指标全部学校达标且均衡；有 16 个区（市）县在 7 项 A 类指标中超过半数的指标全部学校达标且均衡，其中天府新区、高新区、武侯区和蒲江县 7 项指标全部学校达标且均衡；有 3 个区（市）县全部学校达标且均衡的指标数为 1；有 2 个区（市）县学校既不达标又不均衡的指标数为 2（表 1.2）。

表 1.2　各区（市）县小学 A 类指标达标情况

指标名称	天府新区	东部新区	高新区	锦江区	青羊区	金牛区	武侯区	成华区	龙泉驿区	青白江区	新都区	温江区	双流区	郫都区	新津区	简阳市	都江堰市	彭州市	邛崃市	崇州市	金堂县	大邑县	蒲江县
每百名学生拥有高于规定学历教师数	★	★	★	★	★	★	★	★	★		★	★	★	★	★	★	★	★	★	◇	★	★	★
每百名学生拥有县级及以上骨干教师数	★	★	★	★	★	★	★	★	★	★	★	◇	★	★	★		★	★		★			★
每百名学生拥有体育、艺术（音乐、美术）专任教师数	★	★	★	★	★	★	★	★	★		★	★				★	★		★			★	★
生均教学及辅助用房面积	★	★	★	★	★	★	★	★	★	★	★	★	★	★	★	★		★	★	★	◇	★	★
生均体育运动场馆面积	★		★	★	★	★	★	★	◇	★	◇		★			★	★		★	★	★	★	★
生均教学仪器设备值	★		★	★		★	★	★		★		★	★		★		★				★		★
每百名学生拥有网络多媒体教室数	★	★	★	★	★	★	★	★	★	★	★	★	★	★	★	★	★	★	★	★	★	★	★
区（市）县既达标又均衡的指标数	7	2	7	6	5	6	7	5	4	6	2	1	2	1	6	1	4	4	5	4	3	4	7
区（市）县不达标、均衡的指标数	0	5	0	1	2	1	0	2	2	1	4	5	5	6	1	4	3	3	2	1	4	3	0
区（市）县达标、不均衡的指标数	0	0	0	0	0	0	0	0	0	0	0	0	0	0	0	0	0	0	0	0	0	0	0
区（市）县不达标、不均衡的指标数	0	0	0	0	0	0	0	0	1	0	1	1	0	0	0	2	0	0	0	2	0	0	0

注：■★ 达标且均衡；■◇ 达标、不均衡；★ 不达标、均衡；◇ 不达标、不均衡。

与上一监测年度相比，2022 年成都市小学有 15 个区（市）县的 A 类指标全部学校达标且均衡的比例实现增长，其中，高新区的增长比例最大，达到 85.71 个百分点；简阳市 A 类指标全部学校达标且均衡的比例出现负增长（图 1.1）。

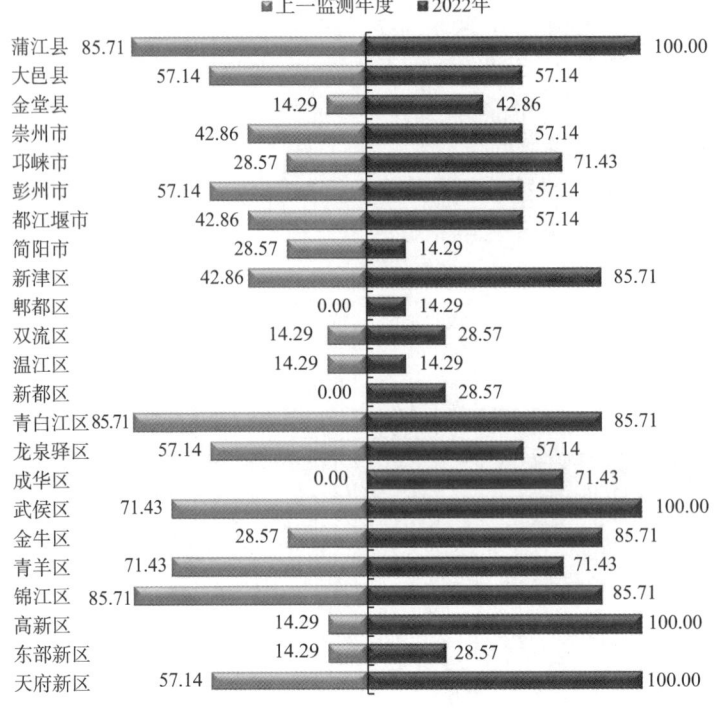

图1.1 2022年与上一监测年度各区(市)县小学全部学校达标且均衡的A类指标比例(%)比较

(2)初中：成都市所有区(市)县至少有1项指标全部学校达标且均衡；有14个区(市)县在7项A类指标中超过半数的指标全部学校达标且均衡，其中高新区、青白江区、新津区和蒲江县所有指标全部学校达标且均衡；有5个区(市)县全部学校达标且均衡的指标数为1；有2个区(市)县既不达标又不均衡的指标数为2(表1.3)。

表1.3 各区(市)县初中A类指标达标情况

指标名称	天府新区	东部新区	高新区	锦江区	青羊区	金牛区	武侯区	成华区	龙泉驿区	青白江区	新都区	温江区	双流区	郫都区	新津区	简阳市	都江堰市	彭州市	邛崃市	崇州市	金堂县	大邑县	蒲江县
每百名学生拥有高于规定学历教师数	★	★	★	★	★	★	★	★	★	★	★	★	★	★	★	★	★	★	★	★	★	★	★
每百名学生拥有县级及以上骨干教师数	★	★	★	★	★	★	★	★	★	★	★	◇	◇	★	★	★	★	★	★	★	★	★	★
每百名学生拥有体育、艺术(音乐、美术)专任教师数	◇	★	★	★	★	★	★	★	★	★	★	◇	★	★	★	★	★	★	★	★	★	★	★
生均教学及辅助用房面积	★	◇	★	★	★	★	★	★	★	★	◇	★	★	★	★	★	★	★	★	★	★	★	★
生均体育运动场馆面积	★	★	★	★	★	★	★	★	★	★	★	◇	★	★	★	★	★	★	★	★	★	★	★

续表

指标名称	天府新区	东部新区	高新区	锦江区	青羊区	金牛区	武侯区	成华区	龙泉驿区	青白江区	新都区	温江区	双流区	郫都区	新津区	简阳市	都江堰市	彭州市	邛崃市	崇州市	金堂县	大邑县	蒲江县
生均教学仪器设备值	★	★	★	★	★	★	★	★	★	★	★	★	★	★	★	★	★	★	★	★	★	★	★
每百名学生拥有网络多媒体教室数	★	★	★	★	★	★	★	★	★	★	★	★	★	★	★	★	★	★	★	★	★	★	★
区(市)县既达标又均衡的指标数	4	1	7	6	5	5	5	4	5	7	3	1	1	1	7	1	3	4	5	4	3	3	7
区(市)县不达标、均衡的指标数	2	5	0	1	2	2	2	3	1	0	2	5	4	6	0	6	4	3	2	3	4	4	0
区(市)县达标、不均衡的指标数	0	0	0	0	0	0	0	0	0	0	0	0	0	0	0	0	0	0	0	0	0	0	0
区(市)县不达标、不均衡的指标数	1	1	0	0	0	0	0	0	1	0	2	1	2	0	0	0	0	0	0	0	0	0	0

注：★ 达标且均衡；◆ 达标、不均衡；★ 不达标、均衡；◇ 不达标、不均衡。

与上一监测年度相比，2022年成都市初中有12个区(市)县的A类指标全部学校达标且均衡的比例实现增长，其中，高新区的增长比例最大，达到85.71个百分点；另有3个区(市)县A类指标全部学校达标且均衡的比例出现负增长，需引起重视(图1.2)。

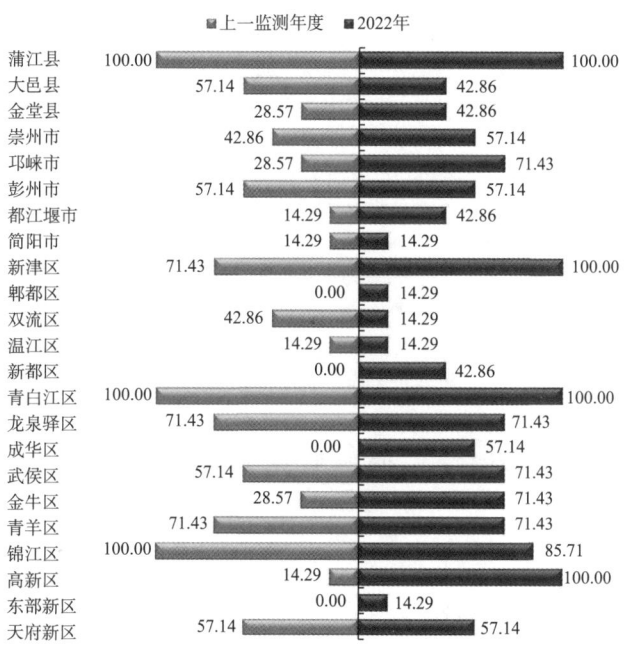

图1.2　2022年与上一监测年度各区(市)县初中全部学校达标且均衡的A类指标比例(%)比较

(二) B 类政府保障程度和 C 类教育质量指标达标情况

2022 年成都市各区(市)县 B 类和 C 类指标的达标情况：没有一个区(市)县的所有 B 类和 C 类 19 项指标全部达到教育部标准；有 14 个区(市)县的达标指标比例超过 60%，其中有 2 个区(市)县的达标指标比例超过 80%；另外，有 9 个区(市)县的达标指标比例低于 60%，最低为 36.84%(7 项)。

与上一监测年度相比，2022 年成都市有 7 个区(市)县的 B 类和 C 类指标达标比例实现增长，其中东部新区增长比例最大，达到 32.22 个百分点；而 16 个区(市)县的指标达标比例出现负增长，需引起重视(图 1.3)。

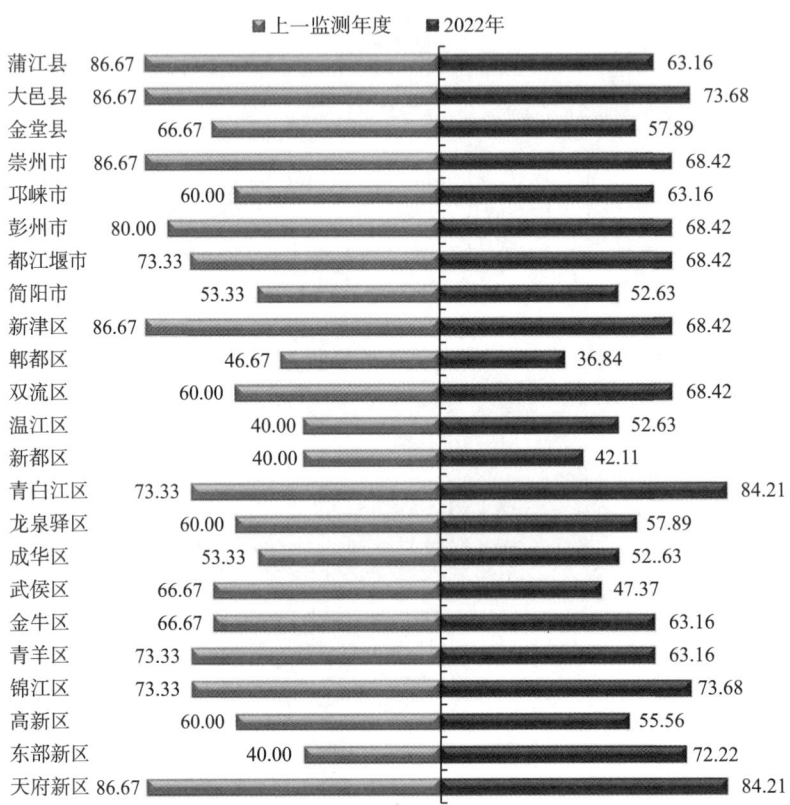

图 1.3　2022 年与上一监测年度各区(市)县 B 类和 C 类指标达标情况(%)比较

三、县域内校际差异、城乡差异和区域差异情况

(一) 县域内校际差异情况

成都市校际差异情况由 A 类监测指标的差异系数来反映，差异系数值越小代表校际差异越小，校际均衡程度越高。成都市 A 类监测指标差异系数是由各区(市)县的相应指标差异系数合成而得。

1. 从部标看成都市义务教育公民办学校校际差异情况

部标规定，县域内小学和初中各 A 类指标的差异系数应分别不高于 0.50 和 0.45。

从部标看，在小学和初中共 14 项 A 类指标中，2022 年成都市公民办小学和初中所有指标均达到部标(小学详见图 1.4，初中详见图 1.5)。

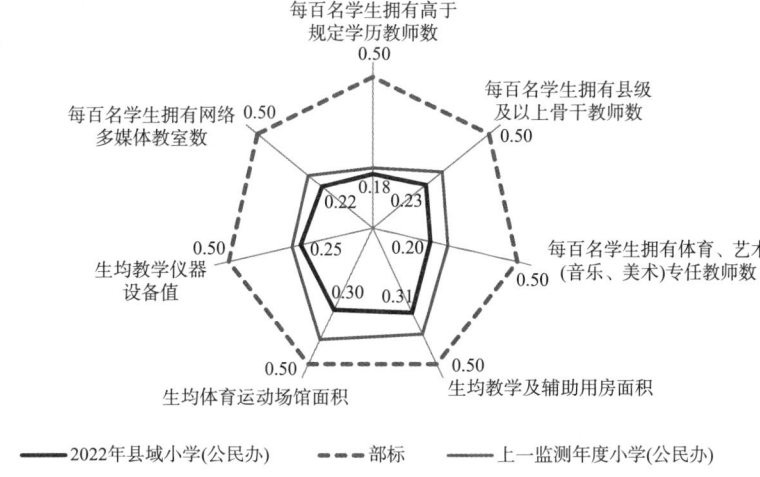

图 1.4　2022 年与上一监测年度成都市公民办小学县域内校际差异情况

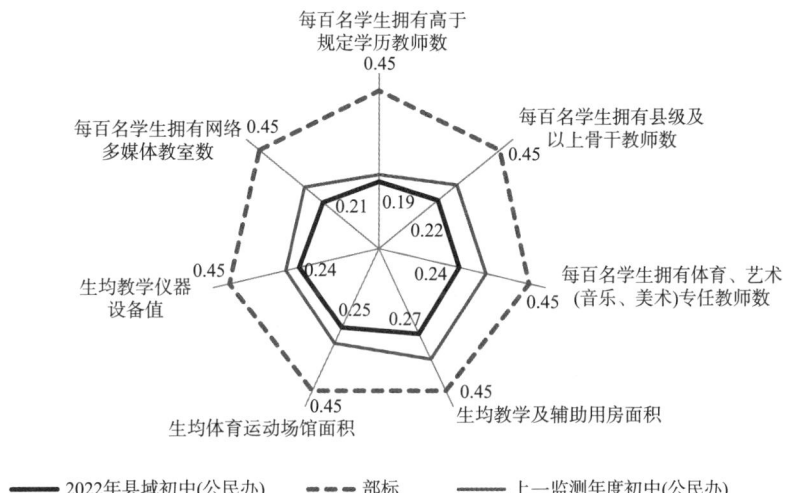

图 1.5　2022 年与上一监测年度成都市公民办初中县域内校际差异情况

与上一监测年度相比，2022 年成都市小学全部 7 项 A 类指标的县域内校际差异都在缩小，表明成都市义务教育校际均衡程度进一步提高，教育资源配置得到进一步优化。

与上一监测年度相比，2022 年成都市初中全部 7 项 A 类指标的县域内校际差异都在缩小，表明成都市义务教育校际均衡程度进一步提高，教育资源配置得到进一步优化。

2. 从市标看成都市义务教育公办学校校际差异情况

(1)成都市概况。2022年成都市县域内义务教育公办学校校际均衡指数为0.22，已达到《成都市区(市)县教育现代化发展水平监测指标体系》[①](以下简称市标，其中校际均衡差异系数不高于0.27)；相比上一监测年度，减少了0.03，表明成都市义务教育公办学校的均衡程度进一步提高，教育资源配置得到进一步优化(表1.4)。

表1.4　2022年成都市公办小学和初中县域内校际差异情况

差异系数	每百名学生拥有高于规定学历教师数	每百名学生拥有县级及以上骨干教师数	每百名学生拥有体育、艺术(音乐、美术)专任教师数	生均教学及辅助用房面积	生均体育运动场馆面积	生均教学仪器设备值	每百名学生拥有网络多媒体教室数	2022年成都市县域内义务教育校际均衡指数	上一监测年度成都市县域内义务教育校际均衡指数
小学	0.16	0.22	0.18	0.30	0.29	0.23	0.21	0.22	0.25
初中	0.16	0.20	0.20	0.25	0.24	0.21	0.20		

2022年成都市义务教育公办学校校际差异较大的指标是小学"生均教学及辅助用房面积"，该项指标差异系数达到了0.30，未达到市标。

(2)区(市)县情况。2022年成都市有17个区(市)县达到成都市教育现代化标准，较上一监测年度增加了3个；另外有6个区(市)县未达标，其中东部新区、新都区、温江区、双流区和大邑县校际均衡指数超过0.30，义务教育公办学校均衡程度尚待提高，2022年成都市各区(市)县公办学校县域内校际差异情况详见图1.6。

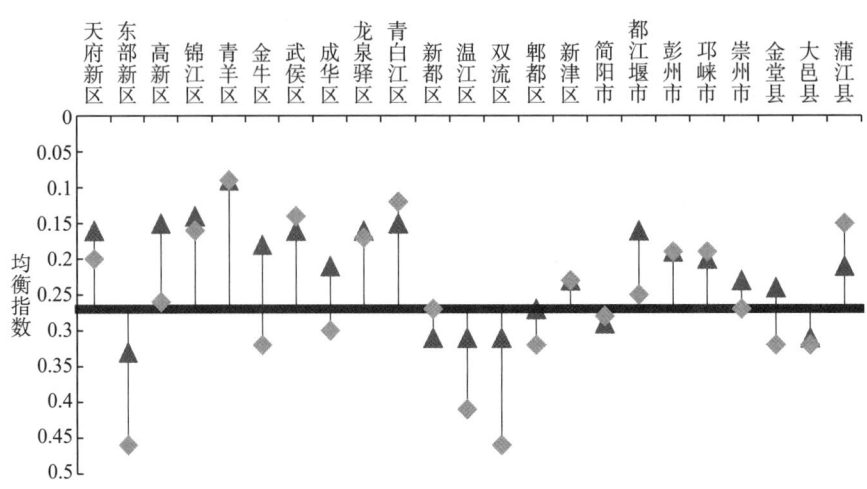

图1.6　2022年成都市各区(市)县公办学校县域内校际差异情况

---

① 部标规定，县域内小学和初中A类指标的差异系数应分别不高于0.50和0.45。义务教育均衡化是教育现代化的前置条件，市标规定，县域内义务教育公办学校校际均衡指数不高于0.27。其中，均衡指数由公办小学和初中14项A类监测指标的差异系数合成，以此判断成都市及各区(市)县义务教育公办学校的均衡程度。

3. 各区(市)县小学县域内校际差异具体情况

部标规定，小学 A 类 7 项指标差异系数不高于 0.50；《成都市义务教育优质均衡监测指标体系》规定，"学生体质健康达标合格率"不高于 0.15，以此为参照，2022 年成都市各区(市)县小学县域内校际差异具体情况如表 1.5 所示。

表 1.5 各区(市)县小学县域内校际差异具体情况

指标	天府新区	东部新区	高新区	锦江区	青羊区	金牛区	武侯区	成华区	龙泉驿区	青白江区	新都区	温江区	双流区	郫都区	新津区	简阳市	都江堰市	彭州市	邛崃市	崇州市	金堂县	大邑县	蒲江县	达标的区(市)县数/个
每百名学生拥有高于规定学历教师数	■	■	■	■	■	■	■	■	■	■	■	■	■	■	■	■	■	■	■	□	■	■	■	22
每百名学生拥有县级及以上骨干教师数	■	■	■	■	■	■	■	■	■	■	■	□	■	■	■	■	■	■	■	■	■	■	■	22
每百名学生拥有体育、艺术(音乐、美术)专任教师数	■	■	■	■	■	■	■	■	■	■	■	■	■	■	■	■	■	■	■	■	■	■	■	23
生均教学及辅助用房面积	■	■	■	■	■	■	■	■	■	■	■	■	■	□	■	■	■	■	□	■	■	■	■	21
生均体育运动场馆面积	■	■	■	■	■	■	■	□	■	■	■	□	■	■	■	□	■	■	■	■	■	■	■	20
生均教学仪器设备值	■	■	■	■	■	■	■	■	■	■	■	■	■	■	■	■	■	■	■	■	■	■	■	23
每百名学生拥有网络多媒体教室数	■	■	■	■	■	■	■	■	■	■	■	■	■	■	■	■	■	■	■	■	■	■	■	23
学生体质健康达标合格率	■	■	■	■	■	■	■	■	■	■	■	■	■	■	■	■	■	■	■	■	■	■	■	23
区(市)县达到标准的指标数/项	8	8	8	8	8	8	8	8	7	8	8	7	7	8	8	7	8	8	8	6	8	8	8	—

注：■ 达到部标，□ 未达到部标。

从监测指标看，成都市所有区(市)县小学都达标的指标为"每百名学生拥有体育、艺术(音乐、美术)专任教师数"、"生均教学仪器设备值"、"每百名学生拥有网络多媒体教室数"和"学生体质健康达标合格率"；而达标最少的指标"生均体育运动场馆面积"有 20 个区(市)县达标。

从区(市)县看，成都市所有小学指标都达标的区(市)县有 18 个，分别为天府新区、东部新区、高新区、锦江区、青羊区、金牛区、武侯区、成华区、青白江区、双流区、郫都区、新津区、都江堰市、彭州市、邛崃市、金堂县、大邑县和蒲江县，较上一监测年度增加了 6 个。

4. 各区(市)县初中县域内校际差异具体情况

部标规定，初中 A 类 7 项指标差异系数不高于 0.45；《成都市义务教育优质均衡监测指标体系》规定，"学生体质健康达标合格率"不高于 0.15，以此为参照，2022 年成都市各区(市)县初中县域内校际差异具体情况如表 1.6 所示。

表 1.6 各区(市)县初中县域内校际差异具体情况

指标	天府新区	东部新区	高新区	锦江区	青羊区	金牛区	武侯区	成华区	龙泉驿区	青白江区	新都区	温江区	双流区	郫都区	新津区	简阳市	都江堰市	彭州市	邛崃市	崇州市	金堂县	大邑县	蒲江县	达标的区(市)县数/个
每百名学生拥有高于规定学历教师数																								23
每百名学生拥有县级及以上骨干教师数																								21
每百名学生拥有体育、艺术(音乐、美术)专任教师数																								21
生均教学及辅助用房面积																								21
生均体育运动场馆面积																								21
生均教学仪器设备值																								23
每百名学生拥有网络多媒体教室数																								23
学生体质健康达标合格率																								23
区(市)县达到标准的指标数/项	7	7	8	8	8	8	8	8	7	8	7	6	7	8	8	8	8	8	8	8	8	8	8	—

注：▓ 达到部标，☐ 未达到部标。

从监测指标看，成都市所有区(市)县初中都达标的指标为"每百名学生拥有高于规定学历教师数"、"生均教学仪器设备值"、"每百名学生拥有网络多媒体教室数"和"学生体质健康达标合格率"；而"每百名学生拥有县级及以上骨干教师数"、"每百名学生拥有体育、艺术(音乐、美术)专任教师数"、"生均教学及辅助用房面积"和"生均体育运动场馆面积"达标较少，有 21 个区(市)县达标。

从区(市)县看，成都市所有初中指标都达标的区(市)县有 17 个，分别为高新区、锦江区、青羊区、金牛区、武侯区、成华区、青白江区、郫都区、新津区、简阳市、都江堰市、彭州市、邛崃市、崇州市、金堂县、大邑县和蒲江县，较上一监测年度增加了 5 个。

(二)城乡差异情况

城乡差异情况由乡城比率(农村学校与城镇学校各项监测指标值的比率)来反映,比率大于1代表农村发展水平高于城镇发展水平。

1. 成都市义务教育城乡差异概况

将成都市16个区(市)县[①]的城乡差异情况汇总为成都市义务教育城乡差异情况,小学和初中各有9项指标[②]涉及城乡差异。

监测结果显示,2022年成都市义务教育城乡差异情况整体较好,推进城乡教育一体化发展取得新成效。小学乡城比率大于等于1的指标有7项,乡城比率最低的是"每百名学生拥有县级及以上骨干教师数",为0.935;初中乡城比率大于等于1的指标有7项,乡城比率最低的同样是"每百名学生拥有县级及以上骨干教师数",为0.941(图1.7)。

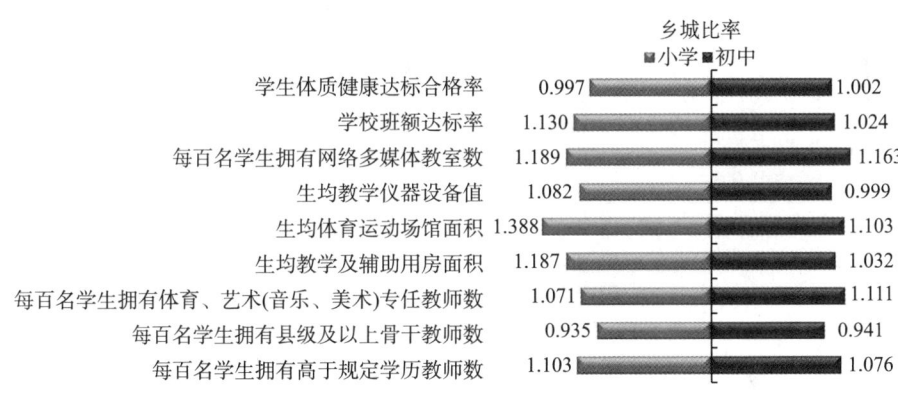

图1.7 成都市各监测指标城乡差异情况

2. 各区(市)县小学城乡差异具体情况

从监测指标看,在成都市9项监测指标中,"生均体育运动场馆面积"和"每百名学生拥有网络多媒体教室数"2项指标16个区(市)县的乡城比率均大于等于1;而"学生体质健康达标合格率"只有5个区(市)县的乡城比率大于等于1,表明大多数区(市)县需要关注农村小学生的体质健康状况。

从区(市)县看,简阳市和大邑县全部9项监测指标乡城比率均大于等于1;新都区仅有4项指标乡城比率大于等于1(表1.7)。

[①] 成都市有城乡学校分类的区(市)县共16个,分别为东部新区、龙泉驿区、青白江区、新都区、温江区、双流区、郫都区、新津区、简阳市、都江堰市、彭州市、邛崃市、崇州市、金堂县、大邑县、蒲江县。
[②] 涉及城乡差异的指标为"每百名学生拥有高于规定学历教师数""每百名学生拥有县级及以上骨干教师数""每百名学生拥有体育、艺术(音乐、美术)专任教师数""生均教学及辅助用房面积""生均体育运动场馆面积""生均教学仪器设备值""每百名学生拥有网络多媒体教室数""学生体质健康达标合格率""学校班额达标率"。

表 1.7　各区(市)县小学监测指标城乡差异情况

指标	东部新区	龙泉驿区	青白江区	新都区	温江区	双流区	郫都区	新津区	简阳市	都江堰市	彭州市	邛崃市	崇州市	金堂县	大邑县	蒲江县	乡城比率大于等于1的区(市)县数/个
每百名学生拥有高于规定学历教师数																	15
每百名学生拥有县级及以上骨干教师数																	9
每百名学生拥有体育、艺术(音乐、美术)专任教师数																	14
生均教学及辅助用房面积																	14
生均体育运动场馆面积																	16
生均教学仪器设备值																	13
每百名学生拥有网络多媒体教室数																	16
学校班额达标率																	12
学生体质健康达标合格率																	5
乡城比率大于等于1的指标数/项	7	7	8	4	6	7	6	8	9	7	8	6	8	7	9	8	—

注：▨ 乡城比率大于等于1，□ 乡城比率小于1。

3. 各区(市)县初中城乡差异具体情况

从监测指标看，在 9 项监测指标中，"每百名学生拥有网络多媒体教室数"有 16 个区(市)县的乡城比率大于等于 1；而"每百名学生拥有县级及以上骨干教师数"和"生均教学仪器设备值"只有 8 个区(市)县的乡城比率大于等于 1。

从区(市)县看，只有大邑县全部 9 项监测指标乡城比率大于等于 1；而东部新区和邛崃市分别只有 4 项和 2 项监测指标乡城比率大于等于 1(表 1.8)。

表 1.8　各区(市)县初中监测指标城乡差异情况

指标	东部新区	龙泉驿区	青白江区	新都区	温江区	双流区	郫都区	新津区	简阳市	都江堰市	彭州市	邛崃市	崇州市	金堂县	大邑县	蒲江县	乡城比率大于等于1的区(市)县数/个
每百名学生拥有高于规定学历教师数																	13
每百名学生拥有县级及以上骨干教师数																	8
每百名学生拥有体育、艺术(音乐、美术)专任教师数																	14

续表

指标	东部新区	龙泉驿区	青白江区	新都区	温江区	双流区	郫都区	新津区	简阳市	都江堰市	彭州市	邛崃市	崇州市	金堂县	大邑县	蒲江县	乡城比率大于等于1的区(市)县数/个
生均教学及辅助用房面积																	10
生均体育运动场馆面积																	13
生均教学仪器设备值																	8
每百名学生拥有网络多媒体教室数																	16
学校班额达标率																	11
学生体质健康达标合格率																	10
乡城比率大于等于1的指标数/项	4	6	8	6	7	7	7	5	8	7	8	2	7	5	9	7	—

注：▨ 乡城比率大于等于1，☐ 乡城比率小于1。

(三)区域差异情况

区域差异情况由成都市及各区(市)县之间的各项监测指标水平值差异来反映。

1. 成都市义务教育发展水平概况

成都市各区(市)县各项 A 类、B 类和 C 类指标的平均值反映成都市义务教育发展水平。2022 年成都市义务教育发展水平监测结果显示，小学和初中的 A 类各项指标平均值都达到了部标；B 类指标中，小学和初中"学校班额达标率"、小学、初中、九年一贯制"学校规模达标率"、"学校培训经费占本校年度公用经费预算总额的比例"和C类指标中"小学六年巩固率"、"初中学业水平校际差异率"均未达标，尚需继续努力(表1.9)。

表1.9 2022 年成都市义务教育发展水平情况

指标名称		成都市监测指标值		
		小学	初中	九年一贯制
A 资源配置	每百名学生拥有高于规定学历教师数/人	5.92	8.14	—
	每百名学生拥有县级及以上骨干教师数/人	2.13	2.88	
	每百名学生拥有体育、艺术(音乐、美术)专任教师数/人	1.21	1.11	
	生均教学及辅助用房面积/平方米	5.76	7.35	
	生均体育运动场馆面积/平方米	8.26	11.48	
	生均教学仪器设备值/元	4584.76	5927.48	
	每百名学生拥有网络多媒体教室数/间	2.97	3.24	
B 政府保障程度	学校规模达标率/%	82.82	93.88	88.70
	学校班额达标率/%	74.98	94.48	
	特殊教育学校生均公用经费/元		19669.88	

13

续表

指标名称		成都市监测指标值		
		小学	初中	九年一贯制
B 政府保障程度	学校培训经费占本校年度公用经费预算总额的比例/%	3.86		
	教师全员培训完成率/%	100.00		
	县域内每年交流轮岗教师的比例/%	15.08		
	县域内优质高中招生名额分配比例/%	50.00		
	符合条件的随迁子女在公办学校和政府购买服务的民办学校就读的比例/%	96.55		
	县域内心理健康专职教师配备率/%	68.86		
C 教育质量	小学六年(初中三年)巩固率/%	97.99	99.04	—
	残疾儿童少年入学率/%	99.21		
	学生体质健康达标合格率/%	98.76	97.89	
	小学(初中)学业水平校际差异率	0.13	0.19	—

注：▨ 达标，□ 未达标。

2. 各区(市)县义务教育发展水平具体情况

以部标为参照，2022年成都市各区(市)县每项监测指标达到部标的具体情况如表1.10所示。

表1.10 区(市)县各项指标达到教育部标准情况

指标名称	天府新区	东部新区	高新区	锦江区	青羊区	金牛区	武侯区	成华区	龙泉驿区	青白江区	新都区	温江区	双流区	郫都区	新津区	简阳市	都江堰市	彭州市	邛崃市	崇州市	金堂县	大邑县	蒲江县	达到标准的区(市)县数/个
小学每百名学生拥有高于规定学历教师数																								19
小学每百名学生拥有县级及以上骨干教师数																								18
小学每百名学生拥有体育、艺术(音乐、美术)专任教师数																								15
小学生均教学及辅助用房面积																								8
小学生均体育运动场馆面积																								6

续表

指标名称	天府新区	东部新区	高新区	锦江区	青羊区	金牛区	武侯区	成华区	龙泉驿区	青白江区	新都区	温江区	双流区	郫都区	新津区	简阳市	都江堰市	彭州市	邛崃市	崇州市	金堂县	大邑县	蒲江县	达到标准的区(市)县数/个
小学生均教学仪器设备值																								19
小学每百名学生拥有网络多媒体教室数																								14
单设小学学校规模达标率																								2
小学班额达标率																								4
小学六年巩固率																								19
小学学生体质健康达标合格率																								15
小学学业水平校际差异率																								16
初中每百名学生拥有高于规定学历教师数																								20
初中每百名学生拥有县级及以上骨干教师数																								15
初中每百名学生拥有体育、艺术(音乐、美术)专任教师数																								11
初中生均教学及辅助用房面积																								6
初中生均体育运动场馆面积																								7
初中生均教学仪器设备值																								18
初中每百名学生拥有网络多媒体教室数																								15
单设初中学校规模达标率																								10

15

续表

指标名称	天府新区	东部新区	高新区	锦江区	青羊区	金牛区	武侯区	成华区	龙泉驿区	青白江区	新都区	温江区	双流区	郫都区	新津区	简阳市	都江堰市	彭州市	邛崃市	崇州市	金堂县	大邑县	蒲江县	达到标准的区(市)县数/个
初中班额达标率																								10
初中三年巩固率																								15
初中学生体质健康达标合格率																								14
初中学业水平校际差异率																								5
九年一贯制学校规模达标率																								8
特殊教育学校生均公用经费																								20
学校培训经费占本校年度公用经费预算总额的比例																								6
教师全员培训完成率																								23
县域内每年交流轮岗教师的比例																								23
县域内优质高中招生名额分配比例																								23
符合条件的随迁子女在公办学校和政府购买服务的民办学校就读的比例																								22
县域内心理健康专职教师配备率																								16
残疾儿童少年入学率																								22
区(市)县达到标准的指标数/项	27	16	24	26	22	23	22	19	20	29	13	12	16	9	26	12	20	21	22	21	17	21	26	—

注: ▨ 达标, □ 未达标。

(1)从监测指标看,成都市所有区(市)县的小学所有指标达标率为64.19%;初中所有指标达标率为61.89%。与上一监测年度相比,小学上升20.32个百分点,初中上升12.48个百分点,但指标总体达标率仍然偏低。

在33项监测指标中,成都市所有区(市)县都达标的指标有3项,分别为"教师全员培训完成率""县域内每年交流轮岗教师的比例""县域内优质高中招生名额分配比例";只有2个区(市)县达标的指标为"单设小学学校规模达标率"。

(2)从区(市)县监测指标达标情况看,天府新区、高新区、锦江区、青羊区、金牛区、武侯区、成华、龙泉驿区、青白江区、新津区、都江堰市、彭州市、邛崃市、崇州市、大邑县和蒲江县16个区(市)县60%以上(19项及以上)的监测指标达到标准,较上一监测年度增加5个,其中青白江区达标指标达到了29项,成都市义务教育区域差异进一步优化。

四、督导结论及建议

(一)主要成绩

2022年成都市义务教育优质均衡发展情况呈现出如下亮点。

(1)校际差异持续缩小。从公办学校看,2022年成都市公办学校的校际均衡总指数为0.22(达到市标:≤0.27),较上一监测年度减少0.03,从图1.6中可见均衡程度较高的区(市)县依次是青羊区、锦江区、青白江区、高新区、武侯区、龙泉驿区、天府新区、都江堰市、金牛区、彭州市、邛崃市等。从公民办学校看(图1.4和图1.5),2022年成都市公民办小学和初中所有A类指标的县域内校际差异系数均达到部标,与上一监测年度相比,县域内校际差异持续缩小,县域内校际均衡程度继续提高。

(2)区域差异持续缩小。监测结果对比33项指标(表1.10),各区(市)县共有3项监测指标全部达标,分别为"教师全员培训完成率""县域内每年交流轮岗教师的比例""县域内优质高中招生名额分配比例"。天府新区、高新区、锦江区、青羊区、金牛区、武侯区、成华区、龙泉驿区、青白江区、新津区、都江堰市、彭州市、邛崃市、崇州市、大邑县和蒲江县16个区(市)县60%以上(19项及以上)的监测指标达到对应标准(其中,青白江区29项指标达标),较上一监测年度增加5个,成都市义务教育区域差异持续缩小。

(3)城乡差异持续向好。监测结果显示,小学和初中各有9项指标涉及城乡差异,小学和初中的乡城比率均在0.9以上,其中小学[1]、初中[2]各有7项指标乡城比率大于等于1。其中,简阳市和大邑县9项监测指标乡城比率大于等于1,大邑县9项监测指标乡城比率

---

[1] 7项指标分别为"每百名学生拥有高于规定学历教师数""每百名学生拥有体育、艺术(音乐、美术)专任教师数""生均教学及辅助用房面积""生均体育运动场馆面积""生均教学仪器设备值""每百名学生拥有网络多媒体教室数""学校班额达标率"。
[2] 7项指标分别为"每百名学生拥有高于规定学历教师数""每百名学生拥有体育、艺术(音乐、美术)专任教师数""生均教学及辅助用房面积""生均体育运动场馆面积""每百名学生拥有网络多媒体教室数""学校班额达标率""学生体质健康达标合格率"。

大于等于1。2022年成都市推进城乡教育一体化发展取得新成效,义务教育城乡差异持续缩小。

(二)主要问题

(1)县域义务教育优质均衡达标率偏低。按照部标,A类(资源配置,共14项)每项指标每个学校都要水平达标,同时该指标的均衡程度也要达标,B类(政府保障程度,共12项)、C类(教育质量,共7项)指标每项指标要水平达标。监测结果显示:成都市各区(市)县小学和初中暂无一个区(市)县的A类、B类和C类所有指标全部达标。从学段来看,成都市所有区(市)县的小学所有指标达标率为64.19%,初中所有指标达标率为61.89%,虽较上一监测年度有所增长,但指标总体达标率依然不高。

从具体指标来看,A类小学指标中,温江区和简阳市"每百名学生拥有高于规定学历教师数"、郫都区"生均教学仪器设备值"全部学校达标且均衡,简阳市"生均教学及辅助用房面积"和"生均体育运动场馆面积"、崇州市"每百名学生拥有高于规定学历教师数"和"生均教学及辅助用房面积"不达标且不均衡(表1.2),与上一监测年度相比,简阳市A类指标全部学校达标且均衡的比例出现负增长(图1.1)。A类初中指标中,东部新区和温江区"每百名学生拥有高于规定学历教师数"、双流区和郫都区"生均教学仪器设备值"、简阳市"每百名学生拥有网络多媒体教室数"等全部学校达标且均衡,新都区"生均教学及辅助用房面积"和"生均体育运动场馆面积"、双流区"每百名学生拥有县级及以上骨干教师数"和"每百名学生拥有体育、艺术(音乐、美术)专任教师数"不达标且不均衡(表1.3),与上一监测年度相比,锦江区、双流区、大邑县3个区(市)县A类指标全部学校达标且均衡的比例出现负增长(图1.2)。B类和C类指标中,暂无一个区(市)县的所有B类和C类19项指标全部达到标准,有9个区(市)县的达标指标比例低于60%(高新区、武侯区、成华区、龙泉驿区、新都区、温江区、郫都区、简阳市、金堂县,其中郫都区为36.84%),而16个区(市)县的指标达标比例出现负增长(其中蒲江县负增长达23.51个百分点)(图1.3)。

(2)学位供给、办学条件保障不足。B类指标(政府保障程度)中,2022年成都市义务教育小学、初中、九年一贯制"学校规模达标率"、小学和初中"学校班额达标率"均未达标,"生均教学及辅助用房面积"指标达标比例也较低,表明政府在保障学位供给、改善办学条件等方面仍需进一步努力,仍需加大资金和资源等各方面的投入和保障。

(3)骨干教师配备和学生体质健康仍存在城乡差异。从城乡差异看,小学和初中乡城比率最低的指标均是"每百名学生拥有县级及以上骨干教师数",小学为0.935,初中为0.941。从区(市)县情况看,"学生体质健康达标合格率"只有东部新区、青白江区、双流区、简阳市、大邑县5个区(市)县的乡城比率大于等于1。

(4)公办学校部分指标校际差异较大。2022年成都市义务教育公办学校县域内校际差异较大的指标是小学"生均教学及辅助用房面积",其差异系数达到了0.3。从区(市)县情况看,2022年东部新区、新都区、温江区、双流区、简阳市、大邑县6个区(市)县未达到成都市教育现代化标准,成都市义务教育公办学校优质均衡程度仍需进一步提高。

(三)意见建议

(1)坚持问题导向，构建义务教育优质均衡发展长效机制。引导各区(市)县对照部标确定的评估内容和评估标准，全面梳理县域内义务教育优质均衡发展的短板问题和薄弱环节，制定有针对性的改进方案，建立任务清晰、分工明确、部门联动的工作机制，确定创建"义务教育优质均衡发展县"的时间表、路线图。尤其是均衡指数下降明显和一些指标出现负增长的部分区(市)县，应采取切实可行的举措补齐短板，扭转均衡指数下降的趋势。同时，缩小城乡、校际教育差距，提升区域教育教学质量和优质均衡发展水平。

(2)坚持优先发展，优化教育公共服务就近满足机制。引导各区(市)县进一步提高站位，夯实发展义务教育的主体责任，把党中央提出的坚持优先发展教育事业的要求落到实处；加大教育投入，建立一校一策优化空间利用，提高生均办学条件；规划引领，根据人口流动趋势和教育资源布局，制定学位供给攻坚计划；加大学区资源统筹力度，健全学校及周边体育、艺术、科技、图书场馆等社会公共资源开放共享机制，支持优秀教师走课、支教、扶薄，扩大优质教育资源供给，有效化解择校热、大班额等问题，打造更多"家门口的好学校"。

(3)坚持统筹推进，完善城乡教育一体化发展机制。区(市)县要深入贯彻党的二十大关于全面推进乡村振兴的战略部署，将教育作为振兴乡村的先手棋，进一步完善城乡教育一体化发展机制，全面实现城乡义务教育建设标准、经费标准、教师标准、教学标准、质量标准和评价标准"六个统一"；要进一步重视乡村温馨校园建设和乡镇寄宿制学校标准化建设，着力改善农村学校办学条件，办好必要的乡村小规模学校，推动农村学校在乡土资源开发、劳动教育、小班化教学等方面特色发展、内涵发展；要进一步优化区域教育联盟发展，进一步打破区域壁垒，推动市直属学校建立跨区域教育集团，整合优质教育资源带动乡村学校跨越式发展。

(4)坚持人才为重，创新义务教育师资均衡配置机制。指导各区(市)县完善干部教师管理机制，优化义务教育师资配置，以制度创新实现优质师资的校际、城乡均衡配置。一是创新干部教师管理机制，推进党组织领导下的"校长职级制""教师员额制"，深化学区制治理、"县管校聘"统筹推进城乡师资均衡配置，落实校长教师交流轮岗制度，支持建立区域性教师共享中心，统筹整合在蓉高校、青少年宫等各级各类教育资源，创新开发菜单式、项目化选师选课系统。二是建设教师专业发展支持体系，健全校本研修机制，借助"未来教育家"计划、"双名工程"等平台促进骨干教师、名师和名校长成长，重视培养科学、音乐、体育、美术、劳动教育、心理健康等学科的优秀教师。三是实施乡村教师素质提升工程，加强对农村学校骨干校长、骨干教师的培养，继续推进"乡村教师专业发展助力计划""常青树——名优退休教师下乡兴教计划"，为乡村学校培养更多本土骨干教师。

2022年天府新区义务教育优质均衡监测报告

一、2022年天府新区义务教育优质均衡发展概况

本次监测，除"县域内心理健康专职教师配备率"依据成都市《2022年〈政府工作报告〉目标任务责任分解方案》（成办发〔2022〕8号）、"小学六年(初中三年)巩固率"和"学生体质健康达标合格率"依据《成都市义务教育优质均衡监测指标体系》外，其余指标均依据部标。

《成都市人民政府教育督导委员会办公室关于印发〈成都市义务教育优质均衡监测指标体系〉的通知》（成府教督〔2017〕10号）构建的监测指标体系包括A类(资源配置，共14项指标，全部指标分小学、初中)、B类(政府保障程度，共12项指标，部分指标分小学、初中和九年一贯制)和C类(教育质量，共7项指标，部分指标分小学、初中)，合计33项指标。除特别注明外，所有监测结果均为全体公民办学校总体结果。

（一）义务教育均衡程度

1. 判断标准

成都市义务教育均衡程度依据两个标准来判断：①部标，规定县域内义务教育公民办小学A类7项指标的差异系数每一项均应不高于0.50，公民办初中A类7项指标的差异系数每一项均应不高于0.45；②市标，规定县域内义务教育公办学校校际均衡指数值不高于0.27。

2. 均衡程度及达标情况

从部标看，在小学和初中共14项A类指标中，2022年天府新区公民办小学7项指标和初中6项指标的校际差异系数达到部标，初中"每百名学生拥有体育、艺术(音乐、美术)专任教师数"的校际差异系数大于0.45，未达到部标。

与上一监测年度相比，天府新区公民办小学、初中分别有4项和3项指标的校际均衡程度进一步提高(图2.01.1和图2.01.2)。

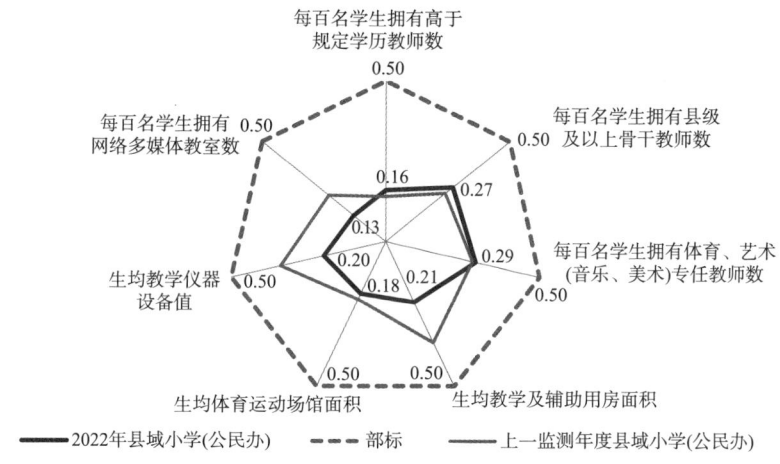

图 2.01.1 2022年与上一监测年度天府新区小学县域内义务教育校际均衡情况

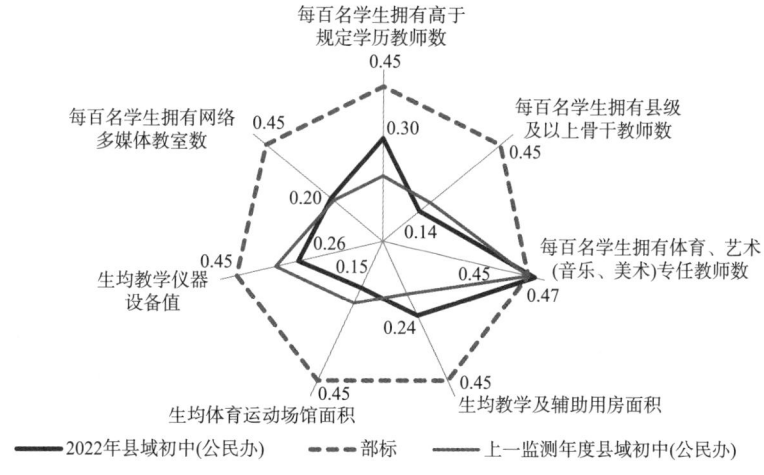

图 2.01.2 2022年与上一监测年度天府新区初中县域内义务教育校际均衡情况

2022年天府新区公办学校校际均衡指数为0.16，低于成都市均值(校际均衡程度高于成都市平均水平)，且达到市标，表明2022年天府新区义务教育公办学校均衡程度较好。

与上一监测年度相比，2022年天府新区公办学校校际均衡指数减小了0.04，公办学校校际均衡程度提高(表2.01.1)。

表2.01.1 天府新区公办小学、初中县域内义务教育校际均衡情况

差异系数	每百名学生拥有高于规定学历教师数	每百名学生拥有县级及以上骨干教师数	每百名学生拥有体育、艺术(音乐、美术)专任教师数	生均教学及辅助用房面积	生均体育运动场馆面积	生均教学仪器设备值	每百名学生拥有网络多媒体教室数	2022年县域内义务教育校际均衡指数	2022年成都市县域内义务教育校际均衡指数	上一监测年度县域内义务教育校际均衡指数
小学	0.12	0.26	0.21	0.19	0.17	0.15	0.13	0.16	0.22	0.20
初中	0.17	0.14	0.14	0.22	0.14	0.13	0.12			

(二)义务教育优质均衡发展水平达标情况

以部标规定的标准值为参照,2022 年天府新区各指标达到目标值的情况如表 2.01.2 所示。

表 2.01.2 天府新区小学和初中 A 类指标达标情况

	指标名称	小学 达标学校数/所	小学 达标学校比例/%	小学 成都市均值/%	初中 达标学校数/所	初中 达标学校比例/%	初中 成都市均值/%
A 资源配置	每百名学生拥有高于规定学历教师数	43	100.00	98.36	23	100.00	98.90
	每百名学生拥有县级及以上骨干教师数	43	100.00	96.40	22	95.65	97.12
	每百名学生拥有体育、艺术(音乐、美术)专任教师数	43	100.00	97.23	22	95.65	91.47
	生均教学及辅助用房面积	43	100.00	87.04	23	100.00	83.78
	生均体育运动场馆面积	43	100.00	82.70	22	95.65	80.95
	生均教学仪器设备值	43	100.00	98.93	23	100.00	97.91
	每百名学生拥有网络多媒体教室数	43	100.00	97.28	23	100.00	96.86

从 A 类指标看,部标规定每一所学校的 A 类指标均要达到标准。天府新区小学 7 项监测指标的达标学校比例均为 100%;初中 7 项监测指标的达标学校比例均超过 95%,其中"每百名学生拥有高于规定学历教师数""生均教学及辅助用房面积""生均教学仪器设备值""每百名学生拥有网络多媒体教室数"4 项指标全部达标。与成都市均值相比,天府新区小学、初中分别有 7 项和 6 项指标的达成度高于成都市均值。

从 B 类和 C 类 19 项指标看,除"九年一贯制学校规模达标率""学校培训经费占本校年度公用经费预算总额的比例""初中学业水平校际差异率"3 项指标外,天府新区其余 16 项指标的达标比例均为 100%。与成都市均值相比,天府新区有 17 项指标的达成度高于或等于成都市均值,另外有 2 项指标的达成度低于成都市均值,分别是"九年一贯制学校规模达标率""学校培训经费占本校年度公用经费预算总额的比例"(表 2.01.3)。

表 2.01.3 天府新区小学和初中 B 类、C 类指标达标情况(%)

	指标名称	达标比例	成都市均值
B 政府保障程度	单设小学学校规模达标率	100.00	82.32
	单设初中学校规模达标率	100.00	94.27
	九年一贯制学校规模达标率	85.71	87.34
	小学学校班额达标率	100.00	77.63
	初中学校班额达标率	100.00	94.78

续表

	指标名称	达标比例	成都市均值
B 政府保障程度	特殊教育学校生均公用经费	100.00	97.12
	学校培训经费占本校年度公用经费预算总额的比例	65.55	71.00
	教师全员培训完成率	100.00	100.00
	县域内每年交流轮岗教师的比例	100.00	100.00
	县域内优质高中招生名额分配比例	100.00	100.00
	符合条件的随迁子女在公办学校和政府购买服务的民办学校就读的比例	100.00	99.77
	县域内心理健康专职教师配备率	100.00	91.44
C 教育质量	小学六年巩固率	100.00	98.24
	初中三年巩固率	100.00	99.63
	残疾儿童少年入学率	100.00	99.89
	小学生体质健康达标合格率	100.00	98.80
	初中学生体质健康达标合格率	100.00	96.95
	小学学业水平校际差异率	100.00	93.27
	初中学业水平校际差异率	90.15	80.49

二、2022年天府新区义务教育区域差异、城乡差异和校际差异情况

（一）总体情况

本报告中，区域差异情况是由各区(市)县的各项监测指标值与成都市均值相比较而得，比值大于1代表其发展水平高于成都市平均水平。城乡差异情况是由各区(市)县的农村学校各项监测指标值与城镇学校各项监测指标值相比较而得，比值大于1代表农村发展水平高于城镇发展水平。校际差异情况是由各区(市)县的各项监测指标差异系数与成都市各区(市)县差异系数平均值相比较而得，比值小于1代表其校际差异水平优于成都市平均水平，差异系数值越小代表区域内该指标校际差异越小。

从区域差异情况看，2022年天府新区小学、初中均有80%(小学、初中各20项)的监测指标优于或等于成都市均值；从校际差异情况看，2022年天府新区小学、初中分别有71.43%和57.14%(小学、初中各7项)的监测指标优于或等于成都市均值。

从监测指标看，2022年，天府新区处于优势的指标为小学和初中"生均教学及辅助用房面积""生均体育运动场馆面积""每百名学生拥有网络多媒体教室数""学校规模达标率""学校班额达标率""特殊教育学校生均公用经费""教师全员培训完成率""县域内优质高中招生名额分配比例""符合条件的随迁子女在公办学校和政府购买服务的民办学校就读的比例""小学六年(初中三年)巩固率""残疾儿童少年入学率""学生体质健康达标合格率""学业水平校际差异率"，小学"每百名学生拥有高于规定学历教师数""生均教学仪器设备值"。

天府新区处于弱势的指标为小学和初中"学校培训经费占本校年度公用经费预算总

额的比例""县域内每年交流轮岗教师的比例""县域内心理健康专职教师配备率",小学"每百名学生拥有县级及以上骨干教师数"(表2.01.4)。

表2.01.4 天府新区小学和初中监测指标的区域差异、城乡差异和校际差异情况

指标名称		小学 区域差异情况	小学 城乡差异情况	小学 校际差异情况	初中 区域差异情况	初中 城乡差异情况	初中 校际差异情况
A 资源配置	每百名学生拥有高于规定学历教师数	■	—	■	■	—	
	每百名学生拥有县级及以上骨干教师数		—			—	■
	每百名学生拥有体育、艺术(音乐、美术)专任教师数	■	—		■	—	
	生均教学及辅助用房面积	■	—	■	■	—	■
	生均体育运动场馆面积	■	—	■	■	—	■
	生均教学仪器设备值	■	—		■	—	
	每百名学生拥有网络多媒体教室数	■	—		■	—	■
B 政府保障程度	学校规模达标率	■	—	—	■	—	—
	学校班额达标率	■	—	—	■	—	—
	特殊教育学校生均公用经费	■	—	—	■	—	—
	学校培训经费占本校年度公用经费预算总额的比例		—			—	
	教师全员培训完成率	■	—	—	■	—	—
	县域内每年交流轮岗教师的比例		—	—		—	—
	县域内优质高中招生名额分配比例	■	—	—	■	—	—
	符合条件的随迁子女在公办学校和政府购买服务的民办学校就读的比例	■	—	—	■	—	—
	县域内心理健康专职教师配备率		—	—		—	—
C 教育质量	小学六年(初中三年)巩固率	■	—	—	■	—	—
	残疾儿童少年入学率	■	—	—	■	—	—
	学生体质健康达标合格率	■	—	—	■	—	—
	学业水平校际差异率	■	—	■	■	—	
灰色底纹项数/项		16	0	5	16	0	4
灰色底纹项数比例/%		80.00	—	71.43	80.00	—	57.14

注:(1)区域差异情况中,■比值大于等于1,□比值小于1;(2)城乡差异情况中,■比值大于等于1,□比值小于1;(3)校际差异情况中,■比值小于等于1,□比值大于1。

(二)区域发展水平具体情况

2022年天府新区小学和初中监测指标中,小学和初中均有80.00%(小学初中各20项)的监测指标优于或等于成都市均值,其中,"特殊教育学校生均公用经费"为成都市均值的1.7847倍;另外,低于成都市均值的指标中,"学校培训经费占本校年度公用经费预

算总额的比例""县域内每年交流轮岗教师的比例""县域内心理健康专职教师配备率"分别为成都市均值的 84.97%、79.31%、83.95%。天府新区具体情况如表 2.01.5 和图 2.01.3 所示。

表 2.01.5 天府新区各项监测指标值与成都市均值的比较

	指标名称	区域值 小学	区域值 初中	区域值 九年一贯制	成都市均值 小学	成都市均值 初中	成都市均值 九年一贯制	区域值/成都市均值 小学	区域值/成都市均值 初中	区域值/成都市均值 九年一贯制
A 资源配置	每百名学生拥有高于规定学历教师数/人	6.51	9.81	—	5.92	8.14	—	1.0997	1.2052	—
	每百名学生拥有县级及以上骨干教师数/人	1.98	2.72	—	2.13	2.88	—	0.9296	0.9444	—
	每百名学生拥有体育、艺术(音乐、美术)专任教师数/人	1.36	1.12	—	1.21	1.11	—	1.1240	1.0090	—
	生均教学及辅助用房面积/平方米	6.17	8.28	—	5.76	7.35	—	1.0712	1.1265	—
	生均体育运动场馆面积/平方米	9.34	12.65	—	8.26	11.48	—	1.1308	1.1019	—
	生均教学仪器设备值/元	5312.78	6741.64	—	4584.76	5927.48	—	1.1588	1.1374	—
	每百名学生拥有网络多媒体教室数/间	3.33	3.74	—	2.97	3.24	—	1.1212	1.1543	—
B 政府保障程度	学校规模达标率/%	100.00	100.00	85.71	82.82	93.88	88.70	1.2074	1.0652	0.9663
	学校班额达标率/%	100.00	100.00	—	74.98	94.48	—	1.3337	1.0584	—
	特殊教育学校生均公用经费/元	35104.34			19669.88			1.7847		
	学校培训经费占本校年度公用经费预算总额的比例/%	3.28			3.86			0.8497		
	教师全员培训完成率/%	100.00			100.00			1.0000		
	县域内每年交流轮岗教师的比例/%	11.96			15.08			0.7931		
	县域内优质高中招生名额分配比例/%	50.00			50.00			1.0000		
	符合条件的随迁子女在公办学校和政府购买服务的民办学校就读的比例/%	99.94			96.55			1.0351		
	县域内心理健康专职教师配备率/%	57.81			68.86			0.8395		
C 教育质量	小学六年(初中三年)巩固率/%	100.00	100.00	—	97.99	99.04	—	1.0205	1.0097	—
	残疾儿童少年入学率/%	100.00			99.21			1.0080		
	学生体质健康达标合格率/%	98.90	98.26	—	98.76	97.89	—	1.0014	1.0038	—
	学业水平校际差异率	0.05	0.17	—	0.13	0.19	—	*2.6000	*1.1176	—

注:*此数值的计算公式为"成都市均值/区域值",比值大于 1 代表区域均衡水平优于成都市均值。

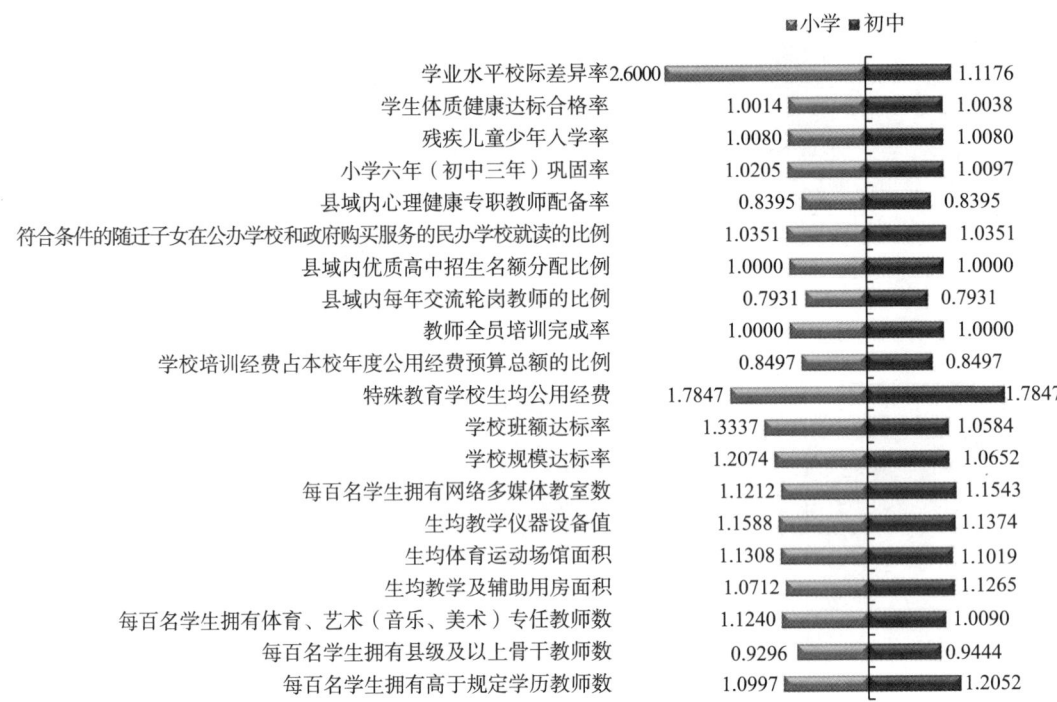

图2.01.3 天府新区小学和初中各项监测指标值与成都市均值的比较

(三)校际差异情况

1. 小学

2022年天府新区有8所小学60%及以上指标低于该区域平均值,分别是四川天府新区第五小学、四川天府新区太平小学、四川天府新区煎茶小学、四川天府新区籍田小学、四川天府新区大林小学、四川天府新区第二小学、四川天府新区锦江小学、四川天府新区合江小学,其弱势方面主要是师资配置和生均资源配置较少。天府新区小学各项监测指标校际差异具体情况比较如表2.01.6所示。

表2.01.6 天府新区小学各项监测指标校际差异具体情况比较

学校	每百名学生拥有高于规定学历教师数	每百名学生拥有县级及以上骨干教师数	每百名学生拥有体育、艺术(音乐、美术)专任教师数	生均教学及辅助用房面积	生均体育运动场馆面积	生均教学仪器设备值	每百名学生拥有网络多媒体教室数	学校班额达标率	学生体质健康达标合格率	灰色底纹项数/项
四川天府新区第五小学	●	●	●	●	●	●	●	—	●	3
四川天府新区第四小学	●	●	●	●	●	●	●	—	●	5
四川天府新区第一小学	●	★	●	●	●	●	●	—	●	8

续表

学校	每百名学生拥有高于规定学历教师数	每百名学生拥有县级及以上骨干教师数	每百名学生拥有体育、艺术(音乐、美术)专任教师数	生均教学及辅助用房面积	生均体育运动场馆面积	生均教学仪器设备值	每百名学生拥有网络多媒体教室数	学校班额达标率	学生体质健康达标合格率	灰色底纹项数/项
四川天府新区第三小学	●	●	●	●	●	●	●	一	●	4
四川天府新区第七小学校	●	●	●	●	●	●	●	一	○	4
四川天府新区华阳中学附属小学	●	●	●	●	●	●	●	一	●	5
四川天府新区麓湖小学	●	●	●	●	●	●	●	一	●	6
四川天府新区第六小学	●	●	●	●	●	●	●	一	○	9
四川天府新区第三中学附属小学	●	●	●	●	●	●	●	一	●	6
四川天府新区美岸小学	●	●	●	●	●	●	●	一	●	4
四川天府新区南湖小学(北区)	●	●	●	●	●	★	●	一	●	5
四川天府新区教育科学研究院附属小学(西区)	●	●	●	●	●	●	●	一	●	4
四川天府新区第十小学	●	●	★	●	●	●	●	一	●	6
四川天府新区万安小学	●	●	●	●	●	●	●	一	●	
四川天府新区太平小学	●	●	●	●	●	●	●	一	●	3
四川天府新区元音小学	●	●	●	●	●	●	●	一	●	8
四川天府新区三星小学	★	●	●	●	●	●	●	一	●	4
四川天府新区南湖小学	●	●	●	●	●	●	●	一	●	4
四川天府新区煎茶小学	●	★	●	●	●	●	●	一	●	2
四川天府新区华阳实验小学	●	●	●	●	●	●	●	一	●	5
四川天府新区籍田小学	●	★	●	●	●	●	●	一	●	3
四川天府新区新兴小学	●	●	●	●	●	★	●	一	●	4
四川天府新区实验小学	★	●	●	●	●	●	●	一	●	6
四川天府新区大林小学	●	●	●	●	●	●	●	一	○	3
四川天府新区第二小学	●	●	★	●	●	●	●	一	●	3
四川天府新区华阳实验小学(西区)	●	●	●	●	●	●	●	一	●	4
四川天府新区锦江小学	●	●	●	●	●	●	●	一	●	2

续表

学校	每百名学生拥有高于规定学历教师数	每百名学生拥有县级及以上骨干教师数	每百名学生拥有体育、艺术(音乐、美术)专任教师数	生均教学及辅助用房面积	生均体育运动场馆面积	生均教学仪器设备值	每百名学生拥有网络多媒体教室数	学校班额达标率	学生体质健康达标合格率	灰色底纹项数/项
四川天府新区第八小学	●	●	●	●	●	●	●	—	●	8
四川天府新区永兴小学	●	●	●	●	○	●	●	—	●	6
四川天府新区华阳小学	●	●	●	●	●	●	●	—	●	4
四川天府新区正兴小学	●	●	●	●	●	●	●	—	●	5
四川天府新区新兴中学附属小学	●	●	○	●	●	●	●	—	●	6
四川天府新区香山小学	●	●	●	●	●	●	●	—	/	6
四川天府新区白沙小学	●	●	★	●	●	●	●	—	★	6
四川天府新区合江小学	●	●	●	●	●	●	●	—	●	2
四川天府新区教育科学研究院附属小学	●	●	●	●	●	●	●	—	●	4
四川天府新区师一学校(小学部)	●	●	●	●	●	●	●	—	●	5
四川天府新区十一学校(小学部)	●	●	●	●	●	●	●	—	●	5
四川天府新区第三中学(小学部)	●	●	●	●	★	●	★	—	●	6
天府第七中学(小学部)	●	●	●	●	●	●	●	—	●	7
天府第四中学校(小学部)	●	★	●	●	●	●	●	—	●	6
成都天府中学(小学部)	●	●	●	●	●	●	●	—	●	8
成都市实外西区学校(小学部)	●	●	●	●	●	●	●	—	●	7

注：(1)★$p>0.05$，差异不显著；○$p<0.05$，差异显著；●$p<0.01$，差异很显著。(2)▨差异不显著或显著高于区(市)县均值；▢显著低于区(市)县均值。(3)"学校班额达标率"达标的标准为小学班额小于或等于45人，初中班额不超过50人。(4)—指"学校班额达标率"只做了大小比较，未进行差异性分析，其灰色底纹表示该学校的"学校班额达标率"大于或等于区(市)县均值，无底纹表示该学校"班额达标率"小于区(市)县均值。(5)/指未采集到"学生体质健康达标合格率"数据。

2. 初中

2022年天府新区有2所初中60%及以上指标低于该区域平均值，分别是四川天府新区师一学校(初中部)、四川天府新区大林中学，其弱势方面主要是师资配置和生均资源配置较少。天府新区初中各项监测指标校际差异具体情况比较如表2.01.7所示。

表 2.01.7　天府新区初中各项监测指标校际差异具体情况比较

学校	每百名学生拥有高于规定学历教师数	每百名学生拥有县级及以上骨干教师数	每百名学生拥有体育、艺术(音乐、美术)专任教师数	生均教学及辅助用房面积	生均体育运动场馆面积	生均教学仪器设备值	每百名学生拥有网络多媒体教室数	学校班额达标率	学生体质健康达标合格率	灰色底纹项数/项
四川天府新区师一学校(初中部)	●	●	●	●	●	●	●	—	●	2
四川天府新区元音中学	★	●	★	●	●	●	★	—	●	8
四川天府新区十一学校(初中部)	●	●	●	●	●	●	●	—	●	6
四川天府新区万安中学	●	●	★	●	●	●	●	—	●	8
四川天府新区正兴中学	●	●	★	●	●	●	●	—	●	5
四川天府新区新兴中学	●	●	●	●	★	●	●	—	★	5
四川天府新区实验中学	●	●	★	●	●	●	●	—	●	4
四川天府新区白沙中学	●	●	●	●	●	●	●	—	●	5
四川天府新区教育科学研究院附属中学	●	★	●	★	●	●	★	—	●	8
四川天府新区三星中学	●	●	●	●	●	●	●	—	★	9
四川天府新区合江中学	○	●	●	●	●	★	●	—	●	5
四川天府新区第三中学(初中部)	★	●	●	●	●	●	○	—	●	5
四川天府新区湖畔路中学	★	●	●	●	●	●	●	—	●	6
四川天府新区大林中学	●	●	●	●	●	●	●	—	●	2
四川天府新区永兴中学	●	★	★	●	●	●	●	—	○	4
天府第七中学(初中部)	●	●	●	●	★	●	●	—	●	5
成都市天府新区麓山光亚学校	●	●	●	●	●	●	★	—	●	8
四川天府新区华阳中学	○	●	●	★	●	●	●	—	●	5
天府第四中学校(初中部)	●	●	●	●	●	●	●	—	●	5
四川天府新区第五中学	●	●	●	●	●	○	●	—	●	5
四川天府新区太平中学	●	●	●	●	●	●	★	—	●	6
成都天府中学(初中部)	●	★	●	●	★	●	●	—	●	8
成都市实外西区学校(初中部)	●	●	●	●	●	●	●	—	●	6

注：(1) ★$p>0.05$，差异不显著；○$p<0.05$，差异显著；●$p<0.01$，差异很显著。(2) ▨差异不显著或显著高于区(市)县均值；□显著低于区(市)县均值。(3) "学校班额达标率"达标的标准为小学班额小于或等于45人，初中班额不超过50人。(4) —指"学校班额达标率"只做了大小比较，未进行差异性分析，其灰色底纹表示该学校的"学校班额达标率"大于或等于区(市)县均值，无底纹表示该学校"班额达标率"小于区(市)县均值。

三、结论

（一）成绩与经验

（1）从义务教育优质均衡发展达标情况看，均衡程度方面，在小学和初中共14项A类指标中，公民办小学、初中共有13项指标的校际差异系数达到部标。与上一监测年度相比，小学、初中分别有4个和3个指标的校际均衡程度进一步提高。2022年天府新区公办学校校际均衡指数为0.16，低于成都市均值（校际均衡程度高于成都市平均水平），且达到市标，区域内校际均衡程度较高。

（2）发展水平方面，A类7项指标中，2022年天府新区小学7项监测指标的达标学校比例均为100%，初中7项监测指标的达标学校比例均超过95%，其中，"每百名学生拥有高于规定学历教师数""生均教学及辅助用房面积""生均教学仪器设备值""每百名学生拥有网络多媒体教室数"4项指标全部达标；B类和C类19项指标中，2022年天府新区有16项指标的达标比例达到100%，有17项指标的达成度高于或等于成都市均值。

（3）从区域发展水平看，2022年天府新区小学、初中均有80.00%的监测指标优于或等于成都市均值，其中"特殊教育学校生均公用经费"为成都市均值的1.7847倍。

（4）从校际差异情况看，2022年天府新区小学、初中分别有71.43%和57.14%的监测指标校际差异优于或等于成都市均值。

（二）存在的不足

（1）从义务教育优质均衡发展达标情况看，均衡程度方面，初中"每百名学生拥有体育、艺术（音乐、美术）专任教师数"的校际差异系数大于0.45，未达到部标。

（2）发展水平方面，A类指标中，2022年天府新区初中"每百名学生拥有县级及以上骨干教师数""每百名学生拥有体育、艺术（音乐、美术）专任教师数""生均体育运动场馆面积"3项监测指标的达标学校比例均为95.65%；B类和C类指标中，2022年天府新区有3项指标的达标比例低于100%，其中，"九年一贯制学校规模达标率""学校培训经费占本校年度公用经费预算总额的比例"的达标比例分别为85.71%、65.55%。

（3）从区域发展水平看，2022年天府新区小学和初中生均有20%的监测指标低于成都市均值，其中，"学校培训经费占本校年度公用经费预算总额的比例""县域内每年交流轮岗教师的比例""县域内心理健康专职教师配备率"分别为成都市均值的84.97%、79.31%、83.95%，与成都市均值存在差距。

（4）从校际差异情况看，天府新区有8所小学60%及以上指标低于该区域平均值，分别是四川天府新区第五小学、四川天府新区太平小学、四川天府新区煎茶小学、四川天府新区籍田小学、四川天府新区大林小学、四川天府新区第二小学、四川天府新区锦江小学、四川天府新区合江小学；有2所初中60%及以上指标低于该区域平均值，分别是四川天府新区师一学校（初中部）、四川天府新区大林中学；小学和初中的弱势方面均主要是师资配置和生均资源配置较少。

(三)建议

(1)资源配置方面,加强师资队伍建设,重点解决小学和初中"每百名学生拥有县级及以上骨干教师数"区域水平较低,初中"每百名学生拥有高于规定学历教师数""每百名学生拥有体育、艺术(音乐、美术)专任教师数"校际差异较大的问题;优化资源配置,重点解决部分初中学校"生均体育运动场馆面积"未达标的问题;关注弱势学校,关注60%及以上指标低于区域均值的学校及连续多年处于该水平的学校,提高学校办学条件水平。

(2)政府保障程度方面,着力解决"学校培训经费占本校年度公用经费预算总额的比例"的区域水平较低,达标学校比例较少,"九年一贯制学校规模"超过标准,"县域内每年交流轮岗教师的比例""县域内心理健康专职教师配备率"的区域水平较低的问题。

2022年东部新区义务教育优质均衡监测报告

一、2022年东部新区义务教育优质均衡发展概况

本次监测，除"县域内心理健康专职教师配备率"依据成都市《2022年〈政府工作报告〉目标任务责任分解方案》（成办发〔2022〕8号）、"小学六年(初中三年)巩固率"和"学生体质健康达标合格率"依据《成都市义务教育优质均衡监测指标体系》外，其余指标均依据部标。

《成都市人民政府教育督导委员会办公室关于印发〈成都市义务教育优质均衡监测指标体系〉的通知》（成府教督〔2017〕10号）构建的监测指标体系包括A类(资源配置，共14项指标，全部指标分小学、初中)、B类(政府保障程度，共12项指标，部分指标分小学、初中和九年一贯制)和C类(教育质量，共7项指标，部分指标分小学、初中)，合计33项指标。除特别注明外，所有监测结果均为全体公民办学校总体结果。

（一）义务教育均衡程度

1. 判断标准

成都市义务教育均衡程度依据两个标准来判断：①部标，规定县域内义务教育公民办小学A类7项指标的差异系数每一项均应不高于0.50，公民办初中A类7项指标的差异系数每一项均应不高于0.45；②市标，规定县域内义务教育公办学校校际均衡指数值不高于0.27。

2. 均衡程度及达标情况

从部标看，在小学和初中共14项A类指标中，2022年东部新区小学、初中共有13项指标的校际差异系数达到部标，只有初中"生均教学及辅助用房面积"的校际差异系数为0.46，未达到部标。

与上一监测年度相比，东部新区小学、初中分别有6项和7项指标的校际均衡程度进一步提高，只有小学"每百名学生拥有高于规定学历教师数"的校际均衡程度有所下降（图2.02.1和图2.02.2）。

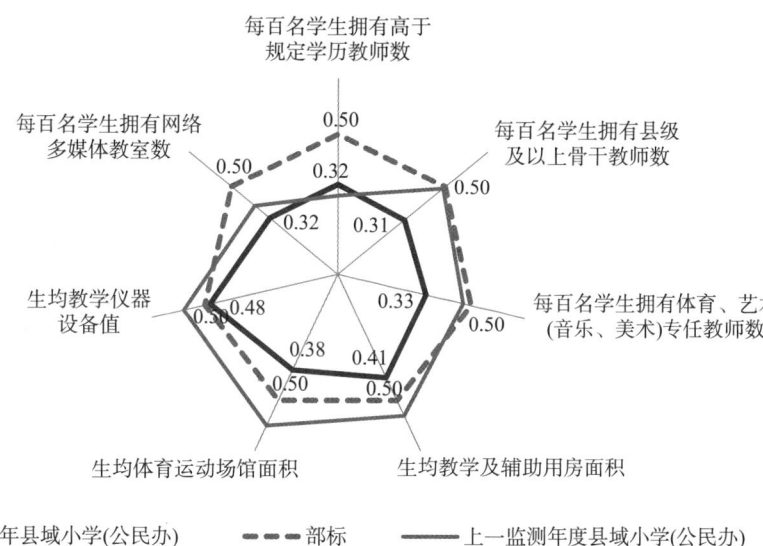

图 2.02.1　2022 年与上一监测年度东部新区小学县域内义务教育校际均衡情况

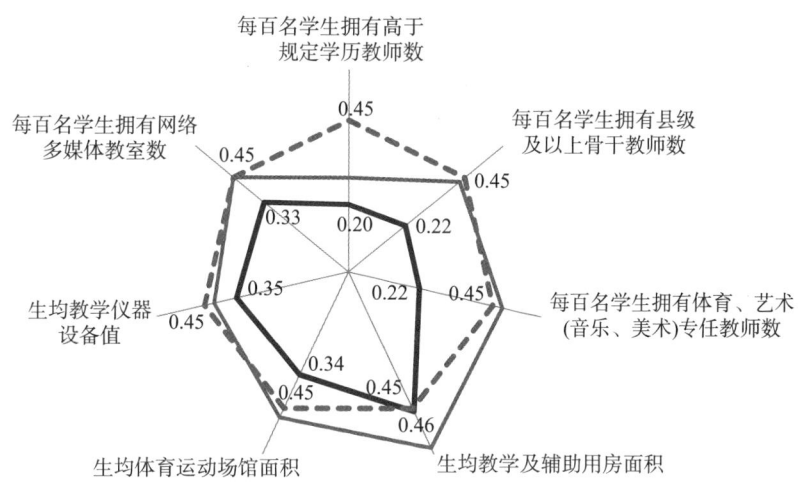

图 2.02.2　2022 年与上一监测年度东部新区初中县域内义务教育校际均衡情况

2022 年东部新区公办学校校际均衡指数为 0.33，比成都市均值高 0.11（校际均衡程度低于成都市平均水平），且未达到市标，表明 2022 年东部新区义务教育公办学校校际均衡程度有待提高。

与上一监测年度相比，2022 年东部新区公办学校校际均衡指数降低了 0.13，公办学校校际均衡程度明显提升（表 2.02.1）。

表 2.02.1　东部新区公办小学、初中县域内义务教育校际均衡情况

差异系数	每百名学生拥有高于规定学历教师数	每百名学生拥有县级及以上骨干教师数	每百名学生拥有体育、艺术(音乐、美术)专任教师数	生均教学及辅助用房面积	生均体育运动场馆面积	生均教学仪器设备值	每百名学生拥有网络多媒体教室数	2022年县域内义务教育校际均衡指数	2022年成都市县域内义务教育校际均衡指数	上一监测年度县域内义务教育校际均衡指数
小学	0.32	0.31	0.33	0.41	0.38	0.48	0.32	0.33	0.22	0.46
初中	0.20	0.22	0.22	0.46	0.34	0.35	0.33			

(二)义务教育优质均衡发展水平达标情况

以部标规定的标准值为参照,2022 年东部新区各指标达到目标值的情况如表 2.02.2 所示。

表 2.02.2　东部新区小学和初中 A 类指标达标情况

	指标名称	小学 达标学校数/所	小学 达标学校比例/%	小学 成都市均值/%	初中 达标学校数/所	初中 达标学校比例/%	初中 成都市均值/%
A 资源配置	每百名学生拥有高于规定学历教师数	38	100.00	98.36	28	100.00	98.90
	每百名学生拥有县级及以上骨干教师数	29	76.32	96.40	24	85.71	97.12
	每百名学生拥有体育、艺术(音乐、美术)专任教师数	35	92.11	97.23	23	82.14	91.47
	生均教学及辅助用房面积	30	78.95	87.04	17	60.71	83.78
	生均体育运动场馆面积	30	78.95	82.70	17	60.71	80.95
	生均教学仪器设备值	35	92.11	98.93	24	85.71	97.91
	每百名学生拥有网络多媒体教室数	38	100.00	97.28	25	89.29	96.86

从 A 类指标看,部标规定每一所学校的 A 类指标均要达到标准,东部新区小学的 7 项监测指标中有 4 项指标的达标学校比例在 80%以上,其中"每百名学生拥有高于规定学历教师数"和"每百名学生拥有网络多媒体教室数"的达标学校比例为 100%;"每百名学生拥有县级及以上骨干教师数"的达标学校比例最低,为 76.32%。

东部新区初中的 7 项监测指标中,达标学校比例超过 80%的指标有 5 项,其中"每百名学生拥有高于规定学历教师数"的达标学校比例为 100%;另外,"生均教学及辅助用房面积""生均体育运动场馆面积"的达标学校比例较低,均为 60.71%。与成都市均值相比,东部新区小学、初中分别有 2 项和 1 项指标的达成度高于成都市均值。

从 B 类和 C 类 19 项指标看,除"单设小学学校规模达标率""小学学校班额达标率""初中学校班额达标率""特殊教育学校生均公用经费""学校培训经费占本校年度公用经费预算总额的比例""残疾儿童少年入学率"6 项指标外,其余 13 项指标的达标比例均为 100%(表 2.02.3)。与成都市均值相比,东部新区有 15 项指标的达成度高于

或等于成都市均值，另外有3项指标的达成度低于成都市均值，分别是"初中学校班额达标率"、"学校培训经费占本校年度公用经费预算总额的比例"和"残疾儿童少年入学率"（表2.02.3）。

表2.02.3　东部新区小学和初中B类、C类指标达标情况(%)

	指标名称	达标比例	成都市均值
B 政府保障程度	单设小学学校规模达标率	83.33	82.32
	单设初中学校规模达标率	100.00	94.27
	九年一贯制学校规模达标率	100.00	87.34
	小学学校班额达标率	78.20	77.63
	初中学校班额达标率	80.56	94.78
	*特殊教育学校生均公用经费	—	97.12
	学校培训经费占本校年度公用经费预算总额的比例	70.57	71.00
	教师全员培训完成率	100.00	100.00
	县域内每年交流轮岗教师的比例	100.00	100.00
	县域内优质高中招生名额分配比例	100.00	100.00
	符合条件的随迁子女在公办学校和政府购买服务的民办学校就读的比例	100.00	99.77
	县域内心理健康专职教师配备率	100.00	91.44
C 教育质量	小学六年巩固率	100.00	98.24
	初中三年巩固率	100.00	99.63
	残疾儿童少年入学率	97.38	99.89
	小学生体质健康达标合格率	100.00	98.80
	初中学生体质健康达标合格率	100.00	96.95
	小学学业水平校际差异率	100.00	93.27
	初中学业水平校际差异率	100.00	80.49

注：*东部新区无特殊教育学校。

二、2022年东部新区义务教育区域差异、城乡差异和校际差异情况

（一）总体情况

本报告中，区域差异情况是由各区(市)县的各项监测指标值与成都市均值相比较而得，比值大于1代表其发展水平高于成都市平均水平。城乡差异情况是由各区(市)县的农村学校各项监测指标值与城镇学校各项监测指标值相比较而得，比值大于1代表农村发展水平高于城镇发展水平。校际差异情况是由各区(市)县的各项监测指标差异系数与成都市各区(市)县差异系数平均值相比较而得，比值小于1代表其校际差异水平优于成都市平均

水平。差异系数值越小代表区域内该指标校际差异越小。

从区域差异情况看，2022年东部新区小学、初中分别有68.42%和47.37%（小学、初中各19项）的监测指标优于或等于成都市均值；从城乡差异情况看，2022年东部新区小学、初中分别有77.78%和44.44%（小学、初中各9项）的监测指标农村学校优于或等于城镇学校；从校际差异情况看，2022年东部新区小学无监测指标优于或等于成都市均值，初中有14.29%（小学、初中各7项）的监测指标优于或等于成都市均值。

从监测指标看，2022年，东部新区处于优势的指标为小学和初中"学校规模达标率""教师全员培训完成率""县域内优质高中招生名额分配比例""符合条件的随迁子女在公办学校和政府购买服务的民办学校就读的比例""县域内心理健康专职教师配备率""小学六年（初中三年）巩固率""学业水平校际差异率"，初中"每百名学生拥有体育、艺术（音乐、美术）专任教师数""学生体质健康达标合格率"和小学"学校班额达标率"。

东部新区处于弱势的指标为小学和初中"学校培训经费占本校年度公用经费预算总额的比例""县域内每年交流轮岗教师的比例""残疾儿童少年入学率"，初中"每百名学生拥有县级及以上骨干教师数""生均教学及辅助用房面积""每百名学生拥有高于规定学历教师数""生均体育运动场馆面积""学校班额达标率"（表2.02.4）。

表2.02.4 东部新区小学和初中监测指标的区域差异、城乡差异和校际差异情况

指标名称		小学			初中		
		区域差异情况	城乡差异情况	校际差异情况	区域差异情况	城乡差异情况	校际差异情况
A 资源配置	每百名学生拥有高于规定学历教师数						
	每百名学生拥有县级及以上骨干教师数						
	每百名学生拥有体育、艺术（音乐、美术）专任教师数						
	生均教学及辅助用房面积						
	生均体育运动场馆面积						
	生均教学仪器设备值						
	每百名学生拥有网络多媒体教室数						
B 政府保障程度	学校规模达标率						
	学校班额达标率						
	特殊教育学校生均公用经费	—			—		
	学校培训经费占本校年度公用经费预算总额的比例						
	教师全员培训完成率		—			—	
	县域内每年交流轮岗教师的比例						
	县域内优质高中招生名额分配比例						
	符合条件的随迁子女在公办学校和政府购买服务的民办学校就读的比例		—			—	
	县域内心理健康专职教师配备率		—			—	

续表

指标名称		小学			初中		
		区域差异情况	城乡差异情况	校际差异情况	区域差异情况	城乡差异情况	校际差异情况
C 教育质量	小学六年(初中三年)巩固率	■	—	—	■	—	—
	残疾儿童少年入学率		—	—		—	—
	学生体质健康达标合格率		■	—		■	—
	学业水平校际差异率		—			—	
	灰色底纹项数/项	13	7	0	9	4	1
	灰色底纹项数比例/%	68.42	77.78	0	47.37	44.44	14.29

注：(1) 区域差异情况中，■ 比值大于等于1，□ 比值小于1；(2) 城乡差异情况中，■ 比值大于等于1，□ 比值小于1；(3) 校际差异情况中，■ 比值小于等于1，□ 比值大于1。

(二) 区域发展水平具体情况

2022 年东部新区小学和初中监测指标中，小学和初中分别有 68.42% 和 47.37%（小学、初中各19项）的监测指标优于或等于成都市均值，其中，东部新区小学"生均体育运动场馆面积"为成都市均值的 1.2203 倍；另外，低于成都市均值的指标中，初中"每百名学生拥有县级及以上骨干教师数"为成都市的 44.10%。东部新区具体情况如表 2.02.5 和图 2.02.3 所示。

表 2.02.5　东部新区各项监测指标值与成都市均值的比较

指标名称		区域值			成都市均值			区域值/成都市均值		
		小学	初中	九年一贯制	小学	初中	九年一贯制	小学	初中	九年一贯制
A 资源配置	每百名学生拥有高于规定学历教师数/人	7.01	7.25	—	5.92	8.14	—	1.1841	0.8907	—
	每百名学生拥有县级及以上骨干教师数/人	1.19	1.27	—	2.13	2.88	—	0.5587	0.4410	—
	每百名学生拥有体育、艺术(音乐、美术)专任教师数/人	1.39	1.14	—	1.21	1.11	—	1.1488	1.0270	—
	生均教学及辅助用房面积/平方米	6.74	6.90	—	5.76	7.35	—	1.1701	0.9388	—
	生均体育运动场馆面积/平方米	10.08	11.39	—	8.26	11.48	—	1.2203	0.9922	—
	生均教学仪器设备值/元	3088.72	3484.75	—	4584.76	5927.48	—	0.6737	0.5879	—
	每百名学生拥有网络多媒体教室数/间	3.28	3.12	—	2.97	3.24	—	1.1044	0.9630	—
B 政府保障程度	学校规模达标率/%	83.33	100.00	100.00	82.82	93.88	88.70	1.0062	1.0652	1.1274
	学校班额达标率/%	78.20	80.56	—	74.98	94.48	—	1.0429	0.8527	—
	特殊教育学校生均公用经费/元	—			19669.88			—		

续表

指标名称		区域值			成都市均值			区域值/成都市均值		
		小学	初中	九年一贯制	小学	初中	九年一贯制	小学	初中	九年一贯制
B 政府保障程度	学校培训经费占本校年度公用经费预算总额的比例/%	3.53			3.86			0.9145		
	教师全员培训完成率/%	100.00			100.00			1.0000		
	县域内每年交流轮岗教师的比例/%	14.81			15.08			0.9821		
	县域内优质高中招生名额分配比例/%	50.00			50.00			1.0000		
	符合条件的随迁子女在公办学校和政府购买服务的民办学校就读的比例/%	100.00			96.55			1.0357		
	县域内心理健康专职教师配备率/%	82.22			68.86			1.1940		
C 教育质量	小学六年(初中三年)巩固率/%	100.00	100.00	—	97.99	99.04	—	1.0205	1.0097	—
	残疾儿童少年入学率/%	92.51			99.21			0.9325		
	学生体质健康达标合格率/%	98.50	98.46	—	98.76	97.89	—	0.9974	1.0058	—
	学业水平校际差异率	0.12	0.11	—	0.13	0.19	—	*1.0833	*1.7273	—

注：*此数值的计算公式为"成都市均值/区域值"，比值大于1代表区域均衡水平优于成都市均值。

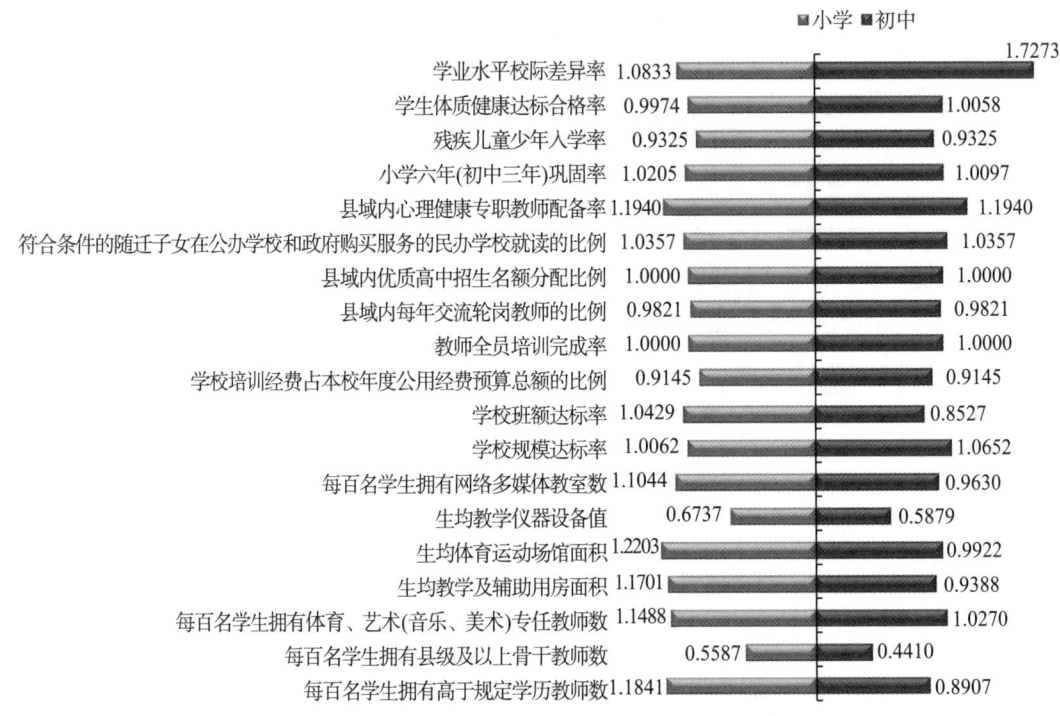

图 2.02.3　东部新区小学和初中各项监测指标值与成都市均值的比较

注：东部新区无特殊教育学校，故无"特殊教育学校生均公用经费"指标。

(三)城乡差异情况

1. 小学

2022年东部新区小学9项监测指标中,农村小学有7项指标高于城镇小学,农村小学"学校班额达标率"为城镇的1.9221倍,城乡差异大;农村小学有2项指标低于城镇小学,其中"每百名学生拥有体育、艺术(音乐、美术)专任教师数"为城镇小学的80.72%(表2.02.6和图2.02.4)。

表2.02.6 东部新区小学各项监测指标城乡差异情况

指标	东部新区均值	城镇均值	农村均值	乡城比率
每百名学生拥有高于规定学历教师数/人	7.01	6.55	7.10	1.0840
每百名学生拥有县级及以上骨干教师数/人	1.19	0.99	1.23	1.2424
每百名学生拥有体育、艺术(音乐、美术)专任教师数/人	1.39	1.66	1.34	0.8072
生均教学及辅助用房面积/平方米	6.74	7.63	6.57	0.8611
生均体育运动场馆面积/平方米	10.08	7.81	10.51	1.3457
生均教学仪器设备值/元	3088.72	2322.48	3236.44	1.3935
每百名学生拥有网络多媒体教室数/间	3.28	3.16	3.30	1.0443
学校班额达标率/%	78.20	43.66	83.92	1.9221
学生体质健康达标合格率/%	98.50	98.15	98.55	1.0041

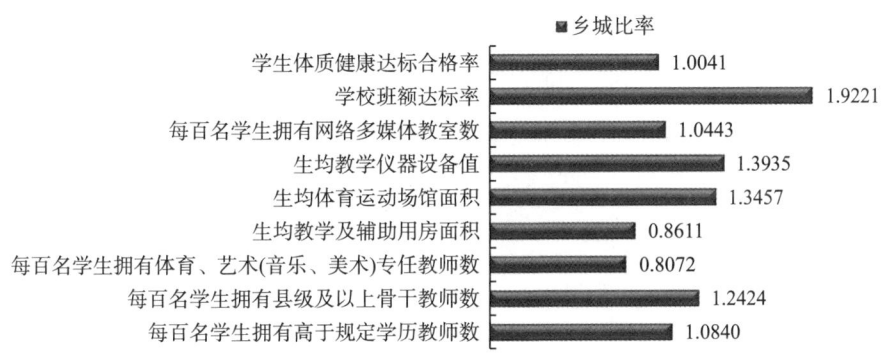

图2.02.4 东部新区小学城乡差异情况

2. 初中

2022年东部新区初中9项监测指标中,农村初中有4项指标高于城镇初中,农村初中"每百名学生拥有网络多媒体教室数"为城镇初中的1.1527倍;其中,农村初中最低的指标是"生均教学及辅助用房面积",仅为城镇初中的78.68%(表2.02.7和图2.02.5)。

表 2.02.7　东部新区初中各项监测指标城乡差异情况

指标	东部新区均值	城镇均值	农村均值	乡城比率
每百名学生拥有高于规定学历教师数/人	7.25	7.51	7.21	0.9601
每百名学生拥有县级及以上骨干教师数/人	1.27	1.38	1.26	0.9130
每百名学生拥有体育、艺术(音乐、美术)专任教师数/人	1.14	1.13	1.14	1.0088
生均教学及辅助用房面积/平方米	6.90	8.49	6.68	0.7868
生均体育运动场馆面积/平方米	11.39	12.67	11.21	0.8848
生均教学仪器设备值/元	3484.75	3100.01	3538.69	1.1415
每百名学生拥有网络多媒体教室数/间	3.12	2.75	3.17	1.1527
学校班额达标率/%	80.56	82.35	80.31	0.9752
学生体质健康达标合格率/%	98.46	98.18	98.49	1.0032

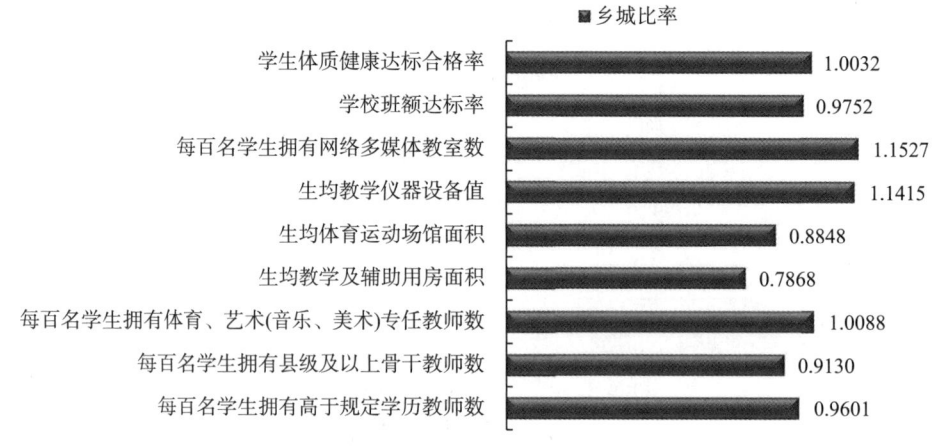

图 2.02.5　东部新区初中城乡差异情况

(四)校际差异情况

1. 小学

2022 年东部新区有 9 所小学 60%及以上指标低于该区域平均值，分别是成都东部新区贾家小学校、成都东部新区石盘小学校、成都东部新区三岔湖小学校、成都东部新区金堰学校(小学部)、成都东部新区清风学校(小学部)、成都东部新区福田学校(小学部)、成都东部新区石板凳学校(小学部)、成都东部新区玉成学校(小学部)、成都东部新区新民学校(小学部)，其弱势方面主要是师资配置、生均资源配置较少。东部新区小学各项监测指标校际差异具体情况比较如表 2.02.8 所示。

表 2.02.8　东部新区小学各项监测指标校际差异具体情况比较

学校	每百名学生拥有高于规定学历教师数	每百名学生拥有县级及以上骨干教师数	每百名学生拥有体育、艺术(音乐、美术)专任教师数	生均教学及辅助用房面积	生均体育运动场馆面积	生均教学仪器设备值	每百名学生拥有网络多媒体教室数	学校班额达标率	学生体质健康达标合格率	灰色底纹项数/项
成都东部新区蓝绸带小学校	●	●	●	●	●	●	●	—	/	6
成都东部新区贾家小学校	●	●	●	●	●	★	●	—	●	2
成都东部新区石盘小学校	●	●	●	●	●	●	●	—	●	3
成都东部新区久隆学校十八梯教学点	●	●	●	○	●	●	●	—	●	6
成都东部新区武庙学校竹园教学点	●	★	●	●	●	●	●	—	●	5
成都东部新区田家小学校	●	●	●	●	●	●	●	—	●	9
成都东部新区养马小学校	●	●	●	●	●	●	●	—	●	5
成都东部新区春晖小学校	●	●	●	●	●	★	●	—	●	4
成都东部新区英明小学校黄桷教学点	●	●	○	●	●	●	●	—	●	6
成都东部新区三岔湖小学校	●	●	●	●	●	●	●	—	●	2
成都东部新区英明小学校	●	●	★	●	●	●	●	—	●	7
成都东部新区草池小学校	●	●	★	●	●	★	★	—	●	6
成都东部新区幸福小学校	●	●	●	●	●	●	●	—	●	6
成都东部新区壮溪小学校	●	●	●	●	●	●	●	—	●	6
成都东部新区银海学校(小学部)	●	●	●	●	●	●	●	—	●	5
成都东部新区金堰学校(小学部)	●	●	●	●	●	●	●	—	●	1
成都东部新区高明学校(小学部)	○	●	●	●	★	●	★	—	●	4
成都东部新区灵仙学校(小学部)	●	●	●	●	●	●	●	—	●	7
成都东部新区五指学校(小学部)	●	●	●	●	●	●	●	—	●	7
成都东部新区久隆学校(小学部)	●	●	●	●	●	●	●	—	●	9

续表

学校	每百名学生拥有高于规定学历教师数	每百名学生拥有县级及以上骨干教师数	每百名学生拥有体育、艺术(音乐、美术)专任教师数	生均教学及辅助用房面积	生均体育运动场馆面积	生均教学仪器设备值	每百名学生拥有网络多媒体教室数	学校班额达标率	学生体质健康达标合格率	灰色底纹项数/项
成都东部新区老君井学校(小学部)	●	●	●	●	●	●	●	—	●	9
成都东部新区清风学校(小学部)	●			●		●	●		●	3
成都东部新区付家坪学校(小学部)	●	●	●	●	●	●	●		●	8
成都东部新区武庙学校(小学部)	●	★	●	★		●	●	—	●	6
成都东部新区周家学校(小学部)	●			●	●	●	●		●	5
成都东部新区柏林学校(小学部)	●	●	○	●	●	●	●	—	●	8
成都东部新区芦葭学校(小学部)	●	●	●	●	●	●	●		●	8
成都东部新区福田学校(小学部)	●			●		●	●	—	●	1
成都东部新区石板凳学校(小学部)	●			●					●	2
成都东部新区先锋小学校	●	●	●	●	●	●	●	—	●	7
成都东部新区兴隆学校(小学部)	●	●	●	●	●	●	●		●	7
成都东部新区丹景学校(小学部)	●	●	●	●	●	●	●		●	7
成都东部新区玉成学校(小学部)	●	●	●	●	●	●	●	—	★	2
成都东部新区回龙学校(小学部)	●	●	●	●	●	★	●		●	7
成都东部新区新民学校(小学部)	●	●	●	●	●	●	★	—	●	3
成都东部新区长河学校(小学部)	●	●	●	●	●	●	★		●	6
成都东部新区龙云学校(小学部)	●	●	●	○	●	●	●	—	●	6
成都东部新区董家埂学校(小学部)	●	★	●	●	●	●	●	—	●	4

注：(1)★$p>0.05$，差异不显著；○$p<0.05$，差异显著；●$p<0.01$，差异很显著。(2) ▓ 差异不显著或显著高于区(市)县均值；☐ 显著低于区(市)县均值。(3)"学校班额达标率"达标的标准为小学班额不超过45人，初中班额不超过50人。(4)—指"学校班额达标率"只做了大小比较，未进行差异性分析，其灰色底纹表示该学校的"学校班额达标率"大于或等于区(市)县均值，无底纹表示该学校的"学校班额达标率"小于区(市)县均值。(5)/指未采集到"学生体质健康达标合格率"数据。

2. 初中

2022 年东部新区有 6 所初中 60%及以上指标低于该区域平均值，分别是成都东部新区金堰学校(初中部)、成都东部新区贾家初级中学、成都东部新区福田学校(初中部)、成都东部新区石板凳学校(初中部)、成都东部新区草池初级中学、成都东部新区贾家高级中学，其弱势方面主要是师资配置和生均资源配置较少，"学校班额达标率"较低，"学生体质健康达标合格率"偏低。东部新区初中各项监测指标校际差异具体情况比较如表2.02.9 所示。

表 2.02.9　东部新区初中各项监测指标校际差异具体情况比较

学校	每百名学生拥有高于规定学历教师数	每百名学生拥有县级及以上骨干教师数	每百名学生拥有体育、艺术(音乐、美术)专任教师数	生均教学及辅助用房面积	生均体育运动场馆面积	生均教学仪器设备值	每百名学生拥有网络多媒体教室数	学校班额达标率	学生体质健康达标合格率	灰色底纹项数/项
成都东部新区银海学校(初中部)	●	●	●	●	●	●	○	—	●	7
成都东部新区金堰学校(初中部)	●	●	★	●	●	●	●	—	●	2
成都东部新区高明学校(初中部)	★	●	●	●	●	○	●	—	●	4
成都东部新区灵仙学校(初中部)	●	●	●	●	●	●	●	—	●	8
成都东部新区五指学校(初中部)	●	●	●	●	●	●	●	●	●	8
成都东部新区清风学校(初中部)	★	●	★	●	●	●	●	—	●	5
成都东部新区付家坪学校(初中部)	●	●	●	★	●	●	●	●	●	8
成都东部新区武庙学校(初中部)	●	●	●	○	●	●	●	—	●	4
成都东部新区周家学校(初中部)	●	●	●	●	●	●	●	—	●	6
成都东部新区石盘初级中学	★	●	★	●	●	●	●	—	●	6
成都东部新区永盛初级中学	●	●	●	●	●	●	★	—	●	5
成都东部新区贾家初级中学	●	●	●	●	●	●	●	—	●	2
成都东部新区养马初级中学	★	●	○	●	●	●	●	—	●	4
成都东部新区芦葭学校(初中部)	●	○	●	●	●	●	●	—	●	6

续表

学校	每百名学生拥有高于规定学历教师数	每百名学生拥有县级及以上骨干教师数	每百名学生拥有体育、艺术(音乐、美术)专任教师数	生均教学及辅助用房面积	生均体育运动场馆面积	生均教学仪器设备值	每百名学生拥有网络多媒体教室数	学校班额达标率	学生体质健康达标合格率	灰色底纹项数/项
成都东部新区福田学校(初中部)	●	●	●	●	●	●	●	—	●	1
成都东部新区石板凳学校(初中部)	●	●	●	●	●	●	●	—	●	1
成都东部新区三岔湖初级中学	●	●	●	●	●	●	●	●	●	4
成都东部新区兴隆学校(初中部)	●	●	●	●	●	●	●	●	●	7
成都东部新区丹景学校(初中部)	●	●	●	●	●	●	●	●	●	6
成都东部新区玉成学校(初中部)	●	●	●	●	●	★	●	—	★	5
成都东部新区回龙学校(初中部)	★	●	●	●	●	★	●	—	●	7
成都东部新区新民学校(初中部)	●	●	●	●	●	●	●	●	●	5
成都东部新区长河学校(初中部)	●	●	●	●	●	●	●	●	●	7
成都东部新区草池初级中学	●	●	●	●	●	●	●	—	●	0
成都东部新区龙云学校(初中部)	●	●	●	★	●	●	●	—	●	7
成都东部新区壮溪初级中学	●	●	●	●	★	●	★	—	●	5
成都东部新区董家埂学校(初中部)	●	●	●	●	●	●	●	●	●	7
成都东部新区贾家高级中学	★	●	●	●	●	●	●	—	●	3

注：(1) ★$p>0.05$，差异不显著；○$p<0.05$，差异显著；●$p<0.01$，差异很显著。(2) ▨ 差异不显著或显著高于区(市)县均值；□ 显著低于区(市)县均值。(3) "学校班额达标率"达标的标准为小学班额不超过45人，初中班额不超过50人。(4) —指"学校班额达标率"只做了大小比较，未进行差异性分析，其灰色底纹表示该学校的"学校班额达标率"大于或等于区(市)县均值，无底纹表示该学校的"学校班额达标率"小于区(市)县均值。

三、结论

(一)成绩与经验

(1)从义务教育优质均衡发展达标情况看，均衡程度方面，在小学和初中共14项A类指标中，2022年东部新区小学、初中共有13项指标的校际差异系数达到部标。

(2) 发展水平方面，A 类 7 项指标中，2022 年东部新区小学有 4 项指标的达标学校比例在 80%以上，其中，"每百名学生拥有高于规定学历教师数"和"每百名学生拥有网络多媒体教室数"2 项指标的达标学校比例为 100%，初中有 5 项指标达标学校比例超过 80%，其中"每百名学生拥有高于规定学历教师数"的达标学校比例为 100%；B 类和 C 类 19 项指标中，2022 年东部新区有 13 项指标的达标比例达到 100%，有 15 项指标的达成度高于或等于成都市均值。

(3) 从区域发展水平看，2022 年东部新区小学和初中监测指标中，小学和初中分别有 68.42%和 47.37%的监测指标优于或等于成都市均值，其中，东部新区小学"生均体育运动场馆面积"为成都市均值的 1.2203 倍。

(4) 从城乡差异情况看，2022 年东部新区小学、初中分别有 77.78%和 44.44%的监测指标农村学校优于或等于城镇学校。

(5) 从校际差异情况看，2022 年东部新区初中有 14.29%的监测指标校际差异优于或等于成都市均值。

(二) 存在的不足

(1) 从义务教育优质均衡发展达标情况看，均衡程度方面，初中"生均教学及辅助用房面积"的校际差异系数为 0.46，未达到部标。

(2) 发展水平方面，A 类指标中，2022 年东部新区小学和初中分别有 3 项和 2 项指标的达标学校比例低于 80%，其中，小学"每百名学生拥有县级及以上骨干教师数"的达标学校比例为 76.32%，初中"生均教学及辅助用房面积""生均体育运动场馆面积"的达标学校比例均为 60.71%；B 类和 C 类指标中，2022 年东部新区有 2 项指标的达标比例低于 80%，其中小学"学校班额达标率"和"学校培训经费占本校年度公用经费预算总额的比例"的达标学校比例分别为 78.20%和 70.57%。

(3) 区域发展水平方面，2022 年东部新区小学和初中分别有 31.58%和 52.63%的监测指标低于成都市均值，其中，"初中每百名学生拥有县级及以上骨干教师数"为成都市的 44.10%，与成都市均值存在差距。

(4) 从城乡差异情况看，2022 年东部新区农村小学和初中分别有 22.22%和 55.56%的监测指标低于成都市均值，其中，农村小学的"每百名学生拥有体育、艺术（音乐、美术）专任教师数"为城镇小学的 80.72%，农村初中"生均教学及辅助用房面积"为城镇初中的 78.68%。

(5) 从校际差异情况看，9 所小学 60%及以上指标低于该区域平均值，分别是成都东部新区贾家小学校、成都东部新区石盘小学校、成都东部新区三岔湖小学校、成都东部新区金堰学校（小学部）、成都东部新区清风学校（小学部）、成都东部新区福田学校（小学部）、成都东部新区石板凳学校（小学部）、成都东部新区玉成学校（小学部）、成都东部新区新民学校（小学部），其弱势方面主要是师资配置、生均资源配置较少；6 所初中 60%及以上指标低于该区域平均值，分别是成都东部新区金堰学校（初中部）、成都东部新区贾家初级中学、成都东部新区福田学校（初中部）、成都东部新区石板凳学校（初中部）、成都东部新区草池初级中学、成都东部新区贾家高级中学，其弱势方面主要是师资配置和生均资源配置较少,"学校班额达标率"较低,"学生体质健康达标合格率"偏低。

(三)建议

(1)资源配置方面,加强师资队伍建设,重点解决小学"每百名学生拥有高于规定学历教师数""每百名学生拥有县级及以上骨干教师数""每百名学生拥有体育、艺术(音乐、美术)专任教师数"校际差异较大,初中"每百名学生拥有高于规定学历教师数"和"每百名学生拥有县级及以上骨干教师数"区域水平较低、城乡差异较大、校际差异较大的问题;优化资源配置,重点解决小学"生均教学及辅助用房面积""生均体育运动场馆面积""生均教学仪器设备值""每百名学生拥有网络多媒体教室数"校际差异较大,初中"生均教学及辅助用房面积""生均体育运动场馆面积""生均教学仪器设备值""每百名学生拥有网络多媒体教室数"区域水平较低、校际差异较大的问题;关注弱势学校,关注60%及以上指标低于区域均值的学校及连续多年处于该水平的学校,提高学校办学条件水平。

(2)政府保障程度方面,着力解决部分学校班额较大的问题,加强对"学校培训经费占本校年度公用经费预算总额的比例"达标、"县域内每年交流轮岗教师的比例"达标的管理。

(3)教育质量方面,进一步提高"残疾儿童少年入学率"和"学生体质健康达标合格率",保障学生健康发展。

2022年高新区义务教育优质均衡监测报告

一、2022年高新区义务教育优质均衡发展概况

本次监测，除"县域内心理健康专职教师配备率"依据成都市《2022年〈政府工作报告〉目标任务责任分解方案》（成办发〔2022〕8号）、"小学六年(初中三年)巩固率"和"学生体质健康达标合格率"依据《成都市义务教育优质均衡监测指标体系》外，其余指标均依据部标。

《成都市人民政府教育督导委员会办公室关于印发〈成都市义务教育优质均衡监测指标体系〉的通知》(成府教督〔2017〕10号)构建的监测指标体系包括A类(资源配置，共14项指标，全部指标分小学、初中)、B类(政府保障程度，共12项指标，部分指标分小学、初中和九年一贯制)和C类(教育质量，共7项指标，部分指标分小学、初中)，合计33项指标。除特别注明外，所有监测结果均为全体公民办学校总体结果。

（一）义务教育均衡程度

1. 判断标准

成都市义务教育均衡程度依据两个标准来判断：①部标，规定县域内义务教育公民办小学A类7项指标的差异系数每一项均应不高于0.50，公民办初中A类7项指标的差异系数每一项均应不高于0.45；②市标，规定县域内义务教育公办学校校际均衡指数值不高于0.27。

2. 均衡程度及达标情况

从部标看，在小学和初中共14项A类指标中，2022年高新区公民办小学、初中共14项指标的校际差异系数均达到部标。

与上一监测年度相比，高新区公民办小学6项、初中7项指标的校际均衡程度进一步提高，仅小学"生均教学及辅助用房面积"的校际均衡程度有所下降（图2.03.1和图2.03.2）。

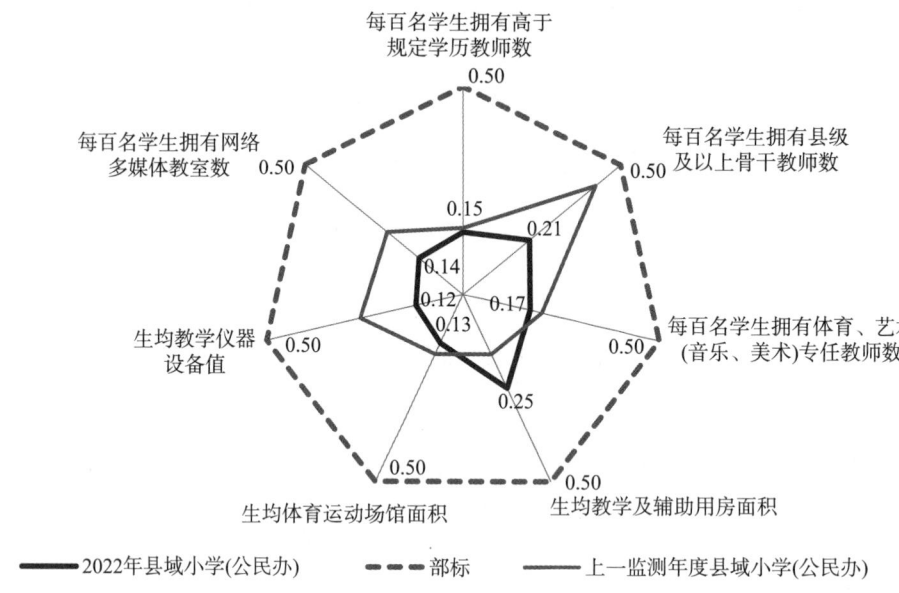

图 2.03.1　2022 年与上一监测年度高新区小学县域内义务教育校际均衡情况

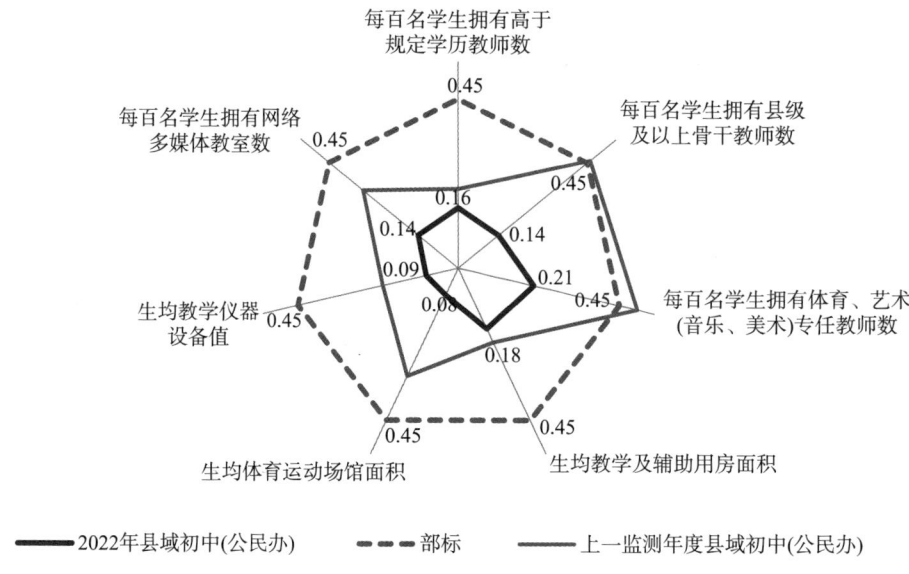

图 2.03.2　2022 年与上一监测年度高新区初中县域内义务教育校际均衡情况

2022 年高新区公办学校校际均衡指数为 0.15,较成都市均值低 0.07(校际均衡程度高于成都市平均水平),且达到市标,表明 2022 年高新区义务教育公办学校校际均衡程度较高。

与上一监测年度相比,2022 年高新区公办学校校际均衡指数降低了 0.11,校际均衡程度明显提升(表 2.03.1)。

表 2.03.1　高新区公办小学、初中县域内义务教育校际均衡情况

差异系数	每百名学生拥有高于规定学历教师数	每百名学生拥有县级及以上骨干教师数	每百名学生拥有体育、艺术（音乐、美术）专任教师数	生均教学及辅助用房面积	生均体育运动场馆面积	生均教学仪器设备值	每百名学生拥有网络多媒体教室数	2022年县域内义务教育校际均衡指数	2022年成都市县域内义务教育校际均衡指数	上一监测年度县域内义务教育校际均衡指数
小学	0.12	0.20	0.17	0.25	0.13	0.12	0.14	0.15	0.22	0.26
初中	0.15	0.13	0.18	0.19	0.08	0.09	0.15			

（二）义务教育优质均衡发展水平达标情况

以部标规定的标准值为参照，2022年高新区各指标达到目标值的情况如表 2.03.2 所示。

表 2.03.2　高新区小学和初中 A 类指标达标情况

	指标名称	小学 达标学校数/所	小学 达标学校比例/%	小学 成都市均值/%	初中 达标学校数/所	初中 达标学校比例/%	初中 成都市均值/%
A 资源配置	每百名学生拥有高于规定学历教师数	52	100.00	98.36	27	100.00	98.90
	每百名学生拥有县级及以上骨干教师数	52	100.00	96.40	27	100.00	97.12
	每百名学生拥有体育、艺术(音乐、美术)专任教师数	52	100.00	97.23	27	100.00	91.47
	生均教学及辅助用房面积	52	100.00	87.04	27	100.00	83.78
	生均体育运动场馆面积	52	100.00	82.70	27	100.00	80.95
	生均教学仪器设备值	52	100.00	98.93	27	100.00	97.91
	每百名学生拥有网络多媒体教室数	52	100.00	97.28	27	100.00	96.86

从 A 类指标看，部标规定每一所学校的 A 类指标均要达到标准，高新区小学、初中共 14 项监测指标的达标学校比例均为 100%。与成都市均值相比，高新区小学、初中 7 项指标的达成度均高于成都市均值。

从 B 类和 C 类 19 项指标看，除"单设小学学校规模达标率""九年一贯制学校规模达标率""小学学校班额达标率""初中学校班额达标率""特殊教育学校生均公用经费""学校培训经费占本校年度公用经费预算总额的比例""初中三年巩固率""小学生体质健康达标合格率""初中学生体质健康达标合格率"9 项指标外，高新区其余 10 项指标的达标比例均为 100%。与成都市均值相比，高新区有 13 项指标的达成度均高于或等于成都市均值，另外有 5 项指标的达成度低于成都市均值，分别是"单设小学学校规模达标率""九年一贯制学校规模达标率""初中三年巩固率""小学生体质健康达标合格率""初中学生体质健康达标合格率"（表 2.03.3）。

表 2.03.3　高新区小学和初中 B 类、C 类指标达标情况(%)

	指标名称	达标比例	成都市均值
B 政府保障程度	单设小学学校规模达标率	81.58	82.32
	单设初中学校规模达标率	100.00	94.27
	九年一贯制学校规模达标率	78.57	87.34
	小学学校班额达标率	93.67	77.63
	初中学校班额达标率	99.45	94.78
	特殊教育学校生均公用经费	—	97.12
	学校培训经费占本校年度公用经费预算总额的比例	73.56	71.00
	教师全员培训完成率	100.00	100.00
	县域内每年交流轮岗教师的比例	100.00	100.00
	县域内优质高中招生名额分配比例	100.00	100.00
	符合条件的随迁子女在公办学校和政府购买服务的民办学校就读的比例	100.00	99.77
	县域内心理健康专职教师配备率	100.00	91.44
C 教育质量	小学六年巩固率	100.00	98.24
	初中三年巩固率	99.39	99.63
	残疾儿童少年入学率	100.00	99.89
	小学生体质健康达标合格率	97.62	98.80
	初中学生体质健康达标合格率	96.00	96.95
	小学学业水平校际差异率	100.00	93.27
	初中学业水平校际差异率	100.00	80.49

二、2022 年高新区义务教育区域差异和校际差异情况

(一)总体情况

本报告中，区域差异情况是由各区(市)县的各项监测指标值与成都市均值相比较而得，比值大于 1 代表其发展水平高于成都市平均水平。城乡差异情况是由各区(市)县的农村学校各项监测指标值与城镇学校各项监测指标值相比较而得，比值大于 1 代表农村发展水平高于城镇发展水平。校际差异情况是由各区(市)县的各项监测指标差异系数与成都市各区(市)县差异系数平均值相比较而得，比值小于 1 代表其校际差异水平优于成都市平均水平，差异系数值越小代表区域内该指标校际差异越小。

从区域差异情况看，2022 年高新区小学、初中分别有 68.42% 和 63.16% (小学、初中各 19 项)的监测指标优于或等于成都市均值；从校际差异情况看，2022 年高新区小学和初中均有 100.00%(小学、初中各 7 项)的监测指标优于或等于成都市均值。

从监测指标看，2022 年，高新区处于优势的指标为小学和初中"每百名学生拥有高于规定学历教师数""每百名学生拥有体育、艺术(音乐、美术)专任教师数""生均教学

及辅助用房面积""学校班额达标率""教师全员培训完成率""县域内优质高中招生名额分配比例""符合条件的随迁子女在公办学校和政府购买服务的民办学校就读的比例""县域内心理健康专职教师配备率""残疾儿童少年入学率""学生体质健康达标合格率""学业水平校际差异率",小学"生均体育运动场馆面积""小学六年巩固率",初中"学校规模达标率"。

高新区处于弱势的指标为"学校培训经费占本校年度公用经费预算总额的比例""县域内每年交流轮岗教师的比例",小学"学校规模达标率","初中三年巩固率"(表 2.03.4)。

表 2.03.4　高新区小学和初中监测指标的区域差异、城乡差异和校际差异情况

指标名称		小学			初中		
		区域差异情况	城乡差异情况	校际差异情况	区域差异情况	城乡差异情况	校际差异情况
A 资源配置	每百名学生拥有高于规定学历教师数	■	—	■	■	—	■
	每百名学生拥有县级及以上骨干教师数	■	—	■	■	—	■
	每百名学生拥有体育、艺术(音乐、美术)专任教师数	■	—	■	■	—	■
	生均教学及辅助用房面积	■	—	■	■	—	■
	生均体育运动场馆面积	■	—	■		—	■
	生均教学仪器设备值	■	—	■	■	—	■
	每百名学生拥有网络多媒体教室数	■	—	■	■	—	■
B 政府保障程度	学校规模达标率		—	—	■	—	—
	学校班额达标率	■	—	—	■	—	—
	特殊教育学校生均公用经费	—	—	—	—	—	—
	学校培训经费占本校年度公用经费预算总额的比例		—	—		—	—
	教师全员培训完成率	■	—	—	■	—	—
	县域内每年交流轮岗教师的比例		—	—		—	—
	县域内优质高中招生名额分配比例	■	—	—	■	—	—
	符合条件的随迁子女在公办学校和政府购买服务的民办学校就读的比例	■	—	—	■	—	—
	县域内心理健康专职教师配备率	■	—	—	■	—	—
C 教育质量	小学六年(初中三年)巩固率	■	—	—		—	—
	残疾儿童少年入学率	■	—	—	■	—	—
	学生体质健康达标合格率	■	—	—	■	—	—
	学业水平校际差异率	■	—	—	■	—	—
灰色底纹项数/项		13	0	7	12	0	7
灰色底纹项数比例/%		68.42	—	100.00	63.16	—	100.00

注：(1)区域差异情况中，■ 比值大于等于1，□ 比值小于1；(2)城乡差异情况中，■ 比值大于等于1，□ 比值小于1；(3)校际差异情况中，■ 比值小于等于1，□ 比值大于1。

(二)区域发展水平具体情况

2022年高新区小学和初中监测指标中,小学和初中分别有68.42%和63.16%(小学、初中各19项)的监测指标优于或等于成都市均值,其中,小学、初中"生均教学及辅助用房面积"分别为成都市均值的1.2396倍和1.3265倍,"县域内心理健康专职教师配备率"为成都市均值的1.3331倍。另外,高新区低于成都市均值的指标中,小学"生均教学仪器设备值"为成都市均值的75.85%,初中"每百名学生拥有县级及以上骨干教师数""生均教学仪器设备值"分别为成都市均值的78.13%和62.26%,"县域内每年交流轮岗教师的比例"为成都市均值的71.88%,高新区具体情况如表2.03.5和图2.03.3所示。

表2.03.5 高新区各项监测指标值与成都市均值的比较

	指标名称	区域值 小学	区域值 初中	区域值 九年一贯制	成都市均值 小学	成都市均值 初中	成都市均值 九年一贯制	区域值/成都市均值 小学	区域值/成都市均值 初中	区域值/成都市均值 九年一贯制
A 资源配置	每百名学生拥有高于规定学历教师数/人	6.54	9.05	—	5.92	8.14	—	1.1047	1.1118	—
	每百名学生拥有县级及以上骨干教师数/人	1.90	2.25	—	2.13	2.88	—	0.8920	0.7813	—
	每百名学生拥有体育、艺术(音乐、美术)专任教师数/人	1.44	1.29	—	1.21	1.11	—	1.1901	1.1622	—
	生均教学及辅助用房面积/平方米	7.14	9.75	—	5.76	7.35	—	1.2396	1.3265	—
	生均体育运动场馆面积/平方米	8.77	11.46	—	8.26	11.48	—	1.0617	0.9983	—
	生均教学仪器设备值/元	3477.33	3690.25	—	4584.76	5927.48	—	0.7585	0.6226	—
	每百名学生拥有网络多媒体教室数/间	2.87	3.16	—	2.97	3.24	—	0.9663	0.9753	—
B 政府保障程度	学校规模达标率/%	81.58	100.00	78.57	82.82	93.88	88.70	0.9850	1.0652	0.8858
	学校班额达标率/%	93.67	99.45		74.98	94.48		1.2493	1.0526	
	特殊教育学校生均公用经费/元	—			19669.88			—		
	学校培训经费占本校年度公用经费预算总额的比例/%	3.68			3.86			0.9534		
	教师全员培训完成率/%	100.00			100.00			1.0000		
	县域内每年交流轮岗教师的比例/%	10.84			15.08			0.7188		
	县域内优质高中招生名额分配比例/%	50.00			50.00			1.0000		
	符合条件的随迁子女在公办学校和政府购买服务的民办学校就读的比例/%	98.71			96.55			1.0224		
	县域内心理健康专职教师配备率/%	91.80			68.86			1.3331		

续表

指标名称		区域值			成都市均值			区域值/成都市均值		
		小学	初中	九年一贯制	小学	初中	九年一贯制	小学	初中	九年一贯制
C 教育质量	小学六年(初中三年)巩固率/%	100.00	98.40	—	97.99	99.04	—	1.0205	0.9935	—
	残疾儿童少年入学率/%	100.00			99.21			1.0080		
	学生体质健康达标合格率/%	99.07	98.36		98.76	97.89		1.0031	1.0048	
	学业水平校际差异率	0.09	0.13	—	0.13	0.19	—	*1.4444	*1.4615	—

注：*此数值的计算公式为"成都市均值/区域值"，比值大于1代表区域均衡水平优于成都市均值。

图 2.03.3　高新区小学和初中各项监测指标值与成都市均值的比较

注：高新区无特殊教育学校，故无"特殊教育学校生均公用经费"指标。

(三)校际差异情况

1. 小学

2022年高新区有12所小学60%及以上指标低于该区域平均值，分别是成都高新区临江小学、成都师范银都紫藤小学南区、成都墨池书院小学、成都高新区尚阳小学、成都高新区锦晖小学金融城分校、成都高新区芳草小学南区、成都师范银都紫藤小学北区、成都玉林中学附属小学、成都市泡桐树小学(天府校区)、成都高新区芳草小学、成都高新区益州小学、成都高新顺江学校(小学部)，其弱势方面主要是师资配置和生均资源配置较少，"学校班额达标率"较低。高新区小学各项监测指标校际差异具体情况比较如表2.03.6所示。

表 2.03.6　高新区小学各项监测指标校际差异具体情况比较

学校	每百名学生拥有高于规定学历教师数	每百名学生拥有县级及以上骨干教师数	每百名学生拥有体育、艺术(音乐、美术)专任教师数	生均教学及辅助用房面积	生均体育运动场馆面积	生均教学仪器设备值	每百名学生拥有网络多媒体教室数	学校班额达标率	学生体质健康达标合格率	灰色底纹项数/项
成都高新区西芯小学	●	●	●	●	●	●	●	—	●	8
电子科技大学实验中学附属小学	●	●	●	●	●	●	●	—	●	9
成都蒙彼利埃小学	●	●	●	●	●	●	●			7
成都高新区临江小学	○	○							●	3
成都高新区行知小学	●	●	●	●	●	●			●	6
成都师范银都紫藤小学南区	●	●	●			●	●	—		3
成都墨池书院小学	●	●	●							2
成都高新区尚阳小学	●	●	●							2
成都七中初中附属小学	●	●	●	●	●	●	★	—	●	4
成都外国语学校高新美年校区(小学部)	●	●	●	●	●				●	5
成都霍森斯小学	●	●	●	●	★	●		—	●	5
四川省成都市石室天府中学附属小学	●	●	●	●	●	●	●		●	6
成都高新区朝阳小学	●	●	●	●	●				●	5
四川省教育科学研究院附属实验小学	●	●	●	●	●		●			5
成都高新区公园小学	●	●	●	●	●		●			5
电子科技大学实验中学附属小学西园分校	●	●	●	●	●		★	—		5
成都高新区锦晖小学金融城分校	●	●	●				●			3
成都高新区芳草小学南区	★	●	●	●	●	●	●	—		3
成都师范银都紫藤小学北区	●	●	●	●	●	○	●	—	/	0
成都高新区锦晖小学	●	●	●	●		●	●		●	6
成都师范银都小学紫荆校区	●	●	●	●	●	●	●	—	/	5
成都玉林中学附属小学	●	●	★		●				●	3
成都高新区中和小学	★	●	●	●	●	●	●		●	8
四川省教育科学研究院附属实验小学(崇和分校)	●	●	●	●	●	●	●	—	/	7

续表

学校	每百名学生拥有高于规定学历教师数	每百名学生拥有县级及以上骨干教师数	每百名学生拥有体育、艺术(音乐、美术)专任教师数	生均教学及辅助用房面积	生均体育运动场馆面积	生均教学仪器设备值	每百名学生拥有网络多媒体教室数	学校班额达标率	学生体质健康达标合格率	灰色底纹项数/项
成都高新区康和小学	●	★	●	●	●	●	●	—	/	7
成都高新区新川科技园小学	●	●	★	●	●	●	●	—	/	6
四川省成都高新区实验小学新川分校	●	★	●	●	●	●	★	—	/	6
成都高新区蒙新小学	●	●	●	●	●	●	●	—	/	5
成都高新区天辰路小学	●	●	●	★	●	●	●	—	/	7
成都高新区庆安小学	●	●	●	●	●	●	●	—	●	7
成都高新区锦城小学	★	●	●	●	●	●	●	—	●	4
成都师范银都小学紫薇校区	●	●	●	●	●	●	●	—	●	8
成都市泡桐树小学(天府校区)	●	●	●	●	●	●	●	—	●	2
成都高新区新光小学	●	★	●	●	●	●	●	—	●	4
四川省成都高新区实验小学	●	●	●	●	●	●	●	—	★	5
成都金苹果公学	●	●	●	●	●	●	●	—	●	7
成都高新区芳草小学	●	●	●	●	●	●	●	—	★	3
成都高新区益州小学	●	●	●	●	●	●	●	—	●	3
成都高新新城学校(小学部)	●	●	●	●	●	●	●	—	●	5
成都高新新华学校(小学部)	●	●	●	●	●	●	●	—	●	4
成都市教育科学研究院附属学校(小学部)	●	●	●	●	●	●	●	—	●	6
成都高新云芯学校(小学部)	●	●	●	★	●	●	●	—	/	5
成都高新锦翰学校(小学部)	●	●	●	●	●	●	●	—	/	4
成都高新和平学校(小学部)	●	●	●	●	●	●	●	—	●	6
成都高新区菁蓉小学	●	●	●	●	●	●	●	—	●	7
成都高新新源学校(小学部)	●	●	●	●	●	●	●	—	★	4
成都高新滨河学校(小学部)	●	●	●	★	●	●	●	—	○	5
成都高新大源学校(小学部)	●	●	●	●	●	●	●	—	●	7

续表

学校	每百名学生拥有高于规定学历教师数	每百名学生拥有县级及以上骨干教师数	每百名学生拥有体育、艺术(音乐、美术)专任教师数	生均教学及辅助用房面积	生均体育运动场馆面积	生均教学仪器设备值	每百名学生拥有网络多媒体教室数	学校班额达标率	学生体质健康达标合格率	灰色底纹项数/项
成都高新新科学校(小学部)	●	●	●	●	●	●	●	—	★	4
成都高新顺江学校(小学部)	●	●	●	●	●	●	●	—	●	2
成都金苹果锦城第一中学(小学部)	●	●	●	●	●	●	●	—	●	8
成都美视国际学校(小学部)	●	●	●	●	●	●	●	—	●	5

注：(1)★ $p>0.05$，差异不显著；○ $p<0.05$，差异显著；● $p<0.01$，差异很显著。(2)▨差异不显著或显著高于区(市)县均值；□显著低于区(市)县均值。(3)"学校班额达标率"达标的标准为小学班额不超过45人，初中班额不超过50人。(4)—指"学校班额达标率"只做了大小比较，未进行差异性分析，其灰色底纹表示该学校的"学校班额达标率"大于或等于区(市)县均值，无底纹表示该学校的"学校班额达标率"小于区(市)县均值。(5)/指未采集到"学生体质健康达标合格率"数据。

2. 初中

2022年高新区有电子科技大学实验中学、成都美视国际学校(初中部)2所初中60%及以上指标低于该区域平均值，其弱势方面主要是师资配置和生均资源配置较少，"学生体质健康达标合格率"偏低。高新区初中各项监测指标校际差异具体情况比较如表2.03.7所示。

表2.03.7 高新区初中各项监测指标校际差异具体情况比较

学校	每百名学生拥有高于规定学历教师数	每百名学生拥有县级及以上骨干教师数	每百名学生拥有体育、艺术(音乐、美术)专任教师数	生均教学及辅助用房面积	生均体育运动场馆面积	生均教学仪器设备值	每百名学生拥有网络多媒体教室数	学校班额达标率	学生体质健康达标合格率	灰色底纹项数/项
成都外国语学校高新美年校区(初中部)	●	●	●	●	●	●	●	—	●	5
成都高新新城学校(初中部)	●	●	●	●	●	●	●	—	●	5
成都高新新华学校(初中部)	●	●	●	●	●	●	●	—	●	5
成都市教育科学研究院附属学校(初中部)	●	●	●	●	●	●	●	—	●	5
四川省成都市第七中学初中学校锦城校区	●	●	●	●	●	●	●	—	●	4
四川省成都市石室天府中学(锦城湖校区)	●	●	●	●	●	●	●	—	●	4

续表

学校	每百名学生拥有高于规定学历教师数	每百名学生拥有县级及以上骨干教师数	每百名学生拥有体育、艺术(音乐、美术)专任教师数	生均教学及辅助用房面积	生均体育运动场馆面积	生均教学仪器设备值	每百名学生拥有网络多媒体教室数	学校班额达标率	学生体质健康达标合格率	灰色底纹项数/项
成都高新区银都紫藤初中学校	●	●	★	●	●	●	●	—	●	4
四川省成都市玉林中学肖家河校区	●	●	●	●	●	●	●	●	●	5
四川省教育科学研究院附属实验中学	●	●	●	●	●	●	●	●	●	6
电子科技大学实验中学尚丰校区	●	●	●	●	●	●	●	●	●	5
成都高新云芯学校(初中部)	●	●	●	●	●	●	●	●	/	5
成都高新锦翰学校(初中部)	●	●	●	★	●	●	●	●	/	4
成都高新和平学校(初中部)	●	●	●	●	●	●	●	●	●	6
四川省成都市第七中学初中学校	●	★	●	★	●	●	●	—	●	6
成都高新新源学校(初中部)	●	●	●	●	●	●	●	●	●	4
成都高新滨河学校(初中部)	●	●	●	●	●	●	●	●	●	4
成都高新大源学校(初中部)	●	●	●	★	●	●	●	●	●	7
成都高新新科学校(初中部)	●	●	●	●	●	●	★	—	●	6
成都高新顺江学校(初中部)	●	●	●	●	●	●	●	●	●	4
成都金苹果锦城第一中学(初中部)	●	●	●	●	●	●	●	●	●	4
成都市教育科学研究院附属中学	●	●	●	●	●	★	●	●	●	6
四川省成都高新实验中学	●	●	●	●	●	●	●	●	●	4
四川省成都市中和中学	●	●	●	●	●	●	●	●	●	6
电子科技大学实验中学	●	●	●	●	●	●	●	—	●	2
四川省成都市玉林中学	●	●	★	●	●	●	●	●	●	6
成都美视国际学校(初中部)	●	●	●	●	●	●	●	●	●	3
四川省成都市石室天府中学	●	●	●	●	●	●	●	—	●	5

注：(1)★$p>0.05$，差异不显著；○$p<0.05$，差异显著；●$p<0.01$，差异很显著。(2) ▨ 差异不显著或显著高于区(市)县均值；□ 显著低于区(市)县均值。(3)"学校班额达标率"达标的标准为小学班额不超过45人，初中班额不超过50人。(4)—指"学校班额达标率"只做了大小比较，未进行差异性分析，其灰色底纹表示该学校的"学校班额达标率"大于或等于区(市)县均值，无底纹表示该学校的"学校班额达标率"小于区(市)县均值。(5)/指未采集到"学生体质健康达标合格率"数据。

三、结论

(一)成绩与经验

(1)从义务教育优质均衡发展达标情况看,均衡程度方面,2022年高新区小学、初中14项A类指标的校际差异系数均达到部标。2022年高新区公办学校校际均衡指数为0.15,较成都市均值低0.07(校际均衡程度高于成都市平均水平),达到市标,区域内校际均衡程度较高。

(2)发展水平方面,2022年高新区小学、初中14项A类监测指标的达标学校比例均为100%;B类和C类19项指标中,2022年高新区有10项指标的达标比例达到100%,有13项指标的达成度高于或等于成都市均值。

(3)从区域发展水平看,2022年高新区小学、初中分别有68.42%和63.16%的监测指标优于或等于成都市均值,小学、初中"生均教学及辅助用房面积"分别为成都市均值的1.2396倍和1.3265倍,"县域内心理健康专职教师配备率"为成都市均值的1.3331倍。

(4)从校际差异情况看,2022年高新区小学和初中均有100.00%的监测指标校际差异优于或等于成都市均值。

(二)存在的不足

(1)从义务教育优质均衡发展达标情况看,发展水平方面,2022年高新区B类和C类19项指标中,有2项指标达标比例低于80%,分别为"九年一贯制学校规模达标率""学校培训经费占本校年度公用经费预算总额的比例";有5项指标达标学校比例低于成都市均值。

(2)从区域发展水平看,2022年高新区"小学生均教学仪器设备值"为成都市均值的75.85%,初中"每百名学生拥有县级及以上骨干教师数""生均教学仪器设备值"分别为成都市均值的78.13%和62.26%,"县域内每年交流轮岗教师的比例"为成都市均值的71.88%,与成都市均值有所差距。

(3)从校际差异情况看,2022年高新区有12所小学60%及以上指标低于该区域平均值,分别是成都高新区临江小学、成都师范银都紫藤小学南区、成都墨池书院小学、成都高新区尚阳小学、成都高新区锦晖小学金融城分校、成都高新区芳草小学南区、成都师范银都紫藤小学北区、成都玉林中学附属小学、成都市泡桐树小学(天府校区)、成都高新区芳草小学、成都高新区益州小学、成都高新顺江学校(小学部),其弱势方面主要是师资配置和生均资源配置较少,"学校班额达标率"较低。2022年高新区有电子科技大学实验中学、成都美视国际学校(初中部)2所初中60%及以上指标低于该区域平均值,其弱势方面主要是师资配置和生均资源配置较少,"学生体质健康达标合格率"偏低。

(三)建议

(1)资源配置方面,加强师资队伍建设,重点解决小学和初中"每百名学生拥有县级及以上骨干教师数"与成都市均值差距较大的问题；优化资源配置，重点解决小学和初中"生均教学仪器设备值"与成都市均值差异较大的问题；关注弱势学校，关注60%及以上指标低于区域均值的学校及连续多年处于该水平的学校，提高学校办学条件水平。

(2) 政府保障程度方面，着力解决部分学校办学规模较大的问题，加强学校对"培训经费占本校年度公用经费预算总额比例"的管理。

(3) 教育质量方面，进一步提高"初中三年巩固率"和小学和初中"学生体质健康达标合格率"，保障学生健康发展。

2022年锦江区义务教育优质均衡监测报告

一、2022年锦江区义务教育优质均衡发展概况

本次监测，除"县域内心理健康专职教师配备率"依据成都市《2022年政府工作报告目标任务责任分解方案》（成办发〔2022〕8号）、"小学六年(初中三年)巩固率"和"学生体质健康达标合格率"依据《成都市义务教育优质均衡监测指标体系》外，其余指标均依据部标。

《成都市人民政府教育督导委员会办公室关于印发〈成都市义务教育优质均衡监测指标体系〉的通知》（成府教督〔2017〕10号)构建的监测指标体系包括A类(资源配置，共14项指标，全部指标分小学、初中)、B类(政府保障程度，共12项指标，部分指标分小学、初中和九年一贯制)和C类(教育质量，共7项指标，部分指标分小学、初中)，合计33项指标。除特别注明外，所有监测结果均为全体公民办学校总体结果。

（一）义务教育均衡程度

1. 判断标准

成都市义务教育均衡程度依据两个标准来判断：①部标，规定县域内义务教育公民办小学A类7项指标的差异系数每一项均应不高于0.50，公民办初中A类7项指标的差异系数每一项均应不高于0.45；②市标，规定县域内义务教育公办学校校际均衡指数值不高于0.27，以下简称市标。

2. 均衡程度及达标情况

从部标看，在小学和初中共14项A类指标中，2022年锦江区公民办小学和初中校际差异系数全部达到部标。

与上一监测年度相比，锦江区小学、初中分别有5项和4项指标的校际均衡程度进一步提高；小学"每百名学生拥有高于规定学历教师数"，初中"生均教学及辅助用房面积"和"生均体育运动场馆面积"的校际均衡程度有所下降（图2.04.1和图2.04.2）。

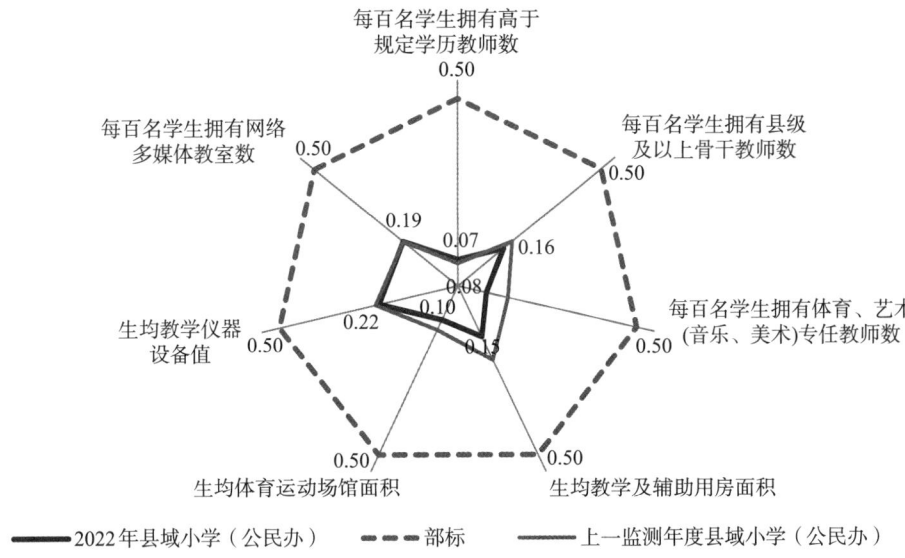

图 2.04.1　2022 年与上一监测年度锦江区小学县域内义务教育校际均衡情况

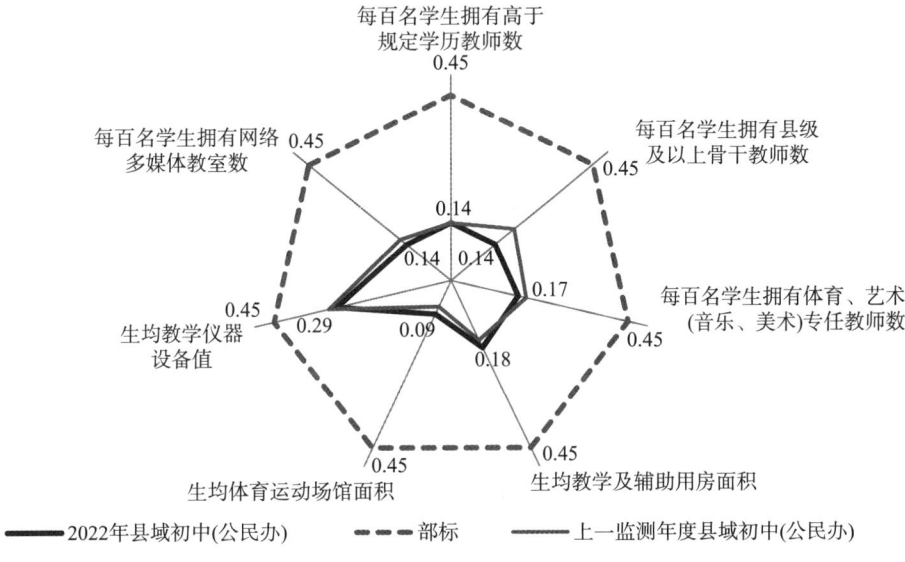

图 2.04.2　2022 年与上一监测年度锦江区初中县域内义务教育校际均衡情况

2022年锦江区公办学校校际均衡指数为0.14，低于成都市均值（校际均衡程度高于成都市平均水平），且达到了市标，区域内校际均衡程度较高。

与上一监测年度相比，2022 年锦江区公办学校校际均衡指数降低了 0.02，公办学校校际均衡程度有所提高（表 2.04.1）。

表 2.04.1　锦江区公办小学、初中县域内义务教育校际均衡情况

差异系数	每百名学生拥有高于规定学历教师数	每百名学生拥有县级及以上骨干教师数	每百名学生拥有体育、艺术(音乐、美术)专任教师数	生均教学及辅助用房面积	生均体育运动场馆面积	生均教学仪器设备值	每百名学生拥有网络多媒体教室数	2022年县域内义务教育校际均衡指数	2022年成都市县域内义务教育校际均衡指数	上一监测年度县域内义务教育校际均衡指数
小学	0.06	0.16	0.07	0.15	0.09	0.18	0.20	0.14	0.22	0.16
初中	0.14	0.12	0.18	0.19	0.08	0.25	0.16			

(二)义务教育优质均衡发展水平达标情况

以部标规定的标准值为参照,2022年锦江区各指标达到目标值的情况如表2.04.2所示。

表 2.04.2　锦江区小学和初中 A 类指标达标情况

	指标名称	小学 达标学校数/所	小学 达标学校比例/%	小学 成都市均值/%	初中 达标学校数/所	初中 达标学校比例/%	初中 成都市均值/%
A 资源配置	每百名学生拥有高于规定学历教师数	40	100.00	98.36	16	100.00	98.90
	每百名学生拥有县级及以上骨干教师数	40	100.00	96.40	16	100.00	97.12
	每百名学生拥有体育、艺术(音乐、美术)专任教师数	40	100.00	97.23	16	100.00	91.47
	生均教学及辅助用房面积	40	100.00	87.04	16	100.00	83.78
	生均体育运动场馆面积	39	97.50	82.70	15	93.75	80.95
	生均教学仪器设备值	40	100.00	98.93	16	100.00	97.91
	每百名学生拥有网络多媒体教室数	40	100.00	97.28	16	100.00	96.86

从 A 类指标看,部标规定每一所学校的 A 类指标均要达到标准,锦江区小学、初中均有 6 项监测指标的达标学校比例达到 100%,小学、初中的"生均体育运动场馆面积"未全部达标,达标学校比例分别为 97.50% 和 93.75%。与成都市均值相比,锦江区小学和初中 7 项指标的达成度均高于成都市均值。

从 B 类和 C 类 19 项指标看,除"单设小学学校规模达标率""九年一贯制学校规模达标率""小学学校班额达标率""学校培训经费占本校年度公用经费预算总额的比例""初中学业水平校际差异率"5 项指标外,锦江区其余 14 项指标的达标比例均为 100%。与成都市均值相比,锦江区有 16 项指标的达成度高于或等于成都市均值,另外 3 项指标的达成度低于成都市均值,分别是"九年一贯制学校规模达标率""学校培训经费占本校年度公用经费预算总额的比例""初中学业水平校际差异率"(表 2.04.3)。

表 2.04.3 锦江区小学和初中 B 类、C 类指标达标情况(%)

指标类别	指标名称	达标比例	成都市均值
B 政府保障程度	单设小学学校规模达标率	83.78	82.32
	单设初中学校规模达标率	100.00	94.27
	九年一贯制学校规模达标率	33.33	87.34
	小学学校班额达标率	84.28	77.63
	初中学校班额达标率	100.00	94.78
	特殊教育学校生均公用经费	100.00	97.12
	学校培训经费占本校年度公用经费预算总额的比例	61.90	71.00
	教师全员培训完成率	100.00	100.00
	县域内每年交流轮岗教师的比例	100.00	100.00
	县域内优质高中招生名额分配比例	100.00	100.00
	符合条件的随迁子女在公办学校和政府购买服务的民办学校就读的比例	100.00	99.77
	县域内心理健康专职教师配备率	100.00	91.44
C 教育质量	小学六年巩固率	100.00	98.24
	初中三年巩固率	100.00	99.63
	残疾儿童少年入学率	100.00	99.89
	小学生体质健康达标合格率	100.00	98.80
	初中学生体质健康达标合格率	100.00	96.95
	小学学业水平校际差异率	100.00	93.27
	初中学业水平校际差异率	77.85	80.49

二、2022 年锦江区义务教育区域差异、城乡差异和校际差异情况

(一)总体情况

本报告中,区域差异情况是由各区(市)县的各项监测指标值与成都市均值相比较而得,比值大于 1 代表其发展水平高于成都市平均水平。城乡差异情况是由各区(市)县的农村学校各项监测指标值与城镇学校各项监测指标相比较而得,比值大于 1 代表农村发展水平高于城镇发展水平。校际差异情况是由各区(市)县的各项监测指标差异系数与成都市各区(市)县差异系数平均值相比较而得,比值小于 1 代表其校际差异水平优于成都市平均水平,差异系数值越小代表区域内该指标校际差异越小。

从区域差异情况看,2022 年锦江区小学、初中均有 85.00%(小学、初中各 20 项)的监测指标优于或等于成都市均值;从校际差异情况看,2022 年锦江区小学初中分别有 100.00%、85.71%(小学、初中各 7 项)的监测指标优于或等于成都市均值。

从监测指标看,2022 年,锦江区处于优势的指标为小学和初中"每百名学生拥有高于规定学历教师数""每百名学生拥有县级及以上骨干教师数""每百名学生拥有体育、

艺术(音乐、美术)专任教师数""生均教学及辅助用房面积""每百名学生拥有网络多媒体教室数""学校规模达标率""学校班额达标率""教师全员培训完成率""县域内每年交流轮岗教师的比例""县域内优质高中招生名额分配比例""符合条件的随迁子女在公办学校和政府购买服务的民办学校就读的比例""县域内心理健康专职教师配备率""小学六年(初中三年)巩固率""残疾儿童少年入学率""学生体质健康达标合格率""学业水平校际差异率"及小学"生均体育运动场馆面积"。

锦江区处于弱势的指标为"特殊教育学校生均公用经费""学校培训经费占本校年度公用经费预算总额的比例"(表2.04.4)。

表2.04.4 锦江区小学和初中监测指标的区域差异、城乡差异和校际差异情况

	指标名称	小学			初中		
		区域差异情况	城乡差异情况	校际差异情况	区域差异情况	城乡差异情况	校际差异情况
A 资源配置	每百名学生拥有高于规定学历教师数		—			—	
	每百名学生拥有县级及以上骨干教师数		—			—	
	每百名学生拥有体育、艺术(音乐、美术)专任教师数		—			—	
	生均教学及辅助用房面积		—			—	
	生均体育运动场馆面积		—			—	
	生均教学仪器设备值		—			—	
	每百名学生拥有网络多媒体教室数		—			—	
B 政府保障程度	学校规模达标率		—	—		—	—
	学校班额达标率		—	—		—	—
	特殊教育学校生均公用经费		—	—		—	—
	学校培训经费占本校年度公用经费预算总额的比例		—	—		—	—
	教师全员培训完成率		—	—		—	—
	县域内每年交流轮岗教师的比例		—	—		—	—
	县域内优质高中招生名额分配比例		—	—		—	—
	符合条件的随迁子女在公办学校和政府购买服务的民办学校就读的比例		—	—		—	—
	县域内心理健康专职教师配备率		—	—		—	—
C 教育质量	小学六年(初中三年)巩固率		—	—		—	—
	残疾儿童少年入学率		—	—		—	—
	学生体质健康达标合格率		—	—		—	—
	学业水平校际差异率		—	—		—	—
	灰色底纹项数/项	17	0	7	17	0	6
	灰色底纹项数比例/%	85.00	—	100.00	85.00	—	85.71

注:(1)区域差异情况中,▓比值大于等于1,□比值小于1;(2)城乡差异情况中,▓比值大于等于1,□比值小于1;(3)校际差异情况中,▓比值小于等于1,□比值大于1。

(二)区域发展水平具体情况

2022年锦江区小学和初中监测指标中,小学和初中均有85.00%(小学、初中各20项)的监测指标优于或等于成都市均值,其中,小学"每百名学生拥有体育、艺术(音乐、美术)专任教师数"为成都市均值的1.2893倍,"县域内心理健康专职教师配备率"为成都市均值的1.4522倍。另外,低于成都市均值的指标中,九年一贯制"学校规模达标率"仅为成都市均值的37.58%,"特殊教育学校生均公用经费""学校培训经费占本校年度公用经费预算总额的比例分别为成都市均值的79.91%、80.31%。锦江区具体情况如表2.04.5和图2.04.3所示。

表2.04.5 锦江区各项监测指标值与成都市均值的比较

	指标名称	区域值 小学	区域值 初中	区域值 九年一贯制	成都市均值 小学	成都市均值 初中	成都市均值 九年一贯制	区域值/成都市均值 小学	区域值/成都市均值 初中	区域值/成都市均值 九年一贯制
A 资源配置	每百名学生拥有高于规定学历教师数/人	6.71	8.82	—	5.92	8.14	—	1.1334	1.0835	—
	每百名学生拥有县级及以上骨干教师数/人	2.17	3.04	—	2.13	2.88	—	1.0188	1.0556	—
	每百名学生拥有体育、艺术(音乐、美术)专任教师数/人	1.56	1.31	—	1.21	1.11	—	1.2893	1.1802	—
	生均教学及辅助用房面积/平方米	6.19	7.64	—	5.76	7.35	—	1.0747	1.0395	—
	生均体育运动场馆面积/平方米	8.54	10.95	—	8.26	11.48	—	1.0339	0.9538	—
	生均教学仪器设备值/元	4482.45	6696.18	—	4584.76	5927.48	—	0.9777	1.1297	—
	每百名学生拥有网络多媒体教室数/间	2.97	3.38	—	2.97	3.24	—	1.0000	1.0432	—
B 政府保障程度	学校规模达标率/%	83.78	100.00	33.33	82.82	93.88	88.70	1.0116	1.0652	0.3758
	学校班额达标率/%	84.28	100.00	—	74.98	94.48	—	1.1240	1.0584	—
	特殊教育学校生均公用经费/元	15718.73			19669.88			0.7991		
	学校培训经费占本校年度公用经费预算总额的比例/%	3.10			3.86			0.8031		
	教师全员培训完成率/%	100.00			100.00			1.0000		
	县域内每年交流轮岗教师的比例/%	18.21			15.08			1.2076		
	县域内优质高中招生名额分配比例/%	50.00			50.00			1.0000		
	符合条件的随迁子女在公办学校和政府购买服务的民办学校就读的比例/%	100.00			96.55			1.0357		
	县域内心理健康专职教师配备率/%	100.00			68.86			1.4522		

续表

指标名称		区域值			成都市均值			区域值/成都市均值		
		小学	初中	九年一贯制	小学	初中	九年一贯制	小学	初中	九年一贯制
C 教育质量	小学六年(初中三年)巩固率/%	100.00	99.63	—	97.99	99.04	—	1.0205	1.0060	—
	残疾儿童少年入学率/%	100.00			99.21			1.0080		
	学生体质健康达标合格率/%	99.59	98.15	—	98.76	97.89	—	1.0084	1.0027	—
	学业水平校际差异率	0.07	0.19	—	0.13	0.19	—	*1.8571	*1.0000	—

注：*此数值的计算公式为"成都市均值/区域值"，比值大于1代表区域均衡水平优于成都市均值。

图 2.04.3　锦江区小学和初中各项监测指标值与成都市均值的比较

(三)校际差异情况

1. 小学

2022年锦江区有11所小学60%及以上指标低于该区域平均值，分别是成都市锦江区外国语小学校、成都师范附属小学、成都市天涯石小学、成都市盐道街小学(东区)、成都市龙舟路小学、成都市三圣小学、成都市菱窠路小学、成都市盐道街小学(通桂校区)、成都市盐道街小学卓锦分校、成都市盐道街小学(528校区)、成都市锦江实验学校，其弱势方面主要是师资配置和生均资源配置较少。锦江区小学各项监测指标校际差异具体情况比较如表2.04.6所示。

表 2.04.6　锦江区小学各项监测指标校际差异具体情况比较

学校	每百名学生拥有高于规定学历教师数	每百名学生拥有县级及以上骨干教师数	每百名学生拥有体育、艺术(音乐、美术)专任教师数	生均教学及辅助用房面积	生均体育运动场馆面积	生均教学仪器设备值	每百名学生拥有网络多媒体教室数	学校班额达标率	学生体质健康达标合格率	灰色底纹项数/项
成都市锦江区外国语小学校	●	●	●	●	●	●	●	—	★	3
成都师范附属小学	●	●	●	●	●	●	●	—	●	1
四川师范大学附属实验学校(小学部)	●	●	●	●	●	●	●	●	●	7
成都市盐道街小学	●	●	●	●	●	●	●	—	●	7
成都市锦江区东蜀华育小学校	●	●	●	●	●	★	●	—	○	7
成都市和平街小学	●	●	●	★	●	●	●	—	●	5
成都市东光实验小学	●	●	●	●	●	●	●	●	●	7
成都市锦江区银杏小学	●	●	●	●	●	●	●	—	●	5
成都市锦江区马家沟小学校	●	●	●	●	●	●	●	—	●	5
成都市龙王庙正街小学	★	●	●	●	●	●	●	—	●	6
成都市锦官驿小学	●	●	●	●	●	●	●	●	●	8
成都市天涯石小学	●	●	●	●	●	●	●	—	●	1
成都师范附属小学万科分校	●	●	●	●	●	●	●	●	●	7
成都市娇子小学	●	●	●	●	●	●	●	—	●	7
成都市盐道街小学(东区)	●	●	●	●	●	●	●	—	●	3
成都市锦江区教育科学研究院附属小学	●	●	●	●	●	●	●	—	●	4
成都市沙河堡小学	●	●	★	●	●	●	●	—	●	4
成都市龙舟路小学	●	●	●	●	●	●	●	—	●	2
成都市盐道街小学得胜分校	●	●	★	●	●	★	●	—	●	6
成都市盐道街小学东湖分校	●	●	●	●	●	●	●	●	●	7
成都师范附属小学华润学校	●	●	●	●	●	●	●	—	●	6
成都市盐道街小学锦馨分校	●	●	★	●	●	●	●	●	●	7
成都市三圣小学	●	●	●	●	●	●	●	—	●	3
成都市锦江区大观小学校	●	●	●	●	●	●	●	—	●	6

续表

学校	每百名学生拥有高于规定学历教师数	每百名学生拥有县级及以上骨干教师数	每百名学生拥有体育、艺术(音乐、美术)专任教师数	生均教学及辅助用房面积	生均体育运动场馆面积	生均教学仪器设备值	每百名学生拥有网络多媒体教室数	学校班额达标率	学生体质健康达标合格率	灰色底纹项数/项
成都市菱窠路小学	●	●	●	●	●	●	●	—	●	3
成都市锦江区驸马小学校	●	●	●	●	●	●	★	—	●	5
成都市锦江区祝国寺小学	●	●	●	●	●	●	●	—	●	6
成都师范附属小学白鹭溪分校	●	●	●	●	○	●	●	—	★	9
成都市盐道街小学(通桂校区)	●	●	●	●	●	●	●	—	●	2
成都市天涯石小学昭忠祠分校	●	●	●	●	●	●	●	—	●	6
成都市盐道街小学卓锦分校	●	●	●	●	●	●	●	—	★	3
成都师范附属小学慧源校区	★	★	●	★	●	★	●	—	●	8
成都市天涯石小学逸景分校	●	●	●	●	●	●	●	—	●	7
成都市盐道街小学(528校区)	●	●	●	●	★	●	●	—	●	2
成都市锦江区外国语小学喜树分校	●	●	●	●	●	●	★	—	●	6
成都市盐道街小学汇泉校区	●	●	●	★	●	●	●	—	●	4
成都市锦江区东华小学	●	●	●	●	●	●	●	—	●	6
成都市锦江实验学校	●	●	●	●	●	●	●	—	●	2
成都市锦江区师一学校(小学部)	●	○	●	●	●	●	●	—	●	7
成都嘉祥外国语学校(小学部)	○	●	●	●	●	●	★	—	●	4

注:(1)★$p>0.05$,差异不显著;○$p<0.05$,差异显著;●$p<0.01$,差异很显著。(2) ▨ 差异不显著或显著高于区(市)县均值;▢ 显著低于区(市)县均值。(3)"学校班额达标率"达标的标准为小学班额不超过45人,初中班额不超过50人。(4)—指"学校班额达标率"只做了大小比较,未进行差异性分析,其灰色底纹表示该学校的"学校班额达标率"大于或等于区(市)县均值,无底纹表示该学校的"学校班额达标率"小于区(市)县均值。

2. 初中

2022年锦江区有4所初中60%及以上指标低于该区域平均值,分别是成都市七中育才学校汇源校区、成都市七中育才学校银杏校区、成都嘉祥外国语学校(初中部)、成都市第四十六中学,其弱势方面主要是师资配置和生均资源配置较少。锦江区初中各项监测指标校际差异具体情况比较如表 2.04.7 所示。

表 2.04.7 锦江区初中各项监测指标校际差异具体情况比较

学校	每百名学生拥有高于规定学历教师数	每百名学生拥有县级及以上骨干教师数	每百名学生拥有体育、艺术(音乐、美术)专任教师数	生均教学及辅助用房面积	生均体育运动场馆面积	生均教学仪器设备值	每百名学生拥有网络多媒体教室数	学校班额达标率	学生体质健康达标合格率	灰色底纹项数/项
四川师范大学附属实验学校(初中部)	●	●	●	●	●	●	●	—	●	7
成都市七中育才学校汇源校区	●	●	●	●	●	●	●	—	●	2
成都市七中育才学校银杏校区	●	★	●	●	●	●	●	—	●	2
四川师范大学附属中学锦华分校	●	●	●	●	●	●	●	—	/	5
四川省成都市七中育才学校华兴分校	●	●	●	●	●	●	★	—	/	5
四川省成都市七中育才学校	●	●	●	●	●	●	●	—	●	8
成都市七中育才学校学道分校	●	●	●	●	●	●	●	—	●	7
成都市锦江区教育科学研究院附属中学	●	●	●	●	●	●	★	—	●	7
成都市锦江区师一学校(初中部)	●	●	●	●	●	●	●	—	●	5
四川师范大学附属中学	●	●	●	●	●	●	●	—	●	4
四川省成都市盐道街中学	●	●	●	●	●	●	●	—	●	4
四川省成都市第十七中学校	●	●	●	●	●	●	●	—	●	7
成都市田家炳中学	●	●	●	●	●	●	●	—	●	5
四川省成都市第三中学	●	●	●	●	●	●	●	—	●	6
成都嘉祥外国语学校(初中部)	●	●	●	●	●	●	●	—	●	3
成都市第四十六中学	★	●	●	●	●	●	●	—	●	2

注:(1)★$p>0.05$,差异不显著;○$p<0.05$,差异显著;●$p<0.01$,差异很显著。(2)▨差异不显著或显著高于区(市)县均值;□显著低于区(市)县均值。(3)"学校班额达标率"达标的标准为小学班额不超过 45 人,初中班额不超过 50 人。(4)—指"学校班额达标率"只做了大小比较,未进行差异性分析,其灰色底纹表示该学校的"学校班额达标率"大于或等于区(市)县均值,无底纹表示该学校的"学校班额达标率"小于区(市)县均值。(5)/指未采集到"学生体质健康达标合格率"数据。

三、结论

(一)成绩与经验

(1)从义务教育优质均衡发展达标情况看,均衡程度方面,在小学和初中共 14 项 A 类指标中,2022 年锦江区公民办小学和初中校际差异系数全部达到部标。2022 年锦江区公办学校校际均衡指数为 0.14,低于成都市均值(校际均衡程度高于成都市平均水平),达到了市标,区域内校际均衡程度较高。

(2)发展水平方面,A 类 7 项指标中,2022 年锦江区小学和初中达标学校比例达到 100%的指标均有 6 项,小学和初中 7 项指标的达成度均高于或等于成都市均值;B 类和 C 类 19 项指标中,2022 年锦江区有 14 项指标的达标比例达到 100%,有 16 项指标的达成度高于或等于成都市均值。

(3)从区域发展水平看,2022 年锦江区小学、初中均有 85.00%的监测指标优于或等于成都市均值,其中,小学"每百名学生拥有体育、艺术(音乐、美术)专任教师数"为成都市均值的 1.2893 倍,"县域内心理健康专职教师配备率"为成都市均值的 1.4522 倍。

(4)从校际差异情况看,2022 年锦江区小学、初中分别有 100.00%、85.71%的监测指标校际差异水平优于或等于成都市均值。

(二)存在的不足

(1)从义务教育优质均衡发展达标情况看,发展水平方面,A 类 7 项指标中,2022 年锦江区小学、初中的"生均体育运动场馆面积"达标学校比例分别为 97.5%和 93.75%,未全部达标;B 类和 C 类 19 项指标中,2022 年锦江区有 5 项指标达标比例低于 90%,分别为"单设小学学校规模""九年一贯制学校规模""小学学校班额达标率""学校培训经费占本校年度公用经费预算总额的比例""初中学业水平校际差异率",有"九年一贯制学校规模达标率""学校培训经费占本校年度公用经费预算总额的比例""初中学业水平校际差异率"3 项指标低于成都市均值,其中,"九年一贯制学校规模达标率"仅为 33.33%。

(2)从区域发展水平看,2022年锦江区小学和初中均有 15.00%的监测指标低于成都市均值,"九年一贯制学校规模达标率"和"特殊教育学校生均公用经费"分别仅为成都市均值的 37.58%和 79.91%。

(3)从校际差异情况看,2022 年锦江区有 11 所小学 60%及以上指标低于该区域平均值,分别是成都市锦江区外国语小学校、成都师范附属小学、成都市天涯石小学、成都市盐道街小学(东区)、成都市龙舟路小学、成都市三圣小学、成都市菱窠路小学、成都市盐道街小学(通桂校区)、成都市盐道街小学卓锦分校、成都市盐道街小学(528 校区)、成都市锦江实验学校;有 4 所初中 60%及以上指标低于该区域平均值,分别是成都市七中育才学校汇源校区、成都市七中育才学校银杏校区、成都嘉祥外国语学校(初中部)、成都市第四十六中学;小学和初中的弱势方面均主要是师资配置和生均资源配置较少。

（三）建议

(1) 资源配置方面，优化资源配置，重点解决部分小学、初中学校"生均体育运动场馆面积"不达标的问题；关注弱势学校，关注60%及以上指标低于区域均值的学校及连续多年处于该水平的学校，提高学校办学条件水平。

(2) 政府保障程度方面，着力解决部分小学、九年一贯制学校规模偏大，部分小学"学校班额达标率"偏低的问题；着力解决"特殊教育学校生均公用经费""学校培训经费占本校年度公用经费预算总额的比例"偏低的问题，加强教育经费投入管理。

(3) 教育质量方面，进一步提高"初中三年巩固率"，重视学生体质健康，提高薄弱小学和初中"学生体质健康达标合格率"，保障学生健康发展。

2022年青羊区义务教育优质均衡监测报告

一、2022年青羊区义务教育优质均衡发展概况

本次监测，除"县域内心理健康专职教师配备率"依据成都市《2022年政府工作报告目标任务责任分解方案》（成办发〔2022〕8号）、"小学六年（初中三年）巩固率"和"学生体质健康达标合格率"依据《成都市义务教育优质均衡监测指标体系》外，其余指标均依据部标。

《成都市人民政府教育督导委员会办公室关于印发〈成都市义务教育优质均衡监测指标体系〉的通知》（成府教督〔2017〕10号）构建的监测指标体系包括A类（资源配置，共14项指标，全部指标分小学、初中）、B类（政府保障程度，共12项指标，部分指标分小学、初中和九年一贯制）和C类（教育质量，共7项指标，部分指标分小学、初中），合计33项指标。除特别注明外，所有监测结果均为全体公民办学校总体结果。

（一）义务教育均衡程度

1. 判断标准

成都市义务教育均衡程度依据两个标准来判断：①部标，规定县域内义务教育公民办小学A类7项指标的差异系数每一项均应不高于0.50，公民办初中A类7项指标的差异系数每一项均应不高于0.45；②市标，规定县域内义务教育公办学校校际均衡指数值不高于0.27。

2. 均衡程度及达标情况

从部标看，在小学和初中共14项A类指标中，2022年青羊区公民办小学和初中校际差异系数全部达到部标。

与上一监测年度相比，青羊区小学、初中均有3项指标的校际均衡程度进一步提高；小学"每百名学生拥有体育、艺术（音乐、美术）专任教师数""生均体育运动场馆面积""生均教学仪器设备值"，初中"每百名学生拥有体育、艺术（音乐、美术）专任教师数""生均教学及辅助用房面积""生均体育运动场馆面积"的校际均衡程度有所下降（图2.05.1和图2.05.2）。

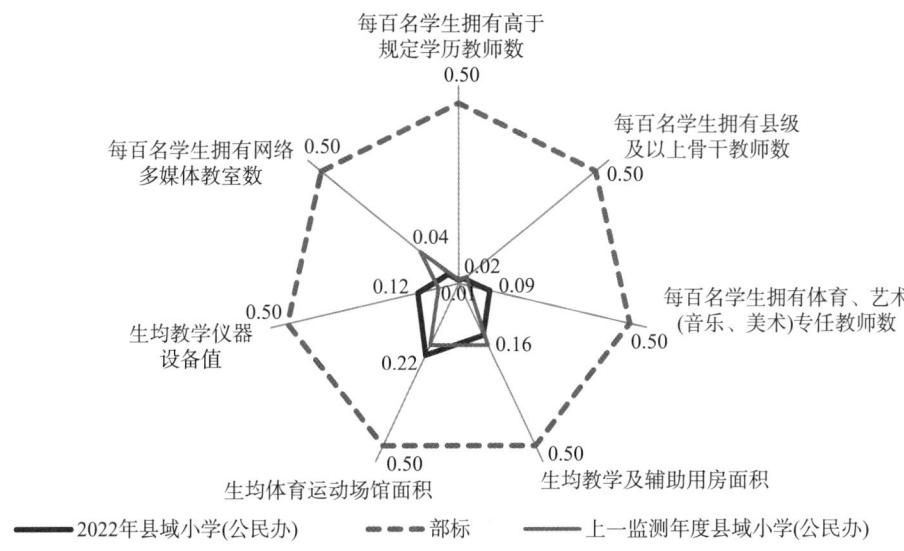

图 2.05.1　2022 年与上一监测年度青羊区小学县域内义务教育校际均衡情况

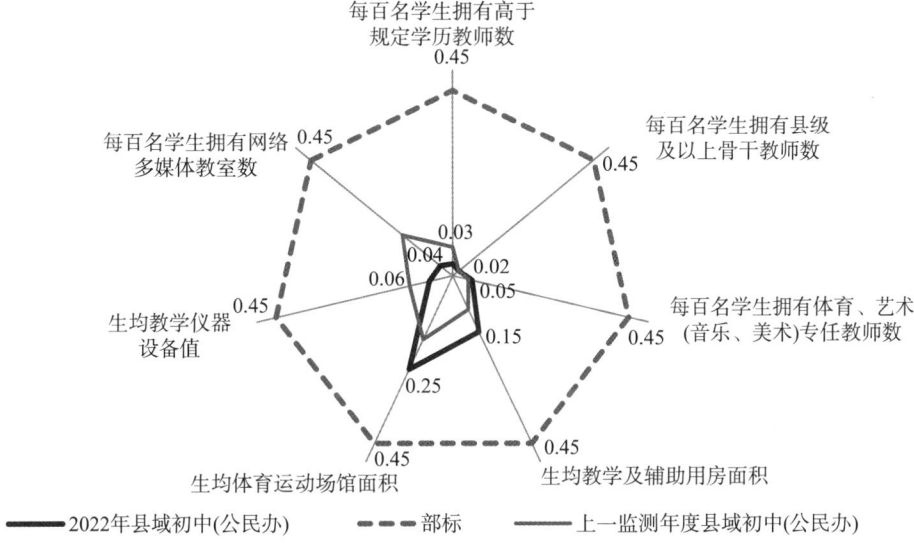

图 2.05.2　2022 年与上一监测年度青羊区初中县域内义务教育校际均衡情况

2022年青羊区公办学校校际均衡指数为0.09，低于成都市均值（校际均衡程度高于成都市平均水平），达到了市标，表明2022年青羊区义务教育公办学校校际均衡程度较高。2022年青羊区公办学校校际均衡指数与上一监测年度一致（表2.05.1）。

表 2.05.1　青羊区公办小学、初中县域内义务教育校际均衡情况

差异系数	每百名学生拥有高于规定学历教师数	每百名学生拥有县级及以上骨干教师数	每百名学生拥有体育、艺术(音乐、美术)专任教师数	生均教学及辅助用房面积	生均体育运动场馆面积	生均教学仪器设备值	每百名学生拥有网络多媒体教室数	2022年县域内义务教育校际均衡指数	2022年成都市县域内义务教育校际均衡指数	上一监测年度县域内义务教育校际均衡指数
小学	0.00	0.02	0.09	0.16	0.20	0.12	0.04	0.09	0.22	0.09
初中	0.03	0.02	0.05	0.16	0.26	0.06	0.04			

(二)义务教育优质均衡发展水平达标情况

以部标规定的标准值为参照,2022年青羊区各指标达到目标值的情况如表 2.05.2 所示。

表 2.05.2　青羊区小学和初中 A 类指标达标情况

	指标名称	小学 达标学校数/所	小学 达标学校比例/%	小学 成都市均值/%	初中 达标学校数/所	初中 达标学校比例/%	初中 成都市均值/%
A 资源配置	每百名学生拥有高于规定学历教师数	34	100.00	98.36	14	100.00	98.90
	每百名学生拥有县级及以上骨干教师数	34	100.00	96.40	14	100.00	97.12
	每百名学生拥有体育、艺术(音乐、美术)专任教师数	34	100.00	97.23	14	100.00	91.47
	生均教学及辅助用房面积	22	64.71	87.04	11	78.57	83.78
	生均体育运动场馆面积	1	2.94	82.70	3	21.43	80.95
	生均教学仪器设备值	34	100.00	98.93	14	100.00	97.91
	每百名学生拥有网络多媒体教室数	34	100.00	97.28	14	100.00	96.86

从 A 类指标看,部标规定每一所学校的 A 类指标均要达到标准,青羊区小学、初中的7项监测指标中,"每百名学生拥有高于规定学历教师数""每百名学生拥有县级及以上骨干教师数""每百名学生拥有体育、艺术(音乐、美术)专任教师数""生均教学仪器设备值""每百名学生拥有网络多媒体教室数"5项指标达标学校比例均是 100%;"生均教学及辅助用房面积""生均体育运动场馆面积"达标学校比例均低于80%,其中,小学、初中"生均体育运动场馆面积"达标学校比例分别为 2.94%和 21.43%。与成都市均值相比,青羊区小学、初中均有 5 项指标的达成度高于成都市均值。

从 B 类和 C 类 19 项指标看,除去"单设小学学校规模达标率""单设初中学校规模达标率""九年一贯制学校规模达标率""小学学校班额达标率""初中学校班额达标率""学校培训经费占本校年度公用经费预算总额的比例""初中三年巩固率"7项指标外,2022年青羊区其余 12 项指标的达标比例均为 100%。与成都市均值相比,青羊区 12 项指标的达成度均高于或等于成都市均值,"单设小学学校规模达标率""单设初中学校规模达标率""九年一贯制学校规模达标率""小学学校班额达标率""初中学校班额达标率"

"学校培训经费占本校年度公用经费预算总额的比例""初中三年巩固率"7项指标的达成度低于成都市均值(表2.05.3)。

表 2.05.3　青羊区小学和初中 B 类、C 类指标达标情况(%)

指标名称		达标比例	成都市均值
B 政府保障程度	单设小学学校规模达标率	70.97	82.32
	单设初中学校规模达标率	72.73	94.27
	九年一贯制学校规模达标率	66.67	87.34
	小学学校班额达标率	73.90	77.63
	初中学校班额达标率	92.74	94.78
	特殊教育学校生均公用经费	100.00	97.12
	学校培训经费占本校年度公用经费预算总额的比例	24.77	71.00
	教师全员培训完成率	100.00	100.00
	县域内每年交流轮岗教师的比例	100.00	100.00
	县域内优质高中招生名额分配比例	100.00	100.00
	符合条件的随迁子女在公办学校和政府购买服务的民办学校就读的比例	100.00	99.77
	县域内心理健康专职教师配备率	100.00	91.44
C 教育质量	小学六年巩固率	100.00	98.24
	初中三年巩固率	99.59	99.63
	残疾儿童少年入学率	100.00	99.89
	小学生体质健康达标合格率	100.00	98.80
	初中学生体质健康达标合格率	100.00	96.95
	小学学业水平校际差异率	100.00	93.27
	初中学业水平校际差异率	100.00	80.49

二、2022年青羊区义务教育区域差异、城乡差异和校际差异情况

(一)总体情况

本报告中,区域差异情况是由各区(市)县的各项监测指标值与成都市均值相比较而得,比值大于1代表其发展水平高于成都市平均水平。城乡差异情况是由各区(市)县的农村学校各项监测指标值与城镇学校各项监测指标值相比较而得,比值大于1代表农村发展水平高于城镇发展水平。校际差异情况是由各区(市)县的各项监测指标差异系数与成都市各区(市)县差异系数平均值相比较而得,比值小于1代表其校际差异水平优于成都市平均水平,差异系数值越小代表区域内该指标校际差异越小。

从区域差异情况看,2022年青羊区小学、初中分别有50.00%和45.00%(小学、初中各20项)的监测指标优于或等于成都市均值;从校际差异情况看,2022年青羊区小学、初中分别有100.00%和85.71%的监测指标校际差异均优于或等于成都市均值。

从监测指标看，2022年，青羊区处于优势的指标为小学和初中"每百名学生拥有县级及以上骨干教师数""特殊教育学校生均公用经费""教师全员培训完成率""县域内每年交流轮岗教师的比例""县域内优质高中招生名额分配比例""县域内心理健康专职教师配备率""残疾儿童少年入学率""学生体质健康达标合格率""学业水平校际差异率""小学六年巩固率"。

青羊区处于弱势的指标为小学和初中"学校规模达标率""学校班额达标率""学校培训经费占本校年度公用经费预算总额的比例""符合条件的随迁子女在公办学校和政府购买服务的民办学校就读的比例""初中生均体育运动场馆面积""初中三年巩固率"（表2.05.4）。

表2.05.4 青羊区小学和初中监测指标的区域差异、城乡差异和校际差异情况

指标名称		小学			初中		
		区域差异情况	城乡差异情况	校际差异情况	区域差异情况	城乡差异情况	校际差异情况
A 资源配置	每百名学生拥有高于规定学历教师数		—			—	
	每百名学生拥有县级及以上骨干教师数		—			—	
	每百名学生拥有体育、艺术(音乐、美术)专任教师数		—			—	
	生均教学及辅助用房面积		—			—	
	生均体育运动场馆面积		—			—	
	生均教学仪器设备值		—			—	
	每百名学生拥有网络多媒体教室数		—			—	
B 政府保障程度	学校规模达标率		—	—		—	—
	学校班额达标率		—	—		—	—
	特殊教育学校生均公用经费		—			—	
	学校培训经费占本校年度公用经费预算总额的比例		—			—	
	教师全员培训完成率		—			—	
	县域内每年交流轮岗教师的比例		—			—	
	县域内优质高中招生名额分配比例		—			—	
	符合条件的随迁子女在公办学校和政府购买服务的民办学校就读的比例		—			—	
	县域内心理健康专职教师配备率		—			—	
C 教育质量	小学六年(初中三年)巩固率		—			—	
	残疾儿童少年入学率		—			—	
	学生体质健康达标合格率		—			—	
	学业水平校际差异率		—			—	
灰色底纹项数/项		10	0	7	9	0	6
灰色底纹项数比例/%		50.00	—	100.00	45.00	—	85.71

注：(1)区域差异情况中，▨比值大于等于1，☐比值小于1；(2)城乡差异情况中，▨比值大于等于1，☐比值小于1；(3)校际差异情况中，▨比值小于等于1，☐比值大于1。

(二)区域发展水平具体情况

2022年青羊区小学和初中监测指标中,小学和初中分别有50.00%和45.00%(小学、初中各20项)的监测指标优于或等于成都市均值,其中,"特殊教育学校生均公用经费"为成都市均值的2.0512倍。另外,低于成都市均值的指标中,"学校培训经费占本校年度公用经费预算总额的比例"仅为成都市均值的32.12%,小学和初中"生均体育运动场馆面积比例"分别为成都市均值的50.24%、63.94%。青羊区具体情况如表2.05.5和图2.05.3所示。

表2.05.5 青羊区各项监测指标值与成都市均值的比较

	指标名称	区域值 小学	区域值 初中	区域值 九年一贯制	成都市均值 小学	成都市均值 初中	成都市均值 九年一贯制	区域值/成都市均值 小学	区域值/成都市均值 初中	区域值/成都市均值 九年一贯制
A 资源配置	每百名学生拥有高于规定学历教师数/人	5.55	8.00	—	5.92	8.14	—	0.9375	0.9828	—
	每百名学生拥有县级及以上骨干教师数/人	2.54	3.71	—	2.13	2.88	—	1.1925	1.2882	—
	每百名学生拥有体育、艺术(音乐、美术)专任教师数/人	1.19	1.03	—	1.21	1.11	—	0.9835	0.9279	—
	生均教学及辅助用房面积/平方米	4.49	6.26	—	5.76	7.35	—	0.7795	0.8517	—
	生均体育运动场馆面积/平方米	4.15	7.34	—	8.26	11.48	—	0.5024	0.6394	—
	生均教学仪器设备值/元	4170.54	5517.26	—	4584.76	5927.48	—	0.9097	0.9308	—
	每百名学生拥有网络多媒体教室数/间	2.41	2.52	—	2.97	3.24	—	0.8114	0.7778	—
B 政府保障程度	学校规模达标率/%	70.97	72.73	66.67	82.82	93.88	88.70	0.8569	0.7747	0.7516
	学校班额达标率/%	73.90	92.74	—	74.98	94.48	—	0.9856	0.9816	—
	特殊教育学校生均公用经费/元		40347.59			19669.88			2.0512	
	学校培训经费占本校年度公用经费预算总额的比例/%		1.24			3.86			0.3212	
	教师全员培训完成率/%		100.00			100.00			1.0000	
	县域内每年交流轮岗教师的比例/%		15.26			15.08			1.0119	
	县域内优质高中招生名额分配比例/%		50.00			50.00			1.0000	
	符合条件的随迁子女在公办学校和政府购买服务的民办学校就读的比例/%		93.11			96.55			0.9644	
	县域内心理健康专职教师配备率/%		72.92			68.86			1.0590	

续表

指标名称		区域值			成都市均值			区域值/成都市均值		
		小学	初中	九年一贯制	小学	初中	九年一贯制	小学	初中	九年一贯制
C 教育质量	小学六年(初中三年)巩固率/%	100.00	98.59	—	97.99	99.04	—	1.0205	0.9955	—
	残疾儿童少年入学率/%	100.00			99.21			1.0080		
	学生体质健康达标合格率/%	99.69	98.31	—	98.76	97.89	—	1.0094	1.0043	—
	学业水平校际差异率	0.08	0.06	—	0.13	0.19	—	*1.6250	*3.1667	—

注：*此数值的计算公式为"成都市均值/区域值"，比值大于1代表区域均衡水平优于成都市均值。

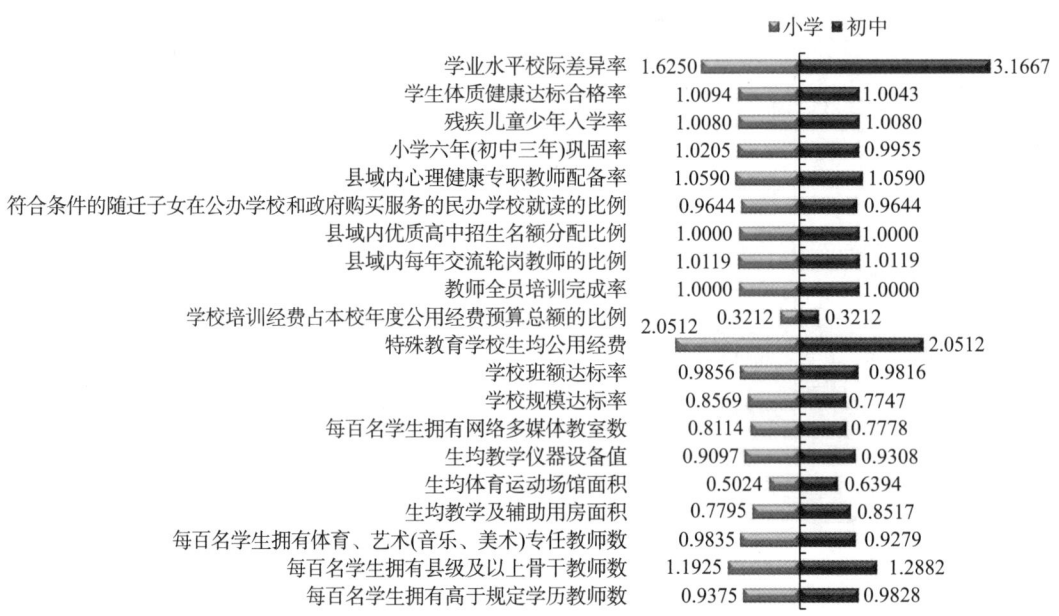

图 2.05.3 青羊区小学和初中各项监测指标值与成都市均值的比较

(三)校际差异情况

1. 小学

2022年青羊区有7所小学60%及以上指标低于该区域平均值，分别为成都市青羊实验中学附属小学、成都市回民小学、成都市实验小学文苑分校、成都市胜西小学、成都市少城小学、成都市蜀华学校(小学部)、四川师范大学实验外国语学校(小学部)，其弱势方面主要是师资配置和生均资源配置较少，"学校班额达标率"和"学生体质健康达标合格率"较低。青羊区小学各项监测指标校际差异具体情况比较如表2.05.6所示。

表 2.05.6　青羊区小学各项监测指标校际差异具体情况比较

学校	每百名学生拥有高于规定学历教师数	每百名学生拥有县级及以上骨干教师数	每百名学生拥有体育、艺术(音乐、美术)专任教师数	生均教学及辅助用房面积	生均体育运动场馆面积	生均教学仪器设备值	每百名学生拥有网络多媒体教室数	学校班额达标率	学生体质健康达标合格率	灰色底纹项数/项
成都市青羊实验中学附属小学	●	●	●	●	●	●	●	—	●	2
成都市文翁实验小学	●	○	●	○	●	●	●	—	●	5
成都市东坡小学	●	●	●	●	●	●	●	—	●	4
成都市回民小学	●	●	●	●	●	●	●	—	●	3
成都市泡桐树小学绿舟分校	●	●	●	●	●	●	●	—	●	8
成都市新华路小学	●	●	●	●	●	●	●	—	●	4
成都市鼓楼小学	●	●	●	●	●	●	●	—	●	5
成都市实验小学青华分校	●	●	●	●	●	●	●	—	●	5
成都市花园(国际)小学	●	●	●	●	●	●	●	—	●	7
成都市草堂小学	●	●	●	○	●	●	●	—	●	6
四川省成都市泡桐树小学境界分校	●	●	●	●	●	●	●	—	●	7
成都市光华小学	●	●	●	★	●	●	●	—	○	7
成都市实验小学文苑分校	●	●	●	●	●	●	●	—	●	3
成都市双眼井小学	●	★	●	★	●	●	●	—	●	7
成都市实验小学	●	●	●	●	●	●	★	—	●	6
成都市石室联合成飞学校(小学部)	●	●	●	●	●	●	●	—	●	9
成都市清波小学校	●	●	●	●	○	●	●	—	●	8
成都市浣花小学	●	●	●	●	●	●	●	—	★	5
成都市胜西小学	●	●	●	●	●	●	●	—	●	2
成都市实验小学明道分校	●	●	●	●	●	●	●	—	●	
成都市万春小学	●	●	●	●	●	●	●	—	●	
成都市实验小学西区分校	●	●	●	★	●	●	●	—	●	5
成都市东城根街小学	●	●	●	●	●	●	●	—	●	4
成都市彩虹小学	●	●	●	●	●	●	●	—	●	5
成都市少城小学	●	●	●	●	●	●	●	—	●	3
成都市泡桐树小学	●	●	●	●	●	●	●	—	●	4
成都市实验小学战旗分校	●	●	●	●	●	●	★	—	●	6
成都市金沙小学	●	●	●	●	●	●	●	—	●	6

续表

学校	每百名学生拥有高于规定学历教师数	每百名学生拥有县级及以上骨干教师数	每百名学生拥有体育、艺术(音乐、美术)专任教师数	生均教学及辅助用房面积	生均体育运动场馆面积	生均教学仪器设备值	每百名学生拥有网络多媒体教室数	学校班额达标率	学生体质健康达标合格率	灰色底纹项数/项
成都市同辉(国际)学校	●	●	●	●	●	●	●	—	★	5
成都市康河小学	●	●	●	○	●	●	●	—	●	7
成都市草堂小学西区分校	●	★	●	●	●	●	●	—	●	6
成都市泡桐树小学西区分校	●	●	●	●	●	●	●	—	●	5
成都市蜀华学校(小学部)	●	●	●	●	●	●	●	—	●	3
四川师范大学实验外国语学校(小学部)	●	●	●	●	●	●	●	—	●	3

注：(1)★$p>0.05$，差异不显著；○$p<0.05$，差异显著；●$p<0.01$，差异很显著。(2)灰色底纹表示差异不显著或显著高于区(市)县均值；白色底纹表示显著低于区(市)县均值。(3)"学校班额达标率"达标的标准为小学班额不超过45人，初中班额不超过50人。(4)—指"学校班额达标率"只做了大小比较，未进行差异性分析，其灰色底纹表示该学校的"学校班额达标率"大于或等于区(市)县均值，无底纹表示该学校的"学校班额达标率"小于区(市)县均值。

2. 初中

2022年青羊区有5所初中60%及以上指标低于该区域平均值，为成都市石室联合成飞学校(初中部)、成都市树德实验中学(西区)、四川省成都市石室联合中学、四川省成都市青羊实验中学、成都市蜀华学校(初中部)，其弱势方面主要是师资配置和生均资源配置较少，"学生体质健康达标合格率"较低。青羊区初中各项监测指标校际差异具体情况比较如表2.05.7所示。

表2.05.7 青羊区初中各项监测指标校际差异具体情况比较

学校	每百名学生拥有高于规定学历教师数	每百名学生拥有县级及以上骨干教师数	每百名学生拥有体育、艺术(音乐、美术)专任教师数	生均教学及辅助用房面积	生均体育运动场馆面积	生均教学仪器设备值	每百名学生拥有网络多媒体教室数	学校班额达标率	学生体质健康达标合格率	灰色底纹项数/项
成都市石室联合成飞学校(初中部)	●	●	●	●	●	●	●	—	●	3
成都市树德实验中学弘毅分校	●	●	●	●	●	●	●	—	/	7
成都市树德实验中学(西区)	●	●	●	●	●	★	●	—	●	2
成都市树德实验中学	●	●	●	●	●	●	●	—	●	7
四川省成都市石室联合中学	●	●	●	●	●	●	●	—	●	2

续表

学校	每百名学生拥有高于规定学历教师数	每百名学生拥有县级及以上骨干教师数	每百名学生拥有体育、艺术(音乐、美术)专任教师数	生均教学及辅助用房面积	生均体育运动场馆面积	生均教学仪器设备值	每百名学生拥有网络多媒体教室数	学校班额达标率	学生体质健康达标合格率	灰色底纹项数/项
成都市石室联合中学(西区)	●	●	●	★	●	●	●	—	●	6
四川省成都市青羊实验中学	★	●	●	●	●	●	●	—	●	1
成都市文翁实验中学	●	●	●	●	●	●	●		●	6
成都市泡桐树中学	●	●	●	●	●	●	●	●	●	8
四川省成都市第十一中学	●	★	●	●	●	●	●		●	5
成都市蜀华学校(初中部)	●	●	●	●	●	●	●			3
四川省成都市树德实验中学(东区)	●	★	●	●	●	●	●			4
成都市第三十七中学	●	●	●	●	●	●	●		●	5
四川师范大学实验外国语学校(初中部)	●	●	●	●	★	●	●		●	6

注：(1) ★$p>0.05$，差异不显著；○$p<0.05$，差异显著；●$p<0.01$，差异很显著。(2) ▨ 差异不显著或显著高于区(市)县均值；☐ 显著低于区(市)县均值。(3) "学校班额达标率"达标的标准为小学班额不超过 45 人，初中班额不超过 50 人。(4) —指"学校班额达标率"只做了大小比较，未进行差异性分析，其灰色底纹表示该学校的"学校班额达标率"大于或等于区(市)县均值，无底纹表示该学校的"学校班额达标率"小于区(市)县均值。(5)/指未采集到"学生体质健康达标合格率"数据。

三、结论

(一)成绩与经验

(1)从义务教育优质均衡发展达标情况看，均衡程度方面，在小学和初中共 14 项 A 类指标中，2022 年青羊区公民办小学和初中校际差异系数全部达到部标。公办学校校际均衡指数为 0.09，低于成都市均值(校际均衡程度高于成都市平均水平)，达到了市标，区域内校际均衡程度较高。

(2)发展水平方面，A 类 7 项指标中，2022 年青羊区小学、初中达标学校比例达到 100%的指标均有 5 项，为"每百名学生拥有高于规定学历教师数""每百名学生拥有县级及以上骨干教师数""每百名学生拥有体育、艺术(音乐、美术)专任教师数""生均教学仪器设备值""每百名学生拥有网络多媒体教室数"，小学、初中均有 5 项指标的达成度高于成都市均值；B 类和 C 类 19 项指标中，2022 年青羊区有 12 项指标的达标比例达到 100%，有 12 项指标的达成度高于或等于成都市均值。

(3)从区域发展水平看，2022 年青羊区小学、初中分别有 50.00%和 45.00%的监测指标优于或等于成都市均值，其中，特殊教育学校生均公用经费为成都市均值的 2.0512 倍。

(4)从校际差异情况看,2022年青羊区小学、初中分别有100.00%和85.71%的监测指标校际差异优于或等于成都市均值。

(二)存在的不足

(1)从义务教育优质均衡发展达标情况看,发展水平方面,A类指标中,2022年青羊区小学、初中"生均体育运动场馆面积"达标学校比例分别为2.94%和21.43%;B类和C类19项指标中,2022年青羊区有7项指标达标比例低于100%,分别为"单设小学学校规模达标率""单设初中学校规模达标率""九年一贯制学校规模达标率""小学学校班额达标率""初中学校班额达标率""学校培训经费占本校年度公用经费预算总额的比例""初中三年巩固率";另有"单设小学学校规模达标率""单设初中学校规模达标率""九年一贯制学校规模达标率""小学学校班额达标率""初中学校班额达标率""学校培训经费占本校年度公用经费预算总额的比例""初中三年巩固率"7项指标的达成度低于成都市均值。

(2)从区域发展水平看,2022年青羊区"学校培训经费占本校年度公用经费预算总额的比例"仅为成都市均值的32.12%,小学和初中"生均体育运动场馆面积"比例分别为成都市均值的50.24%、63.94%,与成都市均值差距较大。

(3)从校际差异情况看,2022年青羊区有7所小学60%及以上指标低于该区域平均值,分别为成都市青羊实验中学附属小学、成都市回民小学、成都市实验小学文苑分校、成都市胜西小学、成都市少城小学、成都市蜀华学校(小学部)、四川师范大学实验外国语学校(小学部),其弱势方面主要是师资配置和生均资源配置较少,"学校班额达标率"和"学生体质健康达标合格率"较低;有5所初中60%及以上指标低于该区域平均值,分别为成都市石室联合成飞学校(初中部)、成都市树德实验中学(西区)、四川省成都市石室联合中学、四川省成都市青羊实验中学、成都市蜀华学校(初中部)其弱势方面主要是师资配置和生均资源配置较少,"学生体质健康达标合格率"较低。

(三)建议

(1)资源配置方面,加强师资队伍建设,重点解决小学"每百名学生拥有高于规定学历教师数",初中"每百名学生拥有体育、艺术(音乐、美术)专任教师数"区域水平相差较大的问题;优化资源配置,重点解决小学和初中"生均教学及辅助用房面积""生均体育运动场馆面积达标学校比例"低、区域水平相差较大,小学和初中"每百名学生拥有网络多媒体教室数"区域水平相差较大的问题;关注弱势学校,关注60%及以上指标低于区域均值的学校及连续多年处于该水平的学校,提高学校办学条件水平。

(2)政府保障程度方面,着力解决部分小学、初中、九年一贯制学校规模偏大,部分小学和初中"学校班额达标率"未达到标准的问题;加强"学校培训经费占本校年度公用经费预算总额比例"达标的管理,增加学校培训经费。

(3)教育质量方面,进一步提高"初中三年巩固率",重视学生体质健康,提高薄弱小学和初中"学生体质健康达标合格率",保障学生健康发展。

2022年金牛区义务教育优质均衡监测报告

一、2022年金牛区义务教育优质均衡发展概况

本次监测，除"县域内心理健康专职教师配备率"依据成都市《2022年政府工作报告目标任务责任分解方案》(成办发〔2022〕8号)、"小学六年(初中三年)巩固率"和"学生体质健康达标合格率"依据《成都市义务教育优质均衡监测指标体系》外，其余指标均依据部标。

《成都市人民政府教育督导委员会办公室关于印发〈成都市义务教育优质均衡监测指标体系〉的通知》(成府教督〔2017〕10号)构建的监测指标体系包括A类(资源配置，共14项指标，全部指标分小学、初中)、B类(政府保障程度，共12项指标，部分指标分小学、初中和九年一贯制)和C类(教育质量，共7项指标，部分指标分小学、初中)，合计33项指标。除特别注明外，所有监测结果均为全体公民办学校总体结果。

（一）义务教育均衡程度

1. 判断标准

成都市义务教育均衡程度依据两个标准来判断：①部标，规定县域内义务教育公民办小学A类7项指标的差异系数每一项均应不高于0.50，公民办初中A类7项指标的差异系数每一项均应不高于0.45；②市标，规定县域内义务教育公办学校校际均衡指数值不高于0.27。

2. 均衡程度及达标情况

从部标看，在小学和初中共14项A类指标中，2022年金牛区公民办小学和初中14项指标校际差异系数均达到部标。

与上一监测年度相比，金牛区小学、初中各指标的校际均衡程度进一步提高(图2.06.1和图2.06.2)。

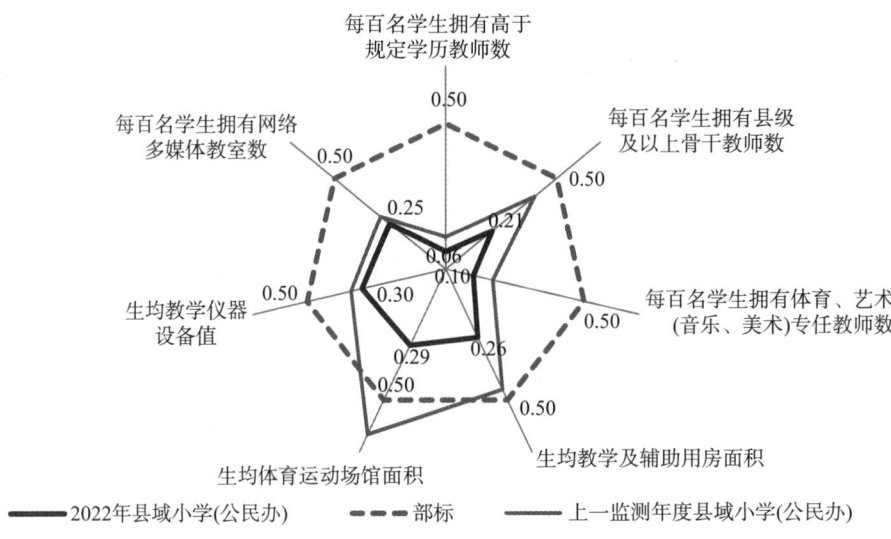

图 2.06.1　2022 年与上一监测年度金牛区小学县域内义务教育校际均衡情况

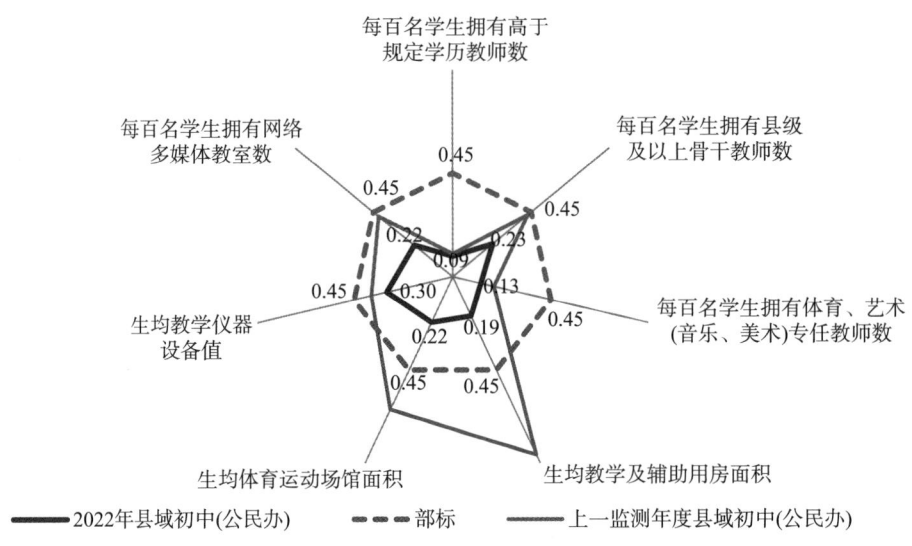

图 2.06.2　2022 年与上一监测年度金牛区初中县域内义务教育校际均衡情况

2022年金牛区公办学校校际均衡指数为0.18，低于成都市均值(校际均衡程度高于成都市平均水平)，且达到市标，表明2022年金牛区义务教育公办学校校际均衡程度较高。

与上一监测年度相比，2022年金牛区公办学校校际均衡指数降低了0.14，校际均衡程度明显提升(表2.06.1)。

表 2.06.1　金牛区公办小学、初中县域内义务教育校际均衡情况

差异系数	每百名学生拥有高于规定学历教师数	每百名学生拥有县级及以上骨干教师数	每百名学生拥有体育、艺术(音乐、美术)专任教师数	生均教学及辅助用房面积	生均体育运动场馆面积	生均教学仪器设备值	每百名学生拥有网络多媒体教室数	2022年县域内义务教育校际均衡指数	2022年成都市县域内义务教育校际均衡指数	上一监测年度县域内义务教育校际均衡指数
小学	0.03	0.16	0.08	0.20	0.25	0.28	0.21	0.18	0.22	0.32
初中	0.09	0.21	0.13	0.20	0.20	0.28	0.21			

（二）义务教育优质均衡发展水平达标情况

以部标规定的标准值为参照，2022 年金牛区各指标达到目标值的情况如表 2.06.2 所示。

表 2.06.2　金牛区小学和初中 A 类指标达标情况

	指标名称	小学			初中		
		达标学校数/所	达标学校比例/%	成都市均值/%	达标学校数/所	达标学校比例/%	成都市均值/%
A 资源配置	每百名学生拥有高于规定学历教师数	56	100.00	98.36	27	100.00	98.90
	每百名学生拥有县级及以上骨干教师数	56	100.00	96.40	27	100.00	97.12
	每百名学生拥有体育、艺术(音乐、美术)专任教师数	56	100.00	97.23	27	100.00	91.47
	生均教学及辅助用房和面积	56	100.00	87.04	26	96.30	83.78
	生均体育运动场馆面积	39	69.64	82.70	23	85.19	80.95
	生均教学仪器设备值	56	100.00	98.93	27	100.00	97.91
	每百名学生拥有网络多媒体教室数	56	100.00	97.28	27	100.00	96.86

从 A 类指标看，部标规定每一所学校的 A 类指标均要达到标准，金牛区小学、初中分别有 6 项和 5 项指标达标学校比例为 100%，其余指标中，小学、初中"生均体育运动场馆面积"达标比例分别为 69.64%和 85.19%。与成都市均值相比，金牛区小学、初中分别有 6 项和 7 项指标的达成度高于成都市均值，小学"生均体育运动场馆面积"1 项指标的达成度低于成都市均值(表 2.06.2)。

从 B 类和 C 类 19 项指标看，除"单设小学学校规模达标率""单设初中学校规模达标率""九年一贯制学校规模达标率""小学学校班额达标率""初中学校班额达标率""初中三年巩固率""初中学业水平校际差异系数"7 项指标外，金牛区其余 12 项指标的达标比例均为 100%。与成都市均值相比，金牛区 15 项指标的达成度均高于或等于成都市均值，另外 4 项指标低于成都市均值，分别是"单设初中学校规模达标率""小学学校班额达标率""初中学校班额达标率""初中三年巩固率"(表 2.06.3)。

表 2.06.3　金牛区小学和初中 B 类、C 类指标达标情况(%)

	指标名称	达标比例	成都市均值
B 政府保障程度	单设小学学校规模达标率	91.11	82.32
	单设初中学校规模达标率	93.75	94.27
	九年一贯制学校规模达标率	90.91	87.34
	小学学校班额达标率	69.97	77.63
	初中学校班额达标率	92.46	94.78
	特殊教育学校生均公用经费	100.00	97.12
	学校培训经费占本校年度公用经费预算总额的比例	100.00	71.00
	教师全员培训完成率	100.00	100.00
	县域内每年交流轮岗教师的比例	100.00	100.00
	县域内优质高中招生名额分配比例	100.00	100.00
	符合条件的随迁子女在公办学校和政府购买服务的民办学校就读的比例	100.00	99.77
	县域内心理健康专职教师配备率	100.00	91.44
C 教育质量	小学六年巩固率	100.00	98.24
	初中三年巩固率	98.82	99.63
	残疾儿童少年入学率	100.00	99.89
	小学生体质健康达标合格率	100.00	98.80
	初中学生体质健康达标合格率	100.00	96.95
	小学学业水平校际差异率	100.00	93.27
	初中学业水平校际差异率	81.67	80.49

二、2022 年金牛区义务教育区域差异、城乡差异和校际差异情况

(一)总体情况

本报告中，区域差异情况是由各区(市)县的各项监测指标值与成都市均值相比较而得，比值大于 1 代表其发展水平高于成都市平均水平。城乡差异情况是由各区(市)县的农村学校各项监测指标值与城镇学校各项监测指标值相比较而得，比值大于 1 代表农村发展水平高于城镇发展水平。校际差异情况是由各区(市)县的各项监测指标差异系数与成都市各区(市)县差异系数平均值相比较而得，比值小于 1 代表其校际差异水平优于成都市平均水平，差异系数值越小代表区域内该指标校际差异越小。

从区域差异情况看，2022 年金牛区小学和初中分别有 65.00%、55.00%(小学、初中各 20 项)的监测指标优于或等于成都市均值；从校际差异情况看，2022 年金牛区小学和初中分别有 71.43%、57.14%(小学、初中各 7 项)的监测指标优于或等于成都市均值。

从监测指标看，2022 年，金牛区处于优势的指标为小学和初中"生均教学及辅助用房面积""学校培训经费占本校年度公用经费预算总额的比例""教师全员培训完成率"

"县域内每年交流轮岗教师的比例""县域内优质高中招生名额分配比例""县域内心理健康专职教师配备率""残疾儿童少年入学率""学业水平校际差异率",小学"每百名学生拥有县级及以上骨干教师数""学校规模达标率""小学六年巩固率""学生体质健康达标合格率"。

金牛区处于弱势的指标为小学和初中"学校班额达标率""特殊教育学校生均公用经费""符合条件的随迁子女在公办学校和政府购买服务的民办学校就读的比例",小学"生均教学仪器设备值",初中"学校规模达标率""初中三年巩固率""学生体质健康达标合格率"(表2.06.4)。

表2.06.4　金牛区小学和初中监测指标的区域差异、城乡差异和校际差异情况

		小学			初中		
	指标名称	区域差异情况	城乡差异情况	校际差异情况	区域差异情况	城乡差异情况	校际差异情况
A 资源配置	每百名学生拥有高于规定学历教师数		—			—	
	每百名学生拥有县级及以上骨干教师数		—			—	
	每百名学生拥有体育、艺术(音乐、美术)专任教师数		—			—	
	生均教学及辅助用房面积		—			—	
	生均体育运动场馆面积		—			—	
	生均教学仪器设备值		—			—	
	每百名学生拥有网络多媒体教室数		—			—	
B 政府保障程度	学校规模达标率		—	—		—	—
	学校班额达标率		—	—		—	—
	特殊教育学校生均公用经费		—	—		—	—
	学校培训经费占本校年度公用经费预算总额的比例		—	—		—	—
	教师全员培训完成率		—	—		—	—
	县域内每年交流轮岗教师的比例		—	—		—	—
	县域内优质高中招生名额分配比例		—	—		—	—
	符合条件的随迁子女在公办学校和政府购买服务的民办学校就读的比例		—	—		—	—
	县域内心理健康专职教师配备率		—	—		—	—
C 教育质量	小学六年(初中三年)巩固率		—	—		—	—
	残疾儿童少年入学率		—	—		—	—
	学生体质健康达标合格率		—	—		—	—
	学业水平校际差异率		—	—		—	—
	灰色底纹项数/项	13	0	5	11	0	4
	灰色底纹项数比例/%	65.00	—	71.43	55.00	—	57.14

注:(1)区域差异情况中,▨比值大于等于1,☐比值小于1;(2)城乡差异情况中,▨比值大于等于1,☐比值小于1;(3)校际差异情况中,▨比值小于等于1,☐比值大于1。

(二)区域发展水平具体情况

2022年金牛区小学和初中监测指标中,小学和初中分别有65.00%、55.00%(小学、初中各20项)的监测指标优于或等于成都市均值,其中,"学校培训经费占本校年度公用经费预算总额的比例"为成都市均值的2.1788倍。另外,低于成都市均值的指标中,"特殊教育学校生均公用经费"为成都市均值的62.92%。金牛区具体情况如表2.06.5和图2.06.3所示。

表2.06.5 金牛区各项监测指标值与成都市均值的比较

指标名称		区域值			成都市均值			区域值/成都市均值		
		小学	初中	九年一贯制	小学	初中	九年一贯制	小学	初中	九年一贯制
A 资源配置	每百名学生拥有高于规定学历教师数/人	5.48	7.86	—	5.92	8.14	—	0.9257	0.9656	—
	每百名学生拥有县级及以上骨干教师数/人	2.32	3.30	—	2.13	2.88	—	1.0892	1.1458	—
	每百名学生拥有体育、艺术(音乐、美术)专任教师数/人	1.05	1.01	—	1.21	1.11	—	0.8678	0.9099	—
	生均教学及辅助用房面积/平方米	6.10	7.41	—	5.76	7.35	—	1.0590	1.0082	—
	生均体育运动场馆面积/平方米	7.29	10.75	—	8.26	11.48	—	0.8826	0.9364	—
	生均教学仪器设备值/元	4165.09	6285.43	—	4584.76	5927.48	—	0.9085	1.0604	—
	每百名学生拥有网络多媒体教室数/间	3.49	3.64	—	2.97	3.24	—	1.1751	1.1235	—
B 政府保障程度	学校规模达标率/%	91.11	93.75	90.91	82.82	93.88	88.70	1.1001	0.9986	1.0249
	学校班额达标率/%	69.97	92.46	—	74.98	94.48	—	0.9332	0.9786	—
	特殊教育学校生均公用经费/元		12375.57			19669.88			0.6292	
	学校培训经费占本校年度公用经费预算总额的比例/%		8.41			3.86			2.1788	
	教师全员培训完成率/%		100.00			100.00			1.0000	
	县域内每年交流轮岗教师的比例/%		15.50			15.08			1.0279	
	县域内优质高中招生名额分配比例/%		50.00			50.00			1.0000	
	符合条件的随迁子女在公办学校和政府购买服务的民办学校就读的比例/%		90.03			96.55			0.9325	
	县域内心理健康专职教师配备率/%		80.26			68.86			1.1656	

续表

指标名称		区域值			成都市均值			区域值/成都市均值		
		小学	初中	九年一贯制	小学	初中	九年一贯制	小学	初中	九年一贯制
C 教育质量	小学六年(初中三年)巩固率/%	100.00	97.83	—	97.99	99.04	—	1.0205	0.9878	—
	残疾儿童少年入学率/%	100.00			99.21			1.0080		
	学生体质健康达标合格率/%	98.87	97.88	—	98.76	97.89	—	1.0011	0.9999	—
	学业水平校际差异率	0.08	0.18		0.13	0.19		1.6250	1.0556	

图 2.06.3　金牛区小学和初中各项监测指标值与成都市均值的比较

(三)校际差异情况

1. 小学

2022年金牛区有13所小学60%及以上指标低于该区域平均值,分别是成都市全兴小学校、成都市沙湾路小学校、成都市营门口小学校、成都市新桥小学校、成都市行知小学校、成都市迎宾路小学校、成都市五块石小学校、成都市人北实验小学校、成都市抚琴小学校、成都市兴盛小学校、成都市解放北路第一小学校、成都市金牛区腾飞学校(小学部)、成都市铁中府河学校(小学部),其弱势方面主要是师资配置和生均资源配置较少,"学校班额达标率"较低。金牛区小学各项监测指标校际差异具体情况比较如表2.06.6所示。

表 2.06.6　金牛区小学各项监测指标校际差异具体情况比较

学校	每百名学生拥有高于规定学历教师数	每百名学生拥有县级及以上骨干教师数	每百名学生拥有体育、艺术(音乐、美术)专任教师数	生均教学及辅助用房面积	生均体育运动场馆面积	生均教学仪器设备值	每百名学生拥有网络多媒体教室数	学校班额达标率	学生体质健康达标合格率	灰色底纹项数/项
成都市茶店子小学校金楱分校	●	●	●	●	●	○	●	—	★	8
成都市金科路小学校	●	●	●	●	●	●	●	—	●	5
成都市全兴小学校	●	●	●	●	●	●	●	—	●	2
成都市天回小学校	●	●	●	●	●	●	●	—	●	6
成都市金琴路小学校	●	●	●	●	●	●	●	—	●	4
成都市茶店子小学校	●	●	●	●	●	●	●	—	●	6
成都市人民北路小学校	●	●	●	●	●	●	●	—	●	4
西南交通大学子弟小学校	●	●	●	●	●	●	○	—	●	6
成都市石笋街小学校	●	●	●	●	●	●	●	—	●	5
成都市白果林小学校	★	●	●	●	●	●	●	—	●	4
成都市蜀汉外国语实验小学校	●	●	●	★	●	●	●	—	●	6
成都市天回实验小学校	★	●	●	●	●	●	●	—	●	6
成都市光荣小学校	●	●	●	●	●	●	●	—	●	4
成都市西体路小学校	●	●	●	★	○	●	●	—	●	8
成都市泉水路小学校	●	●	●	●	●	●	●	—	○	6
成都市北站小学校	★	●	●	●	●	●	●	—	●	8
成都市西安路小学校	●	●	●	●	●	●	●	—	●	6
成都市沙湾路小学校	●	●	●	●	●	●	●	—	●	2
成都市九里堤小学校	●	●	●	●	●	●	●	—	★	4
成都市沙河源小学校	●	●	●	●	★	●	●	—	●	5
成都市营门口小学校	●	●	●	●	●	●	●	—	●	3
成都市王贾桥小学校	●	★	●	●	●	●	●	—	●	4
成都市新桥小学校	●	●	●	●	●	●	●	—	●	2
成都市锦西外国语实验小学校	●	●	●	●	●	●	●	—	●	8
成都市行知小学校	●	●	●	●	●	●	●	—	●	3
成都市迎宾路小学校	●	●	●	●	●	●	●	—	●	3
成都市五块石小学校	●	●	●	●	●	●	●	—	●	1
成都市荷花池小学校	●	●	●	●	●	●	●	—	●	6
成都市北新小学校	●	●	●	●	●	●	★	—	●	6

续表

学校	每百名学生拥有高于规定学历教师数	每百名学生拥有县级及以上骨干教师数	每百名学生拥有体育、艺术(音乐、美术)专任教师数	生均教学及辅助用房面积	生均体育运动场馆面积	生均教学仪器设备值	每百名学生拥有网络多媒体教室数	学校班额达标率	学生体质健康达标合格率	灰色底纹项数/项
成都市人北实验小学校	●	●	●	●	★	●	●	—	●	3
成都市抚琴小学校	●	●	●	●	●	●	●	—	●	3
成都市五丁小学校	●	●	●	●	●	●	★	—	●	7
成都市兴盛小学校	●	●	★	●	●	●	●	—	●	2
成都市张家巷小学校	●	●	★	●	●	●	●	—	●	5
成都市凤凰小学校	●	●	●	●	●	●	●	—	●	7
成都市驷马桥小学校	●	○	●	●	●	●	●	—	●	4
成都市友谊小学校	●	●	●	●	●	●	●	—	●	4
成都市金牛区成外附小西宸学校	●	●	●	●	●	●	●	—	●	7
成都市金丰路小学校	●	●	●	●	●	●	●	—	/	5
成都市金建小学校	●	●	●	●	●	○	●	—	●	5
成都外国语学校附属小学	●	●	●	●	●	●	●	—	●	6
成都市奥林小学校	★	●	●	●	●	●	●	—	●	4
成都市马鞍小学校	●	●	●	●	●	★	●	—	●	4
成都市解放北路第一小学校	●	●	●	●	●	●	●	—	●	3
成都市西一路小学校	●	●	★	●	●	●	●	—	●	5
成都市金牛区腾飞学校(小学部)	●	●	●	●	●	●	●	—	●	3
成都市金牛区博才学校(小学部)	●	●	●	○	●	●	●	—	●	7
成都市金牛区希望学校(小学部)	●	●	●	●	●	●	●	—	●	4
成都市金牛区天一学校(小学部)	●	●	●	●	●	●	●	—	●	4
成都市金牛区新徽学校(小学部)	●	●	●	●	●	●	●	—	●	6
成都市金牛区育梁学校(小学部)	★	★	★	●	●	●	●	—	●	8
成都市金牛区五月花学校(小学部)	●	●	●	★	●	●	★	—	●	4
西华大学附属实验学校(小学部)	●	●	●	●	★	●	●	—	●	4
成都市铁中府河学校(小学部)	●	●	●	●	●	●	●	—	●	1

续表

学校	每百名学生拥有高于规定学历教师数	每百名学生拥有县级及以上骨干教师数	每百名学生拥有体育、艺术(音乐、美术)专任教师数	生均教学及辅助用房面积	生均体育运动场馆面积	生均教学仪器设备值	每百名学生拥有网络多媒体教室数	学校班额达标率	学生体质健康达标合格率	灰色底纹项数/项
成都市金牛区协同外语学校(小学部)	●	●	●	●	●	●	—	●	6
成都七中八一学校(小学部)	●	●	●	●	●	●	—	●	6

注：(1)★p>0.05，差异不显著；○p<0.05，差异显著；●p<0.01，差异很显著。(2)▒差异不显著或显著高于区(市)县均值；□显著低于区(市)县均值。(3)"学校班额达标率"达标的标准为小学班额不超过45人，初中班额不超过50人。(4)—指"学校班额达标率"只做了大小比较，未进行差异性分析，其灰色底纹表示该学校的"学校班额达标率"大于或等于区(市)县均值，无底纹表示该学校的"学校班额达标率"小于区(市)县均值。(5)/指未采集到"学生体质健康达标合格率"数据。

2. 初中

2022年金牛区有8所初中60%及以上指标低于该区域平均值，分别是成都市金牛实验中学校、成都市金牛区希望学校(初中部)、成都市铁中府河学校(初中部)、四川省成都市第八中学校、成都市铁路中学校、成都市第十八中学校、成都市金牛中学校、成都七中万达学校，其弱势方面主要是师资配置和生均资源配置较少，"学校班额达标率"较低。金牛区初中各项监测指标校际差异具体情况比较如表2.06.7所示。

表2.06.7 金牛区初中各项监测指标校际差异具体情况比较

学校	每百名学生拥有高于规定学历教师数	每百名学生拥有县级及以上骨干教师数	每百名学生拥有体育、艺术(音乐、美术)专任教师数	生均教学及辅助用房面积	生均体育运动场馆面积	生均教学仪器设备值	每百名学生拥有网络多媒体教室数	学校班额达标率	学生体质健康达标合格率	灰色底纹项数/项
成都市人民北路中学校	●	●	●	●	●	●	●	—	●	6
成都市金牛实验中学校	●	●	●	●	●	●	●	—	●	3
成都市金牛区腾飞学校(初中部)	●	●	●	●	●	●	●	—	●	5
成都市锦西中学校	●	●	●	●	●	●	●	—	●	7
成都市金牛区博才学校(初中部)	●	●	●	●	●	●	●	—	●	5
成都市金牛区希望学校(初中部)	●	●	●	●	●	●	●	—	●	3
成都市金牛区天一学校(初中部)	●	★	●	●	●	●	●	—	●	8
成都市花照中学校	●	●	●	●	●	●	○	—	●	8
成都市沙河中学校	●	●	★	●	○	●	●	—	●	4
成都市蜀西实验学校	★	●	●	★	★	●	●	—	●	7

续表

学校	每百名学生拥有高于规定学历教师数	每百名学生拥有县级及以上骨干教师数	每百名学生拥有体育、艺术(音乐、美术)专任教师数	生均教学及辅助用房面积	生均体育运动场馆面积	生均教学仪器设备值	每百名学生拥有网络多媒体教室数	学校班额达标率	学生体质健康达标合格率	灰色底纹项数/项
成都市金牛区新徽学校(初中部)	●	●	●	●	●	●	●	—	●	4
成都市金牛区育梁学校(初中部)	★	●	●	●	●	★	●	—	●	7
成都市金牛区五月花学校(初中部)	●	●	●	●	★	●	○	—	○	5
西华大学附属实验学校(初中部)	●	●	●	●	●	●	●	—	●	4
成都市铁中府河学校(初中部)	●	●	○	●	●	●	●	—	●	3
成都市第三十六中学校	●	●	●	●	●	●	●	—	●	5
成都市通锦中学校	●	●	●	●	●	●	●	—	●	4
成都市第二十中学校	●	●	●	●	●	●	●	—	●	4
四川省成都市第八中学校	●	●	●	●	●	●	●	—	●	2
成都市第三十三中学校	●	●	●	●	★	●	●	—	●	7
成都市铁路中学校	●	●	●	●	○	●	●	—	●	3
成都市第十八中学校	●	●	●	●	○	●	●	—	●	1
西南交通大学附属中学	●	●	●	●	●	●	●	—	●	5
成都市金牛中学校	●	●	●	●	●	●	●	—	●	3
成都市金牛区协同外语学校(初中部)	●	●	●	●	●	●	●	—	●	7
成都七中八一学校(初中部)	●	●	●	●	●	●	●	—	●	4
成都七中万达学校	●	●	●	●	●	●	●	—	●	3

注：(1) ★$p>0.05$，差异不显著；○$p<0.05$，差异显著；●$p<0.01$，差异很显著。(2) ▨差异不显著或显著高于区(市)县均值；□显著低于区(市)县均值。(3) "学校班额达标率"达标的标准为小学班额不超过45人，初中班额不超过50人。(4) 一指"学校班额达标率"只做了大小比较，未进行差异性分析，其灰色底纹表示该学校的"学校班额达标率"大于或等于区(市)县均值，无底纹表示该学校的"学校班额达标率"小于区(市)县均值。

三、结论

(一)成绩与经验

(1) 从义务教育优质均衡发展达标情况看，均衡程度方面，在小学和初中共14项A类指标中，金牛区公民办小学和初中校际差异系数全部达到部标。2022年金牛区公办学校校际均衡指数为0.18，低于成都市均值(校际均衡程度高于成都市平均水平)，达到了市标，区域内校际均衡程度较高。

(2)发展水平方面，A 类 7 项指标中，2022 年金牛区小学、初中分别有 6 项和 5 项指标达标学校比例为 100%，小学、初中分别有 6 项和 7 项指标的达成度高于或等于成都市均值；B 类和 C 类 19 项指标中，2022 年金牛区有 12 项指标的达标比例为 100%，15 项指标的达成度高于或等于成都市均值。

(3)从区域发展水平看，2022 年金牛区小学和初中分别有 65.00%、55.00%的监测指标优于或等于成都市均值，其中，"学校培训经费占本校年度公用经费预算总额的比例"为成都市均值的 2.1788 倍。

(4)从校际差异情况看，2022 年金牛区小学和初中分别有 71.43%、57.14%的监测指标校际差异优于或等于成都市均值。

(二)存在的不足

(1)从义务教育优质均衡发展达标情况看，发展水平方面，A 类指标中，2022 年金牛区小学、初中"生均体育运动场馆面积达标比例"分别为 69.64%和 85.19%；B 类和 C 类 19 项指标中，有 2 项指标达标比例低于 90%，其中，"小学学校班额达标比例"仅为 69.97%。

(2)从区域发展水平看，2022 年金牛区低于成都市均值的指标中，"特殊教育学校生均公用经费"仅为成都市均值的 62.92%，与成都市均值存在差距。

(3)从校际差异情况看，2022 年金牛区有 13 所小学 60%及以上指标低于该区域平均值，分别是成都市全兴小学校、成都市沙湾路小学校、成都市营门口小学校、成都市新桥小学校、成都市行知小学校、成都市迎宾路小学校、成都市五块石小学校、成都市人北实验小学校、成都市抚琴小学校、成都市兴盛小学校、成都市解放北路第一小学校、成都市金牛区腾飞学校(小学部)、成都市铁中府河学校(小学部)；有 8 所初中 60%及以上指标低于该区域平均值，分别是成都市金牛实验中学校、成都市金牛区希望学校(初中部)、成都市铁中府河学校(初中部)、四川省成都市第八中学校、成都市铁路中学校、成都市第十八中学校、成都市金牛中学校、成都市七中万达学校。小学和初中的弱势方面主要是师资配置和生均资源配置较少，"学校班额达标率"较低。

(三)建议

(1)资源配置方面，加强师资队伍建设，重点解决小学"每百名学生拥有体育、艺术(音乐、美术)专任教师数"区域差异较大的问题；优化资源配置，重点解决小学和初中"生均体育运动场馆面积"达标学校比例偏低，与区域水平相差较大的问题；关注弱势学校，关注 60%及以上指标低于区域均值的学校及连续多年处于该水平的学校，提高学校办学条件水平。

(2)政府保障程度方面，着力解决部分小学、初中、九年一贯制学校规模偏大的问题，部分小学和初中"学校班额达标率"未达到标准的问题；加强"学校培训经费占本校年度公用经费预算总额比例"达标的管理，增加学校培训经费；提高"符合条件的随迁子女在公办学校和政府购买服务的民办学校就读"的比例。

(3)教育质量方面，进一步提高"初中三年巩固率"，重视学生体质健康，提高部分小学和初中"学生体质健康达标合格率"，保障学生健康发展。

2022年武侯区义务教育优质均衡监测报告

一、2022年武侯区义务教育优质均衡发展概况

本次监测，除"县域内心理健康专职教师配备率"依据成都市《2022年政府工作报告目标任务责任分解方案》(成办发〔2022〕8号)、"小学六年(初中三年)巩固率"和"学生体质健康达标合格率"依据《成都市义务教育优质均衡监测指标体系》外，其余指标均依据部标。

《成都市人民政府教育督导委员会办公室关于印发〈成都市义务教育优质均衡监测指标体系〉的通知》(成府教督〔2017〕10号)构建的监测指标体系包括A类(资源配置，共14项指标，全部指标分小学、初中)、B类(政府保障程度，共12项指标，部分指标分小学、初中和九年一贯制)和C类(教育质量，共7项指标，部分指标分小学、初中)，合计33项指标。除特别注明外，所有监测结果均为全体公民办学校总体结果。

(一)义务教育均衡程度

1. 判断标准

成都市义务教育均衡程度依据两个标准来判断：①部标，规定县域内义务教育公民办小学A类7项指标的差异系数每一项均应不高于0.50，公民办初中A类7项指标的差异系数每一项均应不高于0.45；②市标，规定县域内义务教育公办学校校际均衡指数值不高于0.27。

2. 均衡程度及达标情况

从部标看，在小学和初中共14项A类指标中，2022年武侯区小学和初中校际差异系数全部达到部标。

与上一监测年度相比，武侯区小学、初中分别有2项和3项指标的校际均衡程度进一步提高(图2.07.1和图2.07.2)。

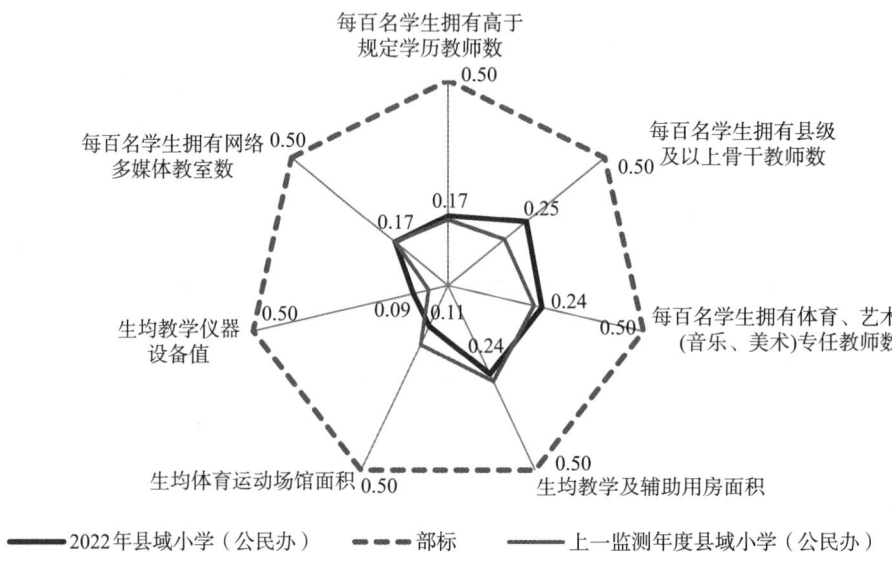

图 2.07.1　2022 年与上一监测年度武侯区小学县域内义务教育校际均衡情况

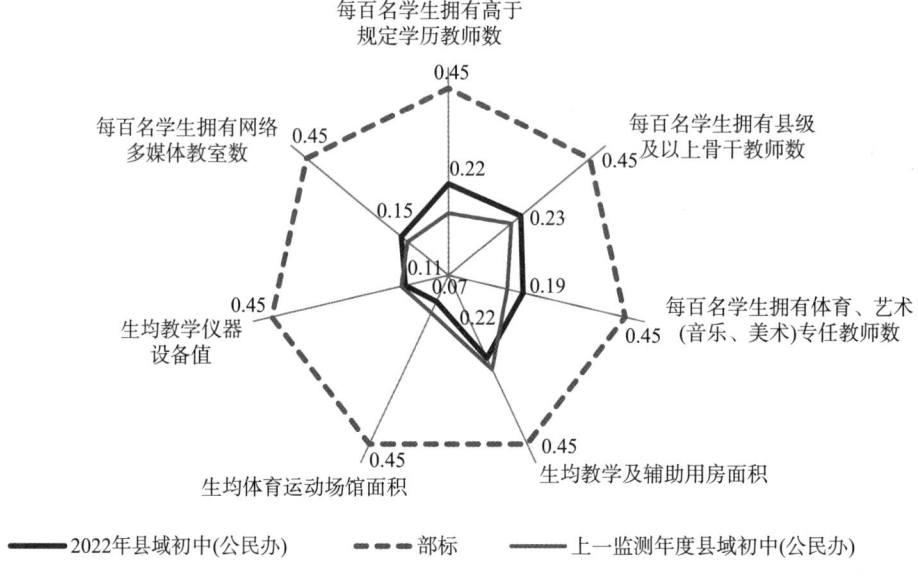

图 2.07.2　2022 年与上一监测年度武侯区初中县域内义务教育校际均衡情况

2022 年武侯区公办学校校际均衡指数为 0.16，低于成都市均值（校际均衡程度高于成都市平均水平），且达到了市标，表明 2022 年武侯区义务教育公办学校校际均衡程度较高。

与上一监测年度相比，2022 年武侯区公办学校校际均衡指数增加了 0.02，公办学校校际均衡程度有所降低（表 2.07.1）。

表 2.07.1　武侯区公办小学、初中县域内义务教育校际均衡情况

差异系数	每百名学生拥有高于规定学历教师数	每百名学生拥有县级及以上骨干教师数	每百名学生拥有体育、艺术(音乐、美术)专任教师数	生均教学及辅助用房面积	生均体育运动场馆面积	生均教学仪器设备值	每百名学生拥有网络多媒体教室数	2022年县域内义务教育校际均衡指数	2022年成都市县域内义务教育校际均衡指数	上一监测年度县域内义务教育校际均衡指数
小学	0.14	0.19	0.19	0.25	0.09	0.10	0.16	0.16	0.22	0.14
初中	0.23	0.20	0.17	0.23	0.08	0.12	0.12			

（二）义务教育优质均衡发展水平达标情况

以部标规定的标准值为参照，2022 年武侯区各指标达到目标值的情况如表 2.07.2 所示。

表 2.07.2　武侯区小学和初中 A 类指标达标情况

	指标名称	小学 达标学校数/所	小学 达标学校比例/%	小学 成都市均值/%	初中 达标学校数/所	初中 达标学校比例/%	初中 成都市均值/%
A 资源配置	每百名学生拥有高于规定学历教师数	58	100.00	98.36	26	100.00	98.90
	每百名学生拥有县级及以上骨干教师数	58	100.00	96.40	26	100.00	97.12
	每百名学生拥有体育、艺术(音乐、美术)专任教师数	58	100.00	97.23	25	96.15	91.47
	生均教学及辅助用房面积	58	100.00	87.04	25	96.15	83.78
	生均体育运动场馆面积	58	100.00	82.70	26	100.00	80.95
	生均教学仪器设备值	58	100.00	98.93	26	100.00	97.91
	每百名学生拥有网络多媒体教室数	58	100.00	97.28	26	100.00	96.86

从 A 类指标看，部标规定每一所学校的 A 类指标均要达到标准。武侯区小学的 7 项监测指标达标学校比例全部达到 100%。武侯区初中的 7 项监测指标中，达标学校比例达到 100%的指标有 5 项，分别是"每百名学生拥有高于规定学历教师数""每百名学生拥有县级及以上骨干教师数""生均体育运动场馆面积""生均教学仪器设备值""每百名学生拥有网络多媒体教室数"；"每百名学生拥有体育、艺术(音乐、美术)专任教师数""生均教学及辅助用房面积"达标学校比例均为 96.15 %。与成都市均值相比，武侯区小学和初中 7 项指标的达成度均高于成都市均值。

从 B 类和 C 类 19 项指标看，武侯区有 10 项指标的达标比例为 100%，分别是"初中学校班额达标率""特殊教育学校生均公用经费""教师全员培训完成率""县域内每年交流轮岗教师的比例""县域内优质高中招生名额分配比例""符合条件的随迁子女在公办学校和政府购买服务的民办学校就读的比例""县域内心理健康专职教师配备率""小学六年巩固率""残疾儿童少年入学率""小学学业水平校际差异率"。与成都市均值相比，武侯区有 13 项指标的达成度均高于或等于成都市均值，分别是"单设小学学校规模

达标率""九年一贯制学校学校规模达标率""小学学校班额达标率""初中学校班额达标率""特殊教育学校生均公用经费""教师全员培训完成率""县域内每年交流轮岗教师的比例""县域内优质高中招生名额分配比例""符合条件的随迁子女在公办学校和政府购买服务的民办学校就读的比例""县域内心理健康专职教师配备率""小学六年巩固率""残疾儿童少年入学率""小学学业水平校际差异率"(表2.07.3)。

表2.07.3 武侯区小学和初中B类、C类指标达标情况(%)

	指标名称	达标比例	成都市均值
B 政府保障程度	单设小学学校规模达标率	93.33	82.32
	单设初中学校规模达标率	84.62	94.27
	九年一贯制学校规模达标率	92.31	87.34
	小学学校班额达标率	81.68	77.63
	初中学校班额达标率	100.00	94.78
	特殊教育学校生均公用经费	100.00	97.12
	学校培训经费占本校年度公用经费预算总额的比例	34.86	71.00
	教师全员培训完成率	100.00	100.00
	县域内每年交流轮岗教师的比例	100.00	100.00
	县域内优质高中招生名额分配比例	100.00	100.00
	符合条件的随迁子女在公办学校和政府购买服务的民办学校就读的比例	100.00	99.77
	县域内心理健康专职教师配备率	100.00	91.44
C 教育质量	小学六年巩固率	100.00	98.24
	初中三年巩固率	98.42	99.63
	残疾儿童少年入学率	100.00	99.89
	小学生体质健康达标合格率	98.18	98.80
	初中学生体质健康达标合格率	96.15	96.95
	小学学业水平校际差异率	100.00	93.27
	初中学业水平校际差异率	65.55	80.49

二、2022年武侯区义务教育区域差异、城乡差异和校际差异情况

(一)总体情况

本报告中,区域差异情况是由各区(市)县的各项监测指标值与成都市均值相比较而得,比值大于1代表其发展水平高于成都市平均水平。城乡差异情况是由各区(市)县的农村学校各项监测指标值与城镇学校各项监测指标值相比较而得,比值大于1代表农村发展水平高于城镇发展水平。校际差异情况是由各区(市)县的各项监测指标差异系数与成都市

各区(市)县差异系数平均值相比较而得,比值小于 1 代表其校际差异水平优于成都市平均水平,差异系数值越小代表区域内该指标校际差异越小。

从区域差异情况看,2022 年武侯区小学、初中分别有 90.00%和 55.00%(小学、初中各 20 项)的监测指标优于或等于成都市均值;从校际差异情况看,2022 年武侯区小学和初中均有 71.43%(小学、初中各 7 项)的监测指标优于或等于成都市均值。

从监测指标看,2022 年,武侯区处于优势的指标为小学和初中"每百名学生拥有高于规定学历教师数""生均教学及辅助用房面积""生均教学仪器设备值""学校班额达标率""特殊教育学校生均公用经费""教师全员培训完成率""县域内优质高中招生名额分配比例""符合条件的随迁子女在公办学校和政府购买服务的民办学校就读的比例""县域内心理健康专职教师配备率""残疾儿童少年入学率""学生体质健康达标合格率",小学"每百名学生拥有县级及以上骨干师数""生均体育运动场馆面积""每百名学生拥有网络多媒体教室数""学校规模达标率""小学六年巩固率""学业水平校际差异率"。

武侯区处于弱势的指标为小学和初中"学校培训经费占本校年度公用经费预算总额的比例""县域内每年交流轮岗教师的比例",初中"每百名学生拥有县级及以上骨干教师数""学校规模达标率""初中三年巩固率""学业水平校际差异率"(表 2.07.4)。

表 2.07.4 武侯区小学和初中监测指标的区域差异、城乡差异和校际差异情况

	指标名称	小学 区域差异情况	小学 城乡差异情况	小学 校际差异情况	初中 区域差异情况	初中 城乡差异情况	初中 校际差异情况
A 资源配置	每百名学生拥有高于规定学历教师数		—			—	
	每百名学生拥有县级及以上骨干师数		—			—	
	每百名学生拥有体育、艺术(音乐、美术)专任教师数		—			—	
	生均教学及辅助用房面积		—			—	
	生均体育运动场馆面积		—			—	
	生均教学仪器设备值		—			—	
	每百名学生拥有网络多媒体教室数		—			—	
B 政府保障程度	学校规模达标率		—			—	
	学校班额达标率		—			—	
	特殊教育学校生均公用经费		—			—	
	学校培训经费占本校年度公用经费预算总额的比例		—			—	
	教师全员培训完成率		—			—	
	县域内每年交流轮岗教师的比例		—			—	
	县域内优质高中招生名额分配比例		—			—	
	符合条件的随迁子女在公办学校和政府购买服务的民办学校就读的比例		—			—	
	县域内心理健康专职教师配备率		—			—	

续表

指标名称		小学 区域差异情况	小学 城乡差异情况	小学 校际差异情况	初中 区域差异情况	初中 城乡差异情况	初中 校际差异情况
C 教育质量	小学六年(初中三年)巩固率	■	—	—	■	—	—
	残疾儿童少年入学率	■	—	—	■	—	—
	学生体质健康达标合格率	■	—	—	■	—	—
	学业水平校际差异率	■	—	—	—	—	—
灰色底纹项数/项		18	0	5	11	0	5
灰色底纹项数比例/%		90.00	—	71.43	55.00	—	71.43

注：(1)区域差异情况中，■ 比值大于等于1，□ 比值小于1；(2)城乡差异情况中，■ 比值大于等于1，□ 比值小于1；(3)校际差异情况中，■ 比值小于等于1，□ 比值大于1。

(二)区域发展水平具体情况

2022年武侯区小学和初中监测指标中，小学和初中分别有90.00%和55.00%(小学、初中各20项)的监测指标优于或等于成都市均值，其中，小学和初中的"生均教学仪器设备值"分别为成都市均值的1.3162倍和1.2088倍。另外，低于成都市均值的指标中，"学校培训经费占本校年度公用经费预算总额的比例"最低，为成都市均值的45.08%，具体情况如表2.07.5和图2.07.3所示。

表2.07.5　武侯区各项监测指标值与成都市均值的比较

	指标名称	区域值 小学	区域值 初中	区域值 九年一贯制	成都市均值 小学	成都市均值 初中	成都市均值 九年一贯制	区域值/成都市均值 小学	区域值/成都市均值 初中	区域值/成都市均值 九年一贯制
A 资源配置	每百名学生拥有高于规定学历教师数/人	6.04	8.21	—	5.92	8.14	—	1.0203	1.0086	—
	每百名学生拥有县级及以上骨干教师数/人	2.25	2.37	—	2.13	2.88	—	1.0563	0.8229	—
	每百名学生拥有体育、艺术(音乐、美术)专任教师数/人	1.35	1.10	—	1.21	1.11	—	1.1157	0.9910	—
	生均教学及辅助用房面积/平方米	6.58	7.79	—	5.76	7.35	—	1.1424	1.0599	—
	生均体育运动场馆面积/平方米	8.57	10.89	—	8.26	11.48	—	1.0375	0.9486	—
	生均教学仪器设备值/元	6034.67	7165.40	—	4584.76	5927.48	—	1.3162	1.2088	—
	每百名学生拥有网络多媒体教室数/间	3.09	3.11	—	2.97	3.24	—	1.0404	0.9599	—
B 政府保障程度	学校规模达标率/%	93.33	84.62	92.31	82.82	93.88	88.70	1.1269	0.9014	1.0407
	学校班额达标率/%	81.68	100.00	—	74.98	94.48	—	1.0894	1.0584	—
	特殊教育学校生均公用经费/元	21545.19			19669.88			1.0953		

续表

指标名称		区域值			成都市均值			区域值/成都市均值		
		小学	初中	九年一贯制	小学	初中	九年一贯制	小学	初中	九年一贯制
B 政府保障程度	学校培训经费占本校年度公用经费预算总额的比例/%	1.74			3.86			0.4508		
	教师全员培训完成率/%	100.00			100.00			1.0000		
	县域内每年交流轮岗教师的比例/%	10.30			15.08			0.6830		
	县域内优质高中招生名额分配比例/%	50.00			50.00			1.0000		
	符合条件的随迁子女在公办学校和政府购买服务的民办学校就读的比例/%	100.00			96.55			1.0357		
	县域内心理健康专职教师配备率/%	80.26			68.86			1.1656		
C 教育质量	小学六年(初中三年)巩固率/%	99.00	97.44	—	97.99	99.04	—	1.0103	0.9838	—
	残疾儿童少年入学率/%	100.00			99.21			1.0080		
	学生体质健康达标合格率/%	99.13	97.99	—	98.76	97.89	—	1.0037	1.0010	—
	学业水平校际差异率	0.09	0.23	—	0.13	0.19	—	*1.4444	*0.8261	—

注：*此数值的计算公式为"成都市均值/区域值"，比值大于1代表区域均衡水平优于成都市均值。

图 2.07.3　武侯区小学和初中各项监测指标值与成都市均值的比较

(三)校际差异情况

1. 小学

2022年武侯区有10所小学60%及以上指标低于该区域平均值，分别是成都市沙堰小学、成都市武侯计算机实验小学、成都市簇桥小学校、成都市晋阳小学、成都市武侯实验中学附属小学、成都市棕北小学、北京第二外国语学院成都附属小学、成都市磨子桥小学分校、成都市武顺街小学、成都市武侯区通达学校(小学部)，其弱势方面主要是师资配置和生均资源配置较少，"学校班额达标率"偏低。武侯区小学各项监测指标校际差异具体情况比较如表2.07.6所示。

表2.07.6 武侯区小学各项监测指标校际差异具体情况比较

学校	每百名学生拥有高于规定学历教师数	每百名学生拥有县级及以上骨干教师数	每百名学生拥有体育、艺术(音乐、美术)专任教师数	生均教学及辅助用房面积	生均体育运动场馆面积	生均教学仪器设备值	每百名学生拥有网络多媒体教室数	学校班额达标率	学生体质健康达标合格率	灰色底纹项数/项
成都市龙江路小学武侯新城分校	●	●	●	●	●	●	●	—	●	4
成都市龙江路小学中粮祥云分校	●	●	●	●	●	●	●	—	○	6
成都市弟维小学	●	●	●	●	●	●	●	—	●	5
成都市锦里小学	●	●	●	●	●	●	●	—	●	5
成都市龙江路小学	●	●	●	●	●	●	●	—	●	4
成都市沙堰小学	●	●	●	●	●	●	●	—	●	2
成都市玉林小学	●	●	★	●	●	●	●	—	●	6
成都市武侯实验小学	●	●	●	●	●	●	●	—	●	5
成都市武侯计算机实验小学	●	●	●	●	●	●	○	—	●	3
成都市簇桥小学校	●	●	●	●	●	●	●	—	●	0
四川大学附属实验小学南区学校	●	●	●	★	●	●	●	—	●	5
成都市科华中路小学	●	●	★	●	●	●	●	—	●	4
成都市太平小学校	●	●	●	●	●	●	★	—	●	5
成都市读者小学	●	●	●	●	●	●	●	—	●	5
成都市晋阳小学	●	●	●	●	●	●	●	—	●	3
成都市长益路小学	●	●	●	●	●	●	●	/	●	4
成都市航空路小学	●	●	●	○	★	○	●	/	●	5
成都市武青西三路小学	●	●	●	●	●	★	●	/	●	6

续表

学校	每百名学生拥有高于规定学历教师数	每百名学生拥有县级及以上骨干教师数	每百名学生拥有体育、艺术(音乐、美术)专任教师数	生均教学及辅助用房面积	生均体育运动场馆面积	生均教学仪器设备值	每百名学生拥有网络多媒体教室数	学校班额达标率	学生体质健康达标合格率	灰色底纹项数/项
成都市华兴小学	●	●	●	★	●	●	●	—	●	6
成都市红牌楼小学校	●	●	●	●	●	●	●	—	●	4
成都市马家河小学	●	●	●	●	●	●	●	●	●	8
成都市太平寺西区小学	●	●	●	●	●	●	●	●	●	6
成都市桐梓林小学	●	●	●	●	●	●	●	●	●	6
四川大学附属实验小学分校	●	●	●	●	●	●	●	●	●	5
成都市武侯科技园小学	●	●	●	●	●	●	●	●	●	5
成都市武侯实验中学附属小学	★	●	●	●	●	●	●	●	●	3
四川大学附属实验小学江安河分校	●	●	●	●	★	●	●	●	●	6
成都市磨子桥小学	●	★	●	●	●	●	●	●	●	5
四川音乐学院附属实验小学	●	●	●	●	●	●	●	●	●	7
成都市机投小学校	●	●	●	●	●	●	●	●	●	4
成都市棕北小学	●	●	●	●	●	●	●	●	●	3
四川大学附属实验小学	●	●	●	●	●	●	●	●	●	4
成都市武侯区金苹果龙南小学	●	●	●	●	●	●	●	●	●	6
成都市龙江路小学分校	●	●	●	●	●	●	●	●	●	5
四川大学附属实验小学清水河分校	●	●	●	○	★	●	●	●	○	7
北京第二外国语学院成都附属小学	●	●	●	●	●	●	●	—	●	1
成都市磨子桥小学分校	●	●	●	●	●	●	●	—	●	3
成都市武顺街小学	●	●	●	●	★	●	●	●	●	2
成都市华西小学	●	●	●	●	●	●	●	—	●	5
成都市行知实验小学	●	●	●	●	●	●	●	●	●	6
成都市武侯区丹心实验学校	●	●	●	●	●	●	●	●	●	5
成都市龙祥路小学	●	●	●	●	●	●	●	●	●	7
成都市武侯区锦官新城小学	●	●	●	●	●	●	●	●	●	7
成都市金兴北路小学	●	●	●	●	●	●	●	●	●	6

续表

学校	每百名学生拥有高于规定学历教师数	每百名学生拥有县级及以上骨干教师数	每百名学生拥有体育、艺术(音乐、美术)专任教师数	生均教学及辅助用房面积	生均体育运动场馆面积	生均教学仪器设备值	每百名学生拥有网络多媒体教室数	学校班额达标率	学生体质健康达标合格率	灰色底纹项数/项
成都市武侯区光明学校(小学部)	●	●	●	●	●	●	●	—	●	6
成都市武侯区启明学校(小学部)	●	★	●	★	●	●	●	—	●	7
成都市武侯区通达学校(小学部)	●	●	●	●	●	●	●	●	○	3
成都市武侯区西川实验学校(小学部)	●	●	●	●	●	●	○	●	●	6
成都市武侯区领川外国语学校(小学部)	●	●	●	●	●	●	●	●	★	5
成都市武侯区育仁实验学校(小学部)	●	●	●	●	●	●	●	—	●	6
成都市棕北中学西区实验学校(小学部)	●	●	●	●	●	●	●	●	●	4
成都石室双楠实验学校(小学部)	●	●	●	●	●	●	●	—	●	4
成都市武侯区凉井学校(小学部)	●	●	●	●	●	●	●	●	★	8
成都武侯外国语学校(小学部)	●	●	●	●	●	●	●	●	●	4
成都市武侯区西蜀学校(小学部)	●	●	●	●	●	●	●	—	●	4
成都市武侯区五七学校(小学部)	●	●	●	●	●	●	●	●	●	7
成都市武侯区盐外芙蓉学校(小学部)	●	●	●	●	●	●	●	—	●	4
成都佳兴外国语学校(小学部)	●	●	●	●	●	●	●	—	●	4

注：(1)★$p>0.05$，差异不显著；○$p<0.05$，差异显著；●$p<0.01$，差异很显著。(2) ▓ 差异不显著或显著高于区(市)县均值；□ 显著低于区(市)县均值。(3)"学校班额达标率"达标的标准为小学班额不超过45人，初中班额不超过50人。(4)—指"学校班额达标率"只做了大小比较，未进行差异性分析，其灰色底纹表示该学校的"学校班额达标率"大于或等于区(市)县均值，无底纹表示该学校的"学校班额达标率"小于区(市)县均值。(5)/指未采集到"学生体质健康达标合格率"数据。

2. 初中

2022年武侯区有7所初中60%及以上指标低于该区域平均值，分别是成都市武侯区领川外国语学校(初中部)、成都市金花中学、成都市武侯区西蜀学校(初中部)、成都市武侯区盐外芙蓉学校(初中部)、四川大学附属中学西区学校、四川省成都市第十二中学、四川省成都市武侯高级中学，其弱势方面主要是师资配置和生均资源配置较少。武侯区初中各项监测指标校际差异具体情况比较如表 2.07.7 所示。

表 2.07.7　武侯区初中各项监测指标校际差异具体情况比较

学校	每百名学生拥有高于规定学历教师数	每百名学生拥有县级及以上骨干教师数	每百名学生拥有体育、艺术(音乐、美术)专任教师数	生均教学及辅助用房面积	生均体育运动场馆面积	生均教学仪器设备值	每百名学生拥有网络多媒体教室数	学校班额达标率	学生体质健康达标合格率	灰色底纹项数/项
四川省运动技术学院附属学校(初中部)	●	★	●	●	★	●	●	—	●	8
成都市棕北中学	●	●	●	●	●	●	●	—	●	6
成都市武侯区光明学校(初中部)	●	●	●	●	★	★	●	—	●	6
成都市武侯区启明学校(初中部)	●	●	●	●	●	●	●	—	●	4
成都市武侯区西川实验学校(初中部)	★	●	●	●	●	●	●	—	●	4
成都市武侯区领川外国语学校(初中部)	●	●	●	●	●	●	●	—	●	3
成都市武侯区育仁实验学校(初中部)	●	●	●	●	●	●	●	—	●	7
成都市武侯实验中学	●	●	●	●	●	●	●	—	●	8
成都市棕北中学西区实验学校(初中部)	●	●	●	●	●	●	●	—	●	4
成都石室双楠实验学校(初中部)	●	●	●	●	●	●	●	—	●	4
成都市武侯区凉井学校(初中部)	●	●	●	●	★	●	●	—	●	6
四川省成都市西北中学外国语学校	●	●	●	●	★	●	●	—	●	4
成都武侯外国语学校(初中部)	●	●	●	●	●	●	○	—	●	6
成都市金花中学	●	●	●	●	●	●	●	—	●	3
成都市武侯区西蜀学校(初中部)	●	●	●	●	●	●	●	—	●	3
成都市武侯区五七学校(初中部)	●	○	●	●	★	●	●	—	★	5
成都市第四十三中学校	★	●	●	●	●	●	●	—	●	5
成都市武侯区盐外芙蓉学校(初中部)	●	●	★	●	○	●	●	—	●	3
四川大学附属中学西区学校	●	●	●	●	●	●	●	—	●	2
成都西川中学	●	★	●	●	●	●	●	—	●	6

续表

学校	每百名学生拥有高于规定学历教师数	每百名学生拥有县级及以上骨干教师数	每百名学生拥有体育、艺术(音乐、美术)专任教师数	生均教学及辅助用房面积	生均体育运动场馆面积	生均教学仪器设备值	每百名学生拥有网络多媒体教室数	学校班额达标率	学生体质健康达标合格率	灰色底纹项数/项
成都石室锦城外国语学校	★	●	●	●	●	●	●	—	●	6
北京第二外国语学院成都附属中学	●	●	●	★	●	●	●	—	●	5
四川大学附属中学新城分校	●	★	●	●	●	●	●	—	●	5
四川省成都市第十二中学	●	●	●	●	●	●	●	—	●	3
成都佳兴外国语学校(初中部)	●	●	●	●	●	●	●	—	●	6
四川省成都市武侯高级中学	●	●	●	●	●	●	●	—	●	3

注：(1)★$p>0.05$，差异不显著；○$p<0.05$，差异显著；●$p<0.01$，差异很显著。(2) ▨ 差异不显著或显著高于区(市)县均值；□ 显著低于区(市)县均值。(3)"学校班额达标率"达标的标准为小学班额不超过45人，初中班额不超过50人。(4)—指"学校班额达标率"只做了大小比较，未进行差异性分析，其灰色底纹表示该学校的"学校班额达标率"大于或等于区(市)县均值，无底纹表示该学校的"学校班额达标率"小于区(市)县均值。

三、结论

(一)成绩与经验

(1)从义务教育优质均衡发展达标情况看，均衡程度方面，小学和初中共14项A类指标中，2022年武侯区小学和初中校际差异系数全部达到部标。

(2)发展水平方面，A类7项指标中，2022年武侯区小学和初中分别有7项、5项指标达标学校比例为100%，与成都市均值相比，小学和初中7项指标的达成度均高于或等于成都市均值；B类和C类19项指标中，2022年武侯区有10项指标的达标比例达到100%，有13项指标的达成度高于或等于成都市均值。

(3)从区域发展水平看，2022年武侯区小学、初中分别有90.00%和55.00%的监测指标优于或等于成都市均值，其中，小学和初中的"生均教学仪器设备值"分别为成都市均值的1.3162倍和1.2088倍。

(4)从校际差异情况看，2022年武侯区小学、初中均有71.43%的监测指标校际差异优于或等于成都市均值。

(二)存在的不足

(1)从义务教育优质均衡发展达标情况看，发展水平方面，B类和C类19项指标中2022年武侯区有1项指标的达标比例低于60%，为"学校培训经费占本校年度公用经费预算总额的比例"，达标比例为34.86％。

（2）从区域发展水平看，2022年武侯区小学和初中分别有10%和45%的监测指标低于成都市均值，其中，"学校培训经费占本校年度公用经费预算总额的比例"为成都市均值的45.08％，与成都市均值存在差距。

（3）从校际差异情况看，2022年武侯区有10所小学60%及以上指标低于该区域平均值，分别是成都市沙堰小学、成都市武侯计算机实验小学、成都市簇桥小学校、成都市晋阳小学、成都市武侯实验中学附属小学、成都市棕北小学、北京第二外国语学院成都附属小学、成都市磨子桥小学分校、成都市武顺街小学、成都市武侯区通达学校(小学部)；有7所初中60%及以上指标低于该区域平均值，分别是成都市武侯区领川外国语学校(初中部)、成都市金花中学、成都市武侯区西蜀学校(初中部)、成都市武侯区盐外芙蓉学校(初中部)、四川大学附属中学西区学校、四川省成都市第十二中学、四川省成都市武侯高级中学；小学和初中的弱势方面均主要是师资配置和生均资源配置较少，小学"学校班额达标率"偏低。

（三）建议

（1）资源配置方面，加强师资队伍建设，重点解决部分初中学校"每百名学生拥有体育、艺术(音乐、美术)专任教师数"未达标的问题；优化资源配置，重点解决部分初中学校"生均教学及辅助用房面积"未达标的问题；关注弱势学校，关注60%及以上指标低于区域均值的学校及连续多年处于该水平的学校，提高学校办学条件水平。

（2）政府保障程度方面，着力解决部分小学、初中、九年一贯制学校规模偏大的问题，解决部分小学"学校班额达标率"偏低的问题；加强对"学校培训经费占本校年度公用经费预算总额比例"达标的管理，增加培训经费。

（3）教育质量方面，进一步提高"初中三年巩固率""学生体质健康达标合格率"，保障学生健康发展。

2022年成华区义务教育优质均衡监测报告

一、2022年成华区义务教育优质均衡发展概况

本次监测，除"县域内心理健康专职教师配备率"依据成都市《2022年政府工作报告目标任务责任分解方案》（成办发〔2022〕8号）、"小学六年（初中三年）巩固率"和"学生体质健康达标合格率"依据《成都市义务教育优质均衡监测指标体系》外，其余指标均依据部标。

《成都市人民政府教育督导委员会办公室关于印发〈成都市义务教育优质均衡监测指标体系〉的通知》（成府教督〔2017〕10号）构建的监测指标体系包括A类（资源配置，共14项指标，全部指标分小学、初中）、B类（政府保障程度，共12项指标，部分指标分小学、初中和九年一贯制）和C类（教育质量，共7项指标，部分指标分小学、初中），合计33项指标。除特别注明外，所有监测结果均为全体公民办学校总体结果。

（一）义务教育均衡程度

1. 判断标准

成都市义务教育均衡程度依据两个标准来判断：①部标，规定县域内义务教育公民办小学A类7项指标的差异系数每一项均应不高于0.50，公民办初中A类7项指标的差异系数每一项均应不高于0.45；②市标，规定县域内义务教育公办学校校际均衡指数值不高于0.27。

2. 均衡程度及达标情况

从部标看，在小学和初中共14项A类指标中，2022年成华区小学和初中校际差异系数全部达到部标。

与上一监测年度相比，成华区小学、初中分别有7项和4项指标的校际均衡程度进一步提高，初中"每百名学生拥有高于规定学历教师数"、"每百名学生拥有县级及以上骨干教师数"和"每百名学生拥有体育、艺术（音乐、美术）专任教师数"的校际均衡程度有所下降（图2.08.1和图2.08.2）。

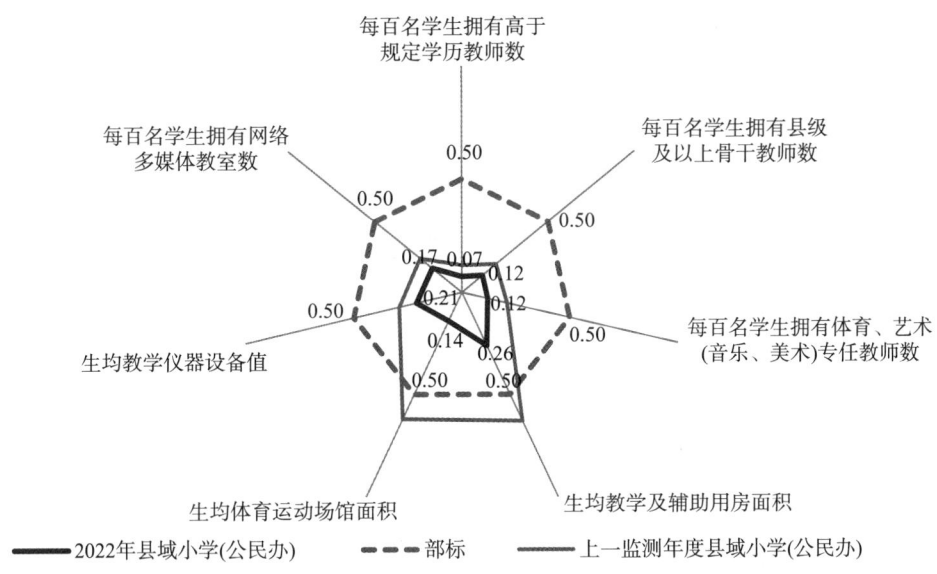

图 2.08.1　2022 年与上一监测年度成华区小学县域内义务教育校际均衡情况

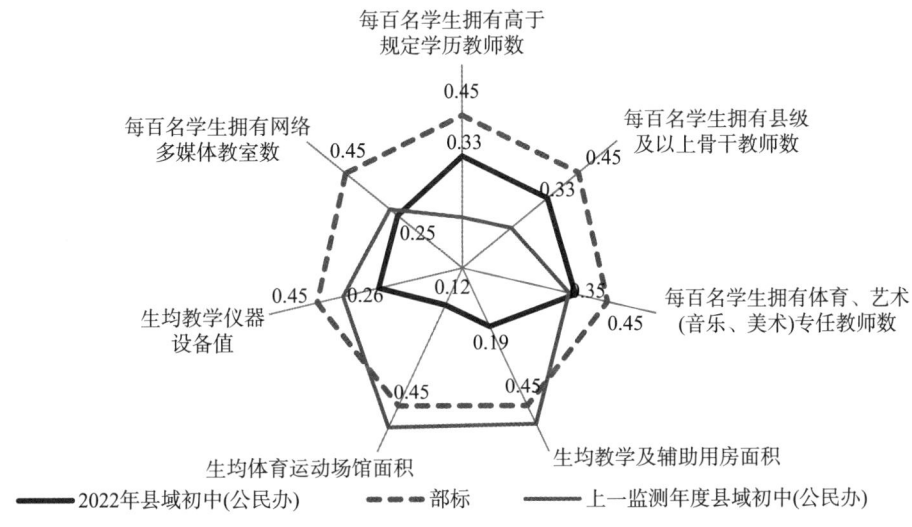

图 2.08.2　2022 年与上一监测年度成华区初中县域内义务教育校际均衡情况

2022年成华区公办学校校际均衡指数为0.21，低于成都市均值（校际均衡程度高于成都市平均水平），且达到了市标，表明2022年成华区义务教育公办学校校际均衡程度较高。

与上一监测年度相比，2022年成华区公办学校校际均衡指数降低了0.09，公办学校校际均衡程度有所提升（表2.08.1）。

表 2.08.1　成华区公办小学、初中县域内义务教育校际均衡情况

差异系数	每百名学生拥有高于规定学历教师数	每百名学生拥有县级及以上骨干教师数	每百名学生拥有体育、艺术(音乐、美术)专任教师数	生均教学及辅助用房面积	生均体育运动场馆面积	生均教学仪器设备值	每百名学生拥有网络多媒体教室数	2022年县域内义务教育校际均衡指数	2022年成都市县域内义务教育校际均衡指数	上一监测年度县域内义务教育校际均衡指数
小学	0.06	0.12	0.12	0.26	0.11	0.21	0.17	0.21	0.22	0.30
初中	0.34	0.33	0.36	0.19	0.11	0.25	0.26			

(二)义务教育优质均衡发展水平达标情况

以部标规定的标准值为参照,2022年成华区各指标达到目标值的情况如表 2.08.2 所示。

表 2.08.2　成华区小学和初中 A 类指标达标情况

	指标名称	小学 达标学校数/所	小学 达标学校比例/%	小学 成都市均值/%	初中 达标学校数/所	初中 达标学校比例/%	初中 成都市均值/%
A 资源配置	每百名学生拥有高于规定学历教师数	40	100.00	98.36	24	100.00	98.90
	每百名学生拥有县级及以上骨干教师数	40	100.00	96.40	24	100.00	97.12
	每百名学生拥有体育、艺术(音乐、美术)专任教师数	40	100.00	97.23	21	87.50	91.47
	生均教学及辅助用房面积	37	92.50	87.04	21	87.50	83.78
	生均体育运动场馆面积	36	90.00	82.70	22	91.67	80.95
	生均教学仪器设备值	40	100.00	98.93	24	100.00	97.91
	每百名学生拥有网络多媒体教室数	40	100.00	97.28	24	100.00	96.86

从 A 类指标看,部标规定每一所学校的 A 类指标均要达到标准。成华区小学的 7 项监测指标中,达标学校比例达到100%的指标有 5 项,分别是"每百名学生拥有高于规定学历教师数""每百名学生拥有县级及以上骨干教师数""每百名学生拥有体育、艺术(音乐、美术)专任教师数""生均教学仪器设备值""每百名学生拥有网络多媒体教室数"(表 2.08.2)。

成华区初中的 7 项监测指标中,达标学校比例达到100%的指标有 4 项,分别是"每百名学生拥有高于规定学历教师数""每百名学生拥有县级及以上骨干教师数""生均教学仪器设备值""每百名学生拥有网络多媒体教室数"。与成都市均值相比,成华区小学、初中分别有 7 项和 6 项指标的达成度高于成都市均值。

从 B 类和 C 类 19 项指标看,成华区有 10 项指标的达标比例为100%,分别是"初中学校班额达标率""特殊教育学校生均公用经费""教师全员培训完成率""县域内每年交流轮岗教师的比例""县域内优质高中招生名额分配比例""符合条件的随迁子女在公办学校和政府购买服务的民办学校就读的比例""县域内心理健康专职教师配备率""小

学六年巩固率""初中三年巩固率""残疾儿童少年入学率"。与成都市均值相比，成华区有 11 项指标的达成度高于或等于成都市均值，分别是"九年一贯制学校学校规模达标率""初中学校班额达标率""特殊教育学校生均公用经费""教师全员培训完成率""县域内每年交流轮岗教师的比例""县域内优质高中招生名额分配比例""符合条件的随迁子女在公办学校和政府购买服务的民办学校就读的比例""县域内心理健康专职教师配备率""小学六年巩固率""初中三年巩固率""残疾儿童少年入学率"（表 2.08.3）。

表 2.08.3　成华区小学和初中 B 类、C 类指标达标情况(%)

	指标名称	达标比例	成都市均值
B 政府保障程度	单设小学学校规模达标率	60.71	82.32
	单设初中学校规模达标率	91.67	94.27
	九年一贯制学校规模达标率	91.67	87.34
	小学学校班额达标率	52.25	77.63
	初中学校班额达标率	100.00	94.78
	特殊教育学校生均公用经费	100.00	97.12
	学校培训经费占本校年度公用经费预算总额的比例	39.88	71.00
	教师全员培训完成率	100.00	100.00
	县域内每年交流轮岗教师的比例	100.00	100.00
	县域内优质高中招生名额分配比例	100.00	100.00
	符合条件的随迁子女在公办学校和政府购买服务的民办学校就读的比例	100.00	99.77
	县域内心理健康专职教师配备率	100.00	91.44
C 教育质量	小学六年巩固率	100.00	98.24
	初中三年巩固率	100.00	99.63
	残疾儿童少年入学率	100.00	99.89
	小学生体质健康达标合格率	97.44	98.80
	初中学生体质健康达标合格率	95.65	96.95
	小学学业水平校际差异率	90.75	93.27
	初中学业水平校际差异率	62.96	80.49

二、2022 年成华区义务教育区域差异、城乡差异和校际差异情况

（一）总体情况

本报告中，区域差异情况是由各区(市)县的各项监测指标值与成都市均值相比较而得，比值大于 1 代表其发展水平高于成都市平均水平。城乡差异情况是由各区(市)县的农村学校各项监测指标值与城镇学校各项监测指标相比较而得，比值大于 1 代表农村发展水平高于城镇发展水平。校际差异情况是由各区(市)县的各项监测指标差异系数与成都市各

区(市)县差异系数平均值相比较而得，比值小于 1 代表其校际差异水平优于成都平均水平，差异系数值越小代表区域内该指标校际差异越小。

从区域差异情况看，2022年成华区小学、初中均有70.00%(小学、初中各20项)的监测指标优于或等于成都市均值；从校际差异情况看，2022年成华区小学、初中分别有100.00%和28.57%(小学、初中各7项)的监测指标优于或等于成都市均值。

从监测指标看，2022年，成华区处于优势的指标为小学和初中"生均教学及辅助用房面积""生均体育运动场馆面积""特殊教育学校生均公用经费""教师全员培训完成率""县域内每年交流轮岗教师的比例""县域内优质高中招生名额分配比例""县域内心理健康专职教师配备率""小学六年(初中三年)巩固率""残疾儿童少年入学率"，小学"每百名学生拥有网络多媒体教室数""每百名学生拥有高于规定学历教师数""每百名学生拥有县级及以上骨干教师数""每百名学生拥有体育、艺术(音乐、美术)专任教师数""学生体质健康达标合格率"，初中"学校班额达标率"。

成华区处于弱势的指标为小学和初中"学校规模达标率""学校培训经费占本校年度公用经费预算总额的比例""符合条件的随迁子女在公办学校和政府购买服务的民办学校就读的比例""学业水平校际差异率"，小学"学校班额达标率"，初中"每百名学生拥有体育、艺术(音乐、美术)专任教师数""学生体质健康达标合格率"(表2.08.4)。

表 2.08.4　成华区小学和初中监测指标的区域差异、城乡差异和校际差异情况

	指标名称	小学 区域差异情况	小学 城乡差异情况	小学 校际差异情况	初中 区域差异情况	初中 城乡差异情况	初中 校际差异情况
A 资源配置	每百名学生拥有高于规定学历教师数	■	—			—	
	每百名学生拥有县级及以上骨干教师数	■	—			—	
	每百名学生拥有体育、艺术(音乐、美术)专任教师数	■	—			—	
	生均教学及辅助用房面积	■	—		■	—	■
	生均体育运动场馆面积	■	—		■	—	
	生均教学仪器设备值		—			—	
	每百名学生拥有网络多媒体教室数	■	—			—	
B 政府保障程度	学校规模达标率		—	—		—	—
	学校班额达标率		—		■	—	
	特殊教育学校生均公用经费	■	—		■	—	
	学校培训经费占本校年度公用经费预算总额的比例		—			—	
	教师全员培训完成率	■	—		■	—	
	县域内每年交流轮岗教师的比例	■	—		■	—	
	县域内优质高中招生名额分配比例	■	—		■	—	
	符合条件的随迁子女在公办学校和政府购买服务的民办学校就读的比例		—			—	
	县域内心理健康专职教师配备率	■	—		■	—	

续表

指标名称		小学			初中		
		区域差异情况	城乡差异情况	校际差异情况	区域差异情况	城乡差异情况	校际差异情况
C 教育质量	小学六年(初中三年)巩固率	▓	—	—	▓	—	—
	残疾儿童少年入学率	▓	—	—	▓	—	—
	学生体质健康达标合格率	▓	—	—		—	
	学业水平校际差异率		—			—	
灰色底纹项数/项		14	0	7	14	0	2
灰色底纹项数比例/%		70.00	—	100.00	70.00	—	28.57

注：(1)区域差异情况中，▓ 比值大于等于1，□ 比值小于1；(2)城乡差异情况中，▓ 比值大于等于1，□ 比值小于1；(3)校际差异情况中，▓ 比值小于等于1，□ 比值大于1。

(二)区域发展水平具体情况

2022年成华区小学和初中监测指标中，小学、初中均有70.00%(小学、初中各20项)的监测指标优于或等于成都市均值，其中，小学和初中"每百名学生拥有县级及以上骨干教师数"分别为成都市均值的2.0563倍、2.1875倍。另外，低于成都市均值的指标中，"学校培训经费占本校年度公用经费预算总额的比例"为成都市均值的51.55%。成华区具体情况如表2.08.5和图2.08.3所示。

表2.08.5 成华区各项监测指标值与成都市均值的比较

	指标名称	区域值			成都市均值			区域值/成都市均值		
		小学	初中	九年一贯制	小学	初中	九年一贯制	小学	初中	九年一贯制
A 资源配置	每百名学生拥有高于规定学历教师数/人	5.96	8.26	—	5.92	8.14	—	1.0068	1.0147	—
	每百名学生拥有县级及以上骨干教师数/人	4.38	6.30	—	2.13	2.88	—	2.0563	2.1875	—
	每百名学生拥有体育、艺术(音乐、美术)专任教师数/人	1.27	1.04	—	1.21	1.11	—	1.0496	0.9369	—
	生均教学及辅助用房面积/平方米	6.51	7.53	—	5.76	7.35	—	1.1302	1.0245	—
	生均体育运动场馆面积/平方米	8.45	11.53	—	8.26	11.48	—	1.0230	1.0044	—
	生均教学仪器设备值/元	4565.43	7061.62	—	4584.76	5927.48	—	0.9958	1.1913	—
	每百名学生拥有网络多媒体教室数/间	2.98	3.44	—	2.97	3.24	—	1.0034	1.0617	—
B 政府保障程度	学校规模达标率/%	60.71	91.67	91.67	82.82	93.88	88.70	0.7330	0.9765	1.0335
	学校班额达标率/%	52.25	100.00	—	74.98	94.48	—	0.6969	1.0584	—
	特殊教育学校生均公用经费/元	30231.44			19669.88			1.5369		

续表

指标名称		区域值			成都市均值			区域值/成都市均值		
		小学	初中	九年一贯制	小学	初中	九年一贯制	小学	初中	九年一贯制
B 政府保障程度	学校培训经费占本校年度公用经费预算总额的比例/%		1.99			3.86			0.5155	
	教师全员培训完成率/%		100.00			100.00			1.0000	
	县域内每年交流轮岗教师的比例/%		19.08			15.08			1.2653	
	县域内优质高中招生名额分配比例/%		50.00			50.00			1.0000	
	符合条件的随迁子女在公办学校和政府购买服务的民办学校就读的比例/%		91.53			96.55			0.9480	
	县域内心理健康专职教师配备率/%		90.57			68.86			1.3153	
C 教育质量	小学六年(初中三年)巩固率/%	99.52	99.16	—	97.99	99.04	—	1.0156	1.0012	—
	残疾儿童少年入学率/%		100.00			99.21			1.0080	
	学生体质健康达标合格率/%	99.05	97.47	—	98.76	97.89	—	1.0029	0.9957	—
	学业水平校际差异率	0.17	0.24	—	0.13	0.19	—	*0.7647	*0.7917	—

注：*此数值的计算公式为"成都市均值/区域值"，比值大于1代表区域均衡水平优于成都市均值。

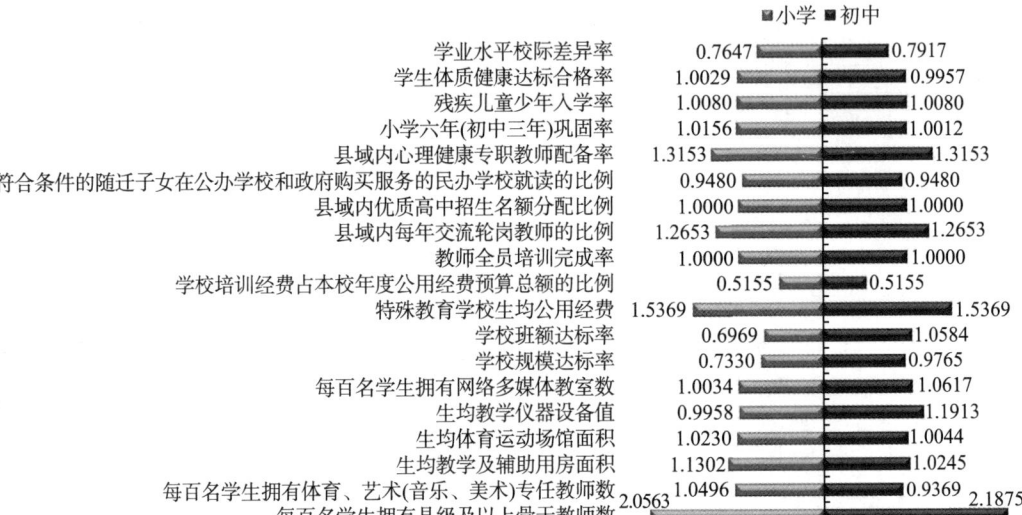

图 2.08.3 成华区小学和初中各项监测指标值与成都市均值的比较

(三)校际差异情况

1. 小学

2022年成华区有15所小学60%及以上指标低于该区域平均值,分别是成都市树德小学、电子科技大学附属实验小学龙潭分校、成都市龙潭小学校、成都市建设路小学、成都市李家沱实验小学校、成都市双林小学、成都市双水小学校、成都市北新实验小学、成都市熊猫路小学校、成都市成华区教育科学研究院附属小学、成都市海滨小学校、成都双语实验学校和悦分校(小学部)、成都市成华区南华实验学校(小学部)、成都市成华区蜀辉学校(小学部)、成都市锦官城小学,其弱势方面主要是师资配置较少,"学校班额达标率"偏低。成华区小学各项监测指标校际差异具体情况比较如表2.08.6所示。

表2.08.6 成华区小学各项监测指标校际差异具体情况比较

学校	每百名学生拥有高于规定学历教师数	每百名学生拥有县级及以上骨干教师数	每百名学生拥有体育、艺术(音乐、美术)专任教师数	生均教学及辅助用房面积	生均体育运动场馆面积	生均教学仪器设备值	每百名学生拥有网络多媒体教室数	学校班额达标率	学生体质健康达标合格率	灰色底纹项数/项
成都市石室小学	●	●	●	●	●	●	●	—	●	8
成都市蓉城小学	●	●	●	●	★	●	●	—	●	9
成都市树德小学	●	●	●	●	●	●	●	—	●	2
成都市龙成小学	●	●	●	●	○	●	●	—	●	8
成都市锦汇东城小学	●	●	●	●	●	★	●	—	●	8
成都理工大学附属小学	●	●	●	●	●	●	●	—	●	8
电子科技大学附属实验小学龙潭分校	●	●	●	●	●	●	●	—	●	3
成都市成华实验小学校	●	●	●	●	●	●	●	—	●	5
成都市双庆小学校	●	●	●	●	●	●	●	—	●	7
电子科技大学附属实验小学	●	●	●	●	●	●	●	—	●	4
成都市双林小学御风分校	●	●	●	●	●	●	●	—	●	9
成都市龙潭小学校	●	●	●	●	●	●	●	—	●	1
成都大学附属实验小学	○	●	○	●	●	●	●	—	●	5
成都市杨柳小学校	●	●	●	●	○	●	●	—	●	5
成都市建设路小学	●	●	●	●	●	●	●	—	●	3
成都市李家沱实验小学校	●	●	●	●	●	★	●	—	★	3
成都市双林小学	●	●	●	●	●	●	●	—	●	3
成都市列五书池学校	●	★	●	●	●	●	●	—	●	4

续表

学校	每百名学生拥有高于规定学历教师数	每百名学生拥有县级及以上骨干教师数	每百名学生拥有体育、艺术(音乐、美术)专任教师数	生均教学及辅助用房面积	生均体育运动场馆面积	生均教学仪器设备值	每百名学生拥有网络多媒体教室数	学校班额达标率	学生体质健康达标合格率	灰色底纹项数/项
成都市站东小学校	●	●	●	●	●	●	★	—	●	4
成都市双水小学校	●	●	●	●	●	●	●	—	●	2
成都市培华小学校	○	●	●	●	●	●	●	—	●	5
成都市北新实验小学	●	●	●	●	●	●	●	—	●	3
成都市成华小学校	●	●	●	●	●	●	●	—	★	8
成都市熊猫路小学校	●	●	●	●	●	●	●	—	○	3
四川交响乐团附属小学	●	●	●	●	●	●	●	—	●	7
成都市成华区教育科学研究院附属小学	●	●	●	●	●	●	●	—	●	3
成都市海滨小学校	●	●	●	●	●	●	●	—	●	1
成都万汇学校(小学部)	●	●	●	●	●	●	●	—	●	4
成都双语实验学校和悦分校(小学部)	●	●	●	●	●	●	●	—	○	3
成都市成华区华青学校(小学部)	●	●	●	●	●	●	●	—	/	4
成都市二仙桥学校(小学部)	●	●	●	●	●	●	●	—	●	6
成都市红花实验学校(小学部)	●	●	●	●	●	●	●	—	★	9
成都市成华区南华实验学校(小学部)	●	●	○	●	●	●	●	—	●	2
成都双语实验学校(小学部)	●	●	●	●	●	●	●	—	●	4
成都市华建学校(小学部)	●	●	●	○	●	●	●	—	●	7
成都市成华区蜀辉学校(小学部)	●	●	●	●	●	●	●	—	●	3
成都市锦官城小学	●	●	●	●	●	●	●	—	●	1
成都市成华区才艺学校(小学部)	●	●	○	★	●	●	●	—	●	4
成都市成华区嘉祥外国语学校(小学部)	●	●	●	●	●	●	●	—	●	8
成都七中英才学校(小学部)	●	●	●	●	●	●	●	—	●	4

注:(1)★$p>0.05$,差异不显著;○$p<0.05$,差异显著;●$p<0.01$,差异很显著。(2) ▨ 差异不显著或显著高于区(市)县均值;□显著低于区(市)县均值。(3)"学校班额达标率"达标的标准为小学班额不超过45人,初中班额不超过50人。(4)—指"学校班额达标率"只做了大小比较,未进行差异性分析,其灰色底纹表示该学校的"学校班额达标率"大于或等于区(市)县均值,无底纹表示该学校的"学校班额达标率"小于区(市)县均值。(5)/指未采集到"学生体质健康达标合格率"数据。

2. 初中

2022年成华区有7所初中60%及以上指标低于该区域平均值，分别是成都石室中学初中学校青龙校区、成都双语实验学校和悦分校(初中部)、成都市成华区南华实验学校(初中部)、成都市成华区才艺学校(初中部)、成都市成华区嘉祥外国语学校(初中部)、成都大学附属中学、四川省成都华西中学，其弱势方面主要是师资配置和生均资源配置较少。成华区初中各项监测指标校际差异具体情况比较如表2.08.7所示。

表2.08.7　成华区初中各项监测指标校际差异具体情况比较

学校	每百名学生拥有高于规定学历教师数	每百名学生拥有县级及以上骨干教师数	每百名学生拥有体育、艺术(音乐、美术)专任教师数	生均教学及辅助用房面积	生均体育运动场馆面积	生均教学仪器设备值	每百名学生拥有网络多媒体教室数	学校班额达标率	学生体质健康达标合格率	灰色底纹项数/项
成都市第四十中学校	★	●	●	●	●	●	★	—	●	5
成都万汇学校(初中部)	●	●	●	●	★	●	●	—	●	4
成都市双庆中学校龙潭分校	●	●	●	●	●	●	★	—	●	6
成都石室中学初中学校青龙校区	●	●	●	●	●	●	●	—	●	3
成都双语实验学校和悦分校(初中部)	●	●	●	●	●	●	●	—	●	3
成都市成华区华青学校(初中部)	●	●	●	●	○	●	●	—	/	5
成都市双庆中学校	●	★	●	●	●	●	●	—	●	5
成都市二仙桥学校(初中部)	●	●	★	●	●	●	●	—	●	5
成都市红花实验学校(初中部)	●	●	●	●	●	●	●	—	●	9
成都市成华区南华实验学校(初中部)	●	●	★	●	●	●	●	—	●	2
成都双语实验学校(初中部)	●	●	●	●	●	●	●	—	●	6
成都市华建学校(初中部)	●	●	●	○	★	●	●	—	●	8
成都石室中学初中学校	●	○	●	●	●	●	●	—	●	6
成都市成华区蜀辉学校(初中部)	○	●	●	●	●	●	★	—	●	4
成都列五联合中学	●	●	●	●	●	●	●	—	●	8
成都市成华区才艺学校(初中部)	○	●	★	●	●	●	●	—	●	3
成都市成华区嘉祥外国语学校(初中部)	●	●	●	●	●	●	●	—	●	3

续表

学校	每百名学生拥有高于规定学历教师数	每百名学生拥有县级及以上骨干教师数	每百名学生拥有体育、艺术(音乐、美术)专任教师数	生均教学及辅助用房面积	生均体育运动场馆面积	生均教学仪器设备值	每百名学生拥有网络多媒体教室数	学校班额达标率	学生体质健康达标合格率	灰色底纹项数/项
成都市实验中学	●	●	●	●	●	●	●	—	●	5
成都市第三十八中学校	●	●	★	●	●	○	●	—	●	5
成都大学附属中学	●	●	●	●	●	●	●	—	★	3
四川省成都列五中学	●	●	●	●	●	●	●	—	●	4
四川省成都市第四十九中学校	●	●	●	●	●	●	●	—	★	4
成都七中英才学校(初中部)	○	●	●	●	●	●	●	—	●	6
四川省成都华西中学	●	●	●	●	●	●	●	—	●	3

注：(1) ★$p>0.05$，差异不显著；○$p<0.05$，差异显著；●$p<0.01$，差异很显著。(2) ▨差异不显著或显著高于区(市)县均值；☐显著低于区(市)县均值。(3) "学校班额达标率"达标的标准为小学班额不超过45人，初中班额不超过50人。(4) —指"学校班额达标率"只做了大小比较，未进行差异性分析，其灰色底纹表示该学校的"学校班额达标率"大于或等于区(市)县均值，无底纹表示该学校的"学校班额达标率"小于区(市)县均值。(5)/指未采集到"学生体质健康达标合格率"数据。

三、结论

(一)成绩与经验

(1) 从义务教育优质均衡发展达标情况看，均衡程度方面，在小学和初中共14项A类指标中，2022年成华区小学和初中校际差异系数全部达到部标。

(2) 发展水平方面，A类7项指标中，2022年成华区小学和初中分别有5项、4项指标达标学校比例为100%，与成都市均值相比，小学和初中分别有7项和6项指标的达成度高于或等于成都市均值；B类和C类19项指标中，2022年成华区有10项指标的达标比例达到100%，有11项指标的达成度高于或等于成都市均值。

(3) 从区域发展水平看，2022年成华区小学、初中均有70.00%的监测指标优于或等于成都市均值，其中，小学和初中的"每百名学生拥有县级及以上骨干教师数"分别为成都市均值的2.0563倍、2.1875倍。

(4) 从校际差异情况看，2022年成华区小学、初中分别有100.00%和28.57%的监测指标校际差异优于或等于成都市均值。

(二)存在的不足

(1) 从义务教育优质均衡发展达标情况看，发展水平方面，B类和C类19项指标中，2022年成华区有2项指标的达标比例低于60%，分别是小学"学校班额达标比率"和"学校培训经费占本校年度公用经费预算总额的比例"，达标比例分别为52.25%和39.88%。

(2) 从区域发展水平看，2022 年成华区小学和初中均有 30%的监测指标低于成都市均值，其中，"学校培训经费占本校年度公用经费预算总额的比例"为成都市的 51.55%，与成都市均值存在差距。

(3) 从校际差异情况看，2022 年成华区有 15 所小学 60%及以上指标低于该区域平均值，分别是成都市树德小学、电子科技大学附属实验小学龙潭分校、成都市龙潭小学校、成都市建设路小学、成都市李家沱实验小学校、成都市双林小学、成都市双水小学校、成都市北新实验小学、成都市熊猫路小学校、成都市成华区教育科学研究院附属小学、成都市海滨小学校、成都双语实验学校和悦分校(小学部)、成都市成华区南华实验学校(小学部)、成都市成华区蜀辉学校(小学部)、成都市锦官城小学，其弱势方面主要是师资配置较少，"学校班额达标率"偏低；有 7 所初中 60%及以上指标低于该区域平均值，分别是成都石室中学初中学校青龙校区、成都双语实验学校和悦分校(初中部)、成都市成华区南华实验学校(初中部)、成都市成华区才艺学校(初中部)、成都市成华区嘉祥外国语学校(初中部)、成都大学附属中学、四川省成都华西中学，其弱势方面主要是师资配置和生均资源配置较少。

(三) 建议

(1) 资源配置方面，加强师资队伍建设，重点解决部分初中学校"每百名学生拥有体育、艺术(音乐、美术)专任教师数"未达标的问题；优化资源配置，重点解决部分小学和初中"生均教学及辅助用房面积""生均体育运动场馆面积"未达标的问题；关注弱势学校，关注 60%及以上指标低于区域均值的学校及连续多年处于该水平的学校，提高学校办学条件水平。

(2) 政府保障程度方面，着力解决部分小学、初中、九年一贯制学校规模偏大，部分小学"学校班额达标率"偏低，小学段未达标学校数量较多的问题；加强对"学校培训经费占本校年度公用经费预算总额的比例"达标的管理，提高学校培训经费占比。

(3) 教育质量方面，进一步提高"学生体质健康达标合格率"，保障学生健康发展。

2022年龙泉驿区义务教育优质均衡监测报告

一、2022年龙泉驿区义务教育优质均衡发展概况

本次监测，除"县域内心理健康专职教师配备率"依据成都市《2022年政府工作报告目标任务责任分解方案》(成办发〔2022〕8号)、"小学六年(初中三年)巩固率"和"学生体质健康达标合格率"依据《成都市义务教育优质均衡监测指标体系》外，其余指标均依据部标。

《成都市人民政府教育督导委员会办公室关于印发〈成都市义务教育优质均衡监测指标体系〉的通知》(成府教督〔2017〕10号)构建的监测指标体系包括A类(资源配置，共14项指标，全部指标分小学、初中)、B类(政府保障程度，共12项指标，部分指标分小学、初中和九年一贯制)和C类(教育质量，共7项指标，部分指标分小学、初中)，合计33项指标。除特别注明外，所有监测结果均为全体公民办学校总体结果。

(一)义务教育均衡程度

1. 判断标准

成都市义务教育均衡程度依据两个标准来判断：①部标，规定县域内义务教育公民办小学A类7项指标的差异系数每一项均应不高于0.50，公民办初中A类7项指标的差异系数每一项均应不高于0.45；②市标，规定县域内义务教育公办学校校际均衡指数值不高于0.27。

2. 均衡程度及达标情况

从部标看，在小学和初中共14项A类指标中，2022年龙泉驿区小学、初中共有12项指标的校际差异系数达到部标，小学和初中"生均体育运动场馆面积"的校际差异系数分别为0.55和0.47，未达到部标。

与上一监测年度相比，成都龙泉驿区小学、初中分别有6项和5项指标的校际均衡程度进一步提高，小学和初中"生均教学及辅助用房面积"、初中"生均体育运动场馆面积"的校际均衡程度有所下降(图2.09.1和图2.09.2)。

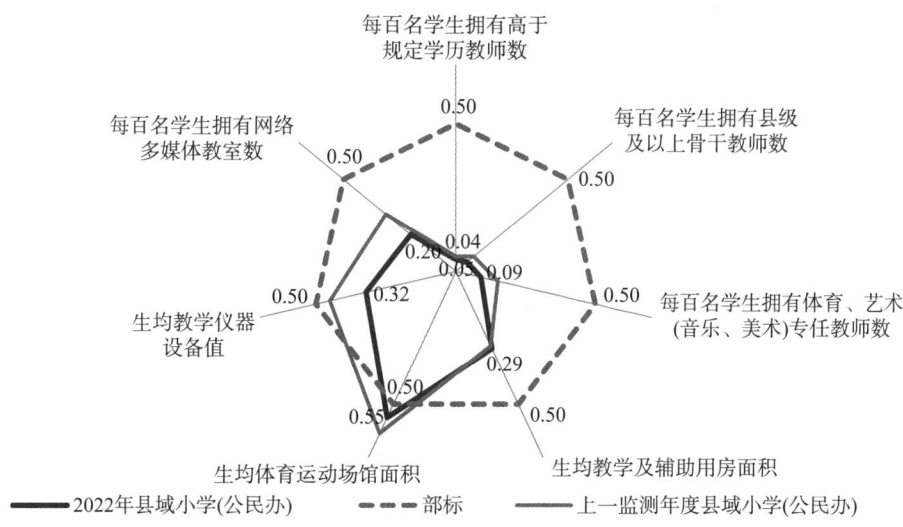

图 2.09.1 2022 年与上一监测年度龙泉驿区小学县域内义务教育校际均衡情况

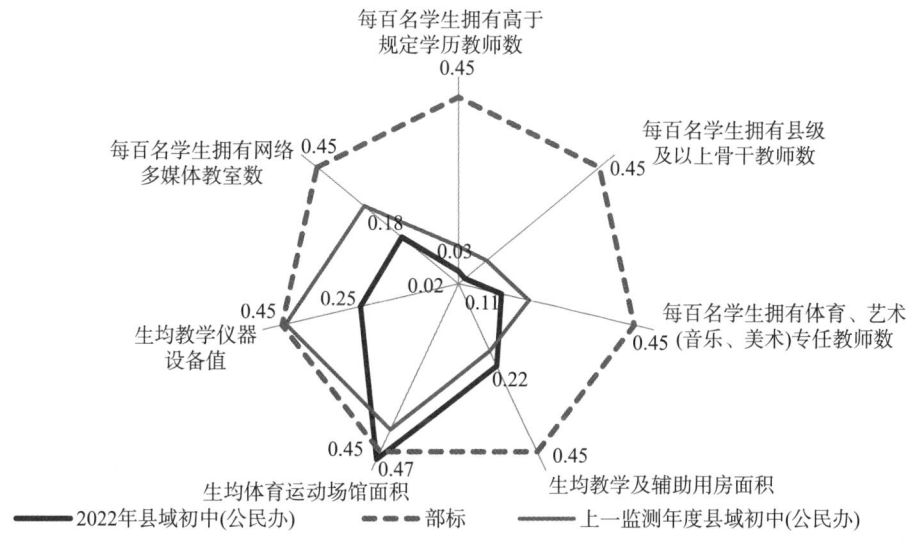

图 2.09.2 2022 年与上一监测年度龙泉驿区初中县域内义务教育校际均衡情况

2022 年龙泉驿区公办学校校际均衡指数为 0.16，低于成都市均值（校际均衡程度高于成都市平均水平），且达到了市标，表明 2022 年龙泉驿区义务教育公办学校校际均衡程度较高。

与上一监测年度相比，2022 年龙泉驿区公办学校校际均衡指数降低了 0.01，公办学校校际均衡程度有所提升（表 2.09.1）。

表 2.09.1 龙泉驿区公办小学、初中县域内义务教育校际均衡情况

差异系数	每百名学生拥有高于规定学历教师数	每百名学生拥有县级及以上骨干教师数	每百名学生拥有体育、艺术(音乐、美术)专任教师数	生均教学及辅助用房面积	生均体育运动场馆面积	生均教学仪器设备值	每百名学生拥有网络多媒体教室数	2022年县域内义务教育校际均衡指数	2022年成都市县域内义务教育校际均衡指数	上一监测年度县域内义务教育校际均衡指数
小学	0.02	0.04	0.07	0.27	0.47	0.20	0.17	0.16	0.22	0.17
初中	0.01	0.01	0.07	0.15	0.39	0.19	0.15			

(二)义务教育优质均衡发展水平达标情况

以部标规定的标准值为参照,2022年龙泉驿区各指标达到目标值的情况如表 2.09.2 所示。

表 2.09.2 龙泉驿区小学和初中 A 类指标达标情况

	指标名称	小学 达标学校数/所	小学 达标学校比例/%	小学 成都市均值/%	初中 达标学校数/所	初中 达标学校比例/%	初中 成都市均值/%
A资源配置	每百名学生拥有高于规定学历教师数	51	100.00	98.36	26	100.00	98.90
	每百名学生拥有县级及以上骨干教师数	51	100.00	96.40	26	100.00	97.12
	每百名学生拥有体育、艺术(音乐、美术)专任教师数	51	100.00	97.23	26	100.00	91.47
	生均教学及辅助用房面积	41	80.39	87.04	22	84.62	83.78
	生均体育运动场馆面积	35	68.63	82.70	18	69.23	80.95
	生均教学仪器设备值	51	100.00	98.93	26	100.00	97.91
	每百名学生拥有网络多媒体教室数	50	98.04	97.28	26	100.00	96.86

从 A 类指标看,部标规定每一所学校的 A 类指标均要达到标准。龙泉驿区小学的 7 项监测指标中,有 4 项指标的达标学校比例为 100%,分别是"每百名学生拥有高于规定学历教师数""每百名学生拥有县级及以上骨干教师数""每百名学生拥有体育、艺术(音乐、美术)专任教师数""生均教学仪器设备值";"生均体育运动场馆面积"的达标学校比例最低,为 68.63%。

龙泉驿区初中的 7 项监测指标中,有 5 项指标的达标学校比例为 100%,分别是"每百名学生拥有高于规定学历教师数""每百名学生拥有县级及以上骨干教师数""每百名学生拥有体育、艺术(音乐、美术)专任教师数""生均教学仪器设备值""每百名学生拥有网络多媒体教室数";"生均体育运动场馆面积"的达标学校比例最低,为 69.23%。与成都市均值相比,龙泉驿区小学、初中分别有 5 项和 6 项指标的达成度高于成都市均值。

从 B 类和 C 类 19 项指标看,龙泉驿区有 11 项指标的达标比例为 100%,分别是"特殊教育学校生均公用经费""教师全员培训完成率""县域内每年交流轮岗教师的比例""县域内优质高中招生名额分配比例""符合条件的随迁子女在公办学校和政府购买服务

的民办学校就读的比例""县域内心理健康专职教师配备率""小学六年巩固率""初中三年巩固率""残疾儿童少年入学率""小学生体质健康达标合格率""小学学业水平校际差异率"。与成都市均值相比，龙泉驿区有 15 项指标的达成度均高于或等于成都市均值，另外有 4 项指标的达成度低于成都市均值，分别是"单设小学学校规模达标率""单设初中学校规模达标率""小学学校班额达标率""初中学生体质健康达标合格率"（表 2.09.3）。

表 2.09.3　龙泉驿区小学和初中 B 类、C 类指标达标情况(%)

	指标名称	达标比例	成都市均值
B 政府保障程度	单设小学学校规模达标率	71.43	82.32
	单设初中学校规模达标率	94.12	94.27
	九年一贯制学校规模达标率	88.89	87.34
	小学学校班额达标率	35.73	77.63
	初中学校班额达标率	99.84	94.78
	特殊教育学校生均公用经费	100.00	97.12
	学校培训经费占本校年度公用经费预算总额的比例	95.21	71.00
	教师全员培训完成率	100.00	100.00
	县域内每年交流轮岗教师的比例	100.00	100.00
	县域内优质高中招生名额分配比例	100.00	100.00
	符合条件的随迁子女在公办学校和政府购买服务的民办学校就读的比例	100.00	99.77
	县域内心理健康专职教师配备率	100.00	91.44
C 教育质量	小学六年巩固率	100.00	98.24
	初中三年巩固率	100.00	99.63
	残疾儿童少年入学率	100.00	99.89
	小学生体质健康达标合格率	100.00	98.80
	初中学生体质健康达标合格率	92.00	96.95
	小学学业水平校际差异率	100.00	93.27
	初中学业水平校际差异率	90.24	80.49

二、2022 年龙泉驿区义务教育区域差异、城乡差异和校际差异情况

（一）总体情况

本报告中，区域差异情况是由各区(市)县的各项监测指标值与成都市均值相比较而得，比值大于 1 代表其发展水平高于成都市平均水平。城乡差异情况是由各区(市)县的农村学校各项监测指标值与城镇学校各项监测指标值相比较而得，比值大于 1 代表农村发展水平高于城镇发展水平。校际差异情况是由各区(市)县的各项监测指标差异系数与成都市

各区(市)县差异系数平均值相比较而得,比值小于1代表其校际差异水平优于成都市平均水平,差异系数值越小代表区域内该指标校际差异越小。

从区域差异情况看,2022年龙泉驿区小学、初中分别有55.00%和75.00%(小学、初中各20项)的监测指标优于或等于成都市均值;从城乡差异情况看,2022年龙泉驿区小学、初中分别有77.78%和66.67%(小学、初中各9项)的监测指标农村学校优于或等于城镇学校;从校际差异情况看,2022年龙泉驿区小学和初中均有71.43%(小学、初中各7项)的监测指标优于或等于成都市均值。

从监测指标看,2022年龙泉驿区处于优势的指标为小学和初中"每百名学生拥有高于规定学历教师数""每百名学生拥有体育、艺术(音乐、美术)专任教师数""特殊教育学校生均公用经费""学校培训经费占本校年度公用经费预算总额的比例""教师全员培训完成率""县域内优质高中招生名额分配比例""县域内心理健康专职教师配备率""小学六年(初中三年)巩固率""学业水平校际差异率",小学"每百名学生拥有县级及以上骨干教师数",初中"每百名学生拥有网络多媒体教室数""学校规模达标率"。

龙泉驿区处于弱势的指标为小学和初中"县域内每年交流轮岗教师的比例""符合条件的随迁子女在公办学校和政府购买服务的民办学校就读的比例""残疾儿童少年入学率",小学"学校规模达标率"和"学生体质健康达标合格率"(表2.09.4)。

表2.09.4 龙泉驿区小学和初中监测指标的区域差异、城乡差异和校际差异情况

指标名称		小学			初中		
		区域差异情况	城乡差异情况	校际差异情况	区域差异情况	城乡差异情况	校际差异情况
A 资源配置	每百名学生拥有高于规定学历教师数						
	每百名学生拥有县级及以上骨干教师数						
	每百名学生拥有体育、艺术(音乐、美术)专任教师数						
	生均教学及辅助用房面积						
	生均体育运动场馆面积						
	生均教学仪器设备值						
	每百名学生拥有网络多媒体教室数						
B 政府保障程度	学校规模达标率					—	
	学校班额达标率			—			—
	特殊教育学校生均公用经费		—	—		—	—
	学校培训经费占本校年度公用经费预算总额的比例						
	教师全员培训完成率		—	—		—	—
	县域内每年交流轮岗教师的比例						
	县域内优质高中招生名额分配比例		—	—		—	—
	符合条件的随迁子女在公办学校和政府购买服务的民办学校就读的比例		—	—		—	—
	县域内心理健康专职教师配备率		—	—		—	—

续表

指标名称		小学			初中		
		区域差异情况	城乡差异情况	校际差异情况	区域差异情况	城乡差异情况	校际差异情况
C 教育质量	小学六年(初中三年)巩固率	■	—	—	■	—	—
	残疾儿童少年入学率	■	—	—	■	—	—
	学生体质健康达标合格率				■	■	
	学业水平校际差异率	■	—		■	—	
	灰色底纹项数/项	11	7	5	15	6	5
	灰色底纹项数比例/%	55.00	77.78	71.43	75.00	66.67	71.43

注：(1)区域差异情况中，■比值大于等于1，□比值小于1；(2)城乡差异情况中，■比值大于等于1，□比值小于1；(3)校际差异情况中，■比值小于等于1，□比值大于1。

(二)区域发展水平具体情况

2022年龙泉驿区小学和初中监测指标中，小学、初中分别有55.00%和75.00%(小学、初中各20项)的监测指标优于或等于成都市均值，其中，小学和初中的"每百名学生拥有县级及以上骨干教师数"分别为成都市均值的1.3850倍、1.6563倍。另外，低于成都市均值的指标中，小学"学校班额达标率"仅为成都市均值的47.65%。龙泉驿区具体情况如表2.09.5和图2.09.3所示。

表2.09.5　龙泉驿区各项监测指标值与成都市均值的比较

	指标名称	区域值			成都市均值			区域值/成都市均值		
		小学	初中	九年一贯制	小学	初中	九年一贯制	小学	初中	九年一贯制
A 资源配置	每百名学生拥有高于规定学历教师数/人	5.99	8.46	—	5.92	8.14	—	1.0118	1.0393	—
	每百名学生拥有县级及以上骨干教师数/人	2.95	4.77	—	2.13	2.88	—	1.3850	1.6563	—
	每百名学生拥有体育、艺术(音乐、美术)专任教师数/人	1.32	1.35	—	1.21	1.11	—	1.0909	1.2162	—
	生均教学及辅助用房面积/平方米	5.26	6.51	—	5.76	7.35	—	0.9132	0.8857	—
	生均体育运动场馆面积/平方米	8.23	12.42	—	8.26	11.48	—	0.9964	1.0819	—
	生均教学仪器设备值/元	6294.28	8977.54	—	4584.76	5927.48	—	1.3729	1.5146	—
	每百名学生拥有网络多媒体教室数/间	2.89	3.46	—	2.97	3.24	—	0.9731	1.0679	—
B 政府保障程度	学校规模达标率/%	71.43	94.12	88.89	82.82	93.88	88.70	0.8625	1.0026	1.0021
	学校班额达标率/%	35.73	99.84	—	74.98	94.48	—	0.4765	1.0567	—
	特殊教育学校生均公用经费/元		21712.18			19669.88			1.1038	

续表

指标名称		区域值 小学	区域值 初中	区域值 九年一贯制	成都市均值 小学	成都市均值 初中	成都市均值 九年一贯制	区域值/成都市均值 小学	区域值/成都市均值 初中	区域值/成都市均值 九年一贯制
B 政府保障程度	学校培训经费占本校年度公用经费预算总额的比例/%	4.76			3.86			1.2332		
	教师全员培训完成率/%	100.00			100.00			1.0000		
	县域内每年交流轮岗教师的比例/%	15.06			15.08			0.9987		
	县域内优质高中招生名额分配比例/%	50.00			50.00			1.0000		
	符合条件的随迁子女在公办学校和政府购买服务的民办学校就读的比例/%	88.88			96.55			0.9206		
	县域内心理健康专职教师配备率/%	75.34			68.86			1.0941		
C 教育质量	小学六年(初中三年)巩固率/%	100.00	99.45	—	97.99	99.04	—	1.0205	1.0041	—
	残疾儿童少年入学率/%	98.78			99.21			0.9957		
	学生体质健康达标合格率/%	98.45	97.16	—	98.76	97.89	—	0.9969	0.9925	—
	学业水平校际差异率	0.11	0.17	—	0.13	0.19	—	*1.1818	*1.1176	—

注：*此数值的计算公式为"成都市均值/区域值"，比值大于1代表区域均衡水平优于成都市均值。

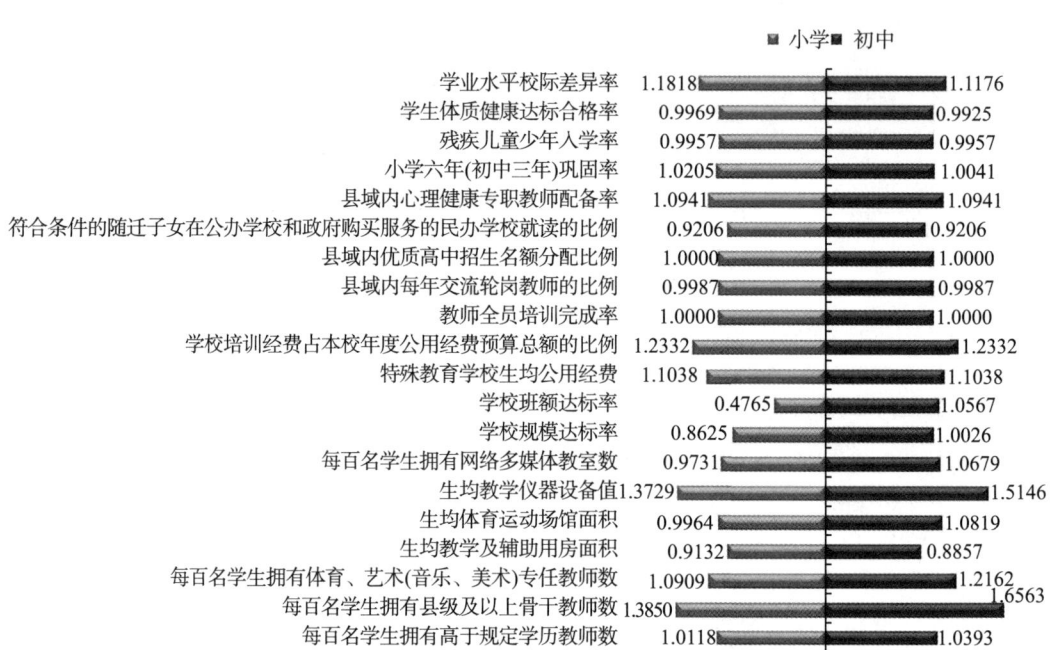

图2.09.3 龙泉驿区小学和初中各项监测指标值与成都市均值的比较

（三）城乡差异情况

1. 小学

2022年龙泉驿区小学9项监测指标中，农村小学有7项指标高于城镇小学，农村小学"学校班额达标率"为城镇小学的1.2766倍；农村小学有2项指标低于城镇小学，其中"生均教学仪器设备值"为城镇小学的85.58%（表2.09.6和图2.09.4）。

表2.09.6 龙泉驿区小学各项监测指标城乡差异情况

指标	龙泉驿区均值	城镇均值	农村均值	乡城比率
每百名学生拥有高于规定学历教师数/人	5.99	5.94	6.01	1.0118
每百名学生拥有县级及以上骨干教师数/人	2.95	2.92	2.97	1.0171
每百名学生拥有体育、艺术(音乐、美术)专任教师数/人	1.32	1.28	1.34	1.0469
生均教学及辅助用房面积/平方米	5.26	5.11	5.34	1.0450
生均体育运动场馆面积/平方米	8.23	7.45	8.63	1.1584
生均教学仪器设备值/元	6294.28	6959.28	5955.95	0.8558
每百名学生拥有网络多媒体教室数/间	2.89	2.80	2.94	1.0500
学校班额达标率/%	35.73	30.12	38.45	1.2766
学生体质健康达标合格率/%	98.45	98.76	98.27	0.9950

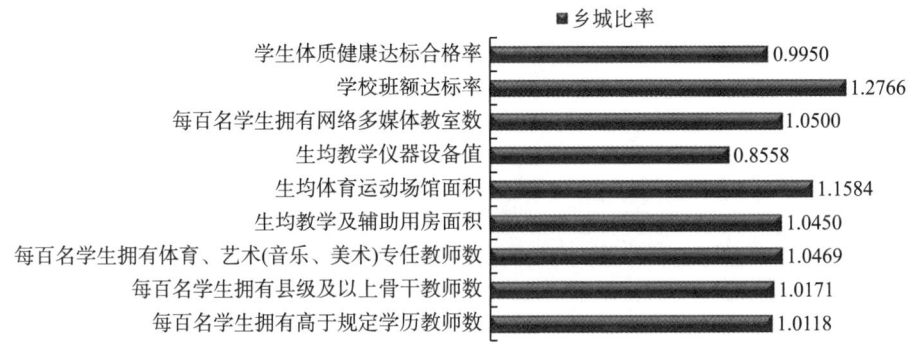

图2.09.4 龙泉驿区小学城乡差异情况

2. 初中

2022年龙泉驿区初中9项监测指标中，农村初中有6项指标高于城镇初中，农村学校"生均体育运动场馆面积"为城镇的1.1590倍；最低的指标是"生均教学仪器设备值"，为城镇的87.86%（表2.09.7和图2.09.5）。

表 2.09.7　龙泉驿区初中各项监测指标城乡差异情况

指标	龙泉驿区均值	城镇均值	农村均值	乡城比率
每百名学生拥有高于规定学历教师数/人	8.46	8.44	8.48	1.0047
每百名学生拥有县级及以上骨干教师数/人	4.77	4.77	4.76	0.9979
每百名学生拥有体育、艺术(音乐、美术)专任教师数/人	1.35	1.33	1.36	1.0226
生均教学及辅助用房面积/平方米	6.51	6.15	6.82	1.1089
生均体育运动场馆面积/平方米	12.42	11.45	13.27	1.1590
生均教学仪器设备值/元	8977.54	9599.87	8434.78	0.8786
每百名学生拥有网络多媒体教室数/间	3.46	3.26	3.63	1.1135
学校班额达标率/%	99.84	100.00	99.70	0.9970
学生体质健康达标合格率/%	97.16	96.26	98.30	1.0212

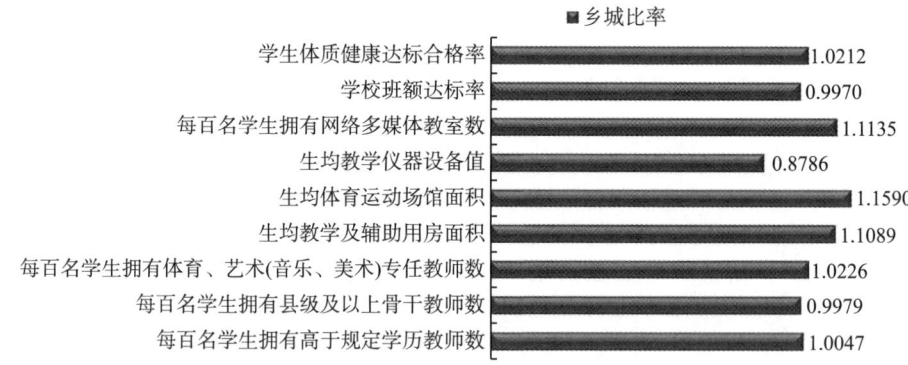

图 2.09.5　龙泉驿区初中城乡差异情况

(四)校际差异情况

1. 小学

2022 年龙泉驿区有 13 所小学 60% 及以上指标低于该区域平均值，分别是成都经济技术开发区实验小学校、成都市龙泉驿区航天小学校、成都市龙泉驿区玉石小学校、成都市龙泉驿区第四小学校、成都市龙泉驿区第三小学校、成都市龙泉驿区西河小学校、成都市龙泉驿区同安小学校、成都市龙泉驿区第五小学校、成都市龙泉驿区龙华小学校、成都市龙泉驿区向阳桥小学、成都市龙泉驿区东山国际小学、成都市龙泉驿区天鹅湖小学、成都市龙泉驿区跃进小学校，其弱势方面主要是生均资源配置较少，"学校班额达标率"较低。龙泉驿区小学各项监测指标校际差异具体情况比较如表 2.09.8 所示。

表2.09.8　龙泉驿区小学各项监测指标校际差异具体情况比较

学校	每百名学生拥有高于规定学历教师数	每百名学生拥有县级及以上骨干教师数	每百名学生拥有体育、艺术(音乐、美术)专任教师数	生均教学及辅助用房面积	生均体育运动场馆面积	生均教学仪器设备值	每百名学生拥有网络多媒体教室数	学校班额达标率	学生体质健康达标合格率	灰色底纹项数/项
成都经济技术开发区实验小学校	●			●		●		—	●	1
成都市龙泉驿区上东学校(小学部)	●	●	●	●	★	●	●	—	●	7
成都市龙泉驿区航天小学校	●			●		●	●		●	2
成都市龙泉驿区实验小学校	●	●	●	●	●	★	●	—	●	5
成都市龙泉驿区黄土小学校	●	●	●	●	●	●	●		●	8
成都市龙泉驿区第二小学校	●	●	●	●	★	●	●	—	●	5
成都市龙泉驿区玉石小学校	●			●		●		—	●	3
成都市龙泉驿区洪河小学校	●	●	●	●	●	●			●	6
成都市龙泉驿区大面小学校	●	●		●	★	●	●	—	●	5
成都市龙泉驿区土桥小学校	●	●	●	●	●	●	●		●	8
成都市龙泉驿区灵龙小学校	●	●	●	●	●	●		—	★	5
成都市龙泉驿区青龙湖小学校	●	●	●	●	●	●	●	●	●	9
成都市龙泉驿区洛带小学校	●	●	●	●	●	●	●	—	●	8
成都市龙泉驿区西平小学校	●	●	●					—	●	4
成都市龙泉驿区洪安小学校	●	●	●		★	●	●	—	●	7
成都市龙泉驿区第四小学校	●	●						—	●	2
成都市龙泉驿区义和小学校	●	★	★	★	★	★			●	8
成都市龙泉驿区十陵小学校	●	●	●	●	●	●		—	●	6
成都市龙泉驿区第三小学校	●	●	●	●	●	●		—	●	1

续表

学校	每百名学生拥有高于规定学历教师数	每百名学生拥有县级及以上骨干教师数	每百名学生拥有体育、艺术(音乐、美术)专任教师数	生均教学及辅助用房面积	生均体育运动场馆面积	生均教学仪器设备值	每百名学生拥有网络多媒体教室数	学校班额达标率	学生体质健康达标合格率	灰色底纹项数/项
成都市龙泉驿区龙井小学校	●	●	●	●	●	●	●	—	●	5
成都市龙泉驿区山泉小学校	●	●	●	●	●	●	●	—	★	8
成都市龙泉驿区西河小学校	●	●	●	●	●	●	●	—	●	2
成都市龙泉驿区同安小学校	●	●	●	●	●	●	●	—	●	2
成都市龙泉驿区第五小学校	●	●	●	●	●	●	●	—	●	0
成都市龙泉驿区龙华小学校	●	●	●	●	●	●	●	—	●	1
成都市龙泉驿区客家小学校	●	★	●	○	●	●	●	—	●	8
成都市龙泉驿区和平小学校	●	●	●	●	●	★	●	—	●	6
成都市龙泉驿区友谊小学校	●	●	●	●	●	●	●	—	●	6
成都市龙泉驿区天平小学校	★	●	●	●	●	★	●	—	●	6
成都市龙泉驿区向阳桥小学	●	●	●	●	●	●	●	—	●	0
成都市龙泉驿区东山国际小学	●	●	●	●	●	★	●	—	●	3
成都市龙泉驿区天鹅湖小学	★	●	●	●	●	●	●	—	●	2
四川师范大学附属青台山小学	●	●	●	●	●	●	●	—	●	4
成都大学附属小学	●	●	●	★	●	●	★	—	●	8
成都市龙泉驿区天立学校(小学部)	●	●	★	●	●	★	●	—	●	9
成都市龙泉驿区永丰小学	●	●	●	●	●	★	●	—	●	6
成都市龙泉驿区翰笙东篱小学校	●	●	●	●	●	★	●	—	●	7
四川师范大学附属临枫小学	●	●	●	●	●	●	●	—	●	7

续表

学校	每百名学生拥有高于规定学历教师数	每百名学生拥有县级及以上骨干教师数	每百名学生拥有体育、艺术(音乐、美术)专任教师数	生均教学及辅助用房面积	生均体育运动场馆面积	生均教学仪器设备值	每百名学生拥有网络多媒体教室数	学校班额达标率	学生体质健康达标合格率	灰色底纹项数/项
成都市龙泉驿区友临小学	●	●	●	●	●	○	●	—	●	7
成都市龙泉驿区光华东山学校(小学部)	●	●	●	●	●	●	●		●	8
成都市龙泉驿区跃进小学校	●	●	●	●	●	●	●	—	●	2
成都市龙泉驿区第一小学校	●	●	●	●	●	●	●	—	●	4
成都市龙泉驿区柏合九年制学校(小学部)	●	●	●	●	●	●	●	—	●	4
成都市龙泉驿区同安中学校(小学部)	●	●	○	●	●	●	●		●	5
成都市龙泉驿区百悦成龙学校(小学部)	●	●	●	●	●	●	●	—	●	4
成都市龙泉驿区青苗学校(小学部)	●	●	●	●	●	●	●		●	9
成都教科院附属龙泉学校(小学部)	●	●	★	●	●	●	●	—	●	5
成都市龙泉驿区师上学校(小学部)	●	●	●	●	●	●	●		●	7
成都市龙泉驿区西川汇锦都学校(小学部)	●	●	●	●	●	●	●		●	9
成都市龙泉驿区东安湖学校(小学部)	●	★	●	●	●	★	●		/	7
成都城投菁芙蓉驿都学校(小学部)	●	★	●	★	●	●	●	—	●	7

注：(1)★$p>0.05$，差异不显著；○$p<0.05$，差异显著；●$p<0.01$，差异很显著。(2) ▓ 差异不显著或显著高于区(市)县均值；□ 显著低于区(市)县均值。(3)"学校班额达标率"达标的标准为小学班额不超过45人，初中班额不超过50人。(4)—指"学校班额达标率"只做了大小比较，未进行差异性分析，其灰色底纹表示该学校的"学校班额达标率"大于或等于区(市)县均值，无底纹表示学校的"学校班额达标率"小于区(市)县均值。(5)/指未采集到"学生体质健康达标合格率"数据。

2. 初中

2022年龙泉驿区有3所初中60%及以上指标低于该区域平均值，分别是成都市龙泉驿区双槐中学校、成都市龙泉驿区同安中学校(初中部)和四川师范大学附属青台山中学，其弱势方面主要是师资配置和生均资源配置较少。龙泉驿区初中各项监测指标校际差异具体情况比较如表2.09.9所示。

表 2.09.9　龙泉驿区初中各项监测指标校际差异具体情况比较

学校	每百名学生拥有高于规定学历教师数	每百名学生拥有县级及以上骨干教师数	每百名学生拥有体育、艺术(音乐、美术)专任教师数	生均教学及辅助用房面积	生均体育运动场馆面积	生均教学仪器设备值	每百名学生拥有网络多媒体教室数	学校班额达标率	学生体质健康达标合格率	灰色底纹项数/项
成都市龙泉驿区黄土中学校	●	●	●	●	●	●	●	—	●	5
成都市龙泉驿区双槐中学校	●	●	●	●	○	●	●	—	●	3
成都市龙泉驿区西河中学校	★	●	●	●	●	●	●	—	●	6
成都市龙泉驿区柏合九年制学校(初中部)	●	●	●	●	●	●	●	—	○	4
成都市龙泉驿区同安中学校(初中部)	●	●	●	●	●	●	●	—	●	2
成都市龙泉驿区大面中学校	●	●	★	●	●	●	●	—	●	9
成都市龙泉驿区洪河中学校	★	●	●	●	●	●	●	—	●	6
成都市龙泉驿区洪安中学校	●	●	★	●	●	●	●	—	★	7
成都市龙泉驿区十陵中学校	★	○	●	★	●	●	○	—	●	6
成都市龙泉驿区第七中学校	●	●	●	●	●	●	●	—	★	5
成都市龙泉驿区第六中学校	●	●	●	●	★	●	●	—	●	4
成都市龙泉驿区百悦成龙学校(初中部)	●	★	●	●	●	●	●	—	●	6
四川省成都市华川中学校	●	★	●	●	●	●	●	—	●	7
成都市龙泉驿区师一中学校	●	●	●	●	●	★	●	—	●	4
成都市龙泉驿区青苗学校(初中部)	●	●	●	●	●	★	●	—	●	9
四川师范大学附属青台山中学	●	●	●	●	●	●	●	—	●	3
成都市龙泉驿区向阳桥中学	●	●	★	●	●	●	●	—	●	4
成都教科院附属龙泉学校(初中部)	●	●	★	○	●	●	●	—	●	4
成都市龙泉驿区师上学校(初中部)	★	●	●	●	●	●	●	—	●	8
成都市龙泉驿区东山中学	●	●	●	★	●	●	●	—	●	7

续表

学校	每百名学生拥有高于规定学历教师数	每百名学生拥有县级及以上骨干教师数	每百名学生拥有体育、艺术(音乐、美术)专任教师数	生均教学及辅助用房面积	生均体育运动场馆面积	生均教学仪器设备值	每百名学生拥有网络多媒体教室数	学校班额达标率	学生体质健康达标合格率	灰色底纹项数/项
成都市龙泉驿区西川汇锦都学校(初中部)	★	●	●	●	●	●	●	—	●	7
成都市龙泉驿区东安湖学校(初中部)	●	●	●	★	●	●	●	—	/	6
四川省成都市龙泉第二中学	★	●	★		●	●	●		●	5
成都经济技术开发区实验中学校	●	●	●	●			●		●	5
四川省成都市航天中学校		●	●	●	●	●	●		○	6
成都城投菁芙蓉驿都学校(初中部)	●	●		●	●	●	●	—	●	5

注：(1) ★$p>0.05$，差异不显著；○$p<0.05$，差异显著；●$p<0.01$，差异很显著。(2) ▨ 差异不显著或显著高于区(市)县均值；▢ 显著低于区(市)县均值。(3) "学校班额达标率"达标的标准为小学班额不超过45人，初中班额不超过50人。(4) —指"学校班额达标率"只做了大小比较，未进行差异性分析，其灰色底纹表示该学校的"学校班额达标率"大于或等于区(市)县均值，无底纹表示该学校的"学校班额达标率"小于区(市)县均值。(5) /指未采集到"学生体质健康达标合格率"数据。

三、结论

(一)成绩与经验

(1)从义务教育优质均衡发展达标情况看，均衡程度方面，在小学和初中共14项A类指标中，2022年龙泉驿区小学、初中共有12项指标的校际差异系数达到部标。

(2)发展水平方面，A类7项指标中，2022年龙泉驿区小学、初中分别有4项和5项指标的达标学校比例为100%，与成都市均值相比，小学、初中分别有5项和6项指标的达成度高于成都市均值；B类和C类19项指标中，2022年龙泉驿区有11项指标的达标比例达到100%，有15项指标的达成度高于或等于成都市均值。

(3)从区域发展水平看，2022年龙泉驿区小学和初中监测指标中，小学和初中分别有55.00%和75.00%的监测指标优于或等于成都市均值，其中，小学和初中的"每百名学生拥有县级及以上骨干教师数"分别为成都市均值的1.3850倍、1.6563倍。

(4)从城乡差异情况看，2022年龙泉驿区小学、初中分别有77.78%和66.67%的监测指标农村学校优于或等于城镇学校。

(5)从校际差异情况看，2022年龙泉驿区小学和初中均有71.43%的监测指标校际差异优于或等于成都市均值。

(二)存在的不足

(1)从义务教育优质均衡发展达标情况看,均衡程度方面,小学和初中"生均体育运动场馆面积"的校际差异系数分别为 0.55 和 0.47,未达到部标。

(2)发展水平方面,A 类指标中,2022 年龙泉驿区小学和初中均有 2 项指标的达标学校比例低于 90%,其中,小学"生均体育运动场馆面积"的达标学校比例为 68.63%,初中"生均体育运动场馆面积"的达标学校比例为 69.23%;B 类和 C 类指标中,2022 年龙泉驿区有 2 项指标的达标比例低于 80%,其中小学"学校班额达标率"的达标比例为 35.73%。

(3)从区域发展水平看,2022 年龙泉驿区小学和初中分别有 45.00%和 25.00%的监测指标低于成都市均值,其中,小学"学校班额达标率"为成都市均值的 47.65%,与成都市均值存在差距。

(4)从城乡差异情况看,2022 年龙泉驿区农村小学和初中分别有 22.22%和 33.33%的监测指标低于成都市均值,其中,农村小学"生均教学仪器设备值"为城镇小学的 85.58%,农村初中"生均教学仪器设备"值为城镇初中的 87.86%。

(5)从校际差异情况看,2022 年龙泉驿区有 13 所小学 60%及以上指标低于该区域平均值,分别是成都经济技术开发区实验小学校、成都市龙泉驿区航天小学校、成都市龙泉驿区玉石小学校、成都市龙泉驿区第四小学校、成都市龙泉驿区第三小学校、成都市龙泉驿区西河小学校、成都市龙泉驿区同安小学校、成都市龙泉驿区第五小学校、成都市龙泉驿区龙华小学校、成都市龙泉驿区向阳桥小学、成都市龙泉驿区东山国际小学、成都市龙泉驿区天鹅湖小学、成都市龙泉驿区跃进小学校,其弱势方面主要是生均资源配置较少,"学校班额达标率"较低;有 3 所初中 60%及以上指标低于该区域平均值,分别是成都市双槐中学校、成都市龙泉驿区同安中学校(初中部)和四川师范大学附属青台山中学,其弱势方面主要是师资配置和生均资源配置较少。

(三)建议

(1)资源配置方面,优化资源配置,重点解决小学、初中"生均教学及辅助用房面积""生均体育运动场馆面积"达标学校比例偏低的问题;关注弱势学校,关注 60%及以上指标低于区域均值的 13 所小学和 3 所初中,尤其是连续多年处于该水平的学校,提高学校办学条件水平。

(2)政府保障程度方面,着力解决部分学校规模、班额较大的问题,尤其是单设小学"学校规模达标率""学校班额达标率"偏低的问题;加强"学校培训经费占本校年度公用经费预算总额比例"达标的管理。

(3)教育质量方面,进一步提高"残疾儿童少年入学率"和"学生体质健康达标合格率",保障学生健康发展。

2022年青白江区义务教育优质均衡监测报告

一、2022年青白江区义务教育优质均衡发展概况

本次监测，除"县域内心理健康专职教师配备率"依据成都市《2022年政府工作报告目标任务责任分解方案》(成办发〔2022〕8号)、"小学六年(初中三年)巩固率"和"学生体质健康达标合格率"依据《成都市义务教育优质均衡监测指标体系》外，其余指标均依据部标。

《成都市人民政府教育督导委员会办公室关于印发〈成都市义务教育优质均衡监测指标体系〉的通知》(成府教督〔2017〕10号)构建的监测指标体系包括A类(资源配置，共14项指标，全部指标分小学、初中)、B类(政府保障程度，共12项指标，部分指标分小学、初中和九年一贯制)和C类(教育质量，共7项指标，部分指标分小学、初中)，合计33项指标。除特别注明外，所有监测结果均为全体公民办学校总体结果。

(一)义务教育均衡程度

1. 判断标准

成都市义务教育均衡程度依据两个标准来判断：①部标，规定县域内义务教育公民办小学A类7项指标的差异系数每一项均应不高于0.50，公民办初中A类7项指标的差异系数每一项均应不高于0.45；②市标，规定县域内义务教育公办学校校际均衡指数值不高于0.27。

2. 均衡程度及达标情况

从部标看，在小学和初中共14项A类指标中，2022年青白江区小学和初中校际差异系数全部达到部标。

与上一监测年度相比，成都青白江区小学、初中分别有3项和6项指标的校际均衡程度有所下降，小学"每百名学生拥有高于规定学历教师数""生均体育运动场馆面积"，初中"每百名学生拥有高于规定学历教师数"的校际均衡程度进一步提高(图2.10.1和图2.10.2)。

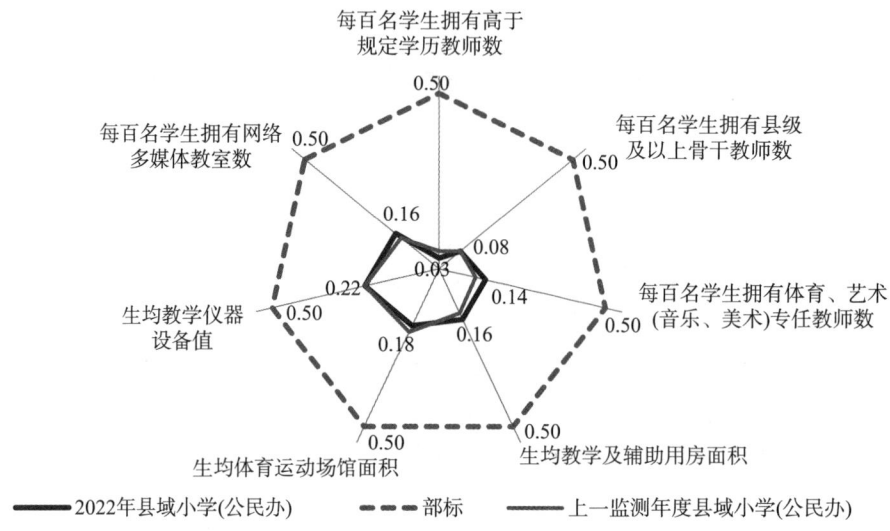

图 2.10.1　2022 年与上一监测年度青白江区小学县域内义务教育校际均衡情况

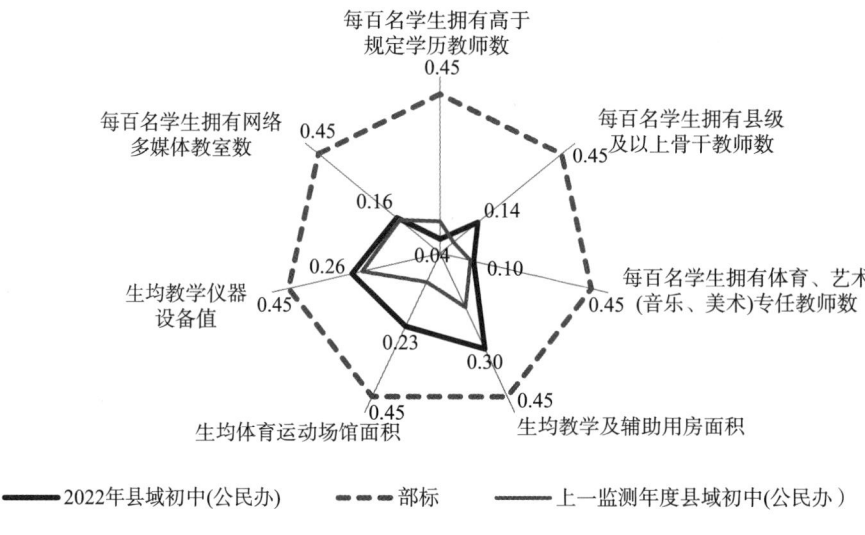

图 2.10.2　2022 年与上一监测年度青白江区初中县域内义务教育校际均衡情况

2022 年青白江区公办学校校际均衡指数为 0.15，低于成都市均值（校际均衡程度高于成都市平均水平），且达到了市标，表明 2022 年青白江区义务教育公办学校校际均衡程度较高。

与上一监测年度相比，2022 年青白江区公办学校校际均衡指数增加了 0.03，公办学校校际均衡程度有所降低（表 2.10.1）。

表 2.10.1　青白江区公办小学、初中县域内义务教育校际均衡情况

差异系数	每百名学生拥有高于规定学历教师数	每百名学生拥有县级及以上骨干教师数	每百名学生拥有体育、艺术(音乐、美术)专任教师数	生均教学及辅助用房面积	生均体育运动场馆面积	生均教学仪器设备值	每百名学生拥有网络多媒体教室数	2022年县域内义务教育校际均衡指数	2022年成都市县域内义务教育校际均衡指数	上一监测年度县域内义务教育校际均衡指数
小学	0.03	0.08	0.15	0.16	0.19	0.20	0.16	0.15	0.22	0.12
初中	0.04	0.13	0.10	0.29	0.23	0.22	0.15			

(二)义务教育优质均衡发展水平达标情况

以部标规定的标准值为参照，2022 年青白江区各指标达到目标值的情况如表 2.10.2 所示。

表 2.10.2　青白江区小学和初中 A 类指标达标情况

	指标名称	小学 达标学校数/所	小学 达标学校比例/%	小学 成都市均值/%	初中 达标学校数/所	初中 达标学校比例/%	初中 成都市均值/%
A 资源配置	每百名学生拥有高于规定学历教师数	19	100.00	98.36	12	100.00	98.90
	每百名学生拥有县级及以上骨干教师数	19	100.00	96.40	12	100.00	97.12
	每百名学生拥有体育、艺术(音乐、美术)专任教师数	19	100.00	97.23	12	100.00	91.47
	生均教学及辅助用房面积	19	100.00	87.04	12	100.00	83.78
	生均体育运动场馆面积	19	100.00	82.70	12	100.00	80.95
	生均教学仪器设备值	19	100.00	98.93	12	100.00	97.91
	每百名学生拥有网络多媒体教室数	18	94.74	97.28	12	100.00	96.86

从 A 类指标看，部标规定每一所学校的 A 类指标均要达到标准。青白江区小学的 7 项监测指标中，达标学校比例达到 100%的指标有 6 项；"每百名学生拥有网络多媒体教室数"达标学校比例最低，为 94.74%。

青白江区初中的 7 项监测指标均全部学校达标。与成都市均值相比，青白江区小学和初中分别有 6 项和 7 项监测指标的达成度高于成都市均值。

从 B 类和 C 类 19 项指标看，除"小学学校班额达标率""小学学业水平校际差异率""初中学业水平校际差异率"3 项指标外，青白江区其余 16 项指标的达标比例均为 100%。与成都市均值相比，青白江区有 18 项指标的达成度高于或等于成都市均值，有 1 项指标的达成度低于成都市均值，为"小学学业水平校际差异率"(表 2.10.3)。

表 2.10.3 青白江区小学和初中 B 类、C 类指标达标情况(%)

指标名称		达标比例	成都市均值
B 政府保障程度	单设小学学校规模达标率	100.00	82.32
	单设初中学校规模达标率	100.00	94.27
	九年一贯制学校规模达标率	100.00	87.34
	小学学校班额达标率	84.55	77.63
	初中学校班额达标率	100.00	94.78
	特殊教育学校生均公用经费	100.00	97.12
	学校培训费占本校年度公用经费预算总额的比例	100.00	71.00
	教师全员培训完成率	100.00	100.00
	县域内每年交流轮岗教师的比例	100.00	100.00
	县域内优质高中招生名额分配比例	100.00	100.00
	符合条件的随迁子女在公办学校和政府购买服务的民办学校就读的比例	100.00	99.77
	县域内心理健康专职教师配备率	100.00	91.44
C 教育质量	小学六年巩固率	100.00	98.24
	初中三年巩固率	100.00	99.63
	残疾儿童少年入学率	100.00	99.89
	小学生体质健康达标合格率	100.00	98.80
	初中学生体质健康达标合格率	100.00	96.95
	小学学业水平校际差异率	75.86	93.27
	初中学业水平校际差异率	82.69	80.49

二、2022 年青白江区义务教育区域差异、城乡差异和校际差异情况

(一)总体情况

本报告中,区域差异情况是由各区(市)县的各项监测指标值与成都市均值相比较而得,比值大于 1 代表其发展水平高于成都市平均水平。城乡差异情况是由各区(市)县的农村学校各项监测指标值与城镇学校各项监测指标值相比较而得,比值大于 1 代表农村发展水平高于城镇发展水平。校际差异情况是由各区(市)县的各项监测指标差异系数与成都市各区(市)县差异系数平均值相比较而得,比值小于 1 代表其校际差异水平优于成都市平均水平,差异系数值越小代表区域内该指标校际差异越小。

从区域差异情况看,2022 年青白江区小学和初中分别有 50.00 %和 60.00%(小学和初中各 20 项)的监测指标优于或等于成都市均值;从城乡差异情况看,2022 年青白江区小学、初中均有 88.89 %(小学和初中各 9 项)的监测指标农村学校优于或等于城镇学校;从校际差异情况看,2022 年青白江区小学和初中分别有 100.00%和 71.43%(小学、初中各 7

项)的监测指标优于或等于成都市均值。

从监测指标看，2022年，青白江区处于优势的指标为小学和初中"生均体育运动场馆面积""学校规模达标率""特殊教育学校生均公用经费""学校培训经费占本校年度公用经费预算总额的比例""教师全员培训完成率""县域内优质高中招生名额分配比例""符合条件的随迁子女在公办学校和政府购买服务的民办学校就读的比例""小学六年(初中三年)巩固率""学生体质健康达标合格率"，初中"学校班额达标率""学业水平校际差异率"。

青白江区处于弱势的指标为"县域内每年交流轮岗教师的比例""县域内心理健康专职教师配备率""残疾儿童少年入学率"，小学"学业水平校际差异率"(表2.10.4)。

表2.10.4　青白江区小学和初中监测指标的区域差异、城乡差异和校际差异情况

指标名称		小学			初中		
		区域差异情况	城乡差异情况	校际差异情况	区域差异情况	城乡差异情况	校际差异情况
A 资源配置	每百名学生拥有高于规定学历教师数						
	每百名学生拥有县级及以上骨干教师数						
	每百名学生拥有体育、艺术(音乐、美术)专任教师数						
	生均教学及辅助用房面积						
	生均体育运动场馆面积						
	生均教学仪器设备值						
	每百名学生拥有网络多媒体教室数						
B 政府保障程度	学校规模达标率		—	—		—	—
	学校班额达标率		—	—		—	—
	特殊教育学校生均公用经费		—	—		—	—
	学校培训经费占本校年度公用经费预算总额的比例						
	教师全员培训完成率		—	—		—	—
	县域内每年交流轮岗教师的比例		—	—		—	—
	县域内优质高中招生名额分配比例		—	—		—	—
	符合条件的随迁子女在公办学校和政府购买服务的民办学校就读的比例		—	—		—	—
	县域内心理健康专职教师配备率		—	—		—	—
C 教育质量	小学六年(初中三年)巩固率		—	—		—	—
	残疾儿童少年入学率		—	—		—	—
	学生体质健康达标合格率		—	—		—	—
	学业水平校际差异率		—	—		—	—
灰色底纹项数/项		10	8	7	12	8	5
灰色底纹项数比例/%		50.00	88.89	100.00	60.00	88.89	71.43

注：(1)区域差异情况中，▨比值大于等于1，☐比值小于1；(2)城乡差异情况中，▨比值大于等于1，☐比值小于1；(3)校际差异情况中，▨比值小于等于1，☐比值大于1。

(二)区域发展水平具体情况

2022年青白江区小学和初中监测指标中,小学和初中分别有50.00%和60.00%(小学、初中各20项)的监测指标优于或等于成都市均值,其中,"学校培训经费占本校年度公用经费预算总额的比例"为成都市均值的1.3782倍。另外,低于成都市均值的指标中,最低的是初中"每百名学生拥有县级及以上骨干教师数",为成都市均值的75.00%。青白江区具体情况如表2.10.5和图2.10.3所示。

表2.10.5 青白江区各项监测指标值与成都市均值的比较

	指标名称	区域值 小学	区域值 初中	区域值 九年一贯制	成都市均值 小学	成都市均值 初中	成都市均值 九年一贯制	区域值/成都市均值 小学	区域值/成都市均值 初中	区域值/成都市均值 九年一贯制
A资源配置	每百名学生拥有高于规定学历教师数/人	5.41	7.58	—	5.92	8.14	—	0.9139	0.9312	—
	每百名学生拥有县级及以上骨干教师数/人	2.08	2.16	—	2.13	2.88	—	0.9765	0.7500	—
	每百名学生拥有体育、艺术(音乐、美术)专任教师数/人	1.06	1.01	—	1.21	1.11	—	0.8760	0.9099	—
	生均教学及辅助用房面积/平方米	5.73	8.15	—	5.76	7.35	—	0.9948	1.1088	—
	生均体育运动场馆面积/平方米	9.62	12.86	—	8.26	11.48	—	1.1646	1.1202	—
	生均教学仪器设备值/元	4445.74	5831.90	—	4584.76	5927.48	—	0.9697	0.9839	—
	每百名学生拥有网络多媒体教室数/间	2.83	3.09	—	2.97	3.24	—	0.9529	0.9537	—
B政府保障程度	学校规模达标率/%	100.00	100.00	100.00	82.82	93.88	88.70	1.2074	1.0652	1.1274
	学校班额达标率/%	84.55	100.00	—	74.98	94.48	—	1.1276	1.0584	—
	特殊教育学校生均公用经费/元	23747.39			19669.88			1.2073		
	学校培训经费占本校年度公用经费预算总额的比例/%	5.32			3.86			1.3782		
	教师全员培训完成率/%	100.00			100.00			1.0000		
	县域内每年交流轮岗教师的比例/%	13.12			15.08			0.8700		
	县域内优质高中招生名额分配比例/%	50.00			50.00			1.0000		
	符合条件的随迁子女在公办学校和政府购买服务的民办学校就读的比例/%	100.00			96.55			1.0357		
	县域内心理健康专职教师配备率/%	56.67			68.86			0.8230		

续表

指标名称		区域值			成都市均值			区域值/成都市均值		
		小学	初中	九年一贯制	小学	初中	九年一贯制	小学	初中	九年一贯制
C 教育质量	小学六年(初中三年)巩固率/%	100.00	100.00	—	97.99	99.04	—	1.0205	1.0097	—
	残疾儿童少年入学率/%	99.14			99.21			0.9993		
	学生体质健康达标合格率/%	99.10	99.28	—	98.76	97.89	—	1.0034	1.0142	—
	学业水平校际差异率	0.20	0.18	—	0.13	0.19	—	*0.6500	*1.0556	—

注：*此数值的计算公式为"成都市均值/区域值"，比值大于1代表区域均衡水平优于成都市均值。

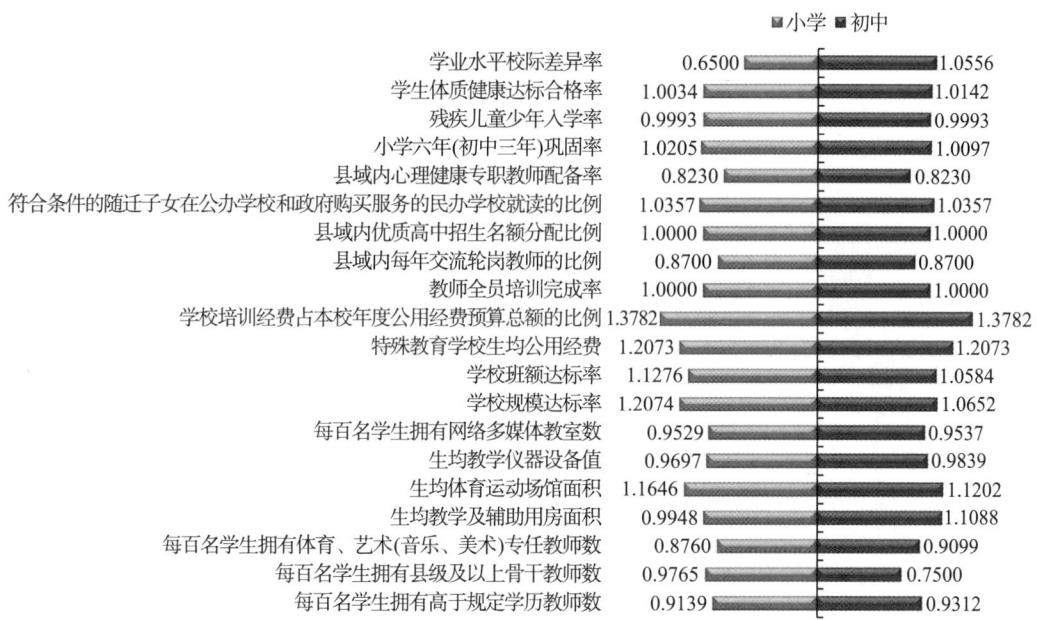

图2.10.3　青白江区小学和初中各项监测指标值与成都市均值的比较

(三)城乡差异情况

1. 小学

2022年青白江区小学9项监测指标中，农村小学有8项指标高于城镇小学，农村小学"生均教学仪器设备值"为城镇小学的1.2873倍；农村小学有1项指标略低于城镇小学(表2.10.6和图2.10.4)。

表2.10.6　青白江区小学各项监测指标城乡差异情况

指标	青白江区均值	城镇均值	农村均值	乡城比率
每百名学生拥有高于规定学历教师数/人	5.41	5.34	5.48	1.0262
每百名学生拥有县级及以上骨干教师数/人	2.08	2.01	2.15	1.0697

续表

指标	青白江区均值	城镇均值	农村均值	乡城比率
每百名学生拥有体育、艺术(音乐、美术)专任教师数/人	1.06	1.00	1.10	1.1000
生均教学及辅助用房面积/平方米	5.73	5.54	5.90	1.0650
生均体育运动场馆面积/平方米	9.62	8.72	10.42	1.1950
生均教学仪器设备值/元	4445.74	3860.20	4969.21	1.2873
每百名学生拥有网络多媒体教室数/间	2.83	2.59	3.04	1.1737
学校班额达标率/%	84.55	85.51	83.73	0.9792
学生体质健康达标合格率/%	99.10	99.10	99.11	1.0001

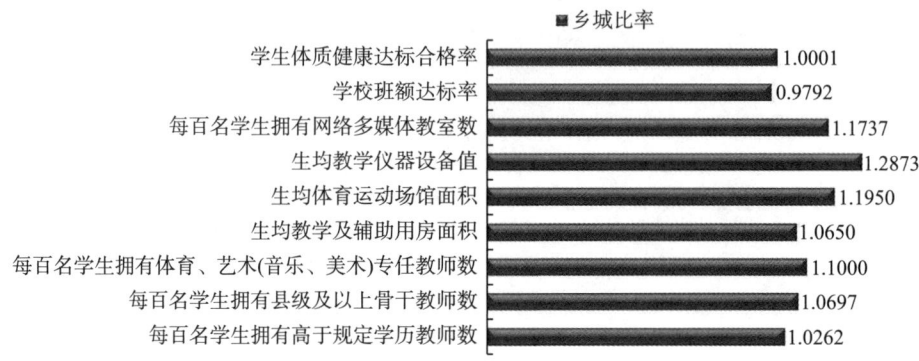

图 2.10.4　青白江区小学城乡差异情况

2. 初中

2022年青白江区初中9项监测指标中，农村初中有8项指标高于或等于城镇初中，其中农村初中"每百名学生拥有县级及以上骨干教师数"为城镇初中的1.2000倍；农村初中有1项指标略低于城镇初中(表2.10.7和图2.10.5)。

表 2.10.7　青白江区初中各项监测指标城乡差异情况

指标	青白江区均值	城镇均值	农村均值	乡城比率
每百名学生拥有高于规定学历教师数/人	7.58	7.44	7.72	1.0376
每百名学生拥有县级及以上骨干教师数/人	2.16	1.95	2.34	1.2000
每百名学生拥有体育、艺术(音乐、美术)专任教师数/人	1.01	0.97	1.05	1.0825
生均教学及辅助用房面积/平方米	8.15	8.82	7.56	0.8571
生均体育运动场馆面积/平方米	12.86	12.24	13.40	1.0948
生均教学仪器设备值/元	5831.90	5679.40	5967.13	1.0507
每百名学生拥有网络多媒体教室数/间	3.09	3.02	3.15	1.0430
学校班额达标率/%	100.00	100.00	100.00	1.0000
学生体质健康达标合格率/%	99.28	99.27	99.30	1.0003

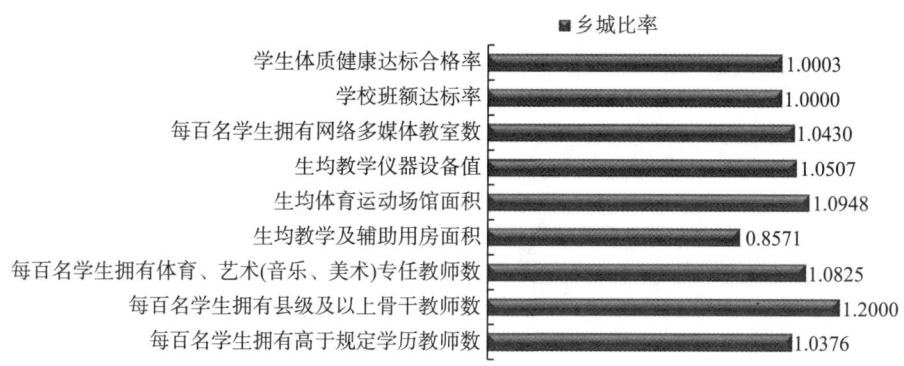

图 2.10.5　青白江区初中城乡差异情况

(四)校际差异情况

1. 小学

2022年青白江区有5所小学60%以上指标低于该区域平均值，分别是成都市青白江区华严小学校、成都市青白江区实验小学北区分校、成都市青白江区实验小学、成都市青白江区外国语小学校、成都市青白江区大同小学校，其弱势方面主要是师资配置和生均资源配置较少，"学校班额达标率"偏低。青白江区小学各项监测指标校际差异具体情况比较如表2.10.8所示。

表 2.10.8　青白江区小学各项监测指标校际差异具体情况比较

学校	每百名学生拥有高于规定学历教师数	每百名学生拥有县级及以上骨干教师数	每百名学生拥有体育、艺术(音乐、美术)专任教师数	生均教学及辅助用房面积	生均体育运动场馆面积	生均教学仪器设备值	每百名学生拥有网络多媒体教室数	学校班额达标率	学生体质健康达标合格率	灰色底纹项数/项
成都市青白江区华严小学校	〇	●	●	●	●	●	●	—	●	3
成都市青白江区大弯小学校北区分校	●	●	★	★	●	●	●	—	●	5
成都市青白江区实验小学北区分校	●	●	●	●	●	●	●	—	●	2
成都市青白江区大弯小学南区分校	●	●	★	●	●	●	●	—	/	5
成都市青白江区实验小学	●	●	●	●	●	●	●	—	●	2
成都市青白江区大弯小学	●	●	●	●	●	●	●	—	●	5
成都市青白江区福洪小学校	●	●	★	●	●	●	★	—	●	9

续表

学校	每百名学生拥有高于规定学历教师数	每百名学生拥有县级及以上骨干教师数	每百名学生拥有体育、艺术(音乐、美术)专任教师数	生均教学及辅助用房面积	生均体育运动场馆面积	生均教学仪器设备值	每百名学生拥有网络多媒体教室数	学校班额达标率	学生体质健康达标合格率	灰色底纹项数/项
成都市青白江区外国语小学校	●	●	●	●	●	●	●	—	●	1
成都市青白江区大同小学校	●	●	●	●	●	●	●	—	●	0
成都市青白江区玉虹小学校	●	●	●	●	●	●	●	●	●	7
成都市青白江区弥牟小学校	●	●	●	●	●	●	●	—	●	4
成都市青白江区祥福小学校	●	●	●	●	●	●	●	—	●	5
成都市青白江区日新小学校	●	●	●	●	●	●	●	—	●	4
成都市青白江区姚渡学校(小学部)	●	●	●	●	●	●	●	●	●	9
成都市青白江区清泉学校(小学部)	●	●	●	●	●	●	●	—	●	5
成都市青白江区城厢学校(小学部)	●	●	★	●	●	●	●	●	●	8
成都市青白江区人和学校	●	★	●	●	●	●	●	—	●	8
成都市青白江区龙王学校(小学部)	●	●	●	●	●	●	●	—	●	5
成都市青白江区为明学校(小学部)	●	●	●	●	●	●	●	—	●	4

注：(1)★$p>0.05$，差异不显著；○$p<0.05$，差异显著；●$p<0.01$，差异很显著。(2) ▨ 差异不显著或显著高于区(市)县均值；□ 显著低于区(市)县均值。(3)"学校班额达标率"达标的标准为小学班额不超过45人，初中班额不超过50人。(4)—指"学校班额达标率"只做了大小比较，未进行差异性分析，其灰色底纹表示该学校的"学校班额达标率"大于或等于区(市)县均值，无底纹表示该学校的"学校班额达标率"小于区(市)县均值。(5)/指未采集到"学生体质健康达标合格率"数据。

2. 初中

2022年青白江区有3所初中60%以上指标低于该区域平均值，分别是成都市青白江区红旗学校、成都市青白江区外国语实验学校和成都市青白江区为明学校(初中部)，其弱势方面主要是师资配置和生均资源配置较少，"学生体质健康达标合格率"较低。青白江区初中各项监测指标校际差异具体情况比较如表2.10.9。

表 2.10.9　青白江区初中各项监测指标校际差异具体情况比较

学校	每百名学生拥有高于规定学历教师数	每百名学生拥有县级及以上骨干教师数	每百名学生拥有体育、艺术(音乐、美术)专任教师数	生均教学及辅助用房面积	生均体育运动场馆面积	生均教学仪器设备值	每百名学生拥有网络多媒体教室数	学校班额达标率	学生体质健康达标合格率	灰色底纹项数/项
四川省成都市大弯中学初中学校	●	●	●	●	●	●	●	—	★	5
成都市青白江区福洪中学校	●	●	●	●	●	●	●	—	●	4
成都市青白江区姚渡学校(初中部)	●	●	●	●	●	●	●	—	●	8
成都市青白江区祥福中学校	●	●	●	●	●	●	●	—	●	4
成都市青白江区清泉学校(初中部)	●	●	●	●	●	●	●	—	●	6
成都市青白江区红旗学校	●	●	●	●	●	●	●	—	●	3
成都市青白江区城厢学校(初中部)	●	●	●	●	●	○	●	—	●	5
成都市青白江区龙王学校(初中部)	●	●	●	●	●	●	●	—	●	4
成都市青白江区外国语实验学校	●	●	●	●	●	●	●	—	●	1
成都市青白江区为明学校(初中部)	●	●	●	●	●	●	●	—	●	1
四川省成都市川化中学	●	●	●	●	●	●	●	—	●	6
四川省成都青白江中学校	●	●	●	●	●	●	●	—	○	9

注：(1)★$p>0.05$，差异不显著；○$p<0.05$，差异显著；●$p<0.01$，差异很显著。(2) ▓ 差异不显著或显著高于区(市)县均值；□显著低于区(市)县均值。(3)"学校班额达标率"达标的标准为小学班额不超过45人，初中班额不超过50人。(4)—指"学校班额达标率"只做了大小比较，未进行差异性分析，其灰色底纹表示该学校的"学校班额达标率"大于或等于区(市)县均值，无底纹表示该学校的"学校班额达标率"小于区(市)县均值。

三、结论

(一)成绩与经验

(1)从义务教育优质均衡发展达标情况看，均衡程度方面，在小学和初中共 14 项 A 类指标中，2022年青白江区小学和初中校际差异系数全部达到部标。

(2)发展水平方面，A 类 7 项指标中，2022年青白江区小学和初中分别有 6 项、7 项指标全部学校达标，与成都市均值相比，小学和初中均有 7 项指标的达成度高于或等于成都市均值；B 类和 C 类 19 项指标中，2022年青白江区有 16 项指标的达标比例达到100%，有18项指标的达成度高于或等于成都市均值。

(3) 从区域发展水平看，2022年青白江区小学和初中监测指标中，小学和初中分别有50.00%和60.00%的监测指标优于或等于成都市均值。其中，"学校培训经费占本校年度公用经费预算总额的比例"均为成都市均值的1.3782倍。

(4) 从城乡差异情况看，2022年青白江区小学、初中均有88.89%的监测指标农村学校优于或等于城镇学校。

(5) 从校际差异情况看，2022年青白江区小学、初中分别有100.00%和71.43%的监测指标校际差异优于或等于成都市均值。

(二) 存在的不足

(1) 从义务教育优质均衡发展达标情况看，发展水平方面，A类指标中，2022年青白江区小学"每百名学生拥有网络多媒体教室数"1项指标达标学校比例低于100%；B类和C类19项指标中，2022年青白江区有3项指标的达标比例低于100%，分别为小学"学校班额达标率"、小学和初中"学业水平校际差异率"。

(2) 区域发展水平方面，2022年青白江区小学和初中分别有50%和40%的监测指标低于成都市均值，其中，初中"每百名学生拥有县级及以上骨干教师数"为成都市均值的75%。

(3) 从城乡差异情况看，2022年青白江区小学、初中均有1项监测指标低于成都市均值，为小学"学校班额达标率"和初中"生均教学及辅助用房面积"，分别为成都市均值的97.92%和85.71%。

(4) 从校际差异情况看，2022年青白江区有5所小学60%以上指标低于该区域平均值，分别是成都市青白江区华严小学校、成都市青白江区实验小学北区分校、成都市青白江区实验小学、成都市青白江区外国语小学校、成都市青白江区大同小学校；有3所初中60%以上指标低于该区域平均值，分别是成都市青白江区红旗学校、成都市青白江区外国语实验学校和成都市青白江区为明学校（初中部）；弱势方面主要为小学和初中的师资配置和生均资源配置较少，小学"学校班额达标率"偏低，初中"学生体质健康达标合格率"较低。

(三) 建议

(1) 资源配置方面，加强师资队伍建设，重点解决初中"每百名学生拥有县级及以上骨干教师数"，小学"每百名学生拥有体育、艺术（音乐、美术）专任教师数"区域水平偏低的问题；优化资源配置，重点解决部分小学"每百名学生拥有网络多媒体教室数"未达标的问题；关注弱势学校，关注60%及以上指标低于区域均值的5所小学和3所初中，及连续多年处于该水平的学校，提高学校办学条件水平。

(2) 政府保障程度方面，着力解决部分小学"学校班额达标率"偏低的问题，提高"县域内每年交流轮岗教师的比例""县域内心理健康专职教师配备率"。

(3) 教育质量方面，进一步提高"残疾儿童少年入学率"，保障残疾儿童学生接受良好的教育。

2022年新都区义务教育优质均衡监测报告

一、2022年新都区义务教育优质均衡发展概况

本次监测，除"县域内心理健康专职教师配备率"依据成都市《2022年政府工作报告目标任务责任分解方案》（成办发〔2022〕8号）、"小学六年（初中三年）巩固率"和"学生体质健康达标合格率"依据《成都市义务教育优质均衡监测指标体系》外，其余指标均依据部标。

《成都市人民政府教育督导委员会办公室关于印发〈成都市义务教育优质均衡监测指标体系〉的通知》（成府教督〔2017〕10号）构建的监测指标体系包括A类（资源配置，共14项指标，全部指标分小学、初中）、B类（政府保障程度，共12项指标，部分指标分小学、初中和九年一贯制）和C类（教育质量，共7项指标，部分指标分小学、初中），合计33项指标。除特别注明外，所有监测结果均为全体公民办学校总体结果。

（一）义务教育均衡程度

1. 判断标准

成都市义务教育均衡程度依据两个标准来判断：①部标，规定县域内义务教育公民办小学A类7项指标的差异系数每一项均应不高于0.50，公民办初中A类7项指标的差异系数每一项均应不高于0.45；②市标，规定县域内义务教育公办学校校际均衡指数值不高于0.27。

2. 均衡程度及达标情况

从部标看，在小学和初中共14项A类指标中，2022年新都区小学、初中共有11项指标的校际差异系数达到部标。小学"生均体育运动场馆面积"校际差异系数为0.52，未达到部标；初中"生均体育运动场馆面积"和"生均教学及辅助用房面积"校际差异系数分别是0.69和0.55，未达到部标。

与上一监测年度相比，新都区小学、初中分别有3项和5项指标的校际均衡程度进一步提高；小学"每百名学生拥有体育、艺术（音乐、美术）专任教师数""生均教学及辅助用房面积""生均体育运动场馆面积""每百名学生拥有网络多媒体教室数"，初中"生均教学及辅助用房面积""生均体育运动场馆面积"的校际均衡程度有所下降（图2.11.1和图2.11.2）。

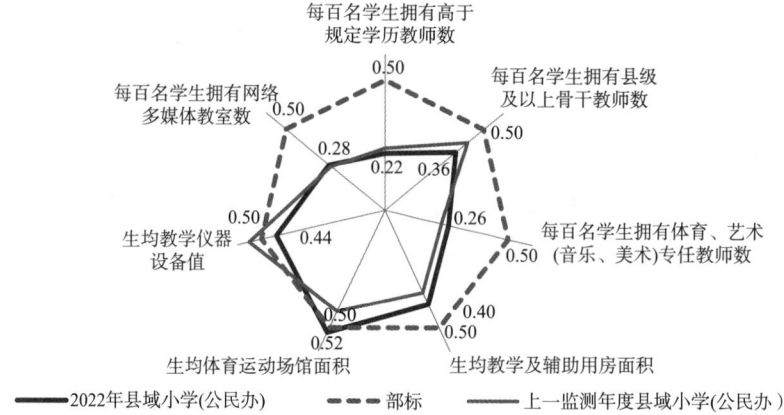

图 2.11.1 2022 年与上一监测年度新都区小学县域内义务教育校际均衡情况

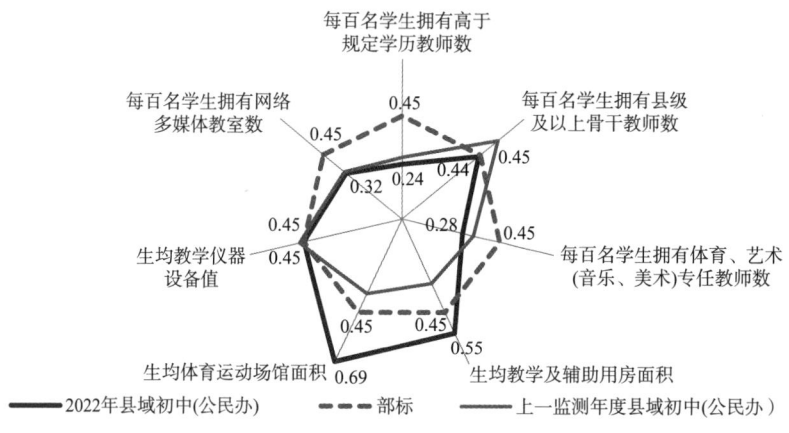

图 2.11.2 2022 年与上一监测年度新都区初中县域内义务教育校际均衡情况

2022年新都区公办学校校际均衡指数为0.31，较成都市均值高0.09（校际均衡程度低于成都市平均水平），且未达到市标，表明2022年新都区义务教育公办学校校际均衡程度有待提高。

与上一监测年度相比，2022年新都区公办学校校际均衡指数增加了0.04，公办学校校际均衡程度有所降低（表2.11.1）。

表 2.11.1 新都区公办小学、初中县域内义务教育校际均衡情况

差异系数	每百名学生拥有高于规定学历教师数	每百名学生拥有县级及以上骨干教师数	每百名学生拥有体育、艺术(音乐、美术)专任教师数	生均教学及辅助用房面积	生均体育运动场馆面积	生均教学仪器设备值	每百名学生拥有网络多媒体教室数	2022年县域内义务教育均衡指数	2022年成都市县域内义务教育校际均衡指数	上一监测年度县域内义务教育校际均衡指数
小学	0.08	0.34	0.10	0.31	0.46	0.36	0.25	0.31	0.22	0.27
初中	0.19	0.45	0.20	0.38	0.55	0.35	0.27			

（二）义务教育优质均衡发展水平达标情况

以部标规定的标准值为参照，2022年新都区各指标达到目标值的情况如表2.11.2所示。

表2.11.2 新都区小学和初中A类指标达标情况

	指标名称	小学 达标学校数/所	小学 达标学校比例/%	小学 成都市均值/%	初中 达标学校数/所	初中 达标学校比例/%	初中 成都市均值/%
A 资 源 配 置	每百名学生拥有高于规定学历教师数	51	91.07	98.36	41	100.00	98.90
	每百名学生拥有县级及以上骨干教师数	56	100.00	96.40	41	100.00	97.12
	每百名学生拥有体育、艺术（音乐、美术）专任教师数	56	100.00	97.23	41	100.00	91.47
	生均教学及辅助用房面积	31	55.36	87.04	21	51.22	83.78
	生均体育运动场馆面积	32	57.14	82.70	23	56.10	80.95
	生均教学仪器设备值	51	91.07	98.93	34	82.93	97.91
	每百名学生拥有网络多媒体教室数	55	98.21	97.28	39	95.12	96.86

从A类指标看，部标规定每一所学校的A类指标均要达到标准。新都区小学的7项监测指标中有5项指标的达标学校比例在80%以上，其中"每百名学生拥有县级及以上骨干教师数""每百名学生拥有体育、艺术（音乐、美术）专任教师数"的达标学校比例为100%；另外，"生均教学及辅助用房面积""生均体育运动场馆面积"2项指标达标学校比例低于60%，分别为55.36%和57.14%。新都区初中的7项监测指标中，达标学校比例超过80%的指标有5项，其中"每百名学生拥有高于规定学历教师数""每百名学生拥有县级及以上骨干教师数""每百名学生拥有体育、艺术（音乐、美术）专任教师数"达标学校比例为100%；"生均教学及辅助用房面积""生均体育运动场馆面积"达标学校比例低于60%，分别为51.22%和56.10%。与成都市均值相比，新都区小学、初中均有3项指标的达成度高于成都市均值。

从B类和C类19项指标看，"特殊教育学校生均公用经费""教师全员培训完成率""县域内每年交流轮岗教师的比例""县域内优质高中招生名额分配比例""符合条件的随迁子女在公办学校和政府购买服务的民办学校就读的比例""县域内心理健康专职教师配备率""残疾儿童少年入学率""小学学业水平校际差异率"8项指标的达标比例均为100%；"学校培训经费占本校年度公用经费预算总额的比例"最低，达标比例为48.73%。与成都市均值相比，有9项指标的达成度均高于或等于成都市均值，分别是"特殊教育学校生均公用经费""教师全员培训完成率""县域内每年交流轮岗教师的比例""县域内优质高中招生名额分配比例""符合条件的随迁子女在公办学校和政府购买服务的民办学校就读的比例""县域内心理健康专职教师配备率""残疾儿童少年入学率""小学学习水平校际差异率""初中学业水平校际差异率"（表2.11.3）。

表 2.11.3　新都区小学和初中 B 类、C 类指标达标情况(%)

指标名称		达标比例	成都市均值
B 政府保障程度	单设小学学校规模达标率	72.22	82.32
	单设初中学校规模达标率	90.48	94.27
	九年一贯制学校规模达标率	85.00	87.34
	小学学校班额达标率	74.83	77.63
	初中学校班额达标率	94.49	94.78
	特殊教育学校生均公用经费	100.00	97.12
	学校培训经费占本校年度公用经费预算总额的比例	48.73	71.00
	教师全员培训完成率	100.00	100.00
	县域内每年交流轮岗教师的比例	100.00	100.00
	县域内优质高中招生名额分配比例	100.00	100.00
	符合条件的随迁子女在公办学校和政府购买服务的民办学校就读的比例	100.00	99.77
	县域内心理健康专职教师配备率	100.00	91.44
C 教育质量	小学六年巩固率	96.63	98.24
	初中三年巩固率	99.19	99.63
	残疾儿童少年入学率	100.00	99.89
	小学生体质健康达标合格率	98.18	98.80
	初中学生体质健康达标合格率	92.31	96.95
	小学学业水平校际差异率	100.00	93.27
	初中学业水平校际差异率	84.51	80.49

二、2022 年新都区义务教育区域差异、城乡差异和校际差异情况

(一)总体情况

本报告中,区域差异情况是由各区(市)县的各项监测指标值与成都市均值相比较而得,比值大于 1 代表其发展水平高于成都市平均水平。城乡差异情况是由各区(市)县的农村学校各项监测指标值与城镇学校各项监测指标值相比较而得,比值大于 1 代表农村发展水平高于城镇发展水平。校际差异情况是由各区(市)县的各项监测指标差异系数与成都市各区(市)县差异系数平均值相比较而得,比值小于 1 代表其校际差异水平优于成都市平均水平,差异系数值越小代表区域内该指标校际差异越小。

从区域差异情况看,2022 年新都区小学、初中分别有 35.00 %和 45.00 %(小学、初中各 20 项)的监测指标优于或等于成都市均值;从城乡差异情况看,2022 年新都区小学、初中分别有 44.44%和 66.67 %(小学、初中各 9 项)的监测指标农村学校优于或等于城镇学校;从校际差异情况看,2022 年新都区小学、初中均没有(小学、初中各 7 项)监测指标

优于或等于成都市均值。

从监测指标看，2022年，新都区处于优势的指标为小学和初中"教师全员培训完成率""县域内优质高中招生名额分配比例""符合条件的随迁子女在公办学校和政府购买服务的民办学校就读的比例""县域内心理健康专职教师配备率""残疾儿童少年入学率"，初中"学业水平校际差异率"。

2022年新都区处于弱势的指标为小学和初中"每百名学生拥有县级及以上骨干教师数""学校规模达标率""特殊教育学校生均公用经费""学校培训经费占本校年度公用经费预算总额的比例""县域内每年交流轮岗教师的比例""小学六年(初中三年)巩固率"，小学"每百名学生拥有高于规定学历教师数""每百名学生拥有县级及以上骨干教师数""生均教学仪器设备值""学校班额达标率""学业水平校际差异率"（表2.11.4）。

表2.11.4　新都区小学和初中监测指标的区域差异、城乡差异和校际差异情况

	指标名称	小学 区域差异情况	小学 城乡差异情况	小学 校际差异情况	初中 区域差异情况	初中 城乡差异情况	初中 校际差异情况
A 资源配置	每百名学生拥有高于规定学历教师数					▓	
	每百名学生拥有县级及以上骨干教师数						
	每百名学生拥有体育、艺术(音乐、美术)专任教师数		▓			▓	
	生均教学及辅助用房面积					▓	
	生均体育运动场馆面积		▓			▓	
	生均教学仪器设备值				▓		
	每百名学生拥有网络多媒体教室数	▓	▓		▓	▓	
B 政府保障程度	学校规模达标率			—			—
	学校班额达标率			—			—
	特殊教育学校生均公用经费		—	—		—	—
	学校培训经费占本校年度公用经费预算总额的比例		—	—		—	—
	教师全员培训完成率		—	—		—	—
	县域内每年交流轮岗教师的比例		—	—		—	—
	县域内优质高中招生名额分配比例		—	—		—	—
	符合条件的随迁子女在公办学校和政府购买服务的民办学校就读的比例		—	—		—	—
	县域内心理健康专职教师配备率		—	—		—	—
C 教育质量	小学六年(初中三年)巩固率		—	—		—	—
	残疾儿童少年入学率		—	—		—	—
	学生体质健康达标合格率	▓			▓		
	学业水平校际差异率		—	—		—	—
	灰色底纹项数/项	7	4	0	9	6	0
	灰色底纹项数比例/%	35.00	44.44	0	45.00	66.67	0

注：(1)区域差异情况中，▓ 比值大于等于1，□ 比值小于1；(2)城乡差异情况中，▓ 比值大于等于1，□ 比值小于1；(3)校际差异情况中，▓ 比值小于等于1，□ 比值大于1。

(二)区域发展水平具体情况

2022年新都区小学和初中监测指标中,小学和初中分别有35.00%和45.00%(小学、初中各20项)的监测指标优于或等于成都市均值,其中,初中"每百名学生拥有网络多媒体教室数"为成都市均值的1.0772倍。另外,低于成都市均值的指标中,小学、初中"学校培训经费占本校年度公用经费预算总额的比例"均为成都市均值的63.21%。新都区具体情况如表2.11.5和图2.11.3所示。

表2.11.5 新都区各项监测指标值与成都市均值的比较

	指标名称	区域值 小学	区域值 初中	区域值 九年一贯制	成都市均值 小学	成都市均值 初中	成都市均值 九年一贯制	区域值/成都市均值 小学	区域值/成都市均值 初中	区域值/成都市均值 九年一贯制
A 资源配置	每百名学生拥有高于规定学历教师数/人	5.34	7.42	—	5.92	8.14	—	0.9020	0.9115	—
	每百名学生拥有县级及以上骨干教师数/人	1.70	2.63	—	2.13	2.88	—	0.7981	0.9132	—
	每百名学生拥有体育、艺术(音乐、美术)专任教师数/人	1.08	1.04	—	1.21	1.11	—	0.8926	0.9369	—
	生均教学及辅助用房面积/平方米	4.71	5.99	—	5.76	7.35	—	0.8177	0.8150	—
	生均体育运动场馆面积/平方米	7.19	11.46	—	8.26	11.48	—	0.8705	0.9983	—
	生均教学仪器设备值/元	3881.31	6041.25	—	4584.76	5927.48	—	0.8466	1.0192	—
	每百名学生拥有网络多媒体教室数/间	3.16	3.49	—	2.97	3.24	—	1.0640	1.0772	—
B 政府保障程度	学校规模达标率/%	72.22	90.48	85.00	82.82	93.88	88.70	0.8720	0.9638	0.9583
	学校班额达标率/%	74.83	94.49	—	74.98	94.48	—	0.9980	1.0001	—
	特殊教育学校生均公用经费/元	19260.99			19669.88			0.9792		
	学校培训经费占本校年度公用经费预算总额的比例/%	2.44			3.86			0.6321		
	教师全员培训完成率/%	100.00			100.00			1.0000		
	县域内每年交流轮岗教师的比例/%	12.21			15.08			0.8097		
	县域内优质高中招生名额分配比例/%	50.00			50.00			1.0000		
	符合条件的随迁子女在公办学校和政府购买服务的民办学校就读的比例/%	98.53			96.55			1.0205		
	县域内心理健康专职教师配备率/%	72.41			68.86			1.0516		

续表

指标名称		区域值 小学	区域值 初中	区域值 九年一贯制	成都市均值 小学	成都市均值 初中	成都市均值 九年一贯制	区域值/成都市均值 小学	区域值/成都市均值 初中	区域值/成都市均值 九年一贯制
C 教育质量	小学六年(初中三年)巩固率/%	95.67	98.20	—	97.99	99.04	—	0.9763	0.9915	—
	残疾儿童少年入学率/%	100.00			99.21			1.0080		
	学生体质健康达标合格率/%	99.00	97.02	—	98.76	97.89	—	1.0024	0.9911	—
	学业水平校际差异率	0.14	0.18	—	0.13	0.19	—	*0.9286	*1.0556	—

注：*此数值的计算公式为"成都市均值/区域值"，比值大于1代表区域均衡水平优于成都市均值。

图2.11.3　新都区小学和初中各项监测指标值与成都市均值的比较

(三)城乡差异情况

1. 小学

2022年新都区小学9项监测指标中，农村小学有4项指标高于城镇小学，其中"生均体育运动场馆面积"为城镇小学的1.5714倍；农村小学有5项指标低于城镇小学，其中"每百名学生拥有县级及以上骨干教师数"为城镇小学的81.54%(表2.11.6和图2.11.4)。

表 2.11.6 新都区小学各项监测指标城乡差异情况

指标	新都区均值	城镇均值	农村均值	乡城比率
每百名学生拥有高于规定学历教师数/人	5.34	5.50	5.26	0.9564
每百名学生拥有县级及以上骨干教师数/人	1.70	1.95	1.59	0.8154
每百名学生拥有体育、艺术(音乐、美术)专任教师数/人	1.08	1.07	1.09	1.0187
生均教学及辅助用房面积/平方米	4.71	4.41	4.85	1.0998
生均体育运动场馆面积/平方米	7.19	5.18	8.14	1.5714
生均教学仪器设备值/元	3881.31	4049.39	3801.78	0.9389
每百名学生拥有网络多媒体教室数/间	3.16	2.66	3.39	1.2744
学校班额达标率/%	74.83	77.99	73.31	0.9400
学生体质健康达标合格率/%	99.00	99.46	98.81	0.9935

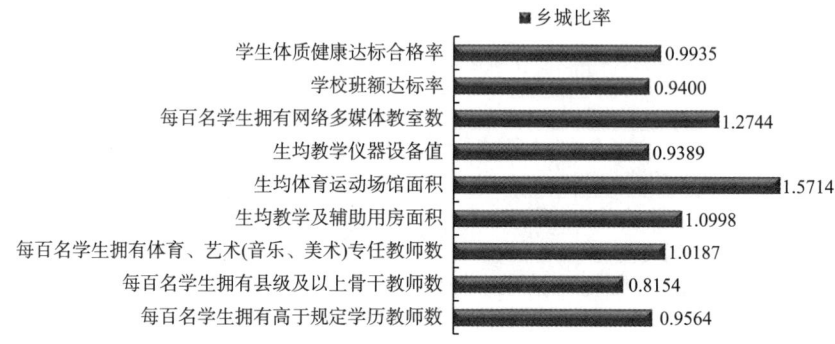

图 2.11.4 新都区小学城乡差异情况

2. 初中

2022年新都区初中9项监测指标中，农村初中有6项指标高于城镇初中，其中"生均体育运动场馆面积"为城镇初中的1.3496倍；最低的指标是"生均教学仪器设备值"，为城镇的88.97%（表2.11.7和图2.11.5）。

表 2.11.7 新都区初中各项监测指标城乡差异情况

指标	新都区均值	城镇均值	农村均值	乡城比率
每百名学生拥有高于规定学历教师数/人	7.42	7.26	7.49	1.0317
每百名学生拥有县级及以上骨干教师数/人	2.63	2.80	2.55	0.9107
每百名学生拥有体育、艺术(音乐、美术)专任教师数/人	1.04	1.00	1.05	1.0500
生均教学及辅助用房面积/平方米	5.99	5.06	6.39	1.2628
生均体育运动场馆面积/平方米	11.46	9.21	12.43	1.3496
生均教学仪器设备值/元	6041.25	6545.98	5824.26	0.8897
每百名学生拥有网络多媒体教室数/间	3.49	3.07	3.68	1.1987
学校班额达标率/%	94.49	99.10	92.61	0.9345
学生体质健康达标合格率/%	97.02	96.38	97.19	1.0084

2022 年新都区义务教育优质均衡监测报告

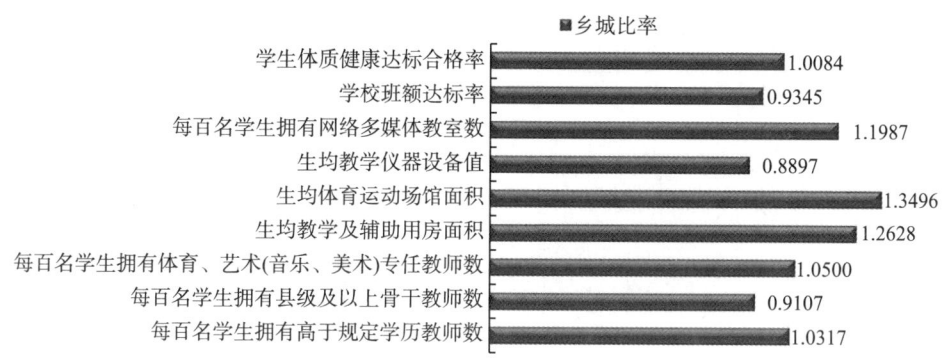

图 2.11.5　新都区初中城乡差异情况

(四)校际差异情况

1. 小学

2022 年新都区有 14 所小学 60%及以上指标低于该区域平均值,分别是成都市新都区旃檀小学校、成都市新都区谕亭小学校、成都市新都区桂湖小学校、成都市新都区三河小学校、成都市新都区繁江小学校、成都市新都区北星小学校、成都市新都区南丰小学校、成都市新都区蜀龙学校(小学部)、成都市新都区柏水学校(小学部)、成都市新都区新徽弘儒学校(小学部)、成都市新都区渭水学校(小学部)、成都市新都区新辉学校(小学部)、成都市新都区大丰甫家学校(小学部)、成都市新都区利民学校(小学部),其弱势方面主要是师资配置和生均资源配置较少。新都区小学各项监测指标校际差异具体情况比较如表 2.11.8 所示。

表 2.11.8　新都区小学各项监测指标校际差异具体情况比较

学校	每百名学生拥有高于规定学历教师数	每百名学生拥有县级及以上骨干教师数	每百名学生拥有体育、艺术(音乐、美术)专任教师数	生均教学及辅助用房面积	生均体育运动场馆面积	生均教学仪器设备值	每百名学生拥有网络多媒体教室数	学校班额达标率	学生体质健康达标合格率	灰色底纹项数/项
成都市新都区旃檀小学校	●	●	●	●	●	●	●	—	●	2
成都市新都区西街小学校	●	●	●	●	●	●	●	●	●	4
成都市新都区谕亭小学校	●	●	●	●	●	●	●	—	●	2
成都市新都区新新路小学校	●	●	●	●	●	●	●	●	●	4
成都市新都区正德小学校	●	●	●	●	●	●	●	●	●	5
成都市新都区西航小学校	●	●	●	●	●	●	●	—	●	8

续表

学校	每百名学生拥有高于规定学历教师数	每百名学生拥有县级及以上骨干教师数	每百名学生拥有体育、艺术(音乐、美术)专任教师数	生均教学及辅助用房面积	生均体育运动场馆面积	生均教学仪器设备值	每百名学生拥有网络多媒体教室数	学校班额达标率	学生体质健康达标合格率	灰色底纹项数/项
成都市新都区香城小学校	●	●	★	●	●	●	●	—	●	5
成都市新都区桂湖小学校	★	●	●	●	●	●	●	—	●	2
成都市新都区桂林小学校	●	★	●	●	●	●	●	—	●	4
成都市新都区天元小学校	●	●	●	●	●	●	●	—	●	7
成都市新都区龙虎小学校	●	●	●	●	●	●	★	—	●	8
成都市新都区泰兴小学校	○	●	●	●	●	●	●	—	●	6
成都市新都区木兰小学校	●	●	●	●	●	●	●	—	●	9
成都市新都区石板滩小学校	★	●	●	●	●	●	●	—	●	6
成都市新都区三河小学校	★	●	○	●	○	●	●	—	●	3
成都市新都区军屯小学校	★	●	●	★	●	●	●	—	★	8
成都市新都区马家小学校	○	●	●	●	●	●	●	—	●	7
成都市新都区新民小学校	●	●	●	●	●	●	●	—	●	6
成都市新都区繁江小学校	●	●	○	●	●	●	●	—	●	3
成都市新都区东湖小学校	★	●	●	●	●	●	●	—	●	6
成都市新都区清白小学校	●	●	●	●	●	●	●	—	●	4
成都市新都区龙安小学校	●	●	●	●	●	●	●	—	●	4
成都市新都区龙桥小学校	●	●	●	●	●	●	●	—	●	4
成都市新都区竹友小学校	★	●	●	●	○	●	●	—	○	5
成都市新都区高宁小学校	●	●	●	●	●	●	●	—	●	9

续表

学校	每百名学生拥有高于规定学历教师数	每百名学生拥有县级及以上骨干教师数	每百名学生拥有体育、艺术(音乐、美术)专任教师数	生均教学及辅助用房面积	生均体育运动场馆面积	生均教学仪器设备值	每百名学生拥有网络多媒体教室数	学校班额达标率	学生体质健康达标合格率	灰色底纹项数/项
成都市新都区斑竹园小学校	●	●	●	●	●	●	●	—	●	5
成都市新都区北星小学校	●	●	●	●	●	●	●	—	●	1
成都市新都区锦门小学校	●	●	●	●	●	●	●	—	●	6
成都市新都区蚕丛路小学校	●	●	●	●	★	●	●	—	●	4
成都市新都区汉城小学校	★	●	●	●	●	●	●	—	●	5
成都市新都区悦动新城学校	●	●	●	●	●	●	●	—	●	6
成都市新都区教科院附属小学校	●	●	●	●	●	●	●	—	●	4
成都市新都区南丰小学校	●	●	●	●	●	●	●	—	●	2
成都市新都区兴乐路小学校	○	●	●	●	●	●	●	—	/	4
成都市新都区大丰小学校	★	●	●	●	★	●	●	—	●	4
成都市新都区石犀小学校	●	●	●	●	●	●	●	—	●	4
成都市新都区立信学校(小学部)	●	●	●	●	●	●	●	—	●	6
成都市新都区蜀龙学校(小学部)	●	●	●	●	★	●	●	—	●	3
新都一中实验学校(小学部)	●	●	●	●	●	○	●	—	★	6
成都市新都区清流学校(小学部)	●	●	●	●	●	●	●	—	●	9
成都市新都区利济学校(小学部)	●	●	★	●	●	●	●	—	●	8
成都市新都区柏水学校(小学部)	★	●	●	●	●	●	●	—	●	3
成都市新都区扬帆学校(小学部)	●	●	●	●	●	●	●	—	●	4
成都市新都区新徽弘儒学校(小学部)	●	●	●	●	●	●	●	—	●	2

续表

学校	每百名学生拥有高于规定学历教师数	每百名学生拥有县级及以上骨干教师数	每百名学生拥有体育、艺术(音乐、美术)专任教师数	生均教学及辅助用房面积	生均体育运动场馆面积	生均教学仪器设备值	每百名学生拥有网络多媒体教室数	学校班额达标率	学生体质健康达标合格率	灰色底纹项数/项
成都市新都区中科育才学校(小学部)	●	●	●	●	●	●	●	—	●	7
成都市新都区渭水学校(小学部)	●	●	○	●	●	●	●	—	●	3
成都市新都区雨禾育才学校(小学部)	●	●	●	●	●	●	●	—	●	4
成都市新都区新辉学校(小学部)	●	●	●	●	●	●	●	—	●	1
成都市新都区美德嘉年学校(小学部)	●	●	●	●	●	●	●	—	●	6
成都市新都区大丰甫家学校(小学部)	●	●	●	●	●	●	●	—	●	0
成都实外新都五龙山学校(小学部)	●	●	★	●	●	●	●	—	●	6
成都市新都区新川外国语学校(小学部)	●	●	●	★	●	●	●	—	●	6
成都市新都区利民学校(小学部)	●	●	●	●	●	●	●	—	●	1
成都三原教育产业发展有限责任公司(小学部)	●	●	●	●	●	●	●	—	●	9
成都市新都区芭德美际学校(小学部)	●	●	●	●	●	●	●	—	●	8
成都市新都区狄邦肯思学校(小学部)	●	●	●	●	●	●	●	—	●	8

注：(1)★$p>0.05$，差异不显著；○$p<0.05$，差异显著；●$p<0.01$，差异很显著。(2) ▨ 差异不显著或显著高于区(市)县均值；□ 显著低于区(市)县均值。(3)"学校班额达标率"达标的标准为小学班额不超过45人，初中班额不超过50人。(4)—指"学校班额达标率"只做了大小比较，未进行差异性分析，其灰色底纹表示该学校的"学校班额达标率"大于或等于区(市)县均值，无底纹表示该学校的"学校班额达标率"小于区(市)县均值。(5)/指未采集到"学生体质健康达标合格率"数据。

2. 初中

2022年新都区有10所初中60%及以上指标低于该区域平均值，分别是四川省成都市新都四中、成都市新都区蜀龙学校(初中部)、成都市新都区繁江中学校、成都市新都区龙桥中学校、成都市新都区扬帆学校(初中部)、成都市新都区渭水学校(初中部)、成都市新都区新辉学校(初中部)、成都市新都区大丰甫家学校(初中部)、成都市新都区毗河中学校、成都市新都区东湖中学校，其弱势方面主要是师资配置和生均资源配置较少。新都区初中各项监测指标校际差异具体情况比较如表2.11.9所示。

表 2.11.9 新都区初中各项监测指标校际差异具体情况比较

学校	每百名学生拥有高于规定学历教师数	每百名学生拥有县级及以上骨干教师数	每百名学生拥有体育、艺术（音乐、美术）专任教师数	生均教学及辅助用房面积	生均体育运动场馆面积	生均教学仪器设备值	每百名学生拥有网络多媒体教室数	学校班额达标率	学生体质健康达标合格率	灰色底纹项数/项
成都市新都区立信学校(初中部)	●	●	●	○	★	●	●	—	●	5
成都市新都区斑竹园中学校	★	●	●	●	●	●	●	—	●	5
四川省成都市新都四中	●	●	●	●	★	●	●	—	●	3
成都市新都区天元中学校	●	●	●	●	★	●	●	—	●	4
成都市新都区金都中学校	●	●	●	●	●	●	●	—	●	6
成都市新都区龙虎中学校	●	●	●	●	●	●	●	—	●	8
成都市新都区石板滩镇初级中学	●	★	●	●	●	●	●	—	●	5
成都市新都区木兰中学校	●	●	●	●	●	●	●	—	●	5
成都市新都区蜀龙学校(初中部)	●	●	●	●	●	●	●	—	●	2
成都市新都区军屯中学校	●	●	●	★	●	★	●	—	●	6
成都市新都区马家中学校	○	●	★	●	●	●	●	—	●	7
成都市新都区新民中学校	●	●	●	●	●	●	●	—	★	9
成都市新都区繁江中学校	●	●	●	●	●	●	●	—	●	1
成都市新都区龙桥中学校	●	●	●	●	●	●	●	—	●	2
成都市新都区竹友中学校	●	●	●	●	●	●	●	—	●	9
新都一中实验学校(初中部)	★	●	●	●	●	●	●	—	●	4
成都市新都区清流学校(初中部)	●	●	●	●	●	●	●	—	●	9
成都市新都区利济学校(初中部)	●	●	●	●	●	●	●	—	★	9
成都市新都区柏水学校(初中部)	●	●	●	●	★	●	○	—	●	6
成都市新都区扬帆学校(初中部)	●	●	●	○	●	●	●	●	●	3

续表

学校	每百名学生拥有高于规定学历教师数	每百名学生拥有县级及以上骨干教师数	每百名学生拥有体育、艺术(音乐、美术)专任教师数	生均教学及辅助用房面积	生均体育运动场馆面积	生均教学仪器设备值	每百名学生拥有网络多媒体教室数	学校班额达标率	学生体质健康达标合格率	灰色底纹项数/项
成都市新都区新徽弘儒学校(初中部)	●	●	●	●	●	●	●	—	●	4
成都市新都区中科育才学校(初中部)	●	●	●	●	●	●	●	●	●	7
成都市新都区渭水学校(初中部)	★	●	●	●	●	●	●	—	●	3
成都市新都区雨禾育才学校(初中部)	●	●	●	●	●	●	●	—	●	4
成都市新都区新辉学校(初中部)	●	●	●	●	●	●	●	—	●	2
成都市新都区美德嘉年学校(初中部)	●	★	●	★	●	●	●	●	●	7
成都市新都区大丰中学校	●	★	●	★	●	●	●	—	●	5
成都市新都区大丰甫家学校(初中部)	●	●	●	●	●	●	●	—	●	1
成都市新都区旃檀中学校	●	●	●	●	●	○	○	—	●	4
成都实外新都五龙山学校(初中部)	●	●	●	★	●	●	●	—	●	5
成都市新都区毗河中学校	●	●	●	●	●	●	●	—	●	3
成都市新都区新川外国语学校(初中部)	●	●	●	●	●	●	●	—	●	6
成都市新都区香城中学大江中学校	●	●	●	●	●	●	●	—	/	4
成都市新都区东湖中学校	●	●	●	●	●	●	●	—	●	3
成都市新都区利民学校(初中部)	○	●	●	●	●	●	●	—	●	4
成都市新都区升庵中学	★	●	★	●	●	●	●	—	●	4
成都三原教育产业发展有限责任公司(初中部)	●	●	●	●	●	●	●	●	●	4
成都市新都区泰兴中学校	●	●	●	●	●	●	★	—	●	6
成都市新都区芭德美际学校(初中部)	●	★	●	●	★	●	●	—	●	8
成都市新都区狄邦肯思学校(初中部)	●	●	●	●	●	●	●	—	★	8

续表

学校	每百名学生拥有高于规定学历教师数	每百名学生拥有县级及以上骨干教师数	每百名学生拥有体育、艺术(音乐、美术)专任教师数	生均教学及辅助用房面积	生均体育运动场馆面积	生均教学仪器设备值	每百名学生拥有网络多媒体教室数	学校班额达标率	学生体质健康达标合格率	灰色底纹项数/项
成都市新都一中北星中学校	●	●	★	●	●	●	●	—	/	5

注：(1)★p>0.05，差异不显著；○p<0.05，差异显著；●p<0.01，差异很显著。(2)▓差异不显著或显著高于区(市)县均值；□显著低于区(市)县均值。(3)"学校班额达标率"达标的标准为小学班额不超过45人，初中班额不超过50人。(4)—指"学校班额达标率"只做了大小比较，未进行差异性分析，其灰色底纹表示该学校的"学校班额达标率"大于或等于区(市)县均值，无底纹表示该学校的"学校班额达标率"小于区(市)县均值。(5)/指未采集到"学生体质健康达标合格率"数据。

三、结论

(一)成绩与经验

(1)从义务教育优质均衡发展达标情况看，均衡程度方面，在小学和初中共14项A类指标中，2022年新都区小学、初中共有11项指标的校际差异系数达到部标。

(2)发展水平方面，A类7项指标中，2022年新都区小学有5项指标的达标学校比例在80%以上，其中"每百名学生拥有县级及以上骨干教师数""每百名学生拥有体育、艺术(音乐、美术)专任教师数"的达标学校比例均为100%，初中有5项指标的达标学校比例在80%以上，其中"每百名学生拥有高于规定学历教师数""每百名学生拥有县级及以上骨干教师数""每百名学生拥有体育、艺术(音乐、美术)专任教师数"的达标学校比例为100%，与成都市均值相比，小学、初中均有3项指标的达成度高于成都市均值；B类和C类19项指标中，2022年新都区有8项指标的达标比例达到100%，有9项指标的达成度高于或等于成都市均值。

(3)从区域发展水平看，2022年新都区小学和初中监测指标中，小学和初中分别有35.00%和45.00%的监测指标优于或等于成都市均值，其中，初中"每百名学生拥有网络多媒体教室数"为成都市均值的1.0772倍。

(4)从城乡差异情况看，2022年新都区小学、初中分别有44.44%和66.67%的监测指标农村学校优于或等于城镇学校。

(二)存在的不足

(1)从义务教育优质均衡发展达标情况看，均衡程度方面，小学"生均体育运动场馆面积"校际差异系数为0.52，未达到部标；初中"生均体育运动场馆面积""生均教学及辅助用房面积"校际差异系数分别是0.69和0.55，未达到部标。

(2)发展水平方面，A类指标中，2022年新都区小学和初中均有2项指标的达标学校比例低于60%，其中，小学"生均教学及辅助用房面积""生均体育运动场馆面积"的达标学校比例分别为55.36%和57.14%，初中"生均教学及辅助用房面积""生均体育运动场馆面积"的达标学校比例分别为51.22%和56.10%；B类和C类19项指标中，2022年新都区有3项指标的达标比例低于80%，其中"学校培训经费占本校年度公用经费预算总额的比例"最低，为48.73%。

(3) 从区域发展水平看，2022年新都区小学和初中分别有65%和55%的监测指标低于成都市均值，其中，"学校培训经费占本校年度公用经费预算总额的比例"均为成都市均值的63.21%。

(4) 从城乡差异情况看，2022年新都区小学和初中分别有55.56%和33.33%的监测指标农村学校低于城镇学校，其中，农村小学的"每百名学生拥有县级及以上骨干教师数"为城镇小学的81.54%，农村初中的"生均教学仪器设备值"为城镇初中的88.97%。

(5) 从校际差异情况看，2022年新都区有14所小学60%及以上指标低于该区域平均值，分别是成都市新都区旃檀小学校、成都市新都区谕亭小学校、成都市新都区桂湖小学校、成都市新都区三河小学校、成都市新都区繁江小学校、成都市新都区北星小学校、成都市新都区南丰小学校、成都市新都区蜀龙学校(小学部)、成都市新都区柏水学校(小学部)、成都市新都区新徽弘儒学校(小学部)、成都市新都区渭水学校(小学部)、成都市新都区新辉学校(小学部)、成都市新都区大丰甫家学校(小学部)、成都市新都区利民学校(小学部)；有10所初中60%及以上指标低于该区域平均值，分别是四川省成都市新都四中、成都市新都区蜀龙学校(初中部)、成都市新都区繁江中学校、成都市新都区龙桥中学校、成都市新都区扬帆学校(初中部)、成都市新都区渭水学校(初中部)、成都市新都区新辉学校(初中部)、成都市新都区大丰甫家学校(初中部)、成都市新都区毗河中学校、成都市新都区东湖中学校；弱势方面主要是小学和初中师资配置和生均资源配置较少。

(三) 建议

(1) 资源配置方面，加强师资队伍建设，重点解决部分小学"每百名学生拥有高于规定学历教师数"未达标的问题，解决中小学"每百名学生拥有高于规定学历教师数""每百名学生拥有县级及以上骨干教师数""每百名学生拥有体育、艺术(音乐、美术)专任教师数"区域水平偏低的问题；优化资源配置，重点解决中小学校"生均教学及辅助用房面积""生均体育运动场馆面积""生均教学仪器设备值""每百名学生拥有网络多媒体教室数"达标学校比例偏低，中小学"生均体育运动场馆面积"，初中"生均教学及辅助用房面积"校际差异较大的问题；关注弱势学校，关注60%及以上指标低于区域均值的14所小学和10所初中，及连续多年处于该水平的学校，提高学校办学条件水平。

(2) 政府保障程度方面，着力解决部分小学和初中学校规模、班额较大的问题，加强对"学校培训经费占本校年度公用经费预算总额的比例"达标的管理。

(3) 教育质量方面，进一步提高"小学六年巩固率""初中三年巩固率"，中小学"学生体质健康达标合格率"，保障学生接受公平、优质的教育。

2022年温江区义务教育优质均衡监测报告

一、2022年温江区义务教育优质均衡发展概况

本次监测，除"县域内心理健康专职教师配备率"依据成都市《2022年政府工作报告目标任务责任分解方案》(成办发〔2022〕8号)、"小学六年(初中三年)巩固率"和"学生体质健康达标合格率"依据《成都市义务教育优质均衡监测指标体系》外，其余指标均依据部标。

《成都市人民政府教育督导委员会办公室关于印发〈成都市义务教育优质均衡监测指标体系〉的通知》(成府教督〔2017〕10号)构建的监测指标体系包括A类(资源配置，共14项指标，全部指标分小学、初中)、B类(政府保障程度，共12项指标，部分指标分小学、初中和九年一贯制)和C类(教育质量，共7项指标，部分指标分小学、初中)，合计33项指标。除特别注明外，所有监测结果均为全体公民办学校总体结果。

(一)义务教育均衡程度

1. 判断标准

成都市义务教育均衡程度依据两个标准来判断：①部标，规定县域内义务教育公民办小学A类7项指标的差异系数每一项均应不高于0.50，公民办初中A类7项指标的差异系数每一项均应不高于0.45；②市标，规定县域内义务教育公办学校校际均衡指数值不高于0.27。

2. 均衡程度及达标情况

从部标看，在小学和初中共14项A类指标中，2022年温江区小学、初中共有12项指标的校际差异系数达到部标；小学和初中"每百名学生拥有县级及以上骨干教师数"的校际差异系数分别为0.80和0.50，未达到部标。

与上一监测年度相比，温江区小学、初中分别有5项和6项指标的校际均衡程度进一步提高；小学"每百名学生拥有县级及以上骨干教师数"，小学和初中"生均教学仪器设备值"的校际均衡程度有所下降(图2.12.1和图2.12.2)。

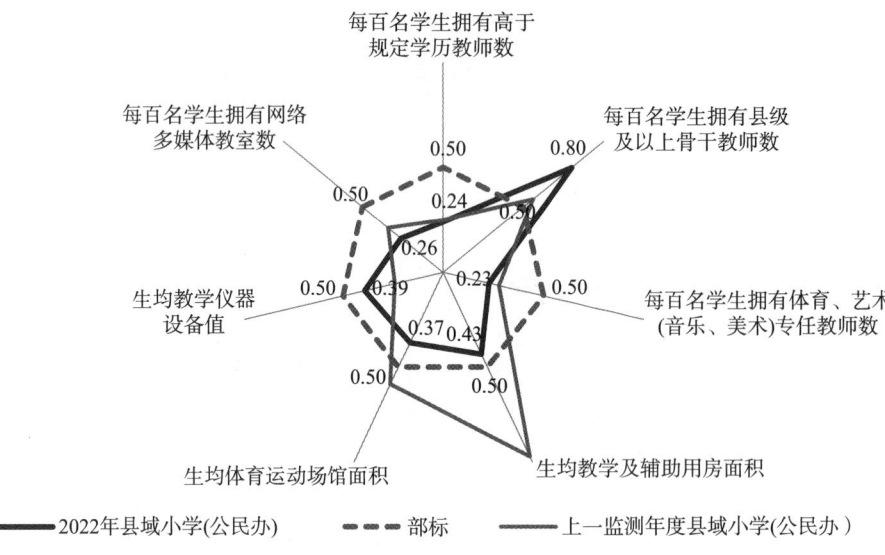

图 2.12.1　2022 年与上一监测年度温江区小学县域内义务教育校际均衡情况

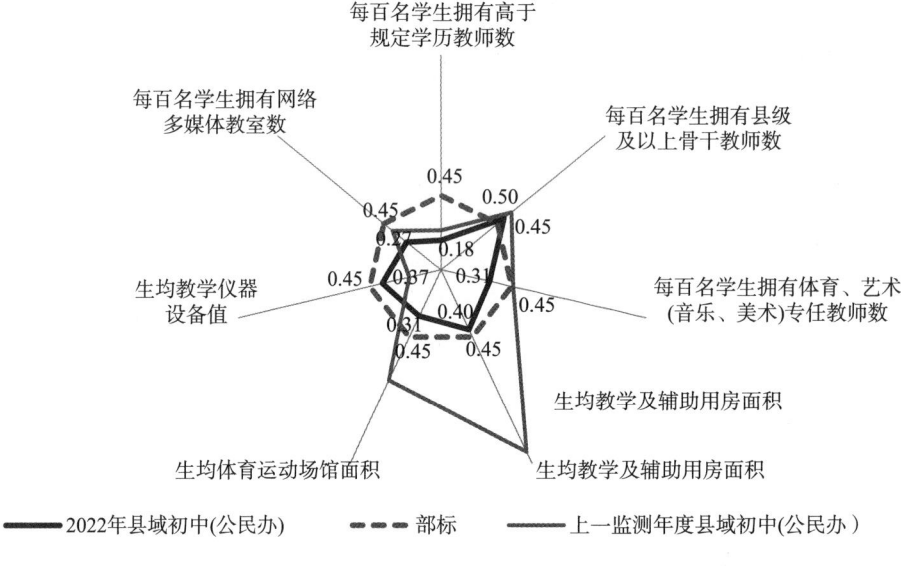

图 2.12.2　2022 年与上一监测年度温江区初中县域内义务教育校际均衡情况

2022 年温江区公办学校校际均衡指数为 0.31，高于成都市均值（校际均衡程度低于成都市平均水平），且未达到市标，表明 2022 年温江区义务教育公办学校校际均衡程度有待提高。

与上一监测年度相比，2022 年温江区公办学校校际均衡指数降低了 0.10，公办学校校际均衡程度明显提升（表 2.12.1）。

表 2.12.1 温江区公办小学、初中县域内义务教育校际均衡情况

差异系数	每百名学生拥有高于规定学历教师数	每百名学生拥有县级及以上骨干教师数	每百名学生拥有体育、艺术(音乐、美术)专任教师数	生均教学及辅助用房面积	生均体育运动场馆面积	生均教学仪器设备值	每百名学生拥有网络多媒体教室数	2022年县域内义务教育校际均衡指数	2022年成都市县域内义务教育校际均衡指数	上一监测年度县域内义务教育校际均衡指数
小学	0.23	0.77	0.23	0.39	0.40	0.25	0.19	0.31	0.22	0.41
初中	0.11	0.29	0.18	0.45	0.35	0.25	0.23			

(二)义务教育优质均衡发展水平达标情况

以部标规定的标准值为参照，2022 年温江区各指标达到目标值的情况如表 2.12.2 所示。

表 2.12.2 温江区小学和初中 A 类指标达标情况

	指标名称	小学 达标学校数/所	小学 达标学校比例/%	小学 成都市均值/%	初中 达标学校数/所	初中 达标学校比例/%	初中 成都市均值/%
A 资源配置	每百名学生拥有高于规定学历教师数	32	100.00	98.36	21	100.00	98.90
	每百名学生拥有县级及以上骨干教师数	24	75.00	96.40	19	90.48	97.12
	每百名学生拥有体育、艺术(音乐、美术)专任教师数	26	81.25	97.23	14	66.67	91.47
	生均教学及辅助用房面积	24	75.00	87.04	14	66.67	83.78
	生均体育运动场馆面积	25	78.13	82.70	13	61.90	80.95
	生均教学仪器设备值	30	93.75	98.93	20	95.24	97.91
	每百名学生拥有网络多媒体教室数	30	93.75	97.28	20	95.24	96.86

从 A 类指标看，部标规定每一所学校的 A 类指标均要达到标准。温江区小学的 7 项监测指标中有 4 项指标的达标学校比例在 80% 以上，其中，"每百名学生拥有高于规定学历教师数"的达标学校比例为 100%，"每百名学生拥有县级及以上骨干教师数""生均教学及辅助用房面积"的达标学校比例较低，均为 75%。

温江区初中的 7 项监测指标中，达标学校比例超过 80% 的指标有 4 项，其中"每百名学生拥有高于规定学历教师数"的达标学校比例为 100%；另外，"每百名学生拥有体育、艺术(音乐、美术)专任教师数""生均教学及辅助用房面积""生均体育运动场馆面积"的达标学校比例较低，分别为 66.67%、66.67% 和 61.90%。与成都市均值相比，温江区小学、初中均有 1 项指标的达成度高于成都市均值。

从 B 类和 C 类 19 项指标看，温江区有 10 项指标的达标比例为 100%，分别是"特殊教育学校生均公用经费""教师全员培训完成率""县域内每年交流轮岗教师的比例""县域内优质高中招生名额分配比例""县域内心理健康专职教师配备率""小学六年巩固率""残疾儿童少年入学率""小学生体质健康达标合格率""初中学生体质健康达标合格率"

"小学学业水平校际差异率"。与成都市均值相比,温江区有 11 项指标的达成度高于或等于成都市均值,分别是"特殊教育学校生均公用经费""教师全员培训完成率""县域内每年交流轮岗教师的比例""县域内优质高中招生名额分配比例""县域内心理健康专职教师配备率""小学六年巩固率""初中三年巩固率""残疾儿童少年入学率""小学生体质健康达标合格率""初中学生体质健康达标合格率""小学学业水平校际差异率"(表 2.12.3)。

表 2.12.3　温江区小学和初中 B 类、C 类指标达标情况(%)

	指标名称	达标比例	成都市均值
B 政府保障程度	单设小学学校规模达标率	50.00	82.32
	单设初中学校规模达标率	85.71	94.27
	九年一贯制学校规模达标率	64.29	87.34
	小学学校班额达标率	34.27	77.63
	初中学校班额达标率	83.76	94.78
	特殊教育学校生均公用经费	100.00	97.12
	学校培训经费占本校年度公用经费预算总额的比例	28.68	71.00
	教师全员培训完成率	100.00	100.00
	县域内每年交流轮岗教师的比例	100.00	100.00
	县域内优质高中招生名额分配比例	100.00	100.00
	符合条件的随迁子女在公办学校和政府购买服务的民办学校就读的比例	94.66	99.77
	县域内心理健康专职教师配备率	100.00	91.44
C 教育质量	小学六年巩固率	100.00	98.24
	初中三年巩固率	99.70	99.63
	残疾儿童少年入学率	100.00	99.89
	小学生体质健康达标合格率	100.00	98.80
	初中学生体质健康达标合格率	100.00	96.95
	小学学业水平校际差异率	100.00	93.27
	初中学业水平校际差异率	79.70	80.49

二、2022 年温江区义务教育区域差异、城乡差异和校际差异情况

(一)总体情况

本报告中,区域差异情况是由各区(市)县的各项监测指标值与成都市均值相比较而得,比值大于 1 代表其发展水平高于成都市平均水平。城乡差异情况是由各区(市)县的农村学校各项监测指标值与城镇学校各项监测指标值相比较而得,比值大于 1 代表农村发展水平高于城镇发展水平。校际差异情况是由各区(市)县的各项监测指标差异系数与成都市

各区(市)县差异系数平均值相比较而得,比值小于 1 代表其校际差异水平优于成都市平均水平差异系数值越小代表区域内该指标校际差异越小。

从区域差异情况看,2022 年温江区小学、初中分别有 40.00%、50.00%(小学、初中各 20 项)的监测指标优于或等于成都市均值;从城乡差异情况看,2022 年温江区小学、初中分别有 66.67%、77.78%(小学、初中各 9 项)的监测指标农村学校优于或等于城镇学校;从校际差异情况看,2022 年温江区小学无监测指标优于或等于成都市均值,初中有 14.29%(小学、初中各 7 项)的监测指标优于或等于成都市均值。

从监测指标看,2022 年温江区处于优势的指标为小学和初中"特殊教育学校生均公用经费""教师全员培训完成率""县域内优质高中招生名额分配比例""县域内心理健康专职教师配备率""残疾儿童少年入学率""学业水平校际差异率","小学六年巩固率"。

温江区处于弱势的指标为小学和初中"学校规模达标率""学校培训经费占本校年度公用经费预算总额的比例""县域内每年交流轮岗教师的比例""符合条件的随迁子女在公办学校和政府购买服务的民办学校就读的比例",小学"每百名学生拥有县级及以上骨干教师数""生均教学仪器设备值","初中三年巩固率"(表 2.12.4)。

表 2.12.4 温江区小学和初中监测指标的区域差异、城乡差异和校际差异情况

	指标名称	小学 区域差异情况	小学 城乡差异情况	小学 校际差异情况	初中 区域差异情况	初中 城乡差异情况	初中 校际差异情况
A 资源配置	每百名学生拥有高于规定学历教师数						
	每百名学生拥有县级及以上骨干教师数						
	每百名学生拥有体育、艺术(音乐、美术)专任教师数						
	生均教学及辅助用房面积						
	生均体育运动场馆面积						
	生均教学仪器设备值						
	每百名学生拥有网络多媒体教室数						
B 政府保障程度	学校规模达标率		—	—		—	—
	学校班额达标率		—	—		—	—
	特殊教育学校生均公用经费						
	学校培训经费占本校年度公用经费预算总额的比例						
	教师全员培训完成率						
	县域内每年交流轮岗教师的比例						
	县域内优质高中招生名额分配比例						
	符合条件的随迁子女在公办学校和政府购买服务的民办学校就读的比例						
	县域内心理健康专职教师配备率						

续表

指标名称		小学			初中		
		区域差异情况	城乡差异情况	校际差异情况	区域差异情况	城乡差异情况	校际差异情况
C 教育质量	小学六年(初中三年)巩固率		—	—		—	—
	残疾儿童少年入学率		—	—		—	—
	学生体质健康达标合格率		—	—			—
	学业水平校际差异率		—		—	—	
灰色底纹项数/项		8	6	0	10	7	1
灰色底纹项数比例/%		40.00	66.67	0.00	50.00	77.78	14.29

注：(1)区域差异情况中，▓ 比值大于等于1，□ 比值小于1；(2)城乡差异情况中，▓ 比值大于等于1，□ 比值小于1；(3)校际差异情况中，▓ 比值小于等于1，□ 比值大于1。

(二)区域发展水平具体情况

2022年温江区小学和初中监测指标中，小学、初中分别有 40.00%、50.00%(小学、初中各20项)的监测指标优于或等于成都市均值，其中，"特殊教育学校生均公用经费"为成都市均值的1.5127倍。另外，2022年温江区低于成都市均值的指标中，"学校培训经费占本校年度公用经费预算总额的比例"为成都市均值的37.05%。温江区具体情况如表2.12.5和图2.12.3所示。

表2.12.5　温江区各项监测指标值与成都市均值的比较

	指标名称	区域值			成都市均值			区域值/成都市均值		
		小学	初中	九年一贯制	小学	初中	九年一贯制	小学	初中	九年一贯制
A 资源配置	每百名学生拥有高于规定学历教师数/人	5.69	7.91	—	5.92	8.14	—	0.9611	0.9717	—
	每百名学生拥有县级及以上骨干教师数/人	1.90	3.36	—	2.13	2.88	—	0.8920	1.1667	—
	每百名学生拥有体育、艺术(音乐、美术)专任教师数/人	1.03	0.99	—	1.21	1.11	—	0.8512	0.8919	—
	生均教学及辅助用房面积/平方米	5.07	6.79	—	5.76	7.35	—	0.8802	0.9238	—
	生均体育运动场馆面积/平方米	8.22	12.23	—	8.26	11.48	—	0.9952	1.0653	—
	生均教学仪器设备值/元	4237.98	5934.07	—	4584.76	5927.48	—	0.9244	1.0011	—
	每百名学生拥有网络多媒体教室数/间	2.62	3.12	—	2.97	3.24	—	0.8822	0.9630	—
	学校规模达标率/%	50.00	85.71	64.29	82.82	93.88	88.70	0.6037	0.9130	0.7248
	学校班额达标率/%	34.27	83.76		74.98	94.48		0.4571	0.8865	

续表

指标名称		区域值			成都市均值			区域值/成都市均值		
		小学	初中	九年一贯制	小学	初中	九年一贯制	小学	初中	九年一贯制
B 政府保障程度	特殊教育学校生均公用经费/元	29755.23			19669.88			1.5127		
	学校培训经费占本校年度公用经费预算总额的比例/%	1.43			3.86			0.3705		
	教师全员培训完成率/%	100.00			100.00			1.0000		
	县域内每年交流轮岗教师的比例/%	11.05			15.08			0.7328		
	县域内优质高中招生名额分配比例/%	50.00			50.00			1.0000		
	符合条件的随迁子女在公办学校和政府购买服务的民办学校就读的比例/%	80.46			96.55			0.8334		
	县域内心理健康专职教师配备率/%	93.33			68.86			1.3554		
C 教育质量	小学六年(初中三年)巩固率/%	100.00	98.70	—	97.99	99.04	—	1.0205	0.9966	—
	残疾儿童少年入学率/%	100.00			99.21			1.0080		
	学生体质健康达标合格率/%	98.91	97.89		98.76	97.89		1.0015	1.0000	
	学业水平校际差异率	0.09	0.19	—	0.13	0.19	—	*1.4444	*1.0000	—

注:*此数值的计算公式为"成都市均值/区域值",比值大于1代表区域均衡水平优于成都市均值。

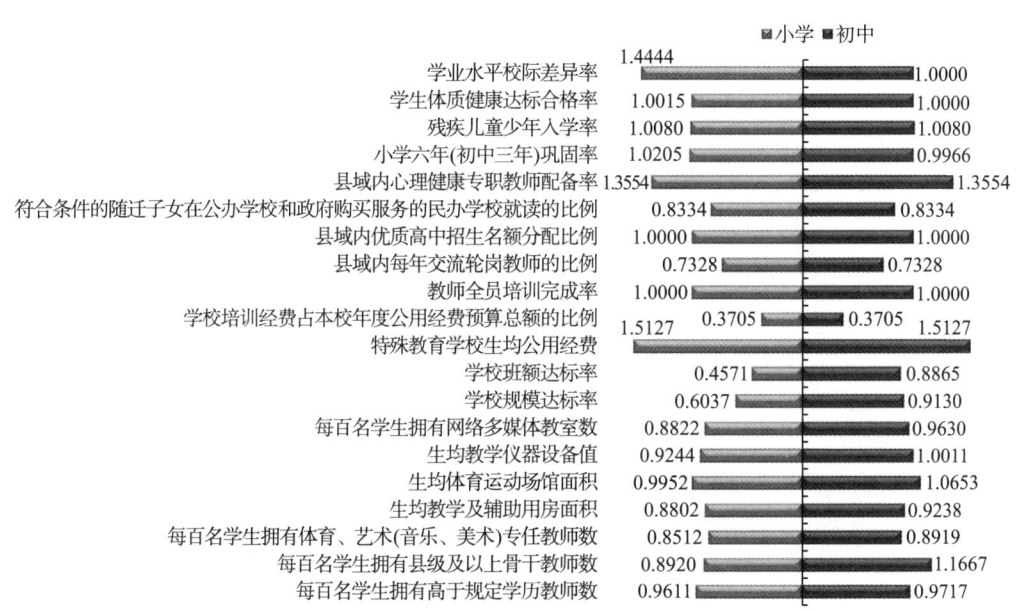

图 2.12.3　温江区小学和初中各项监测指标值与成都市均值的比较

(三)城乡差异情况

1. 小学

2022年温江区小学9项监测指标中,农村小学有6项指标高于城镇小学,其中"学校班额达标率"为城镇小学的4.3259倍;农村小学有3项指标低于城镇小学,其中"每百名学生拥有县级及以上骨干教师数"为城镇小学的73.91%(表2.12.6和图2.12.4)。

表2.12.6 温江区小学各项监测指标城乡差异情况

指标	温江区均值	城镇均值	农村均值	乡城比率
每百名学生拥有高于规定学历教师数/人	5.69	5.19	5.93	1.1426
每百名学生拥有县级及以上骨干教师数/人	1.90	2.30	1.70	0.7391
每百名学生拥有体育、艺术(音乐、美术)专任教师数/人	1.03	0.99	1.05	1.0606
生均教学及辅助用房面积/平方米	5.07	4.08	5.57	1.3652
生均体育运动场馆面积/平方米	8.22	5.92	9.37	1.5828
生均教学仪器设备值/元	4237.98	4344.69	4184.73	0.9632
每百名学生拥有网络多媒体教室数/间	2.62	2.25	2.81	1.2489
学校班额达标率/%	34.27	10.37	44.86	4.3259
学生体质健康达标合格率/%	98.91	99.64	98.63	0.9899

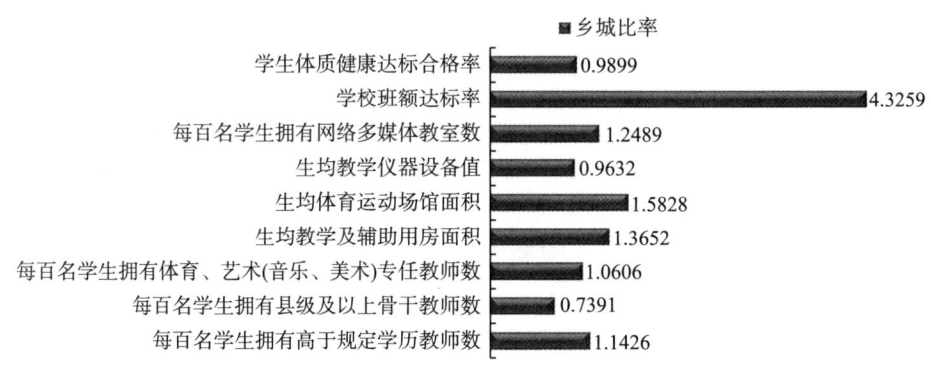

图2.12.4 温江区小学城乡差异情况

2. 初中

2022年温江区初中9项监测指标中,农村初中有7项指标高于城镇初中,其中,"学校班额达标率"为城镇初中的2.1229倍;另外,农村初中有2项指标低于城镇初中,其中"每百名学生拥有县级及以上骨干教师数"为城镇初中的75.06%(表2.12.7和图2.12.5)。

2022年温江区义务教育优质均衡监测报告

表2.12.7 温江区初中各项监测指标城乡差异情况

指标	温江区均值	城镇均值	农村均值	乡城比率
每百名学生拥有高于规定学历教师数/人	7.91	7.45	8.04	1.0792
每百名学生拥有县级及以上骨干教师数/人	3.36	4.17	3.13	0.7506
每百名学生拥有体育、艺术(音乐、美术)专任教师数/人	0.99	0.79	1.05	1.3291
生均教学及辅助用房面积/平方米	6.79	5.78	7.08	1.2249
生均体育运动场馆面积/平方米	12.23	11.13	12.55	1.1276
生均教学仪器设备值/元	5934.07	6049.11	5901.16	0.9755
每百名学生拥有网络多媒体教室数/间	3.12	2.26	3.36	1.4867
学校班额达标率/%	83.76	44.09	93.60	2.1229
学生体质健康达标合格率/%	97.89	97.08	98.05	1.0100

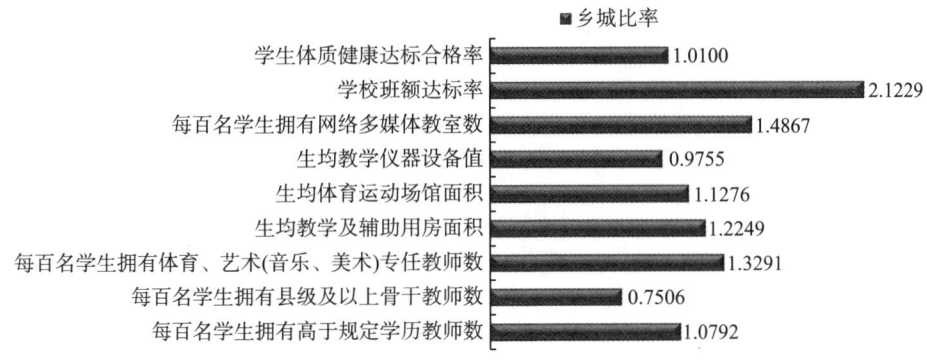

图2.12.5 温江区初中城乡差异情况

(四)校际差异情况

1. 小学

2022年温江区有10所小学60%及以上指标低于该区域平均值,分别是成都市温江区光华实验小学校、成都市温江区政通小学校、成都市温江区鹏程小学校、成都市温江区东大街第一小学校、成都市温江区东大街第二小学校、成都市温江区庆丰街小学校、成都市温江区江安路学校(小学部)、成都市温江区万春学校(小学部)、成都市温江区金马学校(小学部)和成都师范学院附属实验学校(小学部),其弱势方面主要是师资配置和生均资源配置较少,"学校班额达标率"较低。温江区小学各项监测指标校际差异具体情况比较如表2.12.8所示。

171

表 2.12.8　温江区小学各项监测指标校际差异具体情况比较

学校	每百名学生拥有高于规定学历教师数	每百名学生拥有县级及以上骨干教师数	每百名学生拥有体育、艺术(音乐、美术)专任教师数	生均教学及辅助用房面积	生均体育运动场馆面积	生均教学仪器设备值	每百名学生拥有网络多媒体教室数	学校班额达标率	学生体质健康达标合格率	灰色底纹项数/项
成都市温江区迪恩捷小学	●	●	●	★	●	●	●	—	●	6
成都市温江区光华实验小学校	●	●	●	●	●	●	●	—	●	1
成都市温江区政通小学校	●	●	●	●	●	●	●	—	●	3
成都市实验外国语学校附属小学	●	●	●	●	●	●	●	—	●	5
成都市温江区鹏程小学校	●	●	●	●	●	●	●	—	●	3
成都市温江区嘉祥外国语学校(小学部)	●	●	●	●	●	●	●	—	●	8
成都市温江区花都小学校	●	●	●	●	●	●	●	—	●	4
西南财经大学附属实验小学	●	●	●	●	★	●	●	—	●	6
成都市温江区东大街第一小学校	●	●	●	●	●	●	●	—	●	3
成都市温江区东大街第二小学校	●	●	○	●	●	●	●	—	●	3
成都市温江区庆丰街小学校	●	●	●	●	●	●	●	—	●	2
成都市温江区东大街第二小学校长安路分校	●	●	●	●	●	●	●	—	●	4
成都市温江区镇子小学校	●	●	●	●	●	●	●	—	●	9
成都市温江区通平小学校	●	●	●	●	●	●	●	—	●	8
成都市温江区和盛小学校	●	●	●	●	●	●	★	—	●	6
成都市温江区永宁小学校	●	●	○	●	●	★	●	—	●	6
成都市温江区玉石小学校	●	●	●	●	●	●	●	—	●	9
成都市温江区王府外国语学校(小学部)	●	●	●	●	●	●	●	—	●	8

续表

学校	每百名学生拥有高于规定学历教师数	每百名学生拥有县级及以上骨干教师数	每百名学生拥有体育、艺术(音乐、美术)专任教师数	生均教学及辅助用房面积	生均体育运动场馆面积	生均教学仪器设备值	每百名学生拥有网络多媒体教室数	学校班额达标率	学生体质健康达标合格率	灰色底纹项数/项
成都市温江区二十一世纪学校(小学部)	●	●	★	●	●	●	●	—	●	6
成都市温江区江安路学校(小学部)	●	●	●	●	●	●	●	—	●	3
成都市温江区实验学校	★	★	●	●	●	●	●	●	●	5
成都市温江区踏水学校(小学部)	●	○	●	●	●	●	○	—	●	7
成都市温江区万春学校(小学部)	●	●	●	●	★	●	●	●	●	2
成都市温江区永盛学校(小学部)	●	★	●	○	●	●	○	●	●	7
成都市温江区金马学校(小学部)	●	●	●	●	●	●	●	●	●	1
成都市温江区公平学校(小学部)	○	●	○	●	★	●	●	●	●	5
成都师范学院附属实验学校(小学部)	●	●	●	●	●	●	●	—	●	2
成都市温江区寿安学校(小学部)	●	●	●	●	●	●	●	●	●	6
成都市温江区东辰外国语学校(小学部)	●	●	●	●	●	●	★	●	●	8
成都市温江区新世纪光华学校(小学部)	●	●	●	●	●	●	●	●	●	5
成都新世纪外国语学校(小学部)	●	●	●	●	●	●	●	●	●	6
成都市温江区冠城实验学校(小学部)	●	●	●	●	●	●	●	—	●	7

注：(1)★$p>0.05$，差异不显著；○$p<0.05$，差异显著；●$p<0.01$，差异很显著。(2)▨差异不显著或显著高于区(市)县均值；□显著低于区(市)县均值。(3)"学校班额达标率"达标的标准为小学班额不超过45人，初中班额不超过50人。(4)—指"学校班额达标率"只做了大小比较，未进行差异性分析，其灰色底纹表示该学校的"学校班额达标率"大于或等于区(市)县均值，无底纹表示该学校的"学校班额达标率"小于区(市)县均值。

2. 初中

2022年温江区有6所初中60%及以上指标低于该区域平均值，分别是温江中学实验学校、西南财经大学附属实验中学、成都市温江区金马学校(初中部)、成都师范学院附属实验学校(初中部)、成都市温江区东辰外国语学校(初中部)、成都市温江区第二中学校，其弱势方面主要是师资配置和生均资源配置较少,"学校班额达标率"较低。温江区初中各项监测指标校际差异具体情况比较如表 2.12.9 所示。

表 2.12.9 温江区初中各项监测指标校际差异具体情况比较

学校	每百名学生拥有高于规定学历教师数	每百名学生拥有县级及以上骨干教师数	每百名学生拥有体育、艺术(音乐、美术)专任教师数	生均教学及辅助用房面积	生均体育运动场馆面积	生均教学仪器设备值	每百名学生拥有网络多媒体教室数	学校班额达标率	学生体质健康达标合格率	灰色底纹项数/项
成都市温江区嘉祥外国语学校(初中部)	●	●	●	●	●	●	●	—	●	7
温江中学实验学校	●	●	●	●	●	●	●	—	●	1
成都市温江区王府外国语学校(初中部)	●	●	●	●	●	●	●	—	●	7
成都市温江区光华实验中学校	●	●	●	●	●	●	●	—	●	5
成都市温江区二十一世纪学校(初中部)	●	●	●	●	●	●	●	—	●	6
西南财经大学附属实验中学	●	●	●	●	●	●	●	—	●	3
成都市温江区和盛中学校	●	●	●	●	●	●	●	—	●	5
成都市温江区永宁中学校	●	●	●	●	●	★	●	—	●	5
成都市温江区踏水学校(初中部)	●	○	●	●	●	○	●	—	●	5
成都市温江区万春学校(初中部)	●	●	●	●	●	●	●	—	★	4
成都市温江区永盛学校(初中部)	●	●	●	●	●	●	●	—	★	4
成都市温江区金马学校(初中部)	●	●	★	●	●	●	●	—	●	3
成都市温江区公平学校(初中部)	●	●	●	●	●	●	●	—	●	4
成都市温江区光华馨城中学校(初中部)	●	●	●	●	●	●	●	—	●	7
成都师范学院附属实验学校(初中部)	●	●	●	●	●	●	●	—	●	3
成都市温江区寿安学校(初中部)	●	●	●	●	●	●	●	—	●	6
成都市温江区东辰外国语学校(初中部)	●	●	●	●	●	●	●	—	●	3
成都市温江区新世纪光华学校(初中部)	●	●	●	●	●	●	●	—	●	5

续表

学校	每百名学生拥有高于规定学历教师数	每百名学生拥有县级及以上骨干教师数	每百名学生拥有体育、艺术(音乐、美术)专任教师数	生均教学及辅助用房面积	生均体育运动场馆面积	生均教学仪器设备值	每百名学生拥有网络多媒体教室数	学校班额达标率	学生体质健康达标合格率	灰色底纹项数/项
成都市温江区第二中学校	●	●	●	●	●	●	●	—	★	2
成都新世纪外国语学校(初中部)	●	●	●	★	●	●	●	—	●	5
成都市温江区冠城实验学校(初中部)	●	●	●	●	●	●	●	—	●	4

注：(1)★$p>0.05$，差异不显著；○$p<0.05$，差异显著；●$p<0.01$，差异很显著。(2) ▨ 差异不显著或显著高于区(市)县均值；☐ 显著低于区(市)县均值。(3)"学校班额达标率"达标的标准为小学班额不超过45人，初中班额不超过50人。(4)—指"学校班额达标率"只做了大小比较，未进行差异性分析，其灰色底纹表示该学校的"学校班额达标率"大于或等于区(市)县均值，无底纹表示该学校的"学校班额达标率"小于区(市)县均值。

三、结论

(一)成绩与经验

(1)从义务教育优质均衡发展达标情况看，均衡程度方面，在小学和初中共14项A类指标中，2022年温江区小学、初中共有12项指标的校际差异系数达到部标。

(2)发展水平方面，A类7项指标中，2022年温江区小学和初中均有4项指标的达标学校比例在80%以上，其中，小学和初中"每百名学生拥有高于规定学历教师数"的达标学校比例均为100%；B类和C类19项指标中，2022年温江区有10项指标的达标比例为100%，有11项指标的达成度高于或等于成都市均值。

(3)从区域发展水平看，2022年温江区小学和初中监测指标中，小学、初中分别有40.00%、50.00%的监测指标优于或等于成都市均值，其中，"特殊教育学校生均公用经费"为成都市均值的1.5127倍。

(4)从城乡差异情况看，2022年温江区小学、初中分别有66.67%、77.78%的监测指标农村学校优于或等于城镇学校。

(5)从校际差异情况看，2022年温江区初中有14.29%的监测指标校际差异优于或等于成都市均值。

(二)存在的不足

(1)从义务教育优质均衡发展达标情况看，均衡程度方面，小学和初中"每百名学生拥有县级及以上骨干教师数"的校际差异系数分别为0.80和0.50，未达到部标。

(2)发展水平方面，A类指标中，2022年温江区小学和初中分别有3项指标的达标学校比例低于80%，其中，小学"每百名学生拥有县级及以上骨干教师数""生均教学及辅助用房面积"的达标学校比例均为75.00%，初中"生均体育运动场馆面积"的达标学校比例为61.90%；B类和C类指标中，2022年温江区有5项指标的达标比例低于80%，其中"学校培训经费占本校年度公用经费预算总额的比例"和小学"学校班额达标率"分别为28.68%和34.27%。

(3) 从区域发展水平看，2022年温江区小学和初中分别有60.00%和50.00%的监测指标低于成都市均值，其中，"学校培训经费占本校年度公用经费预算总额的比例"为成都市均值的37.05%。

(4) 从城乡差异情况看，2022年温江区小学和初中分别有33.33%和22.22%的监测指标农村学校低于城镇学校，其中，农村小学的"每百名学生拥有县级及以上骨干教师数"为城镇小学的73.91%，农村初中"每百名学生拥有县级及以上骨干教师数"为城镇初中的75.06%。

(5) 从校际差异情况看，2022年温江区有10所小学60%及以上指标低于该区域平均值，分别是成都市温江区光华实验小学校、成都市温江区政通小学校、成都市温江区鹏程小学校、成都市温江区东大街第一小学校、成都市温江区东大街第二小学校、成都市温江区庆丰街小学校、成都市温江区江安路学校(小学部)、成都市温江区万春学校(小学部)、成都市温江区金马学校(小学部)和成都师范学院附属实验学校(小学部)；有6所初中60%及以上指标低于该区域平均值，分别是温江中学实验学校、西南财经大学附属实验中学、成都市温江区金马学校(初中部)、成都师范学院附属实验学校(初中部)、成都市温江区东辰外国语学校(初中部)、成都市温江区第二中学校；弱势方面主要是小学和初中师资配置和生均资源配置较少，"学校班额达标率"较低。

(三) 建议

(1) 资源配置方面，加强师资队伍建设，重点解决中小学"每百名学生拥有县级及以上骨干教师数"校际差异较大、达标学校比例偏低的问题，解决中小学"每百名学生拥有体育、艺术(音乐、美术)专任教师数"达标学校比例偏低的问题；优化资源配置，重点解决中小学"生均教学及辅助用房面积""生均体育运动场馆面积""生均教学仪器设备值""每百名学生拥有网络多媒体教室数"达标学校比例偏低的问题；关注弱势学校，关注60%及以上指标低于区域均值的10所小学和6所初中，及连续多年处于该水平的学校，提高学校办学条件水平。

(2) 政府保障程度方面，着力解决中小学校的学校规模、学校班额较大的问题，解决"学校培训经费占本校年度公用经费预算总额的比例"未达标的问题，进一步提高"符合条件的随迁子女在公办学校和政府购买服务的民办学校就读的比例"。

(3) 教育质量方面，进一步提高"初中三年巩固率"，提高教育教学质量。

2022年双流区义务教育优质均衡监测报告

一、2022年双流区义务教育优质均衡发展概况

本次监测，除"县域内心理健康专职教师配备率"依据成都市《2022年政府工作报告目标任务责任分解方案》（成办发〔2022〕8号）、"小学六年(初中三年)巩固率"和"学生体质健康达标合格率"依据《成都市义务教育优质均衡监测指标体系》外，其余指标均依据部标。

《成都市人民政府教育督导委员会办公室关于印发〈成都市义务教育优质均衡监测指标体系〉的通知》（成府教督〔2017〕10号）构建的监测指标体系包括A类(资源配置，共14项指标，全部指标分小学、初中)、B类(政府保障程度，共12项指标，部分指标分小学、初中和九年一贯制)和C类(教育质量，共7项指标，部分指标分小学、初中)，合计33项指标。除特别注明外，所有监测结果均为全体公民办学校总体结果。

（一）义务教育均衡程度

1. 判断标准

成都市义务教育均衡程度依据两个标准来判断：①部标，规定县域内义务教育公民办小学A类7项指标的差异系数每一项均应不高于0.50，公民办初中A类7项指标的差异系数每一项均应不高于0.45；②市标，规定县域内义务教育公办学校校际均衡指数值不高于0.27。

2. 均衡程度及达标情况

从部标看，在小学和初中共14项A类指标中，2022年双流区小学和初中分别有7项、5项指标校际差异系数达到部标；未达到部标的指标是初中"每百名学生拥有县级及以上骨干教师数""每百名学生拥有体育、艺术(音乐、美术)专任教师数"，差异系数分别为0.58和0.67。

与上一监测年度相比，双流区小学7项指标的校际均衡程度进一步提高。除"生均教学仪器设备值"外，双流区初中其余6项指标的校际均衡程度有所下降(图2.13.1和图2.13.2)。

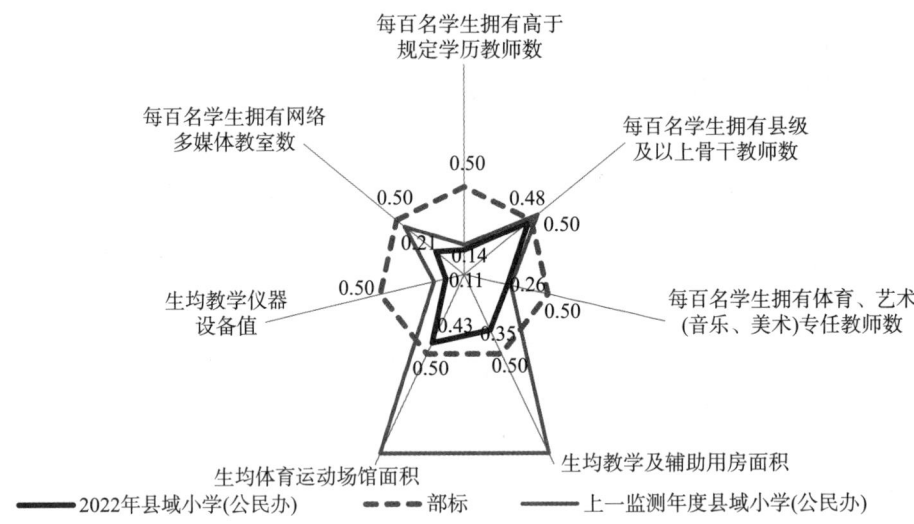

图 2.13.1 2022年与上一监测年度双流区小学县域内义务教育校际均衡情况

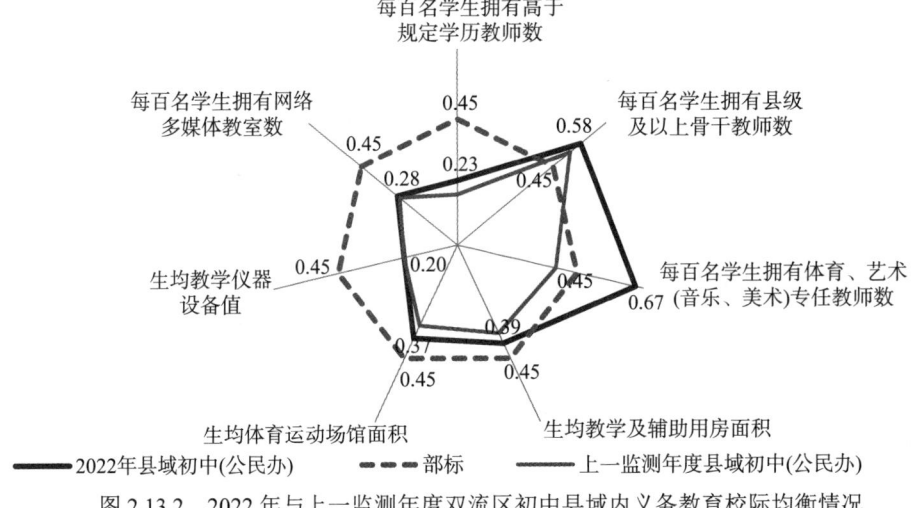

图 2.13.2 2022年与上一监测年度双流区初中县域内义务教育校际均衡情况

2022年双流区公办学校校际均衡指数为0.31,高于成都市均值(校际均衡程度低于成都市平均水平),且未达到市标,表明2022年双流区义务教育公办学校校际均衡程度有待进一步提高。

与上一监测年度相比,2022年双流区公办学校校际均衡指数降低了0.15,公办学校校际均衡程度明显提升(表2.13.1)。

表 2.13.1　双流区公办小学、初中县域内义务教育校际均衡情况

差异系数	每百名学生拥有高于规定学历教师数	每百名学生拥有县级及以上骨干教师数	每百名学生拥有体育、艺术(音乐、美术)专任教师数	生均教学及辅助用房面积	生均体育运动场馆面积	生均教学仪器设备值	每百名学生拥有网络多媒体教室数	2022年县域内义务教育校际均衡指数	2022年成都市县域内义务教育校际均衡指数	上一监测年度县域内义务教育校际均衡指数
小学	0.12	0.46	0.27	0.35	0.43	0.12	0.19	0.31	0.22	0.46
初中	0.18	0.53	0.46	0.40	0.34	0.23	0.27			

（二）义务教育优质均衡发展水平达标情况

以部标规定的标准值为参照，2022 年双流区各指标达到目标值的情况如表 2.13.2 所示。

表 2.13.2　双流区小学和初中 A 类指标达标情况

	指标名称	小学 达标学校数/所	小学 达标学校比例/%	小学 成都市均值/%	初中 达标学校数/所	初中 达标学校比例/%	初中 成都市均值/%
A 资源配置	每百名学生拥有高于规定学历教师数	45	100.00	98.36	35	94.59	98.90
	每百名学生拥有县级及以上骨干教师数	39	86.67	96.40	34	91.89	97.12
	每百名学生拥有体育、艺术(音乐、美术)专任教师数	43	95.56	97.23	22	59.46	91.47
	生均教学及辅助用房面积	40	88.89	87.04	33	89.19	83.78
	生均体育运动场馆面积	34	75.56	82.70	29	78.38	80.95
	生均教学仪器设备值	45	100.00	98.93	37	100.00	97.91
	每百名学生拥有网络多媒体教室数	39	86.67	97.28	35	94.59	96.86

从 A 类指标看，部标规定每一所学校的 A 类指标均要达到标准。双流区小学的 7 项监测指标中，达标学校比例超过 90% 的指标有 3 项，其中"每百名学生拥有高于规定学历教师数""生均教学仪器设备值"2 项指标的达标学校比例为 100%；"生均体育运动场馆面积"的达标学校比例最低，为 75.56%。

双流区初中的 7 项监测指标中，达标学校比例超过 90% 的指标有 4 项，其中"生均教学仪器设备值"1 项指标的达标学校比例为 100%；"每百名学生拥有体育、艺术(音乐、美术)专任教师数"的达标学校比例最低，为 59.46%。与成都市均值相比，双流区小学有 3 项、初中有 2 项指标的达成度高于成都市均值。

从 B 类和 C 类 19 项指标看，除"单设小学学校规模达标率""九年一贯制学校规模达标率""小学学校班额达标率""学校培训经费占本校年度公用经费预算总额的比例""小学生体质健康达标合格率""初中学生体质健康达标合格率"6 项指标外，双流区其余 13 项指标的达标比例均为 100%。与成都市均值相比，双流区有 16 项指标的达成度均高于或等于成都市均值，另外 3 项指标的达成度低于成都市均值，分别是

"单设小学学校规模达标率""九年一贯制学校规模达标率""小学生体质健康达标合格率"(表2.13.3)。

表2.13.3 双流区小学和初中B类、C类指标达标情况(%)

指标名称		达标比例	成都市均值
B 政府保障程度	单设小学学校规模达标率	66.67	82.32
	单设初中学校规模达标率	100.00	94.27
	九年一贯制学校规模达标率	76.19	87.34
	小学学校班额达标率	99.19	77.63
	初中学校班额达标率	100.00	94.78
	特殊教育学校生均公用经费	100.00	97.12
	学校培训经费占本校年度公用经费预算总额的比例	81.61	71.00
	教师全员培训完成率	100.00	100.00
	县域内每年交流轮岗教师的比例	100.00	100.00
	县域内优质高中招生名额分配比例	100.00	100.00
	符合条件的随迁子女在公办学校和政府购买服务的民办学校就读的比例	100.00	99.77
	县域内心理健康专职教师配备率	100.00	91.44
C 教育质量	小学六年巩固率	100.00	98.24
	初中三年巩固率	100.00	99.63
	残疾儿童少年入学率	100.00	99.89
	小学生体质健康达标合格率	97.73	98.80
	初中学生体质健康达标合格率	97.30	96.95
	小学学业水平校际差异率	100.00	93.27
	初中学业水平校际差异率	100.00	80.49

二、2022年双流区义务教育区域差异、城乡差异和校际差异情况

(一)总体情况

本报告中,区域差异情况是由各区(市)县的各项监测指标值与成都市均值相比较而得,比值大于1代表其发展水平高于成都市平均水平。城乡差异情况是由各区(市)县的农村学校各项监测指标值与城镇学校各项监测指标值相比较而得,比值大于1代表农村发展水平高于城镇发展水平。校际差异情况是由各区(市)县的各项监测指标差异系数与成都市各区(市)县差异系数平均值相比较而得,比值小于1代表其校际差异水平优于成都市平均水平,差异系数值越小代表区域内该指标校际差异越小。

从区域差异情况看,2022年双流区小学和初中分别有55.00%、75.00%(小学、初中

各 20 项)的监测指标优于或等于成都市均值；从城乡差异情况看，2022 年双流区小学、初中均有 77.78%(小学、初中各 9 项)的监测指标农村学校优于或等于城镇学校；从校际差异情况看，2022 年双流区小学、初中分别有 42.86%和 14.29%(小学、初中各 7 项)的监测指标优于或等于成都市均值。

从监测指标看，2022 年，双流区处于优势的指标为小学和初中"生均教学仪器设备值""特殊教育学校生均公用经费""学校培训经费占本校年度公用经费预算总额的比例""教师全员培训完成率""县域内优质高中招生名额分配比例""小学六年(初中三年)巩固率""残疾儿童少年入学率""学业水平校际差异率"，小学"每百名学生拥有高于规定学历教师数"，初中"学校规模达标率""学校班额达标率"。

双流区处于弱势的指标为"县域内每年交流轮岗教师的比例""符合条件的随迁子女在公办学校和政府购买服务的民办学校就读的比例""县域内心理健康专职教师配备率"，小学"每百名学生拥有县级及以上骨干教师数""学校规模达标率"(表 2.13.4)。

表 2.13.4 双流区小学和初中监测指标的区域差异、城乡差异和校际差异情况

	指标名称	小学 区域差异情况	小学 城乡差异情况	小学 校际差异情况	初中 区域差异情况	初中 城乡差异情况	初中 校际差异情况
A 资源配置	每百名学生拥有高于规定学历教师数						
	每百名学生拥有县级及以上骨干教师数						
	每百名学生拥有体育、艺术(音乐、美术)专任教师数						
	生均教学及辅助用房面积						
	生均体育运动场馆面积						
	生均教学仪器设备值						
	每百名学生拥有网络多媒体教室数						
B 政府保障程度	学校规模达标率		—	—		—	—
	学校班额达标率		—	—		—	—
	特殊教育学校生均公用经费		—	—		—	—
	学校培训经费占本校年度公用经费预算总额的比例		—	—		—	—
	教师全员培训完成率		—	—		—	—
	县域内每年交流轮岗教师的比例		—	—		—	—
	县域内优质高中招生名额分配比例		—	—		—	—
	符合条件的随迁子女在公办学校和政府购买服务的民办学校就读的比例		—	—		—	—
	县域内心理健康专职教师配备率		—	—		—	—
C 教育质量	小学六年(初中三年)巩固率		—	—		—	—
	残疾儿童少年入学率		—	—		—	—

续表

指标名称	小学 区域差异情况	小学 城乡差异情况	小学 校际差异情况	初中 区域差异情况	初中 城乡差异情况	初中 校际差异情况
学生体质健康达标合格率		■	—	■		—
学业水平校际差异率		—	□		—	□
灰色底纹项数/项	11	7	3	15	7	1
灰色底纹项数比例/%	55.00	77.78	42.86	75.00	77.78	14.29

注：(1)区域差异情况中，■ 比值大于等于1，□ 比值小于1；(2)城乡差异情况中，■ 比值大于等于1，□ 比值小于1；(3)校际差异情况中，■ 比值小于等于1，□ 比值大于1。

(二) 区域发展水平具体情况

2022年双流区小学和初中监测指标中，小学和初中分别有55.00%、75.00%（小学、初中各20项）的监测指标优于或等于成都市均值，其中，小学、初中"特殊教育学校生均公用经费"均为成都市均值的1.3263倍。另外，低于成都市均值的指标中，2022年双流区小学"学校规模达标率"为成都市均值的80.50%。双流区具体情况如表2.13.5和图2.13.3所示。

表2.13.5 双流区各项监测指标值与成都市均值的比较

	指标名称	区域值 小学	区域值 初中	区域值 九年一贯制	成都市均值 小学	成都市均值 初中	成都市均值 九年一贯制	区域值/成都市均值 小学	区域值/成都市均值 初中	区域值/成都市均值 九年一贯制
A 资源配置	每百名学生拥有高于规定学历教师数/人	5.97	7.93	—	5.92	8.14	—	1.0084	0.9742	—
	每百名学生拥有县级及以上骨干教师数/人	1.75	3.41	—	2.13	2.88	—	0.8216	1.1840	—
	每百名学生拥有体育、艺术(音乐、美术)专任教师数/人	1.25	0.99	—	1.21	1.11	—	1.0331	0.8919	—
	生均教学及辅助用房面积/平方米	5.61	7.96	—	5.76	7.35	—	0.9740	1.0830	—
	生均体育运动场馆面积/平方米	7.85	11.70	—	8.26	11.48	—	0.9504	1.0192	—
	生均教学仪器设备值/元	5917.93	7382.49	—	4584.76	5927.48	—	1.2908	1.2455	—
	每百名学生拥有网络多媒体教室数/间	2.71	3.25	—	2.97	3.24	—	0.9125	1.0031	—
B 政府保障程度	学校规模达标率/%	66.67	100.00	76.19	82.82	93.88	88.70	0.8050	1.0652	0.8590
	学校班额达标率/%	99.19	100.00	—	74.98	94.48	—	1.3229	1.0584	—
	特殊教育学校生均公用经费/元	26087.71			19669.88			1.3263		
	学校培训经费占本校年度公用经费预算总额的比例/%	4.08			3.86			1.0570		

续表

	指标名称	区域值 小学	区域值 初中	区域值 九年一贯制	成都市均值 小学	成都市均值 初中	成都市均值 九年一贯制	区域值/成都市均值 小学	区域值/成都市均值 初中	区域值/成都市均值 九年一贯制
B 政府保障程度	教师全员培训完成率/%	100.00			100.00			1.0000		
	县域内每年交流轮岗教师的比例/%	13.19			15.08			0.8747		
	县域内优质高中招生名额分配比例/%	50.00			50.00			1.0000		
	符合条件的随迁子女在公办学校和政府购买服务的民办学校就读的比例/%	95.18			96.55			0.9858		
	县域内心理健康专职教师配备率/%	59.72			68.86			0.8673		
C 教育质量	小学六年(初中三年)巩固率	100.00	100.00	—	97.99	99.04	—	1.0205	1.0097	—
	残疾儿童少年入学率/%	100.00			99.21			1.0080		
	学生体质健康达标合格率/%	98.04	97.90	—	98.76	97.89	—	0.9927	1.0001	—
	学业水平校际差异率	0.09	0.12	—	0.13	0.19	—	*1.4444	*1.5833	—

注：*此数值的计算公式为"成都市均值/区域值"，比值大于1代表区域均衡水平优于成都市均值。

图 2.13.3　双流区小学和初中各项监测指标值与成都市均值的比较

(三)城乡差异情况

1. 小学

2022年双流区小学9项监测指标中,农村小学有7项指标高于城镇小学,其中"生均体育运动场馆面积"为城镇小学的1.3648倍;农村小学有2项指标低于城镇小学,其中"每百名学生拥有县级及以上骨干教师数"为城镇小学的86.46%(表2.13.6和图2.13.4)。

表2.13.6 双流区小学各项监测指标城乡差异情况

指标	双流区均值	城镇均值	农村均值	乡城比率
每百名学生拥有高于规定学历教师数/人	5.97	5.95	5.98	1.0050
每百名学生拥有县级及以上骨干教师数/人	1.75	1.92	1.66	0.8646
每百名学生拥有体育、艺术(音乐、美术)专任教师数/人	1.25	1.20	1.28	1.0667
生均教学及辅助用房面积/平方米	5.61	4.61	6.16	1.3362
生均体育运动场馆面积/平方米	7.85	6.36	8.68	1.3648
生均教学仪器设备值/元	5917.93	5580.84	6106.00	1.0941
每百名学生拥有网络多媒体教室数/间	2.71	2.39	2.88	1.2050
学校班额达标率/%	99.19	100.00	98.76	0.9876
学生体质健康达标合格率/%	98.04	97.88	98.14	1.0027

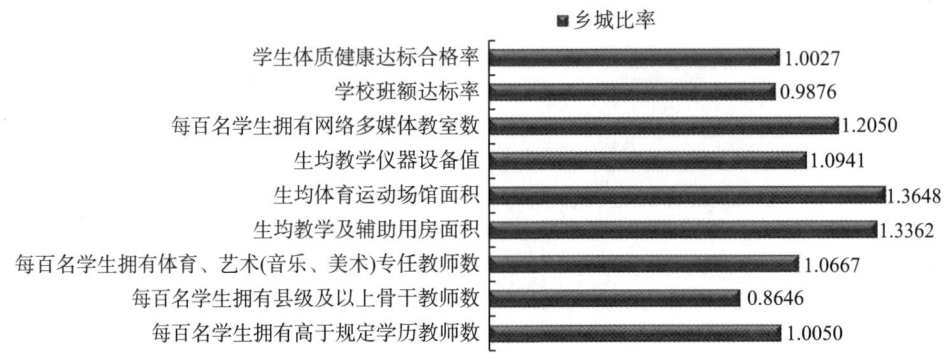

图2.13.4 双流区小学城乡差异情况

2. 初中

2022年双流区初中9项监测指标中,农村初中有7项指标高于或等于城镇初中,其中"每百名学生拥有体育、艺术(音乐、美术)专任教师数"为城镇初中的1.4868倍;另外,农村初中有2项指标低于城镇初中,其中"每百名学生拥有县级及以上骨干教师数"为城镇初中的69.19%(表2.13.7和图2.13.5)。

表 2.13.7　双流区初中各项监测指标城乡差异情况

指标	双流区均值	城镇均值	农村均值	乡城比率
每百名学生拥有高于规定学历教师数/人	7.93	7.12	8.42	1.1826
每百名学生拥有县级及以上骨干教师数/人	3.41	4.22	2.92	0.6919
每百名学生拥有体育、艺术(音乐、美术)专任教师数/人	0.99	0.76	1.13	1.4868
生均教学及辅助用房面积/平方米	7.96	7.61	8.17	1.0736
生均体育运动场馆面积/平方米	11.70	10.35	12.51	1.2087
生均教学仪器设备值/元	7382.49	6880.23	7683.50	1.1168
每百名学生拥有网络多媒体教室数/间	3.25	2.98	3.41	1.1443
学校班额达标率/%	100.00	100.00	100.00	1.0000
学生体质健康达标合格率/%	97.90	98.23	97.74	0.9950

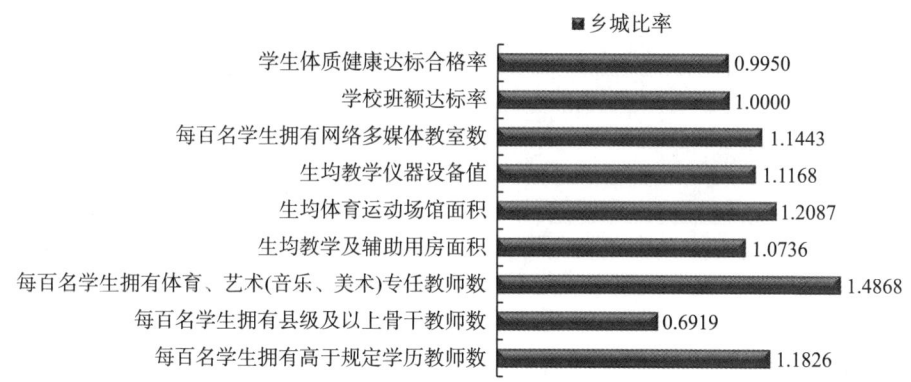

图 2.13.5　双流区初中城乡差异情况

(四)校际差异情况

1. 小学

2022 年双流区有 8 所小学 60%及以上指标低于该区域平均值,分别是成都市双流区东升小学、成都市双流区棠湖小学、成都市双流区光明学校(小学部)、成都市双流区育仁菁英学校(小学部)、成都信息工程大学常乐实验学校(小学部)、成都信息工程大学红樱实验学校(小学部)、成都市双流区世纪阳光学校(小学部)、成都棠湖外国语学校(小学部),其弱势方面主要是师资配置和生均资源配置较少,"学生体质健康达标合格率"偏低。双流区小学各项监测指标校际差异具体情况比较如表 2.13.8 所示。

表 2.13.8　双流区小学各项监测指标校际差异具体情况比较

学校	每百名学生拥有高于规定学历教师数	每百名学生拥有县级及以上骨干教师数	每百名学生拥有体育、艺术(音乐、美术)专任教师数	生均教学及辅助用房面积	生均体育运动场馆面积	生均教学仪器设备值	每百名学生拥有网络多媒体教室数	学校班额达标率	学生体质健康达标合格率	灰色底纹项数/项
成都市双流区协和实验小学	●	●	●	●	★	●	—	●		5
成都市双流区圣菲学校(小学部)	●	●	●	●	●	●	●	—	●	6
成都市双流区实验小学(东区)	●	●	●	●	●				●	5
成都市双流区棠湖小学(南区)	●	●	●	●	●	●	●	—	●	7
成都市双流区红石小学	●	●	●		●	★	●		●	8
成都市双流区龙池学校(小学部)	●	●	●	●	●	●	●		●	8
成都市双流区实验小学外国语学校	●	●	●	●	●				●	5
成都市双流区蓝港外国语学校(小学部)	●	●	●	●	●	●	●	—	●	9
成都天府国际生物城万汇小学		●	●	●	●	●	●	—	●	7
成都市双流区东升小学		●				●				2
成都市双流区棠湖小学	●			●				—	●	2
成都市双流区公兴小学	★		●	●	●	●	●		●	6
成都市双流区西航港小学	●	●	●	●	●				●	5
成都市双流区九江小学		●	●	●	●	●	●		●	7
成都市双流区金桥小学	●	●	●	●	●	●	●		●	8
成都市双流区实验小学	●	●		●		●	●	—	●	5
成都市双流区胜利小学	●		●	●	●	●	●		●	8
成都市双流区永安小学	●	●	●	★	●	●	●		●	7
成都市双流区东升迎春小学	●	●	●	●		●			●	5
四川大学西航港实验小学	●	●	●	●	●	●	●	—	●	6

续表

学校	每百名学生拥有高于规定学历教师数	每百名学生拥有县级及以上骨干教师数	每百名学生拥有体育、艺术(音乐、美术)专任教师数	生均教学及辅助用房面积	生均体育运动场馆面积	生均教学仪器设备值	每百名学生拥有网络多媒体教室数	学校班额达标率	学生体质健康达标合格率	灰色底纹项数/项
成都市双流区黄水小学	●	●	●	●	●	●	●	—	★	8
成都市双流区双华小学	●	●	●	●	●	●	●	—	●	7
成都市双流区棠湖中学实验学校(东区)	●	★	●	●	●	●	●	●	●	8
成都空港实验学校	●		●	●	●	●	●	●	/	7
成都市双流区彭镇小学	●	●		●	●	●	●	●	●	6
成都市双流区黄甲小学	●	●	★	●	★	●	●	—	●	7
成都市双流区光明学校(小学部)	●	●			●	●	●		●	3
成都市双流区翰林学校(小学部)	●	●	●		●	●	●		●	5
成都市双流区育仁菁英学校(小学部)	●			●	●		●		●	3
双流中学九江实验学校(小学部)	●	●		●	●	●	●		●	6
成都信息工程大学常乐实验学校(小学部)	●	●			●				●	2
成都市双流区怡心第一实验学校(小学部)	●	★			●	●			●	4
成都市双流区教育科学研究院附属学校(小学部)	●	●	★	●	●	●			●	6
四川省双流棠湖中学怡心实验学校(小学部)	●	●	●		●	●		—	●	5
成都信息工程大学红樱实验学校(小学部)					●			—		1
成都芯谷实验学校(小学部)	●	●	●	●	●	★	●	—	●	8
成都市双流区棠湖中学实验学校(小学部)		●	●	●	●	●			●	4
成都市双流区黄龙溪学校(小学部)	●	●		●	●	★	●	—	★	6
成都市双流区九江新兴学校(小学部)	●	●	★	●	●	●	●		●	7
成都市双流区蛟龙港五星学校(小学部)	●	●	●	●	●	●	●	—	●	4

续表

学校	每百名学生拥有高于规定学历教师数	每百名学生拥有县级及以上骨干教师数	每百名学生拥有体育、艺术(音乐、美术)专任教师数	生均教学及辅助用房面积	生均体育运动场馆面积	生均教学仪器设备值	每百名学生拥有网络多媒体教室数	学校班额达标率	学生体质健康达标合格率	灰色底纹项数/项
成都市双流区立格实验学校(小学部)	●	●	●	●	●	●	●	—	●	7
成都市双流区育英学校(小学部)	●	●	○	●	●	★	●	—	●	5
成都市双流区世纪阳光学校(小学部)	●	●	★	●	●	●	●	—	●	3
成都棠湖外国语学校(小学部)	●	●	●	●	●	●	●	—	●	3
成都市盐道街中学外语学校(小学部)	●	●	●	★	●	●	●	—	●	5

注：(1) ★ $p>0.05$，差异不显著；○ $p<0.05$，差异显著；● $p<0.01$，差异很显著。(2) ▨ 差异不显著或显著高于区(市)县均值；☐ 显著低于区(市)县均值。(3)"学校班额达标率"达标的标准为小学班额不超过45人，初中班额不超过50人。(4)—指"学校班额达标率"只做了大小比较，未进行差异性分析，其灰色底纹表示该学校的"学校班额达标率"大于或等于区(市)县均值，无底纹表示该学校的"学校班额达标率"小于区(市)县均值。(5)/指未采集到"学生体质健康达标合格率"数据。

2. 初中

2022年双流区有8所初中60%及以上指标低于该区域平均值，分别是成都市双流区光明学校(初中部)、成都市双流区育仁菁英学校(初中部)、成都信息工程大学常乐实验学校(初中部)、成都市双流区棠湖中学实验学校(初中部)、成都市双流区蛟龙港五星学校(初中部)、成都市双流区立格实验学校(初中部)、成都市双流区永安中学、成都市盐道街中学外语学校(初中部)，其弱势方面主要是师资配置和生均资源配置较少，"学生体质健康达标合格率"偏低。双流区初中各项监测指标校际差异具体情况比较如表2.13.9所示。

表2.13.9 双流区初中各项监测指标校际差异具体情况比较

学校	每百名学生拥有高于规定学历教师数	每百名学生拥有县级及以上骨干教师数	每百名学生拥有体育、艺术(音乐、美术)专任教师数	生均教学及辅助用房面积	生均体育运动场馆面积	生均教学仪器设备值	每百名学生拥有网络多媒体教室数	学校班额达标率	学生体质健康达标合格率	灰色底纹项数/项
成都市双流区圣菲学校(初中部)	●	●	●	●	●	●	●	—	●	4
成都市双流区龙池学校(初中部)	★	●	●	●	★	●	●	—	●	6
成都市双流区蓝港外国语学校(初中部)	●	●	●	●	●	●	●	—	●	9
成都市双流区光明学校(初中部)	★	●	●	★	●	●	●	—	●	3

续表

学校	每百名学生拥有高于规定学历教师数	每百名学生拥有县级及以上骨干教师数	每百名学生拥有体育、艺术(音乐、美术)专任教师数	生均教学及辅助用房面积	生均体育运动场馆面积	生均教学仪器设备值	每百名学生拥有网络多媒体教室数	学校班额达标率	学生体质健康达标合格率	灰色底纹项数/项
成都市双流区翰林学校(初中部)	●	●	●	●	★	●	●	—	●	5
成都市双流区育仁菁英学校(初中部)	●	●	●	●	●	●	●	—	○	2
双流中学九江实验学校(初中部)	●	●	●	●	●	★	●	—	●	5
成都信息工程大学常乐实验学校(初中部)	★	●	●	●	●	●	●	—	★	3
成都市双流区怡心第一实验学校(初中部)	●	●	●	●	★	★	●	—	●	5
成都市双流区教育科学研究院附属学校(初中部)	●	●	★	●	●	●	●	—	●	6
四川省双流棠湖中学怡心实验学校(初中部)	●	●	●	●	○	●	★	—	●	8
成都芯谷实验学校(初中部)	●	●	●	●	★	●	●	—	●	5
成都市双流区东升第一初级中学	●	●	●	●	●	●	●	—	●	4
成都市双流区棠湖中学实验学校(初中部)	●	●	○	●	●	●	●	—	●	3
成都市双流区西航港街道第一初级中学	●	●	●	●	●	●	●	—	●	4
成都市双流区协和初级中学	●	●	●	●	●	●	●	—	●	9
成都市双流区西航港第二初级中学	●	●	●	●	●	●	●	—	●	7
成都市双流区胜利初级中学	●	●	●	●	●	●	●	—	●	8
成都市双流区黄甲初级中学	★	●	●	●	●	●	●	—	●	7
成都市双流区九江初级中学	●	●	●	●	★	●	●	—	●	5
成都市双流区金桥初级中学	★	●	●	●	●	●	●	—	●	8
成都市双流区彭镇初级中学	●	●	●	●	●	●	★	—	●	8
成都市双流区黄水初级中学	●	●	●	●	●	●	●	—	○	9

续表

学校	每百名学生拥有高于规定学历教师数	每百名学生拥有县级及以上骨干教师数	每百名学生拥有体育、艺术(音乐、美术)专任教师数	生均教学及辅助用房面积	生均体育运动场馆面积	生均教学仪器设备值	每百名学生拥有网络多媒体教室数	学校班额达标率	学生体质健康达标合格率	灰色底纹项数/项
成都市双流区黄龙溪学校(初中部)	●	●	●	●	★	●	●	—	●	7
成都市双流区九江新兴学校(初中部)	●	●	●	●	●	○	●	—	●	7
成都市双流区蛟龙港五星学校(初中部)	●	●	●	●	●	●	●	—	●	2
成都市双流区立格实验学校(初中部)	●	●	●	●	●	●	●	—	●	1
成都市双流区育英学校(初中部)	★	●	●	●	●	●	●	—	●	4
成都市双流区公兴初级中学	●	●	●	●	●	●	●	—	★	9
成都市双流区世纪阳光学校(初中部)	★	●	●	●	★	●	●	—	●	4
成都市双流区丹秋美亚学校	●	●	●	●	●	●	●	—	●	8
四川省双流中学	●	●	●	●	★	★	●	—	●	5
成都市双流区永安中学	●	●	●	●	●	●	●	—	●	1
成都市双流区艺体中学	●	●	●	●	★	●	●	—	●	6
成都市双流区棠湖中学	●	●	●	●	●	●	●	—	●	5
成都棠湖外国语学校(初中部)	●	●	●	●	●	●	●	—	●	4
成都市盐道街中学外语学校(初中部)	○	●	★	●	●	●	●	—	●	3

注：(1)★$p>0.05$，差异不显著；○$p<0.05$，差异显著；●$p<0.01$，差异很显著。(2) ▨ 差异不显著或显著高于区(市)县均值；☐ 显著低于区(市)县均值。(3)"学校班额达标率"达标的标准为小学班额不超过45人，初中班额不超过50人。(4)—指"学校班额达标率"只做了大小比较，未进行差异性分析，其灰色底纹表示该学校的"学校班额达标率"大于或等于区(市)县均值，无底纹表示该学校的"学校班额达标率"小于区(市)县均值。

三、结论

(一)成绩与经验

(1)从义务教育优质均衡发展达标情况看，均衡程度方面，A类7项指标中，2022年双流区小学和初中分别有7项、5项指标校际差异系数达到部标。

(2)发展水平方面，A类7项指标中，2022年双流区小学和初中分别有3项和4项监测指标达标学校比例超过90%，其中，小学和初中"生均教学仪器设备值""小学每百名学生拥有高于规定学历教师数"3项指标全部学校达标，与成都市均值相比，小学有3项、初中有2项指标的达成度均高于成都市均值；B类和C类19项指标中，2022年双流区有13项指标的达标比例达到100%，有16项指标的达成度高于或等于成都市均值。

(3) 从区域发展水平看，2022年双流区小学和初中分别有55.00%、75.00%的监测指标优于或等于成都市均值，其中，"特殊教育学校生均公用经费"为成都市均值的1.3263倍。

(4) 从城乡差异情况看，2022年双流区小学、初中均有77.78%的监测指标农村学校优于或等于城镇学校，其中，农村小学"生均体育运动场馆面积"为城镇小学的1.3648倍，农村初中"每百名学生拥有体育、艺术(音乐、美术)专任教师数"为城镇初中的1.4868倍。

(5) 从校际差异情况看，2022年双流区小学、初中分别有42.86%和14.29%的监测指标校际差异优于或等于成都市均值。

(二) 存在的不足

(1) 从义务教育优质均衡发展达标情况看，均衡程度方面，A类指标中，2022年双流区未达到部标的指标是初中"每百名学生拥有县级及以上骨干教师数"和"每百名学生拥有体育、艺术(音乐、美术)专任教师数"，校际差异系数分别为0.58和0.67。2022年双流区公办学校校际均衡指数为0.31，高于成都市均值(校际均衡程度低于成都市平均水平)，未达到市标，表明2022年双流区义务教育公办学校校际均衡程度有待进一步提高。

(2) 发展水平方面，A类指标中，2022年双流区小学和初中分别有4项和3项监测指标达标学校比例低于90%，其中，小学"生均体育运动场馆面积"的达标学校比例最低，为75.56%，初中"每百名学生拥有体育、艺术(音乐、美术)专任教师数"的达标学校比例最低，为59.46%，与成都市均值相比，小学和初中分别有4项和5项指标的达成度低于成都市均值；B类和C类19项指标中，2022年双流区有6项指标的达标比例低于100%，分别是"单设小学学校规模达标率""九年一贯制学校规模达标率""小学学校班额达标率""学校培训经费占本校年度公用经费预算总额的比例""小学生体质健康达标合格率""初中学生体质健康达标合格率"；有3项指标低于成都市均值，分别是"单设小学学校规模达标率""九年一贯制学校规模达标率""小学生体质健康达标合格率"。

(3) 从区域发展水平看，2022年双流区小学和初中监测指标中，小学和初中分别有45.00%、25.00%的监测指标低于成都市均值，其中，小学"学校规模达标率"为成都市均值的80.50%。

(4) 从城乡差异情况看，2022年双流区小学、初中均有2项监测指标农村学校低于城镇学校，其中，小学和初中"每百名学生拥有县级及以上骨干教师数"分别为城镇小学和初中的86.46%、69.19%，城乡差异较大。

(5) 从校际差异情况看，2022年双流区有8所小学60%及以上指标低于该区域平均值，分别是成都市双流区东升小学、成都市双流区棠湖小学、成都市双流区光明学校(小学部)、成都市双流区育仁菁英学校(小学部)、成都信息工程大学常乐实验学校(小学部)、成都信息工程大学红樱实验学校(小学部)、成都市双流区世纪阳光学校(小学部)、成都棠湖外国语学校(小学部);有8所初中60%及以上指标低于该区域平均值,分别是成都市双流区光明学校(初中部)、成都市双流区育仁菁英学校(初中部)、成都信息工程大学常乐实验学校(初中部)、成都市双流区棠湖中学实验学校(初中部)、成都市双流区蛟龙港五星学校(初中部)、成都市双流区立格实验学校(初中部)、成都市双流区永安中学、成都市盐道街中学外语学校(初中部);小学和初中的弱势方面主要是师资配置和生均资源配置较少,"学生体质健康达标合格率"偏低。

(三)建议

(1)资源配置方面,加强师资队伍建设,重点解决初中"每百名学生拥有县级及以上骨干教师数"和"每百名学生拥有体育、艺术(音乐、美术)专任教师数"校际差异较大的问题,解决小学"每百名学生拥有县级及以上骨干教师数"和"初中每百名学生拥有体育、艺术(音乐、美术)专任教师数"达标学校比例偏低、城乡差异较大的问题;优化资源配置,重点解决"中小学生均教学及辅助用房面积""生均体育运动场馆面积""每百名学生拥有网络多媒体教室数达标学校比例"偏低的问题;关注弱势学校,关注60%及以上指标低于区域均值的8所小学、8所初中,及连续多年处于该水平的学校,提高学校办学条件水平。

(2)政府保障程度方面,着力解决部分小学学校规模较大的问题,解决部分学校"培训经费占本校年度公用经费预算总额的比例"未达标的问题。

(3)教育质量方面,进一步提高"学生体质健康达标合格率",保障学生健康发展。

2022年郫都区义务教育优质均衡监测报告

一、2022年郫都区义务教育优质均衡发展概况

本次监测,除"县域内心理健康专职教师配备率"依据成都市《2022年政府工作报告目标任务责任分解方案》(成办发〔2022〕8号)、"小学六年(初中三年)巩固率"和"学生体质健康达标合格率"依据《成都市义务教育优质均衡监测指标体系》外,其余指标均依据部标。

《成都市人民政府教育督导委员会办公室关于印发〈成都市义务教育优质均衡监测指标体系〉的通知》(成府教督〔2017〕10号)构建的监测指标体系包括A类(资源配置,共14项指标,全部指标分小学、初中)、B类(政府保障程度,共12项指标,部分指标分小学、初中和九年一贯制)和C类(教育质量,共7项指标,部分指标分小学、初中),合计33项指标。除特别注明外,所有监测结果均为全体公民办学校总体结果。

(一)义务教育均衡程度

1. 判断标准

成都市义务教育均衡程度依据两个标准来判断:①部标,规定县域内义务教育公民办小学A类7项指标的差异系数每一项均应不高于0.50,公民办初中A类7项指标的差异系数每一项均应不高于0.45;②市标,规定县域内义务教育公办学校校际均衡指数值不高于0.27。

2. 均衡程度及达标情况

从部标看,在小学和初中共14项A类指标中,2022年郫都区小学和初中各指标校际差异系数均达到部标。

与上一监测年度相比,郫都区小学、初中分别有6项和7项指标的校际均衡程度进一步提高,只有小学"生均教学及辅助用房面积"的校际均衡程度有所下降(图2.14.1和图2.14.2)。

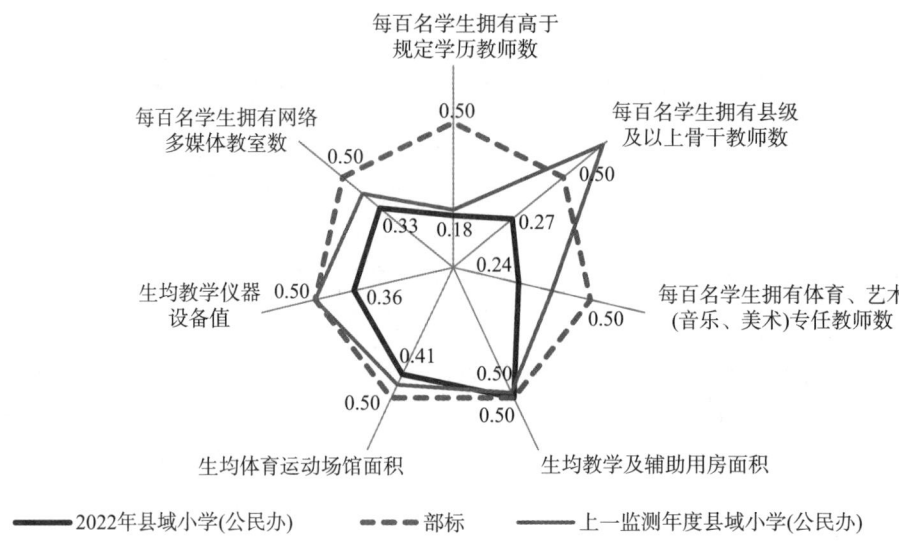

图 2.14.1 2022 年与上一监测年度郫都区小学县域内义务教育校际均衡情况

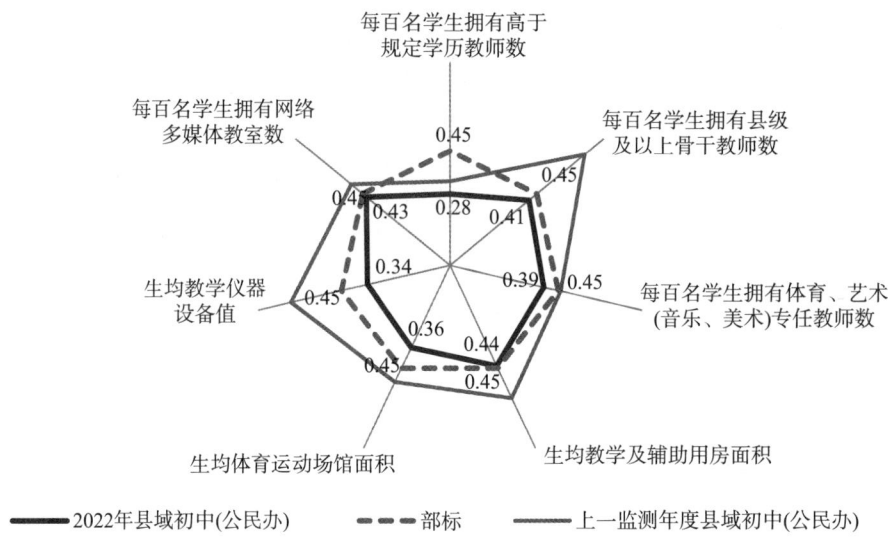

图 2.14.2 2022 年与上一监测年度郫都区初中县域内义务教育校际均衡情况

2022年郫都区公办学校校际均衡指数为 0.27，达到市标，但高于成都市均值（校际均衡程度低于成都市平均水平），表明 2022 年郫都区义务教育公办学校校际均衡程度较高。

与上一监测年度相比，2022 年郫都区公办学校校际均衡指数减少了 0.05，校际均衡程度提升（表 2.14.1）。

表 2.14.1　郫都区公办小学、初中县域内义务教育校际均衡情况

差异系数	每百名学生拥有高于规定学历教师数	每百名学生拥有县级及以上骨干教师数	每百名学生拥有体育、艺术(音乐、美术)专任教师数	生均教学及辅助用房面积	生均体育运动场馆面积	生均教学仪器设备值	每百名学生拥有网络多媒体教室数	2022年县域内义务教育校际均衡指数	2022年成都市县域内义务教育校际均衡指数	上一监测年度县域内义务教育校际均衡指数
小学	0.11	0.21	0.15	0.40	0.40	0.32	0.19	0.27	0.22	0.32
初中	0.22	0.26	0.29	0.30	0.33	0.27	0.39			

（二）义务教育优质均衡发展水平达标情况

以部标规定的标准值为参照，2022 年郫都区各指标达到目标值的情况如表 2.14.2 所示。

表 2.14.2　郫都区小学和初中 A 类指标达标情况

	指标名称	小学 达标学校数/所	小学 达标学校比例/%	小学 成都市均值/%	初中 达标学校数/所	初中 达标学校比例/%	初中 成都市均值/%
A 资源配置	每百名学生拥有高于规定学历教师数	48	94.12	98.36	32	82.05	98.90
	每百名学生拥有县级及以上骨干教师数	42	82.35	96.40	34	87.18	97.12
	每百名学生拥有体育、艺术(音乐、美术)专任教师数	50	98.04	97.23	32	82.05	91.47
	生均教学及辅助用房面积	25	49.02	87.04	19	48.72	83.78
	生均体育运动场馆面积	32	62.75	82.70	22	56.41	80.95
	生均教学仪器设备值	51	100.00	98.93	39	100.00	97.91
	每百名学生拥有网络多媒体教室数	43	84.31	97.28	31	79.49	96.86

从 A 类指标看，部标规定每一所学校的 A 类指标均要达到标准。郫都区小学的 7 项监测指标中有 5 项指标的达标学校比例在 80% 以上，其中，"生均教学仪器设备值"的达标学校比例为 100%，"生均教学及辅助用房面积"的达标学校比例最低，为 49.02%。

郫都区初中的 7 项监测指标中，达标学校比例超过 80% 的指标有 4 项，其中，"生均教学仪器设备值"的达标学校比例为 100%，"生均教学及辅助用房面积"的达标学校比例最低，为 48.72%。与成都市均值相比，郫都区小学、初中分别有 2 项和 1 项指标的达成度高于成都市均值。

从 B 类和 C 类 19 项指标看，除"单设小学学校规模达标率""单设初中学校规模达标率""九年一贯制学校规模达标率""小学学校班额达标率""初中学校班额达标率""学校培训经费占本校年度公用经费预算总额的比例""县域内心理健康专职教师配备率""小学六年巩固率""初中三年巩固率""小学生体质健康达标合格率""初中学生体质健康达标合格率""初中学业水平校际差异率"12 项指标外，其余 7 项指标的达标比例均为 100%。与成都市均值相比，郫都区有 8 项指标的达成度高于或等于成都市均值，另外 11 项指标的达成度低于成都市均值,分别是"单设小学学校规模达标率""单设初中学校规模达标率""九年一贯制学校规模达标率""小学学校班额达标率""初中学校班额达标率""县域内心理健康专职教师配备率""小学六年巩固率""初中三年巩固率""小学生体质健康达标合格率""初中学生体质健康达标合格率""初中学业水平校际差异率"(表 2.14.3)。

表 2.14.3　郫都区小学和初中 B 类、C 类指标达标情况(%)

	指标名称	达标比例	成都市均值
B 政府保障程度	单设小学学校规模达标率	76.00	82.32
	单设初中学校规模达标率	92.31	94.27
	九年一贯制学校规模达标率	80.77	87.34
	小学学校班额达标率	46.61	77.63
	初中学校班额达标率	89.86	94.78
	特殊教育学校生均公用经费	100.00	97.12
	学校培训经费占本校年度公用经费预算总额的比例	80.58	71.00
	教师全员培训完成率	100.00	100.00
	县域内每年交流轮岗教师的比例	100.00	100.00
	县域内优质高中招生名额分配比例	100.00	100.00
	符合条件的随迁子女在公办学校和政府购买服务的民办学校就读的比例	100.00	99.77
	县域内心理健康专职教师配备率	69.75	91.44
C 教育质量	小学六年巩固率	96.54	98.24
	初中三年巩固率	98.81	99.63
	残疾儿童少年入学率	100.00	99.89
	小学生体质健康达标合格率	94.12	98.80
	初中学生体质健康达标合格率	89.74	96.95
	小学学业水平校际差异率	100.00	93.27
	初中学业水平校际差异率	54.68	80.49

二、2022 年郫都区义务教育区域差异、城乡差异和校际差异情况

(一)总体情况

本报告中,区域差异情况是由各区(市)县的各项监测指标值与成都市均值相比较而得,比值大于 1 代表其发展水平高于成都市平均水平。城乡差异情况是由各区(市)县的农村学校各项监测指标值与城镇学校各项监测指标值相比较而得,比值大于 1 代表农村发展水平高于城镇发展水平。校际差异情况是由各区(市)县的各项监测指标差异系数与成都市

各区(市)县差异系数平均值相比较而得,比值小于 1 代表其校际差异水平优于成都市平均水平,差异系数值越小代表区域内该指标校际差异越小。

从区域差异情况看,2022 年郫都区小学、初中均有 30.00%(小学、初中各 20 项)的监测指标优于或等于成都市均值;从城乡差异情况看,2022 年郫都区小学、初中分别有 66.67%和 77.78%(小学、初中各 9 项)的监测指标农村学校优于或等于城镇学校;从校际差异情况看,2022 年郫都区小学有 14.29%的监测指标优于或等于成都市均值,初中没有(小学、初中各 7 项)监测指标优于或等于成都市均值。

从监测指标看,2022 年,郫都区处于优势的指标为"学校培训经费占本校年度公用经费预算总额的比例""教师全员培训完成率""县域内每年交流轮岗教师的比例""县域内优质高中招生名额分配比例""符合条件的随迁子女在公办学校和政府购买服务的民办学校就读的比例",小学"学业水平校际差异率"。

郫都区处于弱势的指标为小学和初中"每百名学生拥有县级及以上骨干教师数""学校规模达标率""特殊教育学校生均公用经费""县域内心理健康专职教师配备率""小学六年(初中三年)巩固率""残疾儿童少年入学率",小学"生均教学及辅助用房面积""学生体质健康达标合格率",初中"生均教学仪器设备值""学业水平校际差异率"(表 2.14.4)。

表 2.14.4 郫都区小学和初中监测指标的区域差异、城乡差异和校际差异情况

	指标名称	小学 区域差异情况	小学 城乡差异情况	小学 校际差异情况	初中 区域差异情况	初中 城乡差异情况	初中 校际差异情况
A 资源配置	每百名学生拥有高于规定学历教师数		▓			▓	
	每百名学生拥有县级及以上骨干教师数						
	每百名学生拥有体育、艺术(音乐、美术)专任教师数		▓			▓	
	生均教学及辅助用房面积		▓			▓	
	生均体育运动场馆面积		▓			▓	
	生均教学仪器设备值		▓			▓	
	每百名学生拥有网络多媒体教室数		▓			▓	
B 政府保障程度	学校规模达标率		—	—		—	—
	学校班额达标率		—	—		—	—
	特殊教育学校生均公用经费		—			—	
	学校培训经费占本校年度公用经费预算总额的比例	▓	—		▓	—	
	教师全员培训完成率		—			—	
	县域内每年交流轮岗教师的比例		—			—	
	县域内优质高中招生名额分配比例		—			—	
	符合条件的随迁子女在公办学校和政府购买服务的民办学校就读的比例		—			—	
	县域内心理健康专职教师配备率		—	—		—	—

续表

指标名称		小学 区域差异情况	小学 城乡差异情况	小学 校际差异情况	初中 区域差异情况	初中 城乡差异情况	初中 校际差异情况
C 教育质量	小学六年(初中三年)巩固率			—			—
	残疾儿童少年入学率			—			—
	学生体质健康达标合格率						
	学业水平校际差异率		—			—	
	灰色底纹项数/项	6	6	1	6	7	0
	灰色底纹项数比例/%	30.00	66.67	14.29	30.00	77.78	0

注：(1)区域差异情况中，▨比值大于等于1，□比值小于1；(2)城乡差异情况中，▨比值大于等于1，□比值小于1；(3)校际差异情况中，▨比值小于等于1，□比值大于1。

(二)区域发展水平具体情况

2022年郫都区小学和初中监测指标中，小学、初中均有30.00%(小学、初中各20项)的监测指标优于或等于成都市均值，其中，"县域内每年交流轮岗教师的比例"为成都市均值的1.3873倍；另外，低于成都市均值的指标中，"特殊教育学校生均公用经费"为成都市均值的35.48%。郫都区具体情况如表2.14.5和图2.14.3所示。

表2.14.5 郫都区各项监测指标值与成都市均值的比较

	指标名称	区域值 小学	区域值 初中	区域值 九年一贯制	成都市均值 小学	成都市均值 初中	成都市均值 九年一贯制	区域值/成都市均值 小学	区域值/成都市均值 初中	区域值/成都市均值 九年一贯制
A 资源配置	每百名学生拥有高于规定学历教师数/人	5.48	7.79	—	5.92	8.14	—	0.9257	0.9570	—
	每百名学生拥有县级及以上骨干教师数/人	1.25	2.32	—	2.13	2.88	—	0.5869	0.8056	—
	每百名学生拥有体育、艺术(音乐、美术)专任教师数/人	1.11	1.13	—	1.21	1.11	—	0.9174	1.0180	—
	生均教学及辅助用房面积/平方米	4.73	6.01	—	5.76	7.35	—	0.8212	0.8177	—
	生均体育运动场馆面积/平方米	8.10	9.79	—	8.26	11.48	—	0.9806	0.8528	—
	生均教学仪器设备值/元	4388.99	5101.06	—	4584.76	5927.48	—	0.9573	0.8606	—
	每百名学生拥有网络多媒体教室数/间	2.74	3.22	—	2.97	3.24	—	0.9226	0.9938	—
B 政府保障程度	学校规模达标率/%	76.00	92.31	80.77	82.82	93.88	88.70	0.9177	0.9833	0.9106
	学校班额达标率/%	46.61	89.86	—	74.98	94.48	—	0.6216	0.9511	—
	特殊教育学校生均公用经费/元	6979.70			19669.88			0.3548		
	学校培训经费占本校年度公用经费预算总额的比例/%	4.03			3.86			1.0440		

续表

指标名称		区域值 小学	区域值 初中	区域值 九年一贯制	成都市均值 小学	成都市均值 初中	成都市均值 九年一贯制	区域值/成都市均值 小学	区域值/成都市均值 初中	区域值/成都市均值 九年一贯制
B 政府保障程度	教师全员培训完成率/%	100.00			100.00			1.0000		
	县域内每年交流轮岗教师的比例/%	20.92			15.08			1.3873		
	县域内优质高中招生名额分配比例/%	50.00			50.00			1.0000		
	符合条件的随迁子女在公办学校和政府购买服务的民办学校就读的比例/%	97.21			96.55			1.0068		
	县域内心理健康专职教师配备率/%	38.36			68.86			0.5571		
C 教育质量	小学六年(初中三年)巩固率/%	95.58	97.82	—	97.99	99.04	—	0.9754	0.9877	—
	残疾儿童少年入学率/%	97.69			99.21			0.9847		
	学生体质健康达标合格率/%	98.10	97.22	—	98.76	97.89	—	0.9933	0.9932	—
	学业水平校际差异率	0.11	0.27	—	0.13	0.19	—	*1.1818	*0.7037	—

注：*此数值的计算公式为"成都市均值/区域值"，比值大于1代表区域均衡水平优于成都市均值。

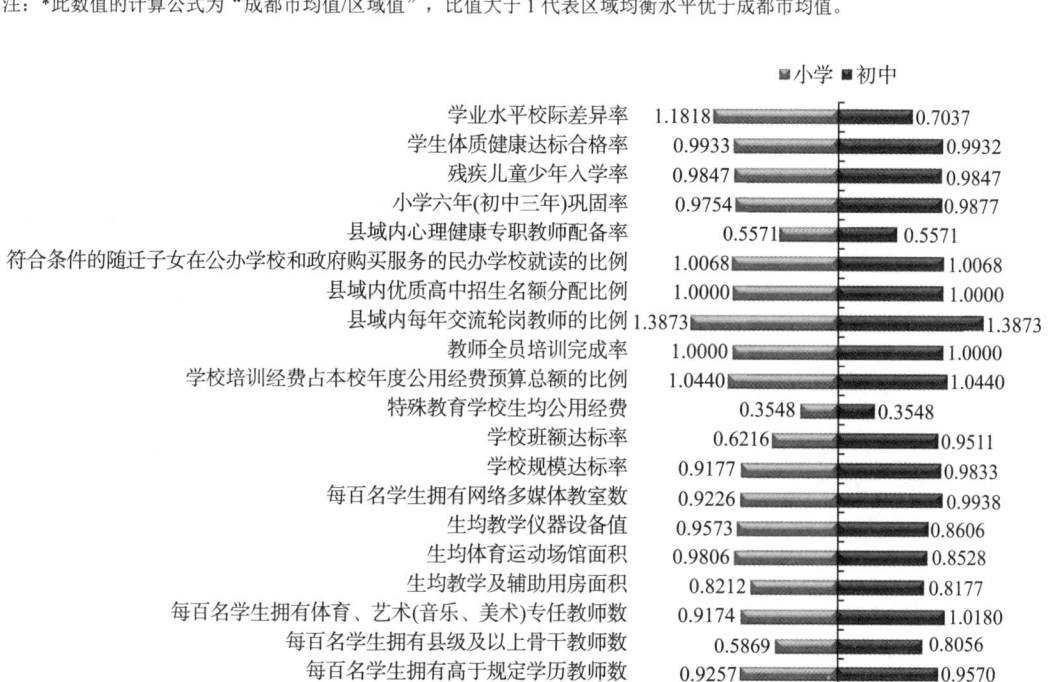

图 2.14.3　郫都区小学和初中各项监测指标值与成都市均值的比较

(三)城乡差异情况

1. 小学

2022年郫都区小学9项监测指标中,农村小学有6项指标高于城镇小学,其中,"学校班额达标率"为城镇小学的1.9423倍;农村小学有3项指标低于城镇小学,其中,"每百名学生拥有县级及以上骨干教师数"为城镇小学的88.32%,城乡差异较大(表2.14.6和图2.14.4)。

表2.14.6 郫都区小学各项监测指标城乡差异情况

指标	郫都区均值	城镇均值	农村均值	乡城比率
每百名学生拥有高于规定学历教师数/人	5.48	5.38	5.52	1.0260
每百名学生拥有县级及以上骨干教师数/人	1.25	1.37	1.21	0.8832
每百名学生拥有体育、艺术(音乐、美术)专任教师数/人	1.11	1.08	1.12	1.0370
生均教学及辅助用房面积/平方米	4.73	4.77	4.71	0.9874
生均体育运动场馆面积/平方米	8.10	6.61	8.69	1.3147
生均教学仪器设备值/元	4388.99	4252.58	4442.92	1.0448
每百名学生拥有网络多媒体教室数/间	2.74	2.70	2.75	1.0185
学校班额达标率/%	46.61	27.54	53.49	1.9423
学生体质健康达标合格率/%	98.10	98.23	98.05	0.9982

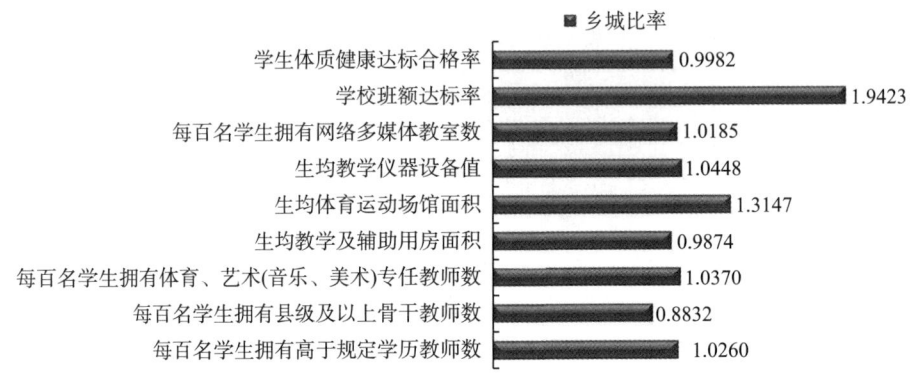

图2.14.4 郫都区小学城乡差异情况

2. 初中

2022年郫都区初中9项监测指标中,农村初中有7项指标高于城镇初中,其中,"每百名学生拥有网络多媒体教室数"为城镇初中的1.3333倍;另外,农村初中有2项指标低于城镇初中,其中,"每百名学生拥有县级及以上骨干教师数"为城镇初中的82.26%,城乡差异较大(表2.14.7和图2.14.5)。

2022年郫都区义务教育优质均衡监测报告

表 2.14.7　郫都区初中各项监测指标城乡差异情况

指标	郫都区均值	城镇均值	农村均值	乡城比率
每百名学生拥有高于规定学历教师数/人	7.79	7.72	7.81	1.0117
每百名学生拥有县级及以上骨干教师数/人	2.32	2.65	2.18	0.8226
每百名学生拥有体育、艺术(音乐、美术)专任教师数/人	1.13	0.98	1.19	1.2143
生均教学及辅助用房面积/平方米	6.01	5.42	6.26	1.1550
生均体育运动场馆面积/平方米	9.79	8.33	10.40	1.2485
生均教学仪器设备值/元	5101.06	5351.25	4996.07	0.9336
每百名学生拥有网络多媒体教室数/间	3.22	2.61	3.48	1.3333
学校班额达标率/%	89.86	87.66	90.70	1.0347
学生体质健康达标合格率/%	97.22	97.05	97.26	1.0022

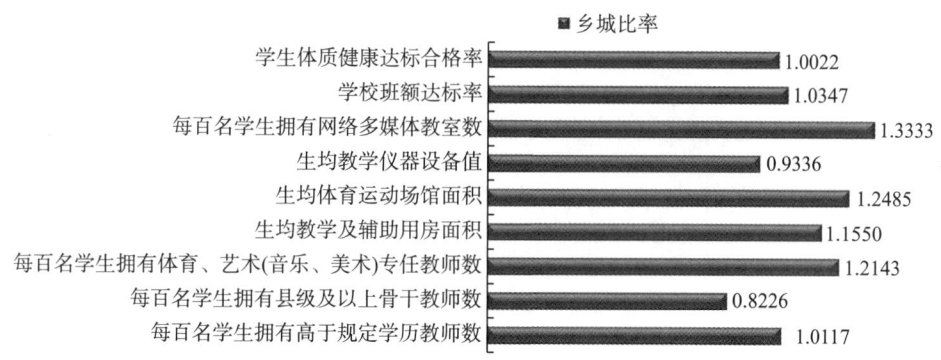

图 2.14.5　郫都区初中城乡差异情况

(四)校际差异情况

1. 小学

2022年郫都区有17所小学60%及以上指标低于该区域平均值，分别是成都市郫都区郫筒二小金花桥校区、成都市郫都区郫筒一小望丛校区、成都市郫都区郫筒二小华西校区、成都市郫都区郫筒一小宋公桥校区、成都市郫都区德源小学校、成都市郫都区新民场小学校、成都市郫都区犀浦新兴学校(小学部)、成都市郫都区红祥文武学校(小学部)、成都市郫都区犀浦外国语学校、成都市郫都区安靖学校(小学部)、成都市郫都区团结学校(小学部)、成都市郫都区犀浦实验学校(小学部)、成都市郫都区红光思源学校、成都市郫都区安德学校(小学部)、成都市郫都区白马学校(小学部)、成都市郫都区正德树人学校(小学部)、成都市郫都区嘉祥外国语学校(小学部)，其弱势方面主要是师资配置和生均资源配置较少，"学校班额达标率"较低。郫都区小学各项监测指标校际差异具体情况比较如表2.14.8所示。

表 2.14.8 郫都区小学各项监测指标校际差异具体情况比较

学校	每百名学生拥有高于规定学历教师数	每百名学生拥有县级及以上骨干教师数	每百名学生拥有体育、艺术(音乐、美术)专任教师数	生均教学及辅助用房面积	生均体育运动场馆面积	生均教学仪器设备值	每百名学生拥有网络多媒体教室数	学校班额达标率	学生体质健康达标合格率	灰色底纹项数/项
成都市泡桐树小学蜀都分校	●	●	○	★	●	●	●	—	●	8
成都市郫都区崇宁小学校	●	●	●	●	●	●	●	—	●	4
成都市郫都区郫筒二小金花桥校区	●	●	●	●	●	●	●	—	●	3
成都市郫都区郫筒一小望丛校区	●	●	●	●	●	●	●	—	●	1
成都市郫都区郫筒二小华西校区	●	●	●	●	●	●	●	—	●	3
成都市郫都区红光学府高店小学校	●	●	●	●	●	●	●	—	●	4
成都市郫都区城南小学校	●	●	●	●	●	●	●	—	●	4
成都市郫都区犀浦小学校	●	●	●	●	●	●	★	—	●	5
成都市郫都区龙吟小学校	●	●	★	●	●	●	●	—	●	4
成都市郫都区友爱何家场小学校	●	●	●	★	●	●	○	—	★	8
成都市郫都区竹瓦小学校	●	●	●	●	●	●	●	—	●	8
成都市郫都区郫筒一小宋公桥校区	●	●	●	●	●	●	●	—	●	3
成都市郫都区红光小学校	●	●	●	●	●	●	●	—	●	5
成都市郫都区德源小学校	●	●	●	●	●	●	●	—	●	2
成都市郫都区团结红星小学校	●	●	●	●	●	●	●	—	●	9
成都市郫都区唐元小学校	●	●	●	●	●	●	●	—	●	6
成都市郫都区唐昌战旗小学	●	●	●	●	●	●	●	—	○	8
成都市郫都区清河小学校	●	●	●	●	●	●	●	—	●	4
成都市郫都区新民场小学校	●	●	●	●	○	●	●	—	●	1

续表

学校	每百名学生拥有高于规定学历教师数	每百名学生拥有县级及以上骨干教师数	每百名学生拥有体育、艺术(音乐、美术)专任教师数	生均教学及辅助用房面积	生均体育运动场馆面积	生均教学仪器设备值	每百名学生拥有网络多媒体教室数	学校班额达标率	学生体质健康达标合格率	灰色底纹项数/项
成都市郫都区犀浦新兴学校(小学部)	●	●	●	●	●	●	●	—	●	3
成都市郫都区红祥文武学校(小学部)	●	●	●	●	●	●	●	—	●	2
成都市郫都区安靖沙湾学校(小学部)	●	★	●	●	●	●	●	—	●	7
成都市郫都区犀浦外国语学校	●	●	●	●	○	●	●	—	●	3
成都市郫都区西川汇锦都学校(小学部)	●	●	●	●	●	●	●	—	●	8
成都市郫都区北部新城学校(小学部)	●	●	●	●	●	●	●	—	●	8
成都市郫都区安靖学校(小学部)	●	●	●	●	●	●	●	—	●	2
成都市郫都区古城学校(小学部)	●	●	●	●	●	●	●	—	○	5
成都市郫都区团结学校(小学部)	●	●	●	●	●	●	●	—	★	3
成都市郫都区犀浦实验学校(小学部)	●	●	●	●	●	●	●	—	●	3
成都市郫都区红光思源学校	●	●	●	●	●	○	●	—	●	2
成都市郫都区实验学校	●	●	●	●	●	●	★	—	●	4
成都市郫都区安德学校(小学部)	★	●	●	●	●	●	●	—	●	2
成都市郫都区花园学校(小学部)	●	●	●	●	●	●	●	—	●	7
成都市郫都区两路口学校(小学部)	★	●	●	●	●	●	●	—	●	4
成都市郫都区犀浦大田学校(小学部)	●	●	○	●	●	●	★	—	●	6
成都市郫都区友爱子云学校(小学部)	●	●	●	●	●	●	●	—	●	6
成都市郫都区白马学校(小学部)	●	●	●	●	●	●	●	—	●	3
成都市郫都区春蕾双语实验学校(小学部)	●	●	●	●	●	●	●	—	●	4

续表

学校	每百名学生拥有高于规定学历教师数	每百名学生拥有县级及以上骨干教师数	每百名学生拥有体育、艺术(音乐、美术)专任教师数	生均教学及辅助用房面积	生均体育运动场馆面积	生均教学仪器设备值	每百名学生拥有网络多媒体教室数	学校班额达标率	学生体质健康达标合格率	灰色底纹项数/项
成都市郫都区安靖益民实验学校(小学部)	★	●	●	●	●	●	●	—	●	6
成都文武学校(小学部)	★	●	●	●	●	●	●	—	●	6
成都市郫都区雍渡学校(小学部)	●	●	●	★	●	●	●	—	★	7
成都市郫都区正德树人学校(小学部)	●	●	●	●	●	●	●		●	3
成都市郫都区三道堰学校	●	●	●	★	●	●	●	—	●	6
成都市郫都区安靖惠民学校(小学部)	●	●	●	●	●	●	●		●	4
成都市郫都区阳光学校(小学部)	★	●	●	●	●	●	●	—	●	7
成都市郫都区绵实外国语学校(小学部)	●	●	●	●	●	●	●		●	4
成都市郫都区川科外国语学校(小学部)	●	●	●	●	●	●	●	—	●	6
成都市郫都区天立学校(小学部)	●	●	●	●	●	●	●	—	●	7
成都市郫都区华爱学校(小学部)	●	●	●	●	●	●	●	—	●	8
成都市郫都区博瑞实验学校(小学部)	●	●	●	●	●	●	●	—	●	6
成都市郫都区嘉祥外国语学校(小学部)	●	●	●	●	●	●	●	—	●	2

注:(1)★$p>0.05$,差异不显著;○$p<0.05$,差异显著;●$p<0.01$,差异很显著。(2)▨差异不显著或显著高于区(市)县均值;☐显著低于区(市)县均值。(3)"学校班额达标率"达标的标准为小学班额不超过45人,初中班额不超过50人。(4)—指"学校班额达标率"只做了大小比较,未进行差异性分析,其灰色底纹表示该学校的"学校班额达标率"大于或等于区(市)县均值,无底纹表示该学校的"学校班额达标率"小于区(市)县均值。

2. 初中

2022年郫都区有11所初中60%及以上指标低于该区域平均值,分别是成都市郫都区犀浦新兴学校(初中部)、成都市郫都区红祥文武学校(初中部)、成都市郫都区团结学校(初中部)、成都市郫都区岷阳实验外国语学校、成都市郫都区安德学校(初中部)、成都市郫都区白马学校(初中部)、成都市郫都区春蕾双语实验学校(初中部)、成都市郫都区正德树人学校(初中部)、四川省成都市郫都区第四中学、四川省成都市郫都区第二中学、成都市郫都区嘉祥外国语学校(初中部),其弱势方面主要是师资配置和生均资源配置较少。郫都区初中各项监测指标校际差异具体情况比较如表2.14.9所示。

表 2.14.9　郫都区初中各项监测指标校际差异具体情况比较

学校	每百名学生拥有高于规定学历教师数	每百名学生拥有县级及以上骨干教师数	每百名学生拥有体育、艺术（音乐、美术）专任教师数	生均教学及辅助用房面积	生均体育运动场馆面积	生均教学仪器设备值	每百名学生拥有网络多媒体教室数	学校班额达标率	学生体质健康达标合格率	灰色底纹项数/项
成都市郫都区犀浦新兴学校(初中部)	●	●		●	●	●	●	—	●	3
成都市郫都区红祥文武学校(初中部)	●	●	★	●	●	●	●	—	●	3
成都市郫都区安靖沙湾学校(初中部)	●	●	●	●	●	●	★		●	6
成都市郫都区西川汇锦都学校(初中部)	●	●		●	●	●	●	●	●	7
成都市郫都区三道堰初级中学校	●	●	●	●	●	●	●	●	●	9
成都市郫都区新民场初级中学校	●	●	●	●	●	●	●	—	●	7
成都市郫都区安靖学校(初中部)	●	●	●		●	●	○	—	●	5
成都市郫都区德源初级中学校	●	●	●	●	●	●	●		●	6
成都市郫都区古城学校(初中部)	●	●	●		●	●			●	4
成都市郫都区清河初级中学校	●	●	●	●	●	●	●		●	7
成都市郫都区唐元初级中学校	●	●	●	●	●	●	●	—	★	9
成都市郫都区团结学校(初中部)	●	●		●	●			—	●	3
成都市郫都区竹瓦初级中学校	●	●	●	●	●	●	●		★	9
成都市郫都区岷阳实验外国语学校				●	●			—	●	2
成都市郫都区犀浦实验学校(初中部)	●	●		●	●	●	●	●	●	7
成都市郫都区红光初级中学校	●	●			●	●	●	—	●	4
成都市郫都区安德学校(初中部)				●	●				●	2
成都市郫都区花园学校(初中部)	●	●	○	●	●	●	●	—	●	7
成都市郫都区两路口学校(初中部)	●	●		●	●	●	●		●	6
成都市郫都区友爱子云学校(初中部)	●	●	●	★	●	●	●	—	●	8

续表

学校	每百名学生拥有高于规定学历教师数	每百名学生拥有县级及以上骨干教师数	每百名学生拥有体育、艺术(音乐、美术)专任教师数	生均教学及辅助用房面积	生均体育运动场馆面积	生均教学仪器设备值	每百名学生拥有网络多媒体教室数	学校班额达标率	学生体质健康达标合格率	灰色底纹项数/项
成都市郫都区白马学校(初中部)	●	●	●	●	●	●	★	—	●	3
成都市郫都区春蕾双语实验学校(初中部)	●	●	●	●	●	●	●	—	●	3
成都市郫都区安靖益民实验学校(初中部)	●	●	●	●	●	●	●	—	●	6
成都文武学校(初中部)	●	●	★	●	●	●	●	—	●	4
成都市郫都区雍渡学校(初中部)	●	●	●	●	★	●	●	—	●	4
成都市郫都区正德树人学校(初中部)	●	●	●	●	●	●	●	—	●	3
成都市郫都区安靖惠民学校(初中部)	●	●	○	●	●	●	●	—	●	4
成都市郫都区阳光学校(初中部)	●	●	●	●	●	●	●	—	●	6
成都石室蜀都中学	●	●	●	●	●	●	●	—	●	4
成都市郫都区绵实外国语学校(初中部)	●	●	●	●	★	●	●	—	●	4
成都市郫都区川科外国语学校(初中部)	●	●	●	●	●	●	●	—	●	5
成都市郫都区天立学校(初中部)	●	●	●	●	●	●	○	—	●	7
成都市郫都区华爱学校(初中部)	●	○	●	●	●	●	●	—	●	8
四川省成都市郫都区第一中学	●	●	●	○	●	●	●	—	●	4
四川省成都市郫都区第三中学	●	●	●	●	●	●	●	—	●	5
四川省成都市郫都区第四中学	●	●	●	●	●	●	●	—	●	1
成都市郫都区博瑞实验学校(初中部)	●	●	●	●	●	●	●	—	●	5
四川省成都市郫都区第二中学	●	●	●	●	●	●	●	—	●	2
成都市郫都区嘉祥外国语学校(初中部)	★	●	●	●	●	●	●	—	●	3

注:(1)★$p>0.05$,差异不显著;○$p<0.05$,差异显著;●$p<0.01$,差异很显著。(2) ▨ 差异不显著或显著高于区(市)县均值;☐ 显著低于区(市)县均值。(3)"学校班额达标率"达标的标准为小学班额不超过45人,初中班额不超过50人。(4)—指"学校班额达标率"只做了大小比较,未进行差异性分析,其灰色底纹表示该学校的"学校班额达标率"大于或等于区(市)县均值,无底纹表示该学校的"学校班额达标率"小于区(市)县均值。

三、结论

(一)成绩与经验

(1)从义务教育优质均衡发展达标情况看,均衡程度方面,A类7项指标中,2022年郫都区小学和初中各指标校际差异系数均达到部标。

(2)发展水平方面,A类7项指标中,2022年郫都区小学有5项指标的达标学校比例在80%以上,其中,"生均教学仪器设备值"的达标学校比例为100%,初中有4项指标达标学校比例超过80%,其中,"生均教学仪器设备值"的达标学校比例为100%;B类和C类9项指标中,2022年郫都区有7项指标的达标比例达到100%,有8项指标的达成度高于或等于成都市均值。

(3)从区域发展水平看,2022年郫都区小学和初中监测指标中,小学、初中均有30.00%的监测指标优于或等于成都市均值,其中,"县域内每年交流轮岗教师的比例"为成都市均值的1.3873倍。

(4)从城乡差异情况看,2022年郫都区小学、初中分别有66.67%和77.78%的监测指标农村学校优于或等于城镇学校。

(5)从校际差异情况看,2022年郫都区小学有14.29%的监测指标校际差异优于或等于成都市均值。

(二)存在的不足

(1)从义务教育优质均衡发展达标情况看,均衡程度方面,A类指标中,2022年郫都区公办学校校际均衡指数为0.27,高于成都市均值(校际均衡程度低于成都市平均水平)。

(2)发展水平方面,A类指标中,2022年郫都区小学有2项指标达标学校比例均低于80%,其中,"生均教学及辅助用房面积"的达标学校比例最低,为49.02%;初中有3项指标达标学校比例均低于80%,其中,"生均教学及辅助用房面积"的达标学校比例最低,为48.72%;与成都市均值相比,小学、初中分别有5项和6项指标的达成度低于成都市均值。B类和C类19项指标中,2022年郫都区有12项指标的达标比例低于100%,分别是"单设小学学校规模达标率""单设初中学校规模达标率""九年一贯制学校规模达标率""小学学校班额达标率""初中学校班额达标率""学校培训经费占本校年度公用经费预算总额的比例""县域内心理健康专职教师配备率""小学六年巩固率""初中三年巩固率""小学生体质健康达标合格率""初中学生体质健康达标合格率""初中学业水平校际差异率";有11项指标低于成都市均值,分别是"单设小学学校规模达标率""单设初中学校规模达标率""九年一贯制学校规模达标率""小学学校班额达标率""初中学校班额达标率""县域内心理健康专职教师配备率""小学六年巩固率""初中三年巩固率""小学生体质健康达标合格率""初中学生体质健康达标合格率""初中学业水平校际差异率"。

(3)从区域发展水平看,2022年郫都区小学、初中均有70.00%的监测指标低于成都市均值,其中,"特殊教育学校生均公用经费"为成都市均值的35.48%,与成都市均值差距较大。

(4)从城乡差异情况看,2022年郫都区小学、初中分别有3项和2项指标农村学校低于城镇学校,其中,农村小学"每百名学生拥有县级及以上骨干教师数"为城镇小学的88.32%,农村初中"每百名学生拥有县级及以上骨干教师数"仅为城镇初中的82.26%,城乡差异较大。

(5)从校际差异情况看,2022年郫都区有17所小学60%及以上指标低于该区域平均值,分别是成都市郫都区郫筒二小金花桥校区、成都市郫都区郫筒一小望丛校区、成都市郫都区郫筒二小华西校区、成都市郫都区郫筒一小宋公桥校区、成都市郫都区德源小学校、成都市郫都区新民场小学校、成都市郫都区犀浦新兴学校(小学部)、成都市郫都区红祥文武学校(小学部)、成都市郫都区犀浦外国语学校、成都市郫都区安靖学校(小学部)、成都市郫都区团结学校(小学部)、成都市郫都区犀浦实验学校(小学部)、成都市郫都区红光思源学校、成都市郫都区安德学校(小学部)、成都市郫都区白马学校(小学部)、成都市郫都区正德树人学校(小学部)、成都市郫都区嘉祥外国语学校(小学部);有11所初中60%及以上指标低于该区域平均值,分别是成都市郫都区犀浦新兴学校(初中部)、成都市郫都区红祥文武学校(初中部)、成都市郫都区团结学校(初中部)、成都市郫都区岷阳实验外国语学校、成都市郫都区安德学校(初中部)、成都市郫都区白马学校(初中部)、成都市郫都区春蕾双语实验学校(初中部)、成都市郫都区正德树人学校(初中部)、四川省成都市郫都区第四中学、四川省成都市郫都区第二中学、成都市郫都区嘉祥外国语学校(初中部);弱势方面主要是小学和初中师资配置和生均资源配置较少,小学"学校班额达标率"较低。

(三)建议

(1)资源配置方面,加强师资队伍建设,重点解决中小学"每百名学生拥有高于规定学历教师数""每百名学生拥有县级及以上骨干教师数""每百名学生拥有体育、艺术(音乐、美术)专任教师数"达标学校比例偏低的问题;优化资源配置,重点解决中小学"生均教学及辅助用房面积""生均体育运动场馆面积""每百名学生拥有网络多媒体教室数"达标学校比例低、区域水平较低的问题;关注弱势学校,关注60%及以上指标低于区域均值的17所小学和9所初中,及连续多年处于该水平的学校,提高学校办学条件水平。

(2)政府保障程度方面,着力解决中小学学校规模达标比例、班额达标比例低的问题,提高"县域内心理健康专职教师配备率"。

(3)教育质量方面,进一步通过优化教育教学及管理,提高"小学六年巩固率""初中三年巩固率",提高中小学生身心健康水平。

2022年新津区义务教育优质均衡监测报告

一、2022年新津区义务教育优质均衡发展概况

本次监测，除"县域内心理健康专职教师配备率"依据成都市《2022年政府工作报告目标任务责任分解方案》(成办发〔2022〕8号)、"小学六年(初中三年)巩固率"和"学生体质健康达标合格率"依据《成都市义务教育优质均衡监测指标体系》外，其余指标均依据部标。

《成都市人民政府教育督导委员会办公室关于印发〈成都市义务教育优质均衡监测指标体系〉的通知》(成府教督〔2017〕10号)构建的监测指标体系包括A类(资源配置，共14项指标，全部指标分小学、初中)、B类(政府保障程度，共12项指标，部分指标分小学、初中和九年一贯制)和C类(教育质量，共7项指标，部分指标分小学、初中)，合计33项指标。除特别注明外，所有监测结果均为全体公民办学校总体结果。

（一）义务教育均衡程度

1. 判断标准

成都市义务教育均衡程度依据两个标准来判断：①部标，规定县域内义务教育公民办小学A类7项指标的差异系数每一项均应不高于0.50，公民办初中A类7项指标的差异系数每一项均应不高于0.45；②市标，规定县域内义务教育公办学校校际均衡指数值不高于0.27，以下简称市标。

2. 均衡程度及达标情况

从部标看，在小学和初中共14项A类指标中，2022年新津区小学和初中各指标校际差异系数均达到部标。

与上一监测年度相比，新津区小学、初中分别有6项和3项指标的校际均衡程度进一步提高，小学"生均教学仪器设备值"，初中"每百名学生拥有县级及以上骨干教师数""生均教学及辅助用房面积""生均体育运动场馆面积""生均教学仪器设备值"的校际均衡程度有所下降(图2.15.1和图2.15.2)。

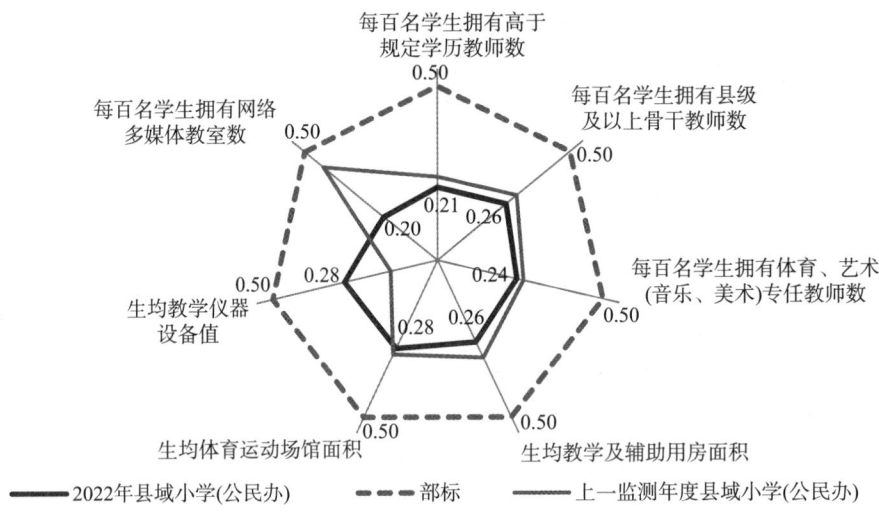

图 2.15.1 2022 年与上一监测年度新津区小学县域内义务教育校际均衡情况

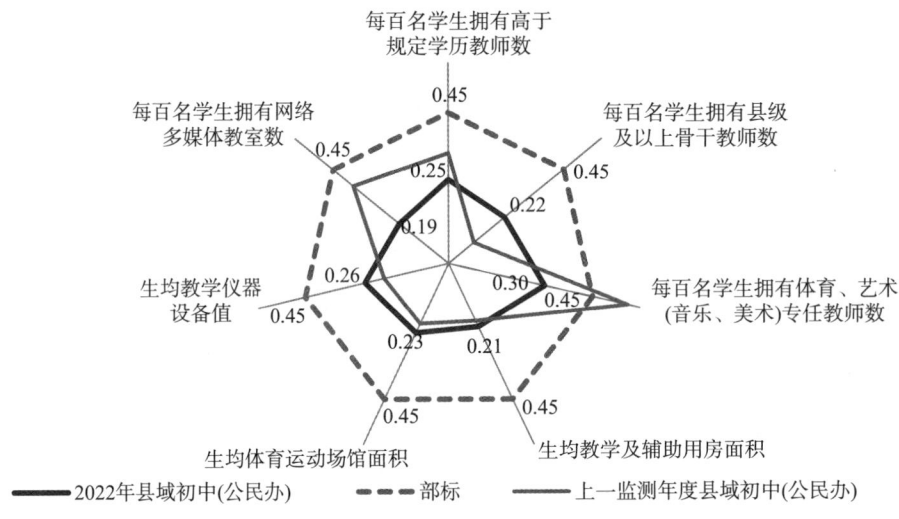

图 2.15.2 2022 年与上一监测年度新津区初中县域内义务教育校际均衡情况

2022 年新津区公办学校校际均衡指数为 0.23,高于成都市均值(校际均衡程度低于成都市平均水平),达到了市标,表明 2022 年新津区义务教育公办学校校际均衡程度较高。

与上一监测年度相比,2022 年新津区公办学校校际均衡指数没有变化,公办学校校际均衡程度稳定(表 2.15.1)。

表 2.15.1 新津区公办小学、初中县域内义务教育校际均衡情况

差异系数	每百名学生拥有高于规定学历教师数	每百名学生拥有县级及以上骨干教师数	每百名学生拥有体育、艺术(音乐、美术)专任教师数	生均教学及辅助用房面积	生均体育运动场馆面积	生均教学仪器设备值	每百名学生拥有网络多媒体教室数	2022年县域内义务教育校际均衡指数	2022年成都市县域内义务教育校际均衡指数	上一监测年度县域内义务教育校际均衡指数
小学	0.16	0.27	0.19	0.25	0.26	0.28	0.18	0.23	0.22	0.23
初中	0.21	0.23	0.28	0.19	0.25	0.30	0.14			

(二)义务教育优质均衡发展水平达标情况

以部标规定的标准值为参照,2022年新津区各指标达到目标值的情况如表 2.15.2 所示。

表 2.15.2 新津区小学和初中 A 类指标达标情况

	指标名称	小学 达标学校数/所	小学 达标学校比例/%	小学 成都市均值/%	初中 达标学校数/所	初中 达标学校比例/%	初中 成都市均值/%
A 资源配置	每百名学生拥有高于规定学历教师数	25	100.00	98.36	14	100.00	98.90
	每百名学生拥有县级及以上骨干教师数	25	100.00	96.40	14	100.00	97.12
	每百名学生拥有体育、艺术(音乐、美术)专任教师数	25	100.00	97.23	14	100.00	91.47
	生均教学及辅助用房面积	25	100.00	87.04	14	100.00	83.78
	生均体育运动场馆面积	24	96.00	82.70	14	100.00	80.95
	生均教学仪器设备值	25	100.00	98.93	14	100.00	97.91
	每百名学生拥有网络多媒体教室数	25	100.00	97.28	14	100.00	96.86

从 A 类指标看,部标规定每一所学校的 A 类指标均要达到标准。新津区小学各监测指标的达标学校比例均超过 90%,"生均体育运动场馆面积"的达标学校比例最低,为 96.00%,其余 6 项指标的达标学校比例均为 100%。

新津区初中的7项监测指标中,各项监测指标的达标学校比例均为 100%。与成都市均值相比,新津区小学和初中各指标的达成度均高于成都市均值。

从 B 类和 C 类 19 项指标看,除"单设小学学校规模达标率""九年一贯制学校规模达标率""学校培训经费占本校年度公用经费预算总额的比例""小学生体质健康达标合格率""初中学生体质健康达标合格率""初中学业水平校际差异率"6 项指标外,其余 13 项指标的达标比例均为 100%。与成都市均值相比,新津区有 15 项指标的达成度均高于或等于成都市均值,另外有 4 项指标的达成度低于成都市均值,分别是"学校培训经费占本校年度公用经费预算总额的比例""小学生体质健康达标合格率""初中学生体质健康达标合格率""初中学业水平校际差异率"(表 2.15.3)。

表 2.15.3 新津区小学和初中 B 类、C 类指标达标情况(%)

	指标名称	达标比例	成都市均值
B 政府保障程度	单设小学学校规模达标率	94.12	82.32
	单设初中学校规模达标率	100.00	94.27
	九年一贯制学校规模达标率	87.50	87.34
	小学学校班额达标率	100.00	77.63
	初中学校班额达标率	100.00	94.78
	特殊教育学校生均公用经费	100.00	97.12
	学校培训经费占本校年度公用经费预算总额的比例	61.95	71.00
	教师全员培训完成率	100.00	100.00
	县域内每年交流轮岗教师的比例	100.00	100.00
	县域内优质高中招生名额分配比例	100.00	100.00
	符合条件的随迁子女在公办学校和政府购买服务的民办学校就读的比例	100.00	99.77
	县域内心理健康专职教师配备率	100.00	91.44
C 教育质量	小学六年巩固率	100.00	98.24
	初中三年巩固率	100.00	99.63
	残疾儿童少年入学率	100.00	99.89
	小学生体质健康达标合格率	92.00	98.80
	初中学生体质健康达标合格率	85.71	96.95
	小学学业水平校际差异率	100.00	93.27
	初中学业水平校际差异率	77.76	80.49

二、2022 年新津区义务教育区域差异、城乡差异和校际差异情况

(一)总体情况

本报告中,区域差异情况是由各区(市)县的各项监测指标值与成都市均值相比较而得,比值大于 1 代表其发展水平高于成都市平均水平。城乡差异情况是由各区(市)县的农村学校各项监测指标值与城镇学校各项监测指标值相比较而得,比值大于 1 代表农村发展水平高于城镇发展水平。校际差异情况是由各区(市)县的各项监测指标差异系数与成都市各区(市)县差异系数平均值相比较而得,比值小于 1 代表其校际差异水平优于成都市平均水平,差异系数值越小代表区域内该指标校际差异越小。

从区域差异情况看,2022 年新津区小学、初中均有 75.00%(小学、初中各 20 项)的监测指标优于或等于成都市均值;从城乡差异情况看,2022 年新津区小学、初中分别有 77.78%和 55.56%(小学、初中各 9 项)的监测指标农村学校优于或等于城镇学校;从校际差异情况看,2022 年新津区小学、初中分别有 42.86%和 57.14%(小学、初中各 7 项)的监

2022年新津区义务教育优质均衡监测报告

测指标优于或等于成都市均值。

从监测指标看，2022年，新津区处于优势的指标为小学和初中"生均体育运动场馆面积""学校规模达标率""学校班额达标率""教师全员培训完成率""县域内每年交流轮岗教师的比例""县域内优质高中招生名额分配比例""符合条件的随迁子女在公办学校和政府购买服务的民办学校就读的比例""县域内心理健康专职教师配备率""小学六年（初中三年）巩固率""残疾儿童少年入学率""学业水平校际差异率"，小学"生均教学及辅助用房面积""每百名学生拥有网络多媒体教室数"。

新津区处于弱势的指标为"特殊教育学校生均公用经费""学校培训经费占本校年度公用经费预算总额的比例""学生体质健康达标合格率"，初中"生均教学仪器设备值"（表2.15.4）。

表2.15.4 新津区小学和初中监测指标的区域差异、城乡差异和校际差异情况

指标名称		小学 区域差异情况	小学 城乡差异情况	小学 校际差异情况	初中 区域差异情况	初中 城乡差异情况	初中 校际差异情况
A 资源配置	每百名学生拥有高于规定学历教师数						
	每百名学生拥有县级及以上骨干教师数						
	每百名学生拥有体育、艺术（音乐、美术）专任教师数						
	生均教学及辅助用房面积						
	生均体育运动场馆面积						
	生均教学仪器设备值						
	每百名学生拥有网络多媒体教室数						
B 政府保障程度	学校规模达标率		—			—	
	学校班额达标率		—			—	
	特殊教育学校生均公用经费		—			—	
	学校培训经费占本校年度公用经费预算总额的比例		—			—	
	教师全员培训完成率		—			—	
	县域内每年交流轮岗教师的比例		—			—	
	县域内优质高中招生名额分配比例		—			—	
	符合条件的随迁子女在公办学校和政府购买服务的民办学校就读的比例		—			—	
	县域内心理健康专职教师配备率		—			—	
C 教育质量	小学六年（初中三年）巩固率						
	残疾儿童少年入学率						
	学生体质健康达标合格率		—			—	
	学业水平校际差异率		—			—	
灰色底纹项数/项		15	7	3	15	5	4
灰色底纹项数比例/%		75.00	77.78	42.86	75.00	55.56	57.14

注：(1)区域差异情况中，▨比值大于等于1，□比值小于1；(2)城乡差异情况中，▨比值大于等于1，□比值小于1；(3)校际差异情况中，▨比值小于等于1，□比值大于1。

213

（二）区域发展水平具体情况

2022年新津区小学和初中监测指标中，小学和初中均有75.00%（小学、初中各20项）的监测指标优于或等于成都市均值，其中，"县域内每年交流轮岗教师的比例"为成都市均值的2.0922倍；另外，低于成都市均值的指标中，初中"生均教学仪器设备值"为成都市均值的73.34%。新津区具体情况如表2.15.5和图2.15.3所示。

表2.15.5 新津区各项监测指标值与成都市均值的比较

	指标名称	区域值 小学	区域值 初中	区域值 九年一贯制	成都市均值 小学	成都市均值 初中	成都市均值 九年一贯制	区域值/成都市均值 小学	区域值/成都市均值 初中	区域值/成都市均值 九年一贯制
A 资源配置	每百名学生拥有高于规定学历教师数/人	6.08	9.10	—	5.92	8.14	—	1.0270	1.1179	—
	每百名学生拥有县级及以上骨干教师数/人	2.13	3.12	—	2.13	2.88	—	1.0000	1.0833	—
	每百名学生拥有体育、艺术(音乐、美术)专任教师数/人	1.17	1.24	—	1.21	1.11	—	0.9669	1.1171	—
	生均教学及辅助用房面积/平方米	6.30	8.72	—	5.76	7.35	—	1.0938	1.1864	—
	生均体育运动场馆面积/平方米	10.65	14.92	—	8.26	11.48	—	1.2893	1.2997	—
	生均教学仪器设备值/元	3462.80	4346.93	—	4584.76	5927.48	—	0.7553	0.7334	—
	每百名学生拥有网络多媒体教室数/间	3.04	3.19	—	2.97	3.24	—	1.0236	0.9846	—
B 政府保障程度	学校规模达标率/%	94.12	100.00	87.50	82.82	93.88	88.70	1.1364	1.0652	0.9865
	学校班额达标率/%	100.00	100.00	—	74.98	94.48	—	1.3337	1.0584	—
	特殊教育学校生均公用经费/元		18817.62			19669.88			0.9567	
	学校培训经费占本校年度公用经费预算总额的比例/%		3.10			3.86			0.8031	
	教师全员培训完成率/%		100.00			100.00			1.0000	
	县域内每年交流轮岗教师的比例/%		31.55			15.08			2.0922	
	县域内优质高中招生名额分配比例/%		50.00			50.00			1.0000	
	符合条件的随迁子女在公办学校和政府购买服务的民办学校就读的比例/%		100.00			96.55			1.0357	
	县域内心理健康专职教师配备率/%		93.75			68.86			1.3615	

续表

指标名称		区域值			成都市均值			区域值/成都市均值		
		小学	初中	九年一贯制	小学	初中	九年一贯制	小学	初中	九年一贯制
C 教育质量	小学六年(初中三年)巩固率/%	100.00	99.17	—	97.99	99.04	—	1.0205	1.0013	—
	残疾儿童少年入学率/%	100.00			99.21			1.0080		
	学生体质健康达标合格率/%	97.91	96.89	—	98.76	97.89	—	0.9914	0.9898	—
	学业水平校际差异率	0.08	0.19	—	0.13	0.19	—	*1.6250	*1.0000	—

注：*此数值的计算公式为"成都市均值/区域值"，比值大于1代表区域均衡水平优于成都市均值。

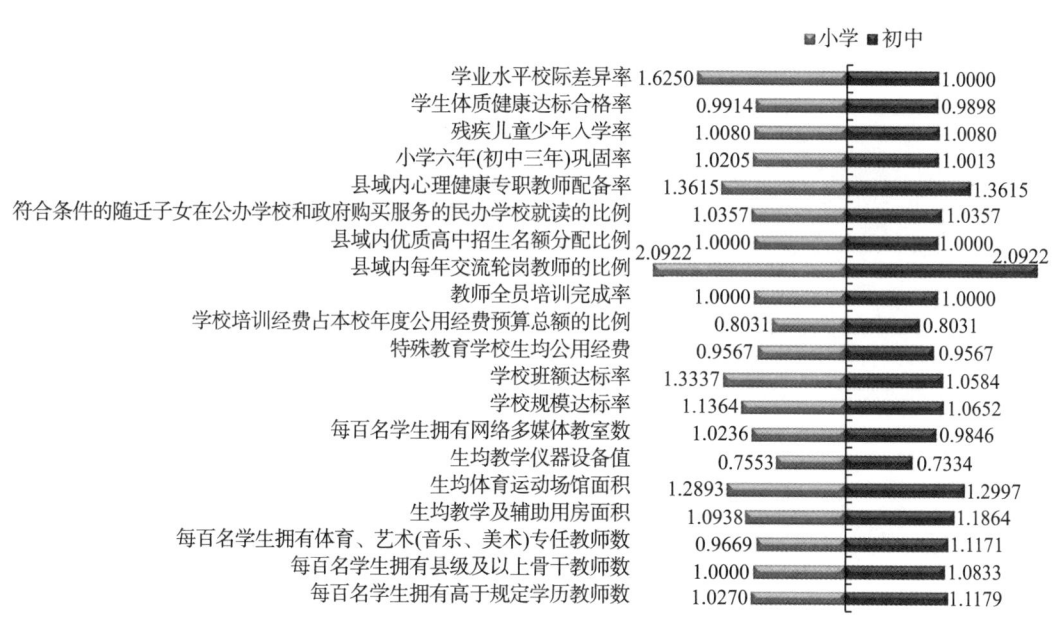

图 2.15.3　新津区小学和初中各项监测指标值与成都市均值的比较

(三)城乡差异情况

1. 小学

2022年新津区小学9项监测指标中，农村小学有7项指标高于或等于城镇小学，其中，"生均体育运动场馆面积"为城镇小学的1.4312倍；农村小学"每百名学生拥有县级及以上骨干教师数""学生体质健康达标合格率"2项指标低于城镇小学，分别为城镇小学的81.86%、99.20%(表2.15.6和图2.15.4)。

表 2.15.6　新津区小学各项监测指标城乡差异情况

指标	新津区均值	城镇均值	农村均值	乡城比率
每百名学生拥有高于规定学历教师数/人	6.08	5.37	6.63	1.2346
每百名学生拥有县级及以上骨干教师数/人	2.13	2.37	1.94	0.8186
每百名学生拥有体育、艺术(音乐、美术)专任教师数/人	1.17	1.05	1.26	1.2000
生均教学及辅助用房面积/平方米	6.30	5.94	6.58	1.1077
生均体育运动场馆面积/平方米	10.65	8.58	12.28	1.4312
生均教学仪器设备值/元	3462.80	2815.76	3970.59	1.4101
每百名学生拥有网络多媒体教室数/间	3.04	2.85	3.18	1.1158
学校班额达标率/%	100.00	100.00	100.00	1.0000
学生体质健康达标合格率/%	97.91	98.42	97.63	0.9920

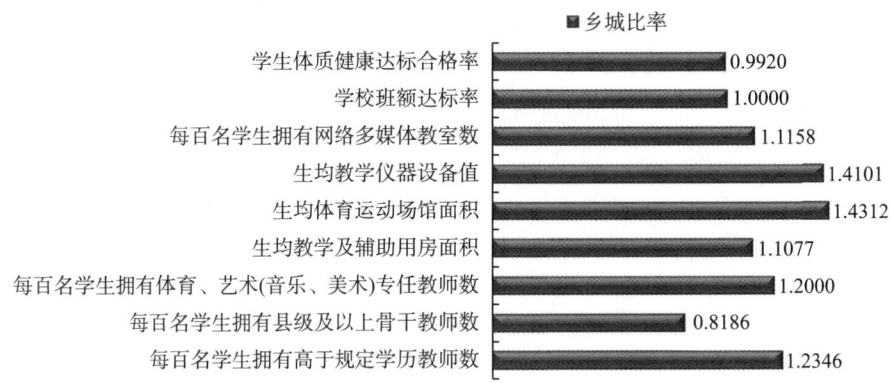

图 2.15.4　新津区小学城乡差异情况

2. 初中

2022 年新津区初中 9 项监测指标中,农村初中有 5 项指标高于或等于城镇初中,其中,"每百名学生拥有体育、艺术(音乐、美术)专任教师数"为城镇初中的 1.2685 倍;另外,农村初中有 4 项指标低于城镇初中,其中,"每百名学生拥有县级及以上骨干教师数"为城镇初中的 79.10%(表 2.15.7 和图 2.15.5)。

表 2.15.7　新津区初中各项监测指标城乡差异情况

指标	新津区均值	城镇均值	农村均值	乡城比率
每百名学生拥有高于规定学历教师数/人	9.10	8.56	9.52	1.1121
每百名学生拥有县级及以上骨干教师数/人	3.12	3.54	2.80	0.7910
每百名学生拥有体育、艺术(音乐、美术)专任教师数/人	1.24	1.08	1.37	1.2685
生均教学及辅助用房面积/平方米	8.72	9.54	8.10	0.8491
生均体育运动场馆面积/平方米	14.92	14.47	15.25	1.0539
生均教学仪器设备值/元	4346.93	4636.26	4129.03	0.8906

续表

指标	新津区均值	城镇均值	农村均值	乡城比率
每百名学生拥有网络多媒体教室数/间	3.19	3.05	3.29	1.0787
学校班额达标率/%	100.00	100.00	100.00	1.0000
学生体质健康达标合格率/%	96.89	97.45	96.57	0.9910

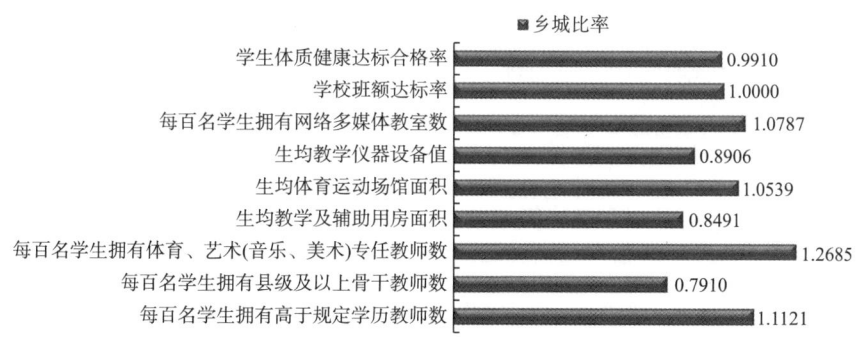

图 2.15.5　新津区初中城乡差异情况

(四)校际差异情况

1. 小学

2022 年新津区有 4 所小学 60% 及以上指标低于该区域平均值，分别是成都市新津区花源小学、成都市新津区兴乐小学、成都市新津区实验小学、成都市新津区泰华学校(小学部)，其弱势方面主要是师资配置和生均资源配置较少。新津区小学各项监测指标校际差异具体情况比较如表 2.15.8 所示。

表 2.15.8　新津区小学各项监测指标校际差异具体情况比较

学校	每百名学生拥有高于规定学历教师数	每百名学生拥有县级及以上骨干教师数	每百名学生拥有体育、艺术(音乐、美术)专任教师数	生均教学及辅助用房面积	生均体育运动场馆面积	生均教学仪器设备值	每百名学生拥有网络多媒体教室数	学校班额达标率	学生体质健康达标合格率	灰色底纹项数/项
成都市新津区花源小学	●	●	●	●	●	●	—	●		3
成都市新津区龙马小学	●	●	●	★	●	●	●	—	●	8
成都市新津区普兴小学	●	●	●	●	●	●	●	—	●	4
成都市新津区兴乐小学	●	●	●	●	●	●	★	—	●	3
成都市新津区实验小学	●	●	●	●	●	●	●	—	●	2
成都市新津区文井小学	●	●	●	★	●	●	●	—	●	7

续表

学校	每百名学生拥有高于规定学历教师数	每百名学生拥有县级及以上骨干教师数	每百名学生拥有体育、艺术(音乐、美术)专任教师数	生均教学及辅助用房面积	生均体育运动场馆面积	生均教学仪器设备值	每百名学生拥有网络多媒体教室数	学校班额达标率	学生体质健康达标合格率	灰色底纹项数/项
成都市新津区万和小学	★	●	●	●	●	●	●	—	●	6
成都市新津区方兴小学	●	●	●	●	●	●	●	—	●	8
成都市新津区第三小学	●	●	●	●	●	●	★	—	●	4
成都市新津区永商小学	●	●	●	●	●	●	●	—	●	8
成都市新津区希望城小学	●	●	●	●	●	●	●	—	★	5
成都市新津区实验小学北区	●	●	●	●	●	●	○	—	●	5
成都市新津区黄渡小学	●	○	●	●	●	●	●	—	●	9
成都市新津区花桥小学	●	●	●	●	●	●	●	—	●	9
成都市新津区第一小学	●	●	●	●	●	●	●	—	●	4
成都市新津区安西小学	●	●	●	●	●	●	★	—	●	5
成都市新津区成外学校(小学部)	●	●	●	●	●	●	●	—	●	7
成都新津墨文学校(小学部)	●	●	●	★	●	●	●	—	●	8
成都市新津区外国语实验学校(小学部)	●	●	●	●	●	●	●	—	●	4
成都市新津区邓双学校(小学部)	●	●	○	●	●	●	●	—	★	5
成都市新津区金华小学	●	●	●	●	●	●	★	—	●	9
成都市新津区泰华学校(小学部)	●	●	●	●	●	●	●	—	●	3
成都市新津区顺江学校(小学部)	●	●	●	★	●	●	●	—	●	9
成都市新津区永商学校(小学部)	●	●	●	●	●	●	●	—	●	5
成都新津为明学校(小学部)	●	●	●	●	●	●	●	—	●	7

注：(1)★$p>0.05$，差异不显著；○$p<0.05$，差异显著；●$p<0.01$，差异很显著。(2) ▓ 差异不显著或显著高于区(市)县均值；□显著低于区(市)县均值。(3)"学校班额达标率"达标的标准为小学班额不超过45人，初中班额不超过50人。(4)—指"学校班额达标率"只做了大小比较，未进行差异性分析，其灰色底纹表示该学校的"学校班额达标率"大于或等于区(市)县均值，无底纹表示该学校的"学校班额达标率"小于区(市)县均值。

2. 初中

2022 年新津区有 2 所初中 60%及以上指标低于该区域平均值，分别是成都市新津区普兴初级中学、成都市新津区泰华学校(初中部)，其弱势方面主要是师资配置和生均资源配置较少。新津区初中各项监测指标校际差异具体情况比较如表 2.15.9 所示。

表 2.15.9　新津区初中各项监测指标校际差异具体情况比较

学校	每百名学生拥有高于规定学历教师数	每百名学生拥有县级及以上骨干教师数	每百名学生拥有体育、艺术(音乐、美术)专任教师数	生均教学及辅助用房面积	生均体育运动场馆面积	生均教学仪器设备值	每百名学生拥有网络多媒体教室数	学校班额达标率	学生体质健康达标合格率	灰色底纹项数/项
成都市新津区花源初级中学	○	●	●	●	●	●	●	—	★	5
成都市新津区五津初级中学	○	●	●	●	●	●	●	—	●	5
成都市新津区普兴初级中学	●	●	●	●	●	●	●	—	●	2
成都市新津区实验初级中学	★	●	●	●	●	●	●	—	●	7
成都市新津区成外学校(初中部)	●	●	●	●	●	★	●	—	●	5
成都新津墨文学校(初中部)	●	●	●	●	●	●	●	—	●	6
成都市新津区外国语实验学校(初中部)	●	●	●	●	●	●	●	—	●	5
成都市新津区邓双学校(初中部)	★	●	●	●	●	○	●	—	●	5
成都市新津区泰华学校(初中部)	●	●	●	●	●	●	●	—	●	2
成都市新津区花桥初级中学	●	●	●	●	●	●	●	—	●	9
成都市新津区兴义初级中学	●	●	●	○	●	○	●	—	●	7
成都市新津区顺江学校(初中部)	●	●	●	●	●	●	●	—	●	6
成都市新津区永商学校(初中部)	●	●	★	●	●	●	●	—	●	4
成都新津为明学校(初中部)	●	●	●	●	●	●	★	—	●	5

注：(1)★$p>0.05$，差异不显著；○$p<0.05$，差异显著；●$p<0.01$，差异很显著。(2)▨差异不显著或显著高于区(市)县均值；▢显著低于区(市)县均值。(3)"学校班额达标率"达标的标准为小学班额不超过45人，初中班额不超过50人。(4)—指"学校班额达标率"只做了大小比较，未进行差异性分析，其灰色底纹表示该学校的"学校班额达标率"大于或等于区(市)县均值，无底纹表示该学校的"学校班额达标率"小于区(市)县均值。

三、结论

(一)成绩与经验

(1)从义务教育优质均衡发展达标情况看,均衡程度方面,A类7项指标中,2022年新津区小学和初中各指标校际差异系数均达到部标。2022年新津区公办学校校际均衡指数为0.23,低于成都市均值(校际均衡程度高于成都市平均水平),达到了市标,表明2022年新津区义务教育公办学校校际均衡程度较高。

(2)发展水平方面,A类7项指标中,2022年新津区小学、初中分别有6项、7项指标全部学校达标,与成都市均值相比,小学和初中各指标的达成度均高于成都市均值;B类和C类19项指标中,2022年新津区有13项指标的达标比例达到100%,有15项指标的达成度高于或等于成都市均值。

(3)从区域发展水平看,2022年新津区小学和初中监测指标中,小学和初中均有75.00%的监测指标优于或等于成都市均值,其中,"县域内每年交流轮岗教师数"的比例为成都市均值的2.0922倍。

(4)从城乡差异情况看,2022年新津区小学、初中分别有77.78%和55.56%的监测指标农村学校优于或等于城镇学校。

(5)从校际差异情况看,2022年新津区小学、初中分别有42.86%和57.14%的监测指标校际差异优于或等于成都市均值。

(二)存在的不足

(1)从义务教育优质均衡发展达标情况看,发展水平方面,A类指标中,2022年新津区小学"生均体育运动场馆面积"的达标学校比例最低,为96.00%;B类和C类19项指标中,2022年新津区有6项指标的达标比例低于100%,分别是"单设小学学校规模达标率""九年一贯制学校规模达标率""学校培训经费占本校年度公用经费预算总额的比例""小学生体质健康达标合格率""初中学生体质健康达标合格率""初中学业水平校际差异率",有4项指标低于成都市均值,分别是"学校培训经费占本校年度公用经费预算总额的比例""小学生体质健康达标合格率""初中学生体质健康达标合格率""初中学业水平校际差异率"。

(2)从区域发展水平看,2022年新津区小学和初中监测指标中,小学和初中均有25.00%的监测指标低于成都市均值,其中,初中"生均教学仪器设备值"为成都市均值的73.34%,与成都市均值差距较大。

(3)从城乡差异情况看,2022年新津区小学、初中分别有2项和4项监测指标农村学校低于城镇学校,其中,农村小学"每百名学生拥有县级及以上骨干教师数"为城镇小学的81.86%,农村初中"每百名学生拥有县级及以上骨干教师数"为城镇初中的79.10%。

(4)从校际差异情况看,2022年新津区有4所小学60%及以上指标低于该区域平均值,分别是成都市新津区花源小学、成都市新津区兴乐小学、成都市新津区实验小学、成都市新津区泰华学校（小学部）；2022年新津区有2所初中60%及以上指标低于该区域平均值，分别是成都市新津区普兴初级中学、成都市新津区泰华学校（初中部）；其弱势方面主要是小学和初中师资配置和生均资源配置较少。

（三）建议

（1）资源配置方面，优化资源配置，重点解决部分小学"生均体育运动场馆面积"未达标的问题，解决中小学"生均教学仪器设备值"区域水平偏低的问题；关注弱势学校，关注60%及以上指标低于区域均值的4所小学和2所初中，及连续多年处于该水平的学校，提高学校办学条件水平。

（2）政府保障程度方面，着力解决部分小学、九年一贯制学校"学校规模达标率"偏低的问题，加强对"学校培训经费占本校年度公用经费预算总额的比例"达标的管理。

（3）教育质量方面，进一步提高中小学"学生体质健康达标合格率"，尤其是初中生，保障学生健康发展。

2022年简阳市义务教育优质均衡监测报告

一、2022年简阳市义务教育优质均衡发展概况

本次监测，除"县域内心理健康专职教师配备率"依据成都市《2022年政府工作报告目标任务责任分解方案》(成办发〔2022〕8号)、"小学六年(初中三年)巩固率"和"学生体质健康达标合格率"依据《成都市义务教育优质均衡监测指标体系》外，其余指标均依据部标。

《成都市人民政府教育督导委员会办公室关于印发〈成都市义务教育优质均衡监测指标体系〉的通知》(成府教督〔2017〕10号)构建的监测指标体系包括A类(资源配置，共14项指标，全部指标分小学、初中)、B类(政府保障程度，共12项指标，部分指标分小学、初中和九年一贯制)和C类(教育质量，共7项指标，部分指标分小学、初中)，合计33项指标。除特别注明外，所有监测结果均为全体公民办学校总体结果。

(一)义务教育均衡程度

1. 判断标准

成都市义务教育均衡程度依据两个标准来判断：①部标，规定县域内义务教育公民办小学A类7项指标的差异系数每一项均应不高于0.50，公民办初中A类7项指标的差异系数每一项均应不高于0.45；②市标，规定县域内义务教育公办学校校际均衡指数值不高于0.27。

2. 均衡程度及达标情况

从部标看，在小学和初中共14项A类指标中，2022年简阳市小学和初中分别有5项和7项指标的校际差异系数达到部标。小学"生均教学及辅助用房面积"和"生均体育运动场馆面积"的差异系数分别为0.53和0.67，未达到部标。

与上一监测年度相比，简阳市小学、初中分别有2项和3项指标的校际均衡程度进一步提高；小学"生均教学及辅助用房面积""生均体育运动场馆面积""生均教学仪器设备值"，初中"每百名学生拥有县级及以上骨干教师数""生均教学及辅助用房面积""生均体育运动场馆面积"的校际均衡程度有所下降(图2.16.1和图2.16.2)。

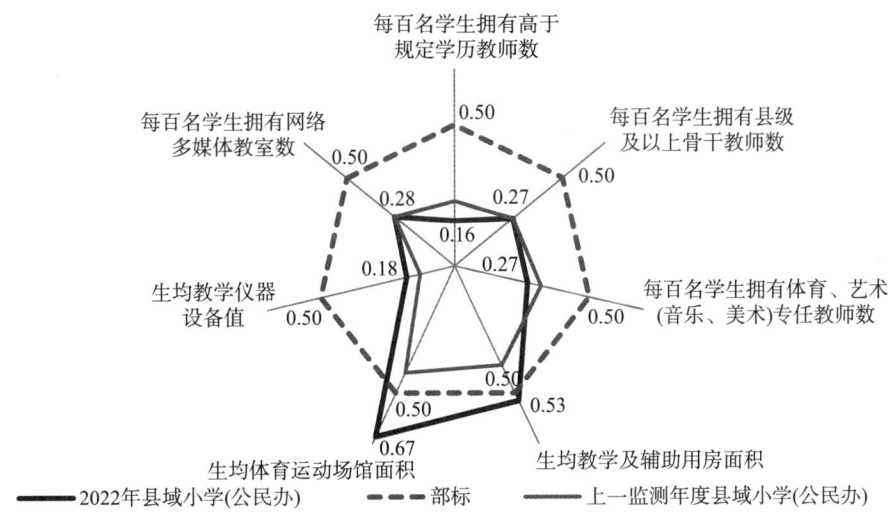

图 2.16.1　2022 年与上一监测年度简阳市小学县域内义务教育校际均衡情况

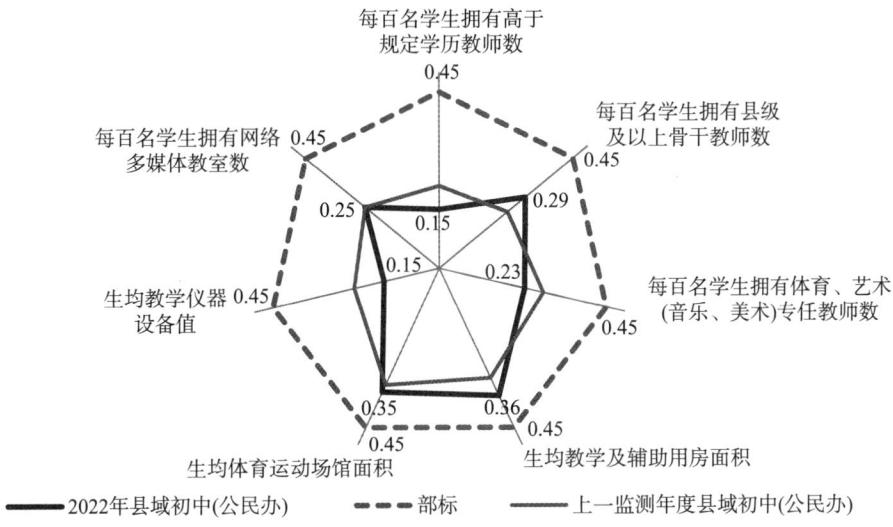

图 2.16.2　2022 年与上一监测年度简阳市初中县域内义务教育校际均衡情况

2022年简阳市公办学校校际均衡指数为0.29,高于成都市均值(校际均衡程度低于成都市平均水平),且未达到市标,表明2022年简阳市义务教育公办学校校际均衡程度有待提高。

与上一监测年度相比,2022年简阳市公办学校校际均衡指数增加了0.01,公办学校校际均衡程度有所降低(表2.16.1)。

表 2.16.1　简阳市公办小学、初中县域内义务教育校际均衡情况

差异系数	每百名学生拥有高于规定学历教师数	每百名学生拥有县级及以上骨干教师数	每百名学生拥有体育、艺术(音乐、美术)专任教师数	生均教学及辅助用房面积	生均体育运动场馆面积	生均教学仪器设备值	每百名学生拥有网络多媒体教室数	2022年县域内义务教育校际均衡指数	2022年成都市县域内义务教育校际均衡指数	上一监测年度县域内义务教育校际均衡指数
小学	0.16	0.27	0.27	0.54	0.68	0.18	0.28	0.29	0.22	0.28
初中	0.15	0.23	0.22	0.37	0.36	0.15	0.25			

(二)义务教育优质均衡发展水平达标情况

以部标规定的标准值为参照,2022 年简阳市各指标达到目标值的情况如表 2.16.2 所示。

表 2.16.2　简阳市小学和初中 A 类指标达标情况

	指标名称	小学 达标学校数/所	小学 达标学校比例/%	小学 成都市均值/%	初中 达标学校数/所	初中 达标学校比例/%	初中 成都市均值/%
A 资源配置	每百名学生拥有高于规定学历教师数	64	100.00	98.36	50	98.04	98.90
	每百名学生拥有县级及以上骨干教师数	62	96.88	96.40	50	98.04	97.12
	每百名学生拥有体育、艺术(音乐、美术)专任教师数	62	96.88	97.23	50	98.04	91.47
	生均教学及辅助用房面积	57	89.06	87.04	40	78.43	83.78
	生均体育运动场馆面积	56	87.50	82.70	44	86.27	80.95
	生均教学仪器设备值	63	98.44	98.93	50	98.04	97.91
	每百名学生拥有网络多媒体教室数	62	96.88	97.28	51	100.00	96.86

从 A 类指标看,部标规定每一所学校的 A 类指标均要达到标准。简阳市小学的 7 项监测指标中,达标学校比例超过 90% 的指标有 5 项,其中,"每百名学生拥有高于规定学历教师数"的达标学校比例为 100%,"生均体育运动场馆面积"的达标学校比例最低,为 87.50%。

简阳市初中的 7 项监测指标中,达标学校比例超过 90% 的指标有 5 项,其中,"每百名学生拥有网络多媒体教室数"的达标学校比例为 100%,"生均教学及辅助用房面积"的达标学校比例最低,为 78.43%。与成都市均值相比,简阳市小学有 4 项、初中有 5 项指标的达成度高于成都市均值。

从 B 类和 C 类 19 项指标看,除"单设小学学校规模达标率""单设初中学校规模达标率""九年一贯制学校规模达标率""小学学校班额达标率""初中学校班额达标率""县域内心理健康专职教师配备率""小学六年巩固率""小学学业水平校际差异率""初中学业水平校际差异率"9 项指标外,简阳市其余 10 项指标的达标比例均为 100%。与成

都市均值相比,简阳市有 15 项指标的达成度均高于或等于成都市均值,另外 4 项指标的达成度低于成都市均值,分别是"单设初中学校规模达标率""小学学校班额达标率""初中学校班额达标率""小学六年巩固率"(表 2.16.3)。

表 2.16.3 简阳市小学和初中 B 类、C 类指标达标情况(%)

	指标名称	达标比例	成都市均值
B 政府保障程度	单设小学所有学校规模达标率	96.15	82.32
	单设初中学校规模达标率	92.31	94.27
	九年一贯制学校规模达标率	94.74	87.34
	小学学校班额达标率	67.81	77.63
	初中学校班额达标率	80.83	94.78
	特殊教育学校生均公用经费	100.00	97.12
	学校培训经费占本校年度公用经费预算总额的比例	100.00	71.00
	教师全员培训完成率	100.00	100.00
	县域内每年交流轮岗教师的比例	100.00	100.00
	县域内优质高中招生名额分配比例	100.00	100.00
	符合条件的随迁子女在公办学校和政府购买服务的民办学校就读的比例	100.00	99.77
	县域内心理健康专职教师配备率	99.18	91.44
C 教育质量	小学六年巩固率	68.68	98.24
	初中三年巩固率	100.00	99.63
	残疾儿童少年入学率	100.00	99.89
	小学生体质健康达标合格率	100.00	98.80
	初中学生体质健康达标合格率	100.00	96.95
	小学学业水平校际差异率	93.94	93.27
	初中学业水平校际差异率	92.47	80.49

二、2022 年简阳市义务教育区域差异、城乡差异和校际差异情况

(一)总体情况

本报告中,区域差异情况是由各区(市)县的各项监测指标值与成都市均值相比较而得,比值大于 1 代表其发展水平高于成都市平均水平。城乡差异情况是由各区(市)县的农村学校各项监测指标值与城镇学校各项监测指标值相比较而得,比值大于 1 代表农村发展水平高于城镇发展水平。校际差异情况是由各区(市)县的各项监测指标差异系数与成都市各区(市)县差异系数平均值相比较而得,比值小于 1 代表其校际差异水平优于成都市平均

水平，差异系数值越小代表区域内该指标校际差异越小。

从区域差异情况看，2022年简阳市小学和初中分别有50.00%和55.00%（小学、初中各20项）的监测指标优于或等于成都市均值；从城乡差异情况看，2022年简阳市小学、初中分别有100.00%和88.89%（小学、初中各9项）的监测指标农村学校优于或等于城镇学校；从校际差异情况看，2022年简阳市小学、初中分别有28.57%和42.86%（小学、初中各7项）的监测指标优于或等于成都市均值。

从监测指标看，2022年，简阳市处于优势的指标为"学校培训经费占本校年度公用经费预算总额的比例""教师全员培训完成率""县域内优质高中招生名额分配比例""符合条件的随迁子女在公办学校和政府购买服务的民办学校就读的比例""学生体质健康达标合格率"，小学"每百名学生拥有高于规定学历教师数""学校规模达标率"，初中"每百名学生拥有体育、艺术（音乐、美术）专任教师数""初中三年巩固率""学业水平校际差异率"。

简阳市处于弱势的指标为"特殊教育学校生均公用经费""县域内每年交流轮岗教师的比例""县域内心理健康专职教师配备率""残疾儿童少年入学率""小学六年巩固率""学业水平校际差异率"，初中"学校规模达标率"（表2.16.4）。

表2.16.4　简阳市小学和初中监测指标的区域差异、城乡差异和校际差异情况

	指标名称	小学 区域差异情况	小学 城乡差异情况	小学 校际差异情况	初中 区域差异情况	初中 城乡差异情况	初中 校际差异情况
A 资源配置	每百名学生拥有高于规定学历教师数		▨	▨	▨	▨	▨
	每百名学生拥有县级及以上骨干教师数	▨	▨		▨	▨	▨
	每百名学生拥有体育、艺术（音乐、美术）专任教师数	▨	▨	▨		▨	▨
	生均教学及辅助用房面积	▨	▨		▨	▨	
	生均体育运动场馆面积		▨			▨	
	生均教学仪器设备值		▨			▨	▨
	每百名学生拥有网络多媒体教室数	▨	▨		▨	▨	
B 政府保障程度	学校规模达标率		—			—	
	学校班额达标率	▨	—		▨	—	
	特殊教育学校生均公用经费						
	学校培训经费占本校年度公用经费预算总额的比例	▨	▨		▨	▨	
	教师全员培训完成率	▨	▨		▨	▨	
	县域内每年交流轮岗教师的比例		—			—	
	县域内优质高中招生名额分配比例	▨			▨		
	符合条件的随迁子女在公办学校和政府购买服务的民办学校就读的比例	▨			▨		
	县域内心理健康专职教师配备率						

续表

指标名称		小学			初中		
		区域差异情况	城乡差异情况	校际差异情况	区域差异情况	城乡差异情况	校际差异情况
C 教育质量	小学六年(初中三年)巩固率			—			—
	残疾儿童少年入学率			—			—
	学生体质健康达标合格率			—			—
	学业水平校际差异率	—	—		—	—	
灰色底纹项数/项		10	9	2	11	8	3
灰色底纹项数比例/%		50.00	100.00	28.57	55.00	88.89	42.86

注：(1)区域差异情况中，▨ 比值大于等于1，☐ 比值小于1；(2)城乡差异情况中，▨ 比值大于等于1，☐ 比值小于1；(3)校际差异情况中，▨ 比值小于等于1，☐ 比值大于1。

(二)区域发展水平具体情况

2022年简阳市小学和初中监测指标中，小学、初中分别有50.00%和55.00%(小学、初中各20项)的监测指标优于或等于成都市均值，其中，"学校培训经费占本校年度公用经费预算总额的比例"为成都市均值的1.4275倍。另外，2022年简阳市低于成都市均值的指标中，"特殊教育学校生均公用经费"为成都市均值的51.39%。简阳市具体情况如表2.16.5和图2.16.3所示。

表2.16.5　简阳市各项监测指标值与成都市均值的比较

	指标名称	区域值			成都市均值			区域值/成都市均值		
		小学	初中	九年一贯制	小学	初中	九年一贯制	小学	初中	九年一贯制
A 资源配置	每百名学生拥有高于规定学历教师数/人	5.95	7.74	—	5.92	8.14	—	1.0051	0.9509	
	每百名学生拥有县级及以上骨干教师数/人	1.37	1.63	—	2.13	2.88	—	0.6432	0.5660	
	每百名学生拥有体育、艺术(音乐、美术)专任教师数/人	1.20	1.17	—	1.21	1.11	—	0.9917	1.0541	
	生均教学及辅助用房面积/平方米	7.21	8.75	—	5.76	7.35	—	1.2517	1.1905	
	生均体育运动场馆面积/平方米	11.35	13.23	—	8.26	11.48	—	1.3741	1.1524	
	生均教学仪器设备值/元	3422.60	3971.97	—	4584.76	5927.48	—	0.7465	0.6701	
	每百名学生拥有网络多媒体教室数/间	3.10	3.27	—	2.97	3.24	—	1.0438	1.0093	
B 政府保障程度	学校规模达标率/%	96.15	92.31	94.74	82.82	93.88	88.70	1.1610	0.9833	1.0681
	学校班额达标率/%	67.81	80.83		74.98	94.48		0.9044	0.8555	
	特殊教育学校生均公用经费/元	10109.17			19669.88			0.5139		

续表

指标名称		区域值 小学	区域值 初中	区域值 九年一贯制	成都市均值 小学	成都市均值 初中	成都市均值 九年一贯制	区域值/成都市均值 小学	区域值/成都市均值 初中	区域值/成都市均值 九年一贯制
B 政府保障程度	学校培训经费占本校年度公用经费预算总额的比例/%		5.51			3.86			1.4275	
	教师全员培训完成率/%		100.00			100.00			1.0000	
	县域内每年交流轮岗教师的比例/%		13.72			15.08			0.9098	
	县域内优质高中招生名额分配比例/%		50.00			50.00			1.0000	
	符合条件的随迁子女在公办学校和政府购买服务的民办学校就读的比例/%		100.00			96.55			1.0357	
	县域内心理健康专职教师配备率/%		54.55			68.86			0.7922	
C 教育质量	小学六年(初中三年)巩固率/%	67.99	100.00	—	97.99	99.04	—	0.6938	1.0097	—
	残疾儿童少年入学率/%		98.31			99.21			0.9909	
	学生体质健康达标合格率/%	99.35	98.81	—	98.76	97.89	—	1.0060	1.0094	—
	学业水平校际差异率	0.16	0.16	—	0.13	0.19	—	*0.8125	*1.1875	—

注：*此数值的计算公式为"成都市均值/区域值"，比值大于1代表区域均衡水平优于成都市均值。

图 2.16.3 简阳市小学和初中各项监测指标值与成都市均值的比较

（三）城乡差异情况

1. 小学

2022年简阳市小学9项监测指标中，农村小学各项指标均高于城镇小学，其中，"生均体育运动场馆面积"为城镇小学的2.0271倍（表2.16.6和图2.16.4）。

表2.16.6 简阳市小学各项监测指标城乡差异情况

指标	简阳市均值	城镇均值	农村均值	乡城比率
每百名学生拥有高于规定学历教师数/人	5.95	5.51	6.49	1.1779
每百名学生拥有县级及以上骨干教师数/人	1.37	1.30	1.47	1.1308
每百名学生拥有体育、艺术(音乐、美术)专任教师数/人	1.20	1.07	1.35	1.2617
生均教学及辅助用房面积/平方米	7.21	5.26	9.55	1.8156
生均体育运动场馆面积/平方米	11.35	7.74	15.69	2.0271
生均教学仪器设备值/元	3422.60	3196.45	3694.99	1.1560
每百名学生拥有网络多媒体教室数/间	3.10	2.63	3.66	1.3916
学校班额达标率/%	67.81	51.32	83.61	1.6292
学生体质健康达标合格率/%	99.35	99.32	99.37	1.0005

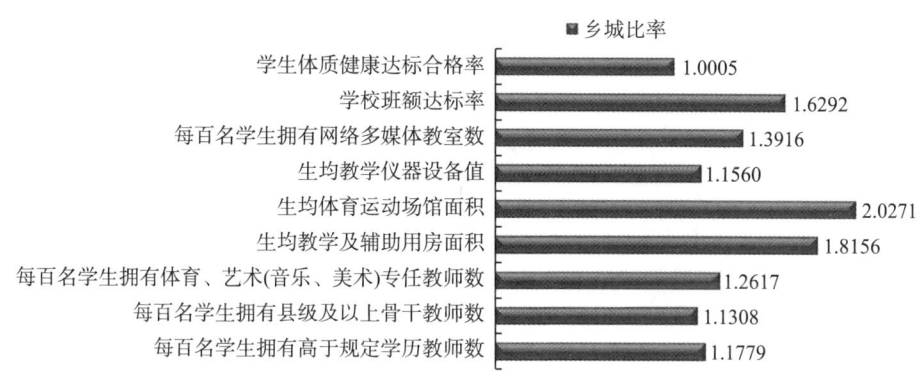

图2.16.4 简阳市小学城乡差异情况

2. 初中

2022年简阳市初中9项监测指标中，农村初中有8项指标高于城镇初中，其中，"生均体育运动场馆面积"为城镇初中的1.2487倍；另外，农村初中"生均教学仪器设备值"为城镇初中的99.85%（表2.16.7和图2.16.5）。

表 2.16.7 简阳市初中各项监测指标城乡差异情况

指标	简阳市均值	城镇均值	农村均值	乡城比率
每百名学生拥有高于规定学历教师数/人	7.74	7.54	7.92	1.0504
每百名学生拥有县级及以上骨干教师数/人	1.63	1.61	1.66	1.0311
每百名学生拥有体育、艺术(音乐、美术)专任教师数/人	1.17	1.04	1.28	1.2308
生均教学及辅助用房面积/平方米	8.75	8.18	9.27	1.1333
生均体育运动场馆面积/平方米	13.23	11.70	14.61	1.2487
生均教学仪器设备值/元	3971.97	3975.02	3969.21	0.9985
每百名学生拥有网络多媒体教室数/间	3.27	2.91	3.60	1.2371
学校班额达标率/%	80.83	73.51	86.75	1.1801
学生体质健康达标合格率/%	98.81	98.34	99.22	1.0089

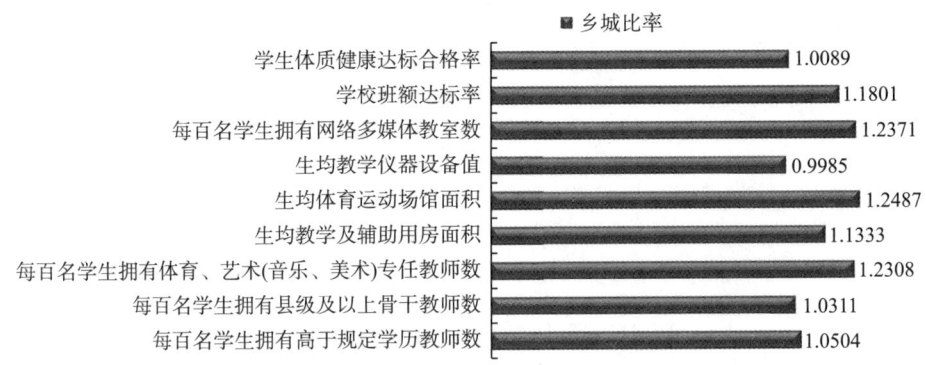

图 2.16.5 简阳市初中城乡差异情况

(四)校际差异情况

1. 小学

2022年简阳市有11所小学60%及以上指标低于该区域平均值,分别是简阳市射洪坝第一小学、简阳市射洪坝水东小学、简阳市射洪坝筒车小学、简阳市简城第一小学、简阳市简城第三小学、简阳市东溪小学、简阳市简城阳安学校(小学部)、简阳市宏缘学校(小学部)、简阳市射洪坝解放学校(小学部)、简阳市简城城北小学、简阳市简城城南学校(小学部),其弱势方面主要是师资配置和生均资源配置较少,"学校班额达标率"偏低。简阳市小学各项监测指标校际差异具体情况比较如表2.16.8所示。

表 2.16.8　简阳市小学各项监测指标校际差异具体情况比较

学校	每百名学生拥有高于规定学历教师数	每百名学生拥有县级及以上骨干教师数	每百名学生拥有体育、艺术(音乐、美术)专任教师数	生均教学及辅助用房面积	生均体育运动场馆面积	生均教学仪器设备值	每百名学生拥有网络多媒体教室数	学校班额达标率	学生体质健康达标合格率	灰色底纹项数/项
简阳市射洪坝第一小学	●	●	●	●	●	★	●	—	●	2
简阳市平泉小学	●	●	●	●	●	●	●	—	●	6
简阳市射洪坝水东小学	●	●	●	●	●	●	●	—	●	1
简阳市射洪坝简车小学	●	●	★	●	●	●	●	—	/	2
简阳市三星小学	★	●	★	●	●	●	●	—	●	6
简阳市新市小学	●	●	●	●	●	●	●	—	●	7
简阳市青龙小学	●	●	●	●	●	★	●	—	●	7
简阳市镇金小学赵家分校	●	●	●	●	●	★	●	—	●	9
简阳市镇金小学	●	●	●	●	●	●	●	—	●	5
简阳市禾丰小学	★	●	●	●	●	★	●	—	●	7
简阳市石桥小学	●	●	●	●	●	●	●	—	●	5
简阳市赤水太平桥小学	●	●	●	●	●	●	●	—	●	7
简阳市简城第一小学	●	●	●	●	●	●	●	—	●	1
简阳市简城第三小学	●	●	●	●	●	●	●	—	●	2
简阳市实验小学	●	●	●	●	●	●	●	—	●	4
简阳市东溪小学	●	●	●	●	●	●	●	—	●	2
简阳市云龙小学	●	●	●	●	●	★	●	—	●	7
简阳市禾丰小学潮水分校	●	●	★	●	●	●	●	—	●	8
简阳市简城阳安学校(小学部)	●	●	●	●	●	●	●	—	●	0
简阳市镇金老龙学校(小学部)	●	●	●	○	★	★	●	—	●	9
简阳市杨家学校(小学部)	●	●	●	●	●	●	●	—	●	5
简阳市三星井田学校(小学部)	●	●	★	●	●	●	●	—	●	5
简阳市杨家模范学校(小学部)	●	●	●	●	●	●	●	—	★	8
简阳市禾丰普安学校(小学部)	●	●	★	●	●	●	●	—	●	7
简阳市雷家学校(小学部)	●	●	●	●	★	●	●	—	●	5

续表

学校	每百名学生拥有高于规定学历教师数	每百名学生拥有县级及以上骨干教师数	每百名学生拥有体育、艺术(音乐、美术)专任教师数	生均教学及辅助用房面积	生均体育运动场馆面积	生均教学仪器设备值	每百名学生拥有网络多媒体教室数	学校班额达标率	学生体质健康达标合格率	灰色底纹项数/项
简阳市踏水学校(小学部)	●	●	●	●	●	●	●	—	●	9
简阳市踏水学校寨子分校	●	●	●	●	●	●	●	—	●	9
简阳市三合学校(小学部)	★	●	●	●	★	★	●	—	●	7
简阳市三合塘坝学校(小学部)	●	○	●	●	★	●	●	—	★	6
简阳市三星同合学校(小学部)	●	○	●	●	●	●	●	—	●	6
简阳市平武学校(小学部)	●	●	●	●	●	●	●	—	●	6
简阳市宏缘学校(小学部)	●	●	●	●	●	●	●	—	●	3
简阳市三星新星学校(小学部)	●	●	●	●	●	●	★	—	●	5
简阳市禾丰碑垭学校(小学部)	●	●	●	★	●	●	●	—	●	7
简阳市禾丰励志学校(小学部)	●	●	●	●	●	●	●	—	●	6
简阳市雷家望水学校(小学部)	●	●	●	●	★	★	●	—	●	7
简阳市石桥海井学校(小学部)	●	●	●	●	●	○	●	—	●	6
简阳市射洪坝解放学校(小学部)	●	●	●	●	●	●	●	—	●	2
简阳市赤水石堰学校(小学部)	●	●	●	○	●	★	●	—	★	7
简阳市赤水学校(小学部)	●	●	●	●	○	●	●	—	●	4
简阳市施家安乐学校(小学部)	●	●	●	●	●	★	●	—	●	8
简阳市简城城北小学	●	●	●	●	●	●	●	—	●	1
简阳市施家学校(小学部)	●	●	●	●	●	●	●	—	●	6
简阳市施家学校金玉分校	●	●	●	●	●	●	●	—	○	7
简阳市简城城南学校(小学部)	★	●	●	●	●	★	●	—	●	3
简阳市简城城西学校(小学部)	●	●	●	●	●	●	●	—	●	6

232

续表

学校	每百名学生拥有高于规定学历教师数	每百名学生拥有县级及以上骨干教师数	每百名学生拥有体育、艺术(音乐、美术)专任教师数	生均教学及辅助用房面积	生均体育运动场馆面积	生均教学仪器设备值	每百名学生拥有网络多媒体教室数	学校班额达标率	学生体质健康达标合格率	灰色底纹项数/项
简阳市简城第一小学建设路分校	●	●	●	●	●	●	●	—	●	6
简阳市涌泉学校(小学部)	★	●	●	●	★	●	●	—	●	7
简阳市华西学校(小学部)	●	●	●	●	★	●	★	—	●	6
简阳通材实验学校(小学部)	●	●	●	●	●	●	●	—	●	4
简阳市平泉飞龙学校(小学部)	★	★	●	●	●	●	●	—	★	8
简阳市石钟学校(小学部)	●	●	●	●	●	●	★	—	●	9
简阳市江源学校(小学部)	●	●	●	●	●	●	●	—	—	4
简阳市江源学校红旗分校	●	●	●	●	●	●	●	—	●	8
简阳市云龙百堰学校(小学部)	●	●	●	●	●	●	●	—	●	9
简阳市云龙五合学校(小学部)	●	★	●	●	●	●	●	—	●	8
简阳市平泉小学新桥分校	●	●	●	●	●	●	●	—	●	9
简阳市施家平息学校(小学部)	●	●	●	●	●	○	●	—	●	7
简阳市江源永宁学校(小学部)	●	●	●	●	●	★	●	—	●	8
简阳市射洪坝新合学校(小学部)	●	●	●	★	●	★	★	—	★	8
简阳市云龙金马学校(小学部)	●	●	●	●	●	●	★	—	●	8
简阳市东溪江南小学	●	●	●	●	●	★	●	—	●	8
简阳市石钟平窝学校(小学部)	●	●	●	●	●	★	●	—	●	7
简阳市平泉五星学校(小学部)	●	●	●	●	●	★	○	—	●	7

注：(1) ★$p>0.05$，差异不显著；○$p<0.05$，差异显著；●$p<0.01$，差异很显著。(2) ▨差异不显著或显著高于区(市)县均值；☐显著低于区(市)县均值。(3) "学校班额达标率"达标的标准为小学班额不超过45人，初中班额不超过50人。(4) —指"学校班额达标率"只做了大小比较，未进行差异性分析，其灰色底纹表示该学校的"学校班额达标率"大于或等于区(市)县均值，无底纹表示该学校的"学校班额达标率"小于区(市)县均值。(5)/指未采集到"学生体质健康达标合格率"数据。

2. 初中

2022年简阳市有11所初中60%及以上指标低于该区域平均值，分别是简阳市平泉初级中学、简阳市射洪坝第一初级中学、简阳市简城阳安学校(初中部)、简阳市新市初级中学、简阳市三星初级中学、简阳市青龙初级中学、简阳市禾丰初级中学、简阳市镇金初级中学、简阳市简城城南学校(初中部)、简阳市实验中学、四川省简阳中学，其弱势方面主要是师资配置和生均资源配置较少，"学校班额达标率"和"学生体质健康达标合格率"较低。简阳市初中各项监测指标校际差异具体情况比较如表2.16.9所示。

表2.16.9 简阳市初中各项监测指标校际差异具体情况比较

学校	每百名学生拥有高于规定学历教师数	每百名学生拥有县级及以上骨干教师数	每百名学生拥有体育、艺术(音乐、美术)专任教师数	生均教学及辅助用房面积	生均体育运动场馆面积	生均教学仪器设备值	每百名学生拥有网络多媒体教室数	学校班额达标率	学生体质健康达标合格率	灰色底纹项数/项
简阳市云龙初级中学	●	●	●	★	●	●	●	—	●	5
简阳市平泉初级中学	●	●	●	●	●	●	●	—	●	2
简阳市射洪坝第一初级中学	●	●	●	●	●	●	●	—	●	3
简阳市简城阳安学校(初中部)	●	●	●	●	●	●	●	●	●	1
简阳市新市初级中学	●	●	●	●	●	●	●	●	●	2
简阳市镇金老龙学校(初中部)	●	●	●	★	★	★	●	●	●	7
简阳市杨家学校(初中部)	●	●	●	●	●	●	★	—	●	6
简阳市三星井田学校(初中部)	★	●	●	★	●	★	●	●	●	7
简阳市杨家模范学校(初中部)	●	★	●	●	●	●	●	●	●	8
简阳市禾丰普安学校(初中部)	●	★	★	●	●	●	●	●	●	6
简阳市雷家学校(初中部)	●	●	●	●	●	●	●	●	●	6
简阳市三星初级中学	●	●	●	●	●	●	●	—	●	1
简阳市踏水学校(初中部)	●	●	●	●	●	★	●	—	●	9
简阳市三合学校(初中部)	●	●	○	●	★	●	★	—	●	5
简阳市三合塘坝学校(初中部)	●	●	●	●	★	★	●	—	●	6
简阳市青龙初级中学	●	●	●	●	●	●	●	—	●	1
简阳市三星同合学校(初中部)	●	●	●	★	●	●	●	—	●	5

续表

学校	每百名学生拥有高于规定学历教师数	每百名学生拥有县级及以上骨干教师数	每百名学生拥有体育、艺术(音乐、美术)专任教师数	生均教学及辅助用房面积	生均体育运动场馆面积	生均教学仪器设备值	每百名学生拥有网络多媒体教室数	学校班额达标率	学生体质健康达标合格率	灰色底纹项数/项
简阳市平武学校(初中部)	●	★	●	●	○	●	●	—	●	8
简阳市宏缘学校(初中部)	○	★	●	●	●	●	●	—	●	6
简阳市赤水太平桥初级中学	○	●	●	●	●	●	●	—	●	7
简阳市禾丰初级中学	●	●	●	●	●	●	●	—	●	0
简阳市三星新星学校(初中部)	●	●	●	●	●	●	●	—	●	7
简阳市禾丰碑垭学校(初中部)	●	●	●	★	●	●	●	—	●	8
简阳市禾丰励志学校(初中部)	●	●	●	●	●	●	●	—	●	7
简阳市雷家望水学校(初中部)	●	●	●	●	●	●	●	—	●	5
简阳市石桥初级中学	●	●	●	●	●	●	★	—	●	4
简阳市射洪坝解放学校(初中部)	★	★	●	●	●	●	●	—	●	4
简阳市赤水石堰学校(初中部)	●	●	●	●	●	●	●	—	●	5
简阳市赤水学校(初中部)	●	●	★	●	●	●	●	—	●	6
简阳市镇金初级中学	●	●	●	●	●	●	●	—	●	2
简阳市施家安乐学校(初中部)	●	●	●	●	●	●	●	—	●	7
简阳市施家学校(初中部)	●	●	●	●	●	●	●	—	●	9
简阳市简城城南学校(初中部)	●	●	●	●	●	●	●	—	●	1
简阳市简城城西学校(初中部)	●	●	●	●	●	●	●	—	●	6
简阳市涌泉学校(初中部)	●	★	●	●	●	●	●	—	★	7
简阳市华西学校(初中部)	●	●	●	●	●	●	●	—	●	4
简阳通材实验学校(初中部)	○	●	●	●	●	●	●	—	●	5
简阳市平泉飞龙学校(初中部)	●	●	●	●	●	●	●	—	●	7

续表

学校	每百名学生拥有高于规定学历教师数	每百名学生拥有县级及以上骨干教师数	每百名学生拥有体育、艺术(音乐、美术)专任教师数	生均教学及辅助用房面积	生均体育运动场馆面积	生均教学仪器设备值	每百名学生拥有网络多媒体教室数	学校班额达标率	学生体质健康达标合格率	灰色底纹项数/项
简阳市石钟学校(初中部)	●	●	●	●	●	●	●	—	●	7
简阳市江源学校(初中部)	★	★	★	●	●	●	●	—	●	6
简阳市云龙百堰学校(初中部)	●	●	●	●	●	●	●	—	●	9
简阳市云龙五合学校(初中部)	●	●	●	●	●	●	●	—	★	9
简阳市施家平息学校(初中部)	●	●	●	●	●	●	●	—	●	7
简阳市东溪初级中学	●	★	●	●	★	●	●	—	●	7
简阳市江源永宁学校(初中部)	●	●	●	●	★	●	★	—	●	6
简阳市射洪坝新合学校(初中部)	●	●	●	●	●	●	★	—	●	6
简阳市云龙金马学校(初中部)	★	●	●	★	●	○	○	—	●	8
简阳市石钟平窝学校(初中部)	●	★	●	●	●	●	●	—	●	7
简阳市平泉五星学校(初中部)	★	●	★	●	●	●	★	—	★	8
简阳市实验中学	●	○	●	●	●	●	●	—	●	1
四川省简阳中学	●	●	●	●	●	●	●	—	●	2

注：(1) ★$p>0.05$，差异不显著；○$p<0.05$，差异显著；●$p<0.01$，差异很显著。(2) ▨差异不显著或显著高于区(市)县均值；□显著低于区(市)县均值。(3)"学校班额达标率"达标的标准为小学班额不超过45人，初中班额不超过50人。(4) —指"学校班额达标率"只做了大小比较，未进行差异性分析，其灰色底纹表示该学校的"学校班额达标率"大于或等于区(市)县均值，无底纹表示该学校的"学校班额达标率"小于区(市)县均值。

三、结论

(一)成绩与经验

(1) 从义务教育优质均衡发展达标情况看，均衡程度方面，A类7项指标中，2022年简阳市小学和初中分别有5项和7项指标的校际差异系数达到部标。

(2) 发展水平方面，A类7项指标中，2022年简阳市小学有5项监测指标达标学校比例超过90%，其中，"每百名学生拥有高于规定学历教师数"的达标学校比例为100%，2022年简阳市初中有5项监测指标达标学校比例超过90%，其中，"每百名学生拥有网络多媒体教室数"的达标学校比例为100%，与成都市均值相比，小学和初中分别有4项、

5项指标的达成度高于成都市均值；B类和C类19项指标中，2022年简阳市有10项指标的达标比例达到100%，有15项指标的达成度高于或等于成都市均值。

（3）从区域发展水平看，2022年简阳市小学和初中监测指标中，小学、初中分别有50.00%和55.00%的监测指标优于或等于成都市均值，其中，"学校培训经费占本校年度公用经费预算总额的比例"为成都市均值的1.4275倍。

（4）从城乡差异情况看，2022年简阳市小学、初中分别有100.00%和88.89%的监测指标农村学校优于或等于城镇学校。

（5）从校际差异情况看，2022年简阳市小学、初中分别有28.57%和42.86%的监测指标校际差异优于或等于成都市均值。

（二）存在的不足

（1）从义务教育优质均衡发展达标情况看，均衡程度方面，A类指标中，2022年简阳市小学"生均教学及辅助用房面积"和"生均体育运动场馆面积"的差异系数分别为0.53和0.67，未达到部标。2022年简阳市公办学校校际均衡指数为0.29，高于成都市均值（校际均衡程度低于成都市平均水平），未达到市标，表明2022年简阳市义务教育公办学校校际均衡程度有待提高。

（2）发展水平方面，A类指标中，2022年简阳市小学和初中均有2项指标达标学校比例低于90%，其中，小学"生均体育运动场馆面积"的达标学校比例为87.50%，初中"生均教学及辅助用房面积"的达标学校比例为78.43%，与成都市均值相比，小学和初中分别有3项、2项监测指标低于成都市均值；B类和C类19项指标中，2022年简阳市有9项指标的达标比例低于100%，分别为"单设小学学校规模达标率""单设初中学校规模达标率""九年一贯制学校规模达标率""小学学校班额达标率""初中学校班额达标率""县域内心理健康专职教师配备率""小学六年巩固率""小学学业水平校际差异率""初中学业水平校际差异率"，有4指标低于成都市均值，分别是"单设初中学校规模达标率""小学学校班额达标率""初中学校班额达标率""小学六年巩固率"。

（3）从区域发展水平看，2022年简阳市小学和初中监测指标中，小学、初中分别有50.00%和45.00%的监测指标低于成都市均值，其中，"特殊教育学校生均公用经费"为成都市均值的51.39%，与成都市均值差距较大。

（4）从校际差异情况看，2022年简阳市有11所小学60%及以上指标低于该区域平均值，分别是简阳市射洪坝第一小学、简阳市射洪坝水东小学、简阳市射洪坝筒车小学、简阳市简城第一小学、简阳市简城第三小学、简阳市东溪小学、简阳市简城阳安学校（小学部）、简阳市宏缘学校（小学部）、简阳市射洪坝解放学校（小学部）、简阳市简城城北小学、简阳市简城城南学校（小学部）；有11所初中60%及以上指标低于该区域平均值，分别是简阳市平泉初级中学、简阳市射洪坝第一初级中学、简阳市简城阳安学校（初中部）、简阳市新市初级中学、简阳市三星初级中学、简阳市青龙初级中学、简阳市禾丰初级中学、简阳市镇金初级中学、简阳市简城城南学校（初中部）、简阳市实验中学、四川省简阳中学；其弱势方面主要是小学和师资配置和生均资源配置较少，"学校班额达标率"较低，初中"学生体质健康达标合格率"偏低。

(三)建议

(1)资源配置方面,加强师资队伍建设,重点解决部分小学"每百名学生拥有县级及以上骨干教师数"和"每百名学生拥有体育、艺术(音乐、美术)专任教师数"未达标的问题,解决中小学"每百名学生拥有县级及以上骨干教师数"的区域水平偏低的问题;优化资源配置,重点解决部分小学和初中的"生均教学及辅助用房面积""生均体育运动场馆面积"未达标、校际差异的问题,小学和初中"生均教学仪器设备值"的区域水平较低问题;关注弱势学校,关注60%及以上指标低于区域均值的11所小学和11所初中,及连续多年处于该水平的学校,提高学校办学条件水平。

(2)政府保障程度方面,着力解决中小学学校规模偏大、学校班额达标率较低的问题,解决"县域内心理健康专职教师配备率"偏低的问题。

(3)教育质量方面,进一步加强教育教学管理,提高"小学六年巩固率",为学生提供优质均衡的教育资源。

2022年都江堰市义务教育优质均衡监测报告

一、2022年都江堰市义务教育优质均衡发展概况

本次监测，除"县域内心理健康专职教师配备率"依据成都市《2022年政府工作报告目标任务责任分解方案》(成办发〔2022〕8号)、"小学六年(初中三年)巩固率"和"学生体质健康达标合格率"依据《成都市义务教育优质均衡监测指标体系》外，其余指标均依据部标。

《成都市人民政府教育督导委员会办公室关于印发〈成都市义务教育优质均衡监测指标体系〉的通知》(成府教督〔2017〕10号)构建的监测指标体系包括A类(资源配置，共14项指标，全部指标分小学、初中)、B类(政府保障程度，共12项指标，部分指标分小学、初中和九年一贯制)和C类(教育质量，共7项指标，部分指标分小学、初中)，合计33项指标。除特别注明外，所有监测结果均为全体公民办学校总体结果。

（一）义务教育均衡程度

1. 判断标准

成都市义务教育均衡程度依据两个标准来判断：①部标，规定县域内义务教育公民办小学A类7项指标的差异系数每一项均应不高于0.50，公民办初中A类7项指标的差异系数每一项均应不高于0.45；②市标，规定县域内义务教育公办学校校际均衡指数值不高于0.27。

2. 均衡程度及达标情况

从部标看，在小学和初中共14项A类指标中，2022年都江堰市小学和初中各指标校际差异系数均达到部标。

与上一监测年度相比，都江堰市小学、初中分别有7项和6项指标的校际均衡程度进一步提高，只有初中"生均教学仪器设备值"的校际均衡程度有所下降(图2.17.1和图2.17.2)。

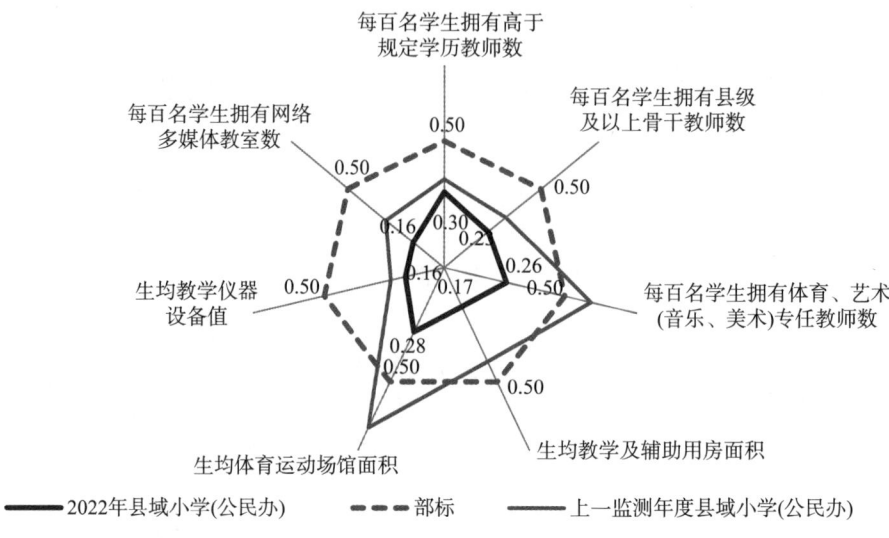

图 2.17.1 2022年与上一监测年度都江堰市小学县域内义务教育校际均衡情况

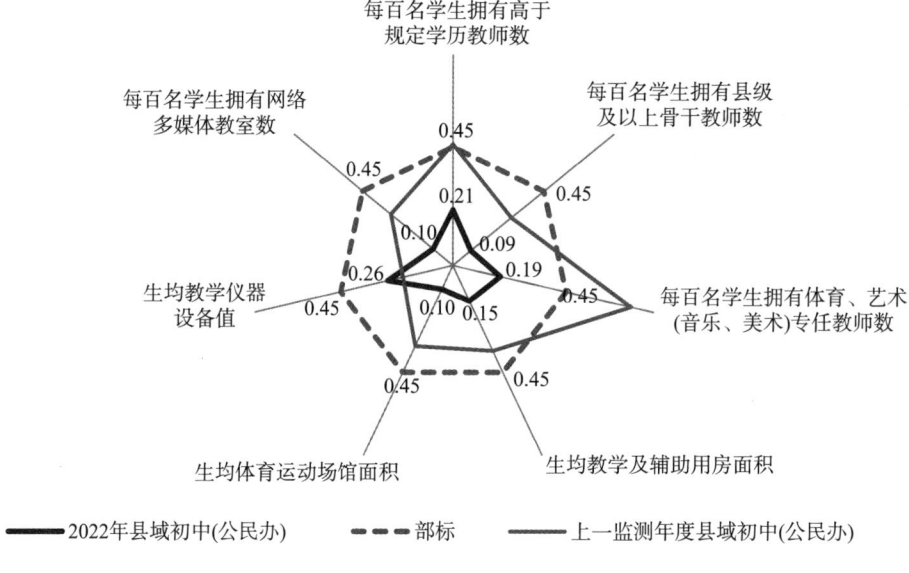

图 2.17.2 2022年与上一监测年度都江堰市初中县域内义务教育校际均衡情况

2022年都江堰市公办学校校际均衡指数为0.16,低于成都市均值(校际均衡程度高于成都市平均水平),且达到市标,表明2022年都江堰市义务教育公办学校校际均衡程度较高。

与上一监测年度相比,2022年都江堰市公办学校校际均衡指数降低了0.09,公办学校校际均衡程度有所提升(表2.17.1)。

（二）义务教育优质均衡发展水平达标情况

以部标规定的标准值为参照，2022年都江堰市各指标达到目标值的情况如表 2.17.2 所示。

表 2.17.1 都江堰市公办小学、初中县域内义务教育校际均衡情况

差异系数	每百名学生拥有高于规定学历教师数	每百名学生拥有县级及以上骨干教师数	每百名学生拥有体育、艺术（音乐、美术）专任教师数	生均教学及辅助用房面积	生均体育运动场馆面积	生均教学仪器设备值	每百名学生拥有网络多媒体教室数	2022年县域内义务教育校际均衡指数	2022年成都市县域内义务教育校际均衡指数	上一监测年度县域内义务教育校际均衡指数
小学	0.27	0.23	0.14	0.17	0.29	0.15	0.16	0.16	0.22	0.25
初中	0.15	0.09	0.12	0.10	0.10	0.20	0.08			

表 2.17.2 都江堰市小学和初中 A 类指标达标情况

	指标名称	小学 达标学校数/所	小学 达标学校比例/%	小学 成都市均值/%	初中 达标学校数/所	初中 达标学校比例/%	初中 成都市均值/%
A 资源配置	每百名学生拥有高于规定学历教师数	34	100.00	98.36	20	100.00	98.90
	每百名学生拥有县级及以上骨干教师数	34	100.00	96.40	18	90.00	97.12
	每百名学生拥有体育、艺术（音乐、美术）专任教师数	34	100.00	97.23	20	100.00	91.47
	生均教学及辅助用房面积	33	97.06	87.04	19	95.00	83.78
	生均体育运动场馆面积	29	85.29	82.70	16	80.00	80.95
	生均教学仪器设备值	34	100.00	98.93	18	90.00	97.91
	每百名学生拥有网络多媒体教室数	33	97.06	97.28	20	100.00	96.86

从 A 类指标看，部标规定每一所学校的 A 类指标均要达到标准。都江堰市小学的 7 项监测指标中，达标学校比例超过90%的指标有 6 项，其中，"每百名学生拥有高于规定学历教师数""每百名学生拥有县级及以上骨干教师数""每百名学生拥有体育、艺术（音乐、美术）专任教师数""生均教学仪器设备值"4 项指标的达标学校比例为 100%，"生均体育运动场馆面积"的达标学校比例最低，为 85.29%。

都江堰市初中的 7 项监测指标中，达标学校比例超过90%的指标有 6 项，其中，"每百名学生拥有高于规定学历教师数""每百名学生拥有体育、艺术（音乐、美术）专任教师数""每百名学生拥有网络多媒体教室数"3 项指标的达标学校比例为 100%，"生均体育运动场馆面积"达标学校比例低最低，为 80.00%。与成都市均值相比，都江堰市小学、初中分别有 6 项、4 项监测指标的达成度高于成都市均值。

从 B 类和 C 类 19 项指标看，除"单设小学学校规模达标率""小学学校班额达标率""县域内心理健康专职教师配备率""小学生体质健康达标合格率""初中学生体质健康达标合格率""初中学业水平校际差异率"6 项指标外，都江堰市其余 13 项指标的达标

比例均为100%。与成都市均值相比，都江堰市有14项指标的达成度高于或等于成都市均值；另外5项指标低于成都市均值，分别是"小学学校班额达标率""县域内心理健康专职教师配备率""小学生体质健康达标合格率""初中学生体质健康达标合格率""初中学业水平校际差异率"（表2.17.3）。

表2.17.3 都江堰市小学和初中B类、C类指标达标情况(%)

	指标名称	达标比例	成都市均值
B 政府保障程度	单设小学学校规模达标率	84.00	82.32
	单设初中学校规模达标率	100.00	94.27
	九年一贯制学校规模达标率	100.00	87.34
	小学学校班额达标率	74.36	77.63
	初中学校班额达标率	100.00	94.78
	特殊教育学校生均公用经费	100.00	97.12
	学校培训经费占本校年度公用经费预算总额的比例	100.00	71.00
	教师全员培训完成率	100.00	100.00
	县域内每年交流轮岗教师的比例	100.00	100.00
	县域内优质高中招生名额分配比例	100.00	100.00
	符合条件的随迁子女在公办学校和政府购买服务的民办学校就读的比例	100.00	99.77
	县域内心理健康专职教师配备率	85.76	91.44
C 教育质量	小学六年巩固率	100.00	98.24
	初中三年巩固率	100.00	99.63
	残疾儿童少年入学率	100.00	99.89
	小学生体质健康达标合格率	97.06	98.80
	初中学生体质健康达标合格率	85.00	96.95
	小学学业水平校际差异率	100.00	93.27
	初中学业水平校际差异率	35.01	80.49

二、2022年都江堰市义务教育区域差异、城乡差异和校际差异情况

（一）总体情况

本报告中，区域差异情况是由各区(市)县的各项监测指标值与成都市均值相比较而得，比值大于1代表其发展水平高于成都市平均水平。城乡差异情况是由各区(市)县的农村学校各项监测指标值与城镇学校同项监测指标值相比较而得，比值大于1代表农村发展水平高于城镇发展水平。校际差异情况是由各区(市)县的各项监测指标差异系数与成都市各区(市)县差异系数平均值相比较而得，比值小于1代表其校际差异水平优于成都市平均

水平,差异系数值越小代表区域内该指标校际差异越小。

从区域差异情况看,2022年都江堰市小学、初中均有60.00%(小学、初中各20项)的监测指标优于或等于成都市均值;从城乡差异情况看,2022年都江堰市小学、初中均有77.78%(小学、初中各9项)的监测指标农村学校优于或等于城镇学校;从校际差异情况看,2022年都江堰市小学和初中分别有57.14%和71.43%(小学、初中各7项)的监测指标优于或等于成都市均值。

从监测指标看,2022年,都江堰市处于优势的指标为小学和初中"每百名学生拥有网络多媒体教室数""学校规模达标率""学校培训经费占本校年度公用经费预算总额的比例""教师全员培训完成率""县域内优质高中招生名额分配比例""符合条件的随迁子女在公办学校和政府购买服务的民办学校就读的比例""小学六年(初中三年)巩固率""残疾儿童少年入学率",小学"生均教学及辅助用房面积""生均体育运动场馆面积""学业水平校际差异率",初中"每百名学生拥有体育、艺术(音乐、美术)专任教师数""学校班额达标率"。

都江堰市处于弱势的指标为"特殊教育学校生均公用经费""县域内每年交流轮岗教师的比例""县域内心理健康专职教师配备率",小学"每百名学生拥有县级及以上骨干教师数""学生体质健康达标合格率",初中"生均教学仪器设备值""学业水平校际差异率"(表2.17.4)。

表2.17.4 都江堰市小学和初中监测指标的区域差异、城乡差异和校际差异情况

指标名称		小学			初中		
		区域差异情况	城乡差异情况	校际差异情况	区域差异情况	城乡差异情况	校际差异情况
A 资源配置	每百名学生拥有高于规定学历教师数	■			■		
	每百名学生拥有县级及以上骨干教师数					■	■
	每百名学生拥有体育、艺术(音乐、美术)专任教师数	■					
	生均教学及辅助用房面积	■	■	■		■	
	生均体育运动场馆面积	■	■	■	■		
	生均教学仪器设备值						
	每百名学生拥有网络多媒体教室数	■	■	■	■	■	■
B 政府保障程度	学校规模达标率	■	—	—	■	—	—
	学校班额达标率		—	—	■	—	—
	特殊教育学校生均公用经费		—	—		—	—
	学校培训经费占本校年度公用经费预算总额的比例	■	—	—	■	—	—
	教师全员培训完成率	■	—	—	■	—	—
	县域内每年交流轮岗教师的比例		—	—		—	—
	县域内优质高中招生名额分配比例	■	—	—	■	—	—

续表

指标名称		小学			初中		
		区域差异情况	城乡差异情况	校际差异情况	区域差异情况	城乡差异情况	校际差异情况
B 政府保障程度	符合条件的随迁子女在公办学校和政府购买服务的民办学校就读的比例	■	—	—	■	—	—
	县域内心理健康专职教师配备率	■	—	—	■	—	—
C 教育质量	小学六年(初中三年)巩固率	■			■		
	残疾儿童少年入学率	■			■		
	学生体质健康达标合格率					■	
	学业水平校际差异率	■					
灰色底纹项数/项		12	7	4	12	7	5
灰色底纹项数比例/%		60.00	77.78	57.14	60.00	77.78	71.43

注：(1)区域差异情况中，■比值大于等于1，□比值小于1；(2)城乡差异情况中，■比值大于等于1，□比值小于1；(3)校际差异情况中，■比值小于等于1，□比值大于1。

(二)区域发展水平具体情况

2022年都江堰市小学和初中监测指标中，小学和初中均有60.00%(小学、初中各20项)的监测指标优于或等于成都市均值，其中，"学校培训经费占本校年度公用经费预算总额的比例"为成都市均值的1.4275倍。另外，2022年都江堰市低于成都市均值的指标中，"初中每百名学生拥有县级及以上骨干教师数"为成都市均值的41.32%，差距较大。都江堰市具体情况如表2.17.5和图2.17.3所示。

表2.17.5 都江堰市各项监测指标值与成都市均值的比较

指标名称		区域值			成都市均值			区域值/成都市均值		
		小学	初中	九年一贯制	小学	初中	九年一贯制	小学	初中	九年一贯制
A 资源配置	每百名学生拥有高于规定学历教师数/人	6.94	8.51	—	5.92	8.14	—	1.1723	1.0455	—
	每百名学生拥有县级及以上骨干教师数/人	1.58	1.19	—	2.13	2.88	—	0.7418	0.4132	—
	每百名学生拥有体育、艺术(音乐、美术)专任教师数/人	1.20	1.11	—	1.21	1.11	—	0.9917	1.0000	—
	生均教学及辅助用房面积/平方米	5.93	7.72	—	5.76	7.35	—	1.0295	1.0503	—
	生均体育运动场馆面积/平方米	8.72	11.39	—	8.26	11.48	—	1.0557	0.9922	—
	生均教学仪器设备值/元	4296.79	5095.73	—	4584.76	5927.48	—	0.9372	0.8597	—
	每百名学生拥有网络多媒体教室数/间	3.22	3.61	—	2.97	3.24	—	1.0842	1.1142	—

续表

指标名称		区域值			成都市均值			区域值/成都市均值		
		小学	初中	九年一贯制	小学	初中	九年一贯制	小学	初中	九年一贯制
B 政府保障程度	学校规模达标率/%	84.00	100.00	100.00	82.82	93.88	88.70	1.0142	1.0652	1.1274
	学校班额达标率/%	74.36	100.00	—	74.98	94.48	—	0.9917	1.0584	—
	特殊教育学校生均公用经费/元	11291.14			19669.88			0.5740		
	学校培训经费占本校年度公用经费预算总额的比例/%	5.51			3.86			1.4275		
	教师全员培训完成率/%	100.00			100.00			1.0000		
	县域内每年交流轮岗教师的比例	10.24			15.08			0.6790		
	县域内优质高中招生名额分配比例/%	50.00			50.00			1.0000		
	符合条件的随迁子女在公办学校和政府购买服务的民办学校就读的比例/%	97.26			96.55			1.0074		
	县域内心理健康专职教师配备率/%	47.17			68.86			0.6850		
C 教育质量	小学六年(初中三年)巩固率/%	100.00	100.00	—	97.99	99.04	—	1.0205	1.0097	—
	残疾儿童少年入学率/%	100.00			99.21			1.0080		
	学生体质健康达标合格率/%	97.37	96.94	—	98.76	97.89	—	0.9859	0.9903	—
	学业水平校际差异率	0.13	0.43	—	0.13	0.19	—	*1.0000	*0.4419	—

注：*此数值的计算公式为"成都市均值/区域值"，比值大于1代表区域均衡水平优于成都市均值。

图 2.17.3 都江堰市小学和初中各项监测指标值与成都市均值的比较

(三)城乡差异情况

1. 小学

2022年都江堰市小学9项监测指标中,农村小学有7项指标高于或等于城镇小学,其中,"学校班额达标率"为城镇小学的1.8561倍;农村小学有2项指标低于城镇小学,其中,"每百名学生拥有县级及以上骨干教师数"为城镇小学的76.24%(表2.17.6和图2.17.4)。

表2.17.6 都江堰市小学各项监测指标城乡差异情况

指标	都江堰市均值	城镇均值	农村均值	乡城比率
每百名学生拥有高于规定学历教师数/人	6.94	6.30	7.50	1.1905
每百名学生拥有县级及以上骨干教师数/人	1.58	1.81	1.38	0.7624
每百名学生拥有体育、艺术(音乐、美术)专任教师数/人	1.20	1.14	1.25	1.0965
生均教学及辅助用房面积/平方米	5.93	5.93	5.93	1.0000
生均体育运动场馆面积/平方米	8.72	7.42	9.85	1.3275
生均教学仪器设备值/元	4296.79	4107.86	4462.29	1.0863
每百名学生拥有网络多媒体教室数/间	3.22	3.06	3.36	1.0980
学校班额达标率/%	74.36	49.61	92.08	1.8561
学生体质健康达标合格率/%	97.37	98.04	96.90	0.9884

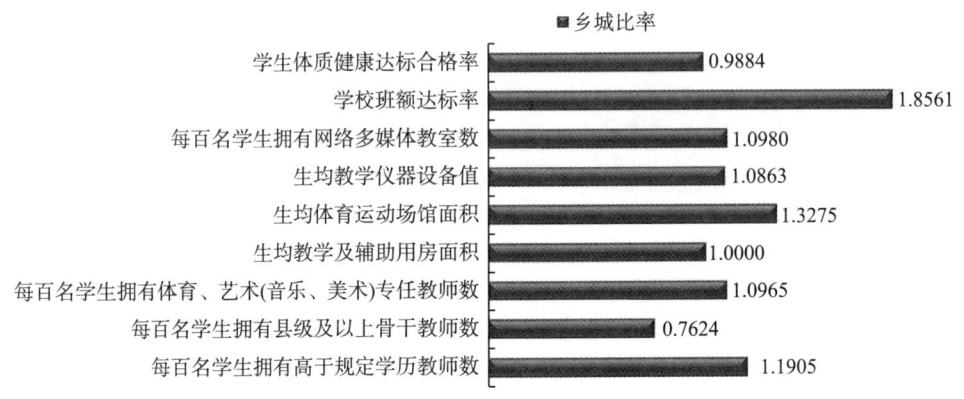

图2.17.4 都江堰市小学城乡差异情况

2. 初中

2022年都江堰市初中9项监测指标中,农村初中有7项指标高于或等于城镇初中,其中,"每百名学生拥有高于规定学历教师数"为城镇初中的1.1547倍;农村初中有2项指标低于城镇初中,其中,"生均教学仪器设备值"为城镇初中的87.39%(表2.17.7和图2.17.5)。

2022年都江堰市义务教育优质均衡监测报告

表2.17.7 都江堰市初中各项监测指标城乡差异情况

指标	都江堰市均值	城镇均值	农村均值	乡城比率
每百名学生拥有高于规定学历教师数/人	8.51	7.82	9.03	1.1547
每百名学生拥有县级及以上骨干教师数/人	1.19	1.18	1.20	1.0169
每百名学生拥有体育、艺术(音乐、美术)专任教师数/人	1.11	1.07	1.15	1.0748
生均教学及辅助用房面积/平方米	7.72	7.86	7.62	0.9695
生均体育运动场馆面积/平方米	11.39	10.95	11.73	1.0712
生均教学仪器设备值/元	5095.73	5489.32	4796.93	0.8739
每百名学生拥有网络多媒体教室数/间	3.61	3.38	3.78	1.1183
学校班额达标率/%	100.00	100.00	100.00	1.0000
学生体质健康达标合格率/%	96.94	96.43	97.23	1.0083

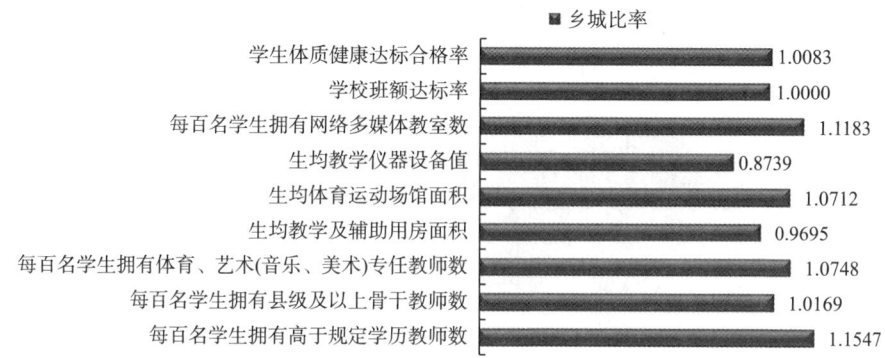

图2.17.5 都江堰市初中城乡差异情况

(四)校际差异情况

1. 小学

2022年都江堰市有7所小学60%及以上指标低于该区域平均值,分别是都江堰市龙江路小学集团万达校区、都江堰市永丰小学、都江堰市顶新新建小学、都江堰市团结小学、都江堰市奎光小学、都江堰市李冰小学、都江堰市崇义小学,其弱势方面主要是师资配置和生均资源配置较少,"学校班额达标率"偏低。都江堰市小学各项监测指标校际差异具体情况比较如表2.17.8所示。

表2.17.8 都江堰市小学各项监测指标校际差异具体情况比较

学校	每百名学生拥有高于规定学历教师数	每百名学生拥有县级及以上骨干教师数	每百名学生拥有体育、艺术(音乐、美术)专任教师数	生均教学及辅助用房面积	生均体育运动场馆面积	生均教学仪器设备值	每百名学生拥有网络多媒体教室数	学校班额达标率	学生体质健康达标合格率	灰色底纹项数/项
泡桐树小学都江堰校区	★	●	●	●	●	●	●	—	●	7

续表

学校	每百名学生拥有高于规定学历教师数	每百名学生拥有县级及以上骨干教师数	每百名学生拥有体育、艺术(音乐、美术)专任教师数	生均教学及辅助用房面积	生均体育运动场馆面积	生均教学仪器设备值	每百名学生拥有网络多媒体教室数	学校班额达标率	学生体质健康达标合格率	灰色底纹项数/项
都江堰市龙江路小学集团万达校区	●	●	●	●	●	●	●	—	●	1
都江堰市嘉祥外国语学校(小学部)	●	●	●	●	●	★	●	—	●	7
都江堰市永丰小学	●	●	●	●	●	●	●	—	●	3
都江堰市柳街小学	○	●	●	●	★	●	●	—	●	5
都江堰市聚源小学	●	●	●	●	●	●	●	—	●	5
都江堰市北街小学	●	●	●	●	●	●	●	—	●	4
都江堰市顶新新建小学	●	●	●	●	●	★	●	—	●	2
都江堰市团结小学	●	●	●	●	●	●	●	—	●	2
都江堰市奎光小学	●	●	○	●	●	●	●	—	●	2
都江堰市李冰小学	●	●	●	●	●	●	●	—	●	2
都江堰市灌州小学校	●	●	●	●	●	●	●	—	●	6
都江堰市蒲阳小学	●	●	★	●	●	●	●	—	●	5
都江堰市向峨小学	●	●	●	●	●	●	●	—	●	5
都江堰市驾虹小学	●	●	●	●	●	●	●	—	●	6
都江堰市崇义小学	●	●	●	●	●	●	●	—	●	3
都江堰市绿地土桥小学	●	●	●	★	●	●	●	—	●	8
都江堰市玉堂小学	●	●	★	●	○	●	●	—	●	7
都江堰市石羊小学	★	○	●	●	●	●	★	—	●	6
都江堰市沿江小学	●	●	●	●	●	●	●	—	●	7
都江堰市青城小学	●	●	●	●	●	●	●	—	●	6
都江堰市徐渡小学	●	●	●	●	●	●	●	—	●	7
都江堰市万汇学校(小学部)	●	●	●	●	★	●	●	—	●	7
都江堰市七一青城山学校(小学部)	●	●	●	●	●	●	●	—	●	5
都江堰市友爱学校	●	●	●	●	★	○	●	—	●	6
都江堰市胥家学校(小学部)	●	●	●	●	●	●	●	—	●	8
都江堰市天马学校(小学部)	●	●	●	●	●	●	●	—	●	6
都江堰市翠月湖学校	●	●	●	●	●	●	●	—	●	7

续表

学校	每百名学生拥有高于规定学历教师数	每百名学生拥有县级及以上骨干教师数	每百名学生拥有体育、艺术(音乐、美术)专任教师数	生均教学及辅助用房面积	生均体育运动场馆面积	生均教学仪器设备值	每百名学生拥有网络多媒体教室数	学校班额达标率	学生体质健康达标合格率	灰色底纹项数/项
都江堰市中兴学校(小学部)	●	●	●	●	●	●	●	—	○	8
都江堰市大观学校(小学部)	●	●	●		●	●	●	—	★	7
都江堰市安龙学校	●	★	●	●	●	●	●	●	●	9
都江堰市紫坪铺学校	●		●	●	●	●		●	●	7
都江堰市领川实验学校(小学部)	●	●	●	●	★	●	●	●	●	8
都江堰市光亚学校(小学部)	●	●	●	●	●		●	—	●	7

注：(1)★$p>0.05$，差异不显著；○$p<0.05$，差异显著；●$p<0.01$，差异很显著。(2) ▓ 差异不显著或显著高于区(市)县均值；☐ 显著低于区(市)县均值。(3)"学校班额达标率"达标的标准为小学班额不超过45人，初中班额不超过50人。(4)—指"学校班额达标率"只做了大小比较，未进行差异性分析，其灰色底纹表示该学校的"学校班额达标率"大于或等于区(市)县均值，无底纹表示该学校的"学校班额达标率"小于区(市)县均值。(5)/指未采集到"学生体质健康达标合格率"数据。

2. 初中

2022年都江堰市只有1所初中60%及以上指标低于该区域平均值，是都江堰市私立玉垒中学校，其弱势方面主要是师资配置和生均资源配置较少。都江堰市初中各项监测指标校际差异具体情况比较如表2.17.9所示。

表2.17.9　都江堰市初中各项监测指标校际差异具体情况比较

学校	每百名学生拥有高于规定学历教师数	每百名学生拥有县级及以上骨干教师数	每百名学生拥有体育、艺术(音乐、美术)专任教师数	生均教学及辅助用房面积	生均体育运动场馆面积	生均教学仪器设备值	每百名学生拥有网络多媒体教室数	学校班额达标率	学生体质健康达标合格率	灰色底纹项数/项
都江堰市嘉祥外国语学校(初中部)	●	●	●	●	●		●	—		5
都江堰市万汇学校(初中部)	●	●	●	●	●	★	●	—	●	6
都江堰市实验中学	●	●	●	●	●		●		●	6
都江堰市七一青城山学校(初中部)	●	●	●	●	●	●	●		●	7
都江堰市柳街中学	★	●	●	●	●		●		★	6
都江堰市锦堰中学	●	●	●	●	★	★	★		★	7
都江堰市李冰中学	●	●	●				●		●	4
都江堰市塔子坝中学	●	●	●	●			●		●	5

续表

学校	每百名学生拥有高于规定学历教师数	每百名学生拥有县级及以上骨干教师数	每百名学生拥有体育、艺术(音乐、美术)专任教师数	生均教学及辅助用房面积	生均体育运动场馆面积	生均教学仪器设备值	每百名学生拥有网络多媒体教室数	学校班额达标率	学生体质健康达标合格率	灰色底纹项数/项
都江堰市蒲阳中学	●	★	●	●	●	●	●	—	●	7
都江堰市七一聚源中学	●	●	●	●		●	●	—	●	6
都江堰市崇义中学	●	★	●	●	●	●	●	—	●	8
都江堰市石羊中学	●	●	●	★	●	●	●	—	●	5
都江堰市胥家学校(初中部)	●	●	●	●	●	●	●	—	●	7
都江堰市天马学校(初中部)	●	●	●	●	●	●	●	—	★	7
都江堰市中兴学校(初中部)	●	●	●	●	●	★	●	—	●	7
都江堰市大观学校(初中部)	●	●	○	●	●	★	●	—	●	6
都江堰市私立玉垒中学校	●	●	●	●		●	●	—		3
都江堰市领川实验学校(初中部)	●	●	●	●			●	—	●	4
树德中学都江堰外国语实验学校	●	●	●			★	●	—	●	4
都江堰市光亚学校(初中部)	●	●	●	○	★	●	●	—	●	8

注：(1)★$p>0.05$，差异不显著；○$p<0.05$，差异显著；●$p<0.01$，差异很显著。(2) ▓ 差异不显著或显著高于区(市)县均值；□ 显著低于区(市)县均值。(3)"学校班额达标率"达标的标准为小学班额不超过45人，初中班额不超过50人。(4)—指"学校班额达标率"只做了大小比较，未进行差异性分析，其灰色底纹表示该学校的"学校班额达标率"大于或等于区(市)县均值，无底纹表示该学校的"学校班额达标率"小于区(市)县均值。(5)/指未采集到"学生体质健康达标合格率"数据。

三、结论

(一)成绩与经验

(1)从义务教育优质均衡发展达标情况看，均衡程度方面，A类7项指标中，2022年都江堰市小学和初中各指标校际差异系数均达到部标。2022年都江堰市公办学校校际均衡指数为0.16，低于成都市均值(校际均衡程度高于成都市平均水平)，达到市标，表明2022年都江堰市义务教育公办学校校际均衡程度较高。

(2)从发展水平方面看，A类7项指标中，2022年都江堰市小学达标学校比例超过90%的指标有6项，"每百名学生拥有高于规定学历教师数""每百名学生拥有县级及以上骨干教师数""每百名学生拥有体育、艺术(音乐、美术)专任教师数""生均教学仪器设备值"4项指标的达标学校比例为100%，初中达标学校比例超过90%的指标有6项，其中，"每百名学生拥有高于规定学历教师数""每百名学生拥有体育、艺术(音乐、美术)专任教师数""每百名学生拥有网络多媒体教室数"3项指标的达标学校比例为100%，与成都市均值相比，小学、初中分别有6项、4项监测指标的达成度高于成都市均值；B类和C类19项指标中，2022年都江堰市有13项指标的达标比例达到100%，有14项指标的达成度高于或等于成都市均值。

(3) 从区域发展水平看，2022年都江堰市小学和初中监测指标中，小学和初中均有60.00%的监测指标优于或等于成都市均值，其中，"学校培训经费占本校年度公用经费预算总额的比例"为成都市均值的1.4275倍。

(4) 从城乡差异情况看，2022年都江堰市小学、初中均有77.78%的监测指标农村学校优于或等于城镇学校。

(5) 从校际差异情况看，2022年都江堰市小学和初中分别有57.14%和71.43%的监测指标校际差异优于或等于成都市均值。

(二) 存在的不足

(1) 从义务教育优质均衡发展达标情况看，发展水平方面，A类指标中，2022年都江堰市小学和初中"生均体育运动场馆面积"的达标学校比例分别为85.29%和80.00%，均未达到100%，与成都市均值相比，小学、初中分别有1项、3项监测指标低成都市均值；B类和C类19项指标中，2022年都江堰市有6项指标的达标比例低于100%，分别为"单设小学学校规模达标率""小学学校班额达标率""县域内心理健康专职教师配备率""小学生体质健康达标合格率""初中学生体质健康达标合格率""初中学业水平校际差异率"，有5项指标低于成都市均值，分别是"小学学校班额达标率""县域内心理健康专职教师配备率""小学生体质健康达标合格率""初中学生体质健康达标合格率""初中学业水平校际差异率"。

(2) 从区域发展水平看，2022年都江堰市小学和初中监测指标中，小学和初中均有40.00%的监测指标低于成都市均值，其中，初中"每百名学生拥有县级及以上骨干教师数"为成都市均值的41.32%，与成都市均值差距较大。

(3) 从城乡差异情况看，2022年都江堰市小学、初中均有2项监测指标农村学校低于城镇学校，其中，农村小学"每百名学生拥有县级及以上骨干教师数"为城镇小学的76.24%，农村初中"生均教学仪器设备值"为城镇初中的87.39%。

(4) 从校际差异情况看，2022年都江堰市有7所小学60%及以上指标低于该区域平均值，分别是都江堰市龙江路小学集团万达校区、都江堰市永丰小学、都江堰市顶新新建小学、都江堰市团结小学、都江堰市奎光小学、都江堰市李冰小学、都江堰市崇义小学；有1所初中60%及以上指标低于该区域平均值，是都江堰市私立玉垒中学校。其弱势方面主要是小学和初中的师资配置、生均资源配置较少，小学"学校班额达标率"偏低。

(三) 建议

(1) 资源配置方面，加强师资队伍建设，重点解决中小学"每百名学生拥有县级及以上骨干教师数"区域水平偏低，初中达标学校比例偏低的问题；优化资源配置，重点解决部分中小学校"生均教学及辅助用房面积""生均体育运动场馆面积""生均教学仪器设备值""每百名学生拥有网络多媒体教室数"未达标的问题；关注弱势学校，关注60%及以上指标低于区域均值的7所小学和1所初中，提高学校办学条件水平。

(2)政府保障程度方面，着力解决部分小学学校规模、班额较大的问题，解决"县域内心理健康专职教师配备率"区域水平和达标比例偏低的问题。

(3)教育质量方面，进一步提高中小学生"体质健康达标合格率"，保障学生健康发展。

2022年彭州市义务教育优质均衡监测报告

一、2022年彭州市义务教育优质均衡发展概况

本次监测，除"县域内心理健康专职教师配备率"依据成都市《2022年政府工作报告目标任务责任分解方案》（成办发〔2022〕8号）、"小学六年(初中三年)巩固率"和"学生体质健康达标合格率"依据《成都市义务教育优质均衡监测指标体系》外，其余指标均依据部标。

《成都市人民政府教育督导委员会办公室关于印发〈成都市义务教育优质均衡监测指标体系〉的通知》（成府教督〔2017〕10号）构建的监测指标体系包括A类(资源配置，共14项指标，全部指标分小学、初中)、B类(政府保障程度，共12项指标，部分指标分小学、初中和九年一贯制)和C类(教育质量，共7项指标，部分指标分小学、初中)，合计33项指标。除特别注明外，所有监测结果均为全体公民办学校总体结果。

（一）义务教育均衡程度

1. 判断标准

成都市义务教育均衡程度依据两个标准来判断：①部标，规定县域内义务教育公民办小学A类7项指标的差异系数每一项均应不高于0.50，公民办初中A类7项指标的差异系数每一项均应不高于0.45；②市标，规定县域内义务教育公办学校校际均衡指数值不高于0.27。

2. 均衡程度及达标情况

从部标看，在小学和初中共14项A类指标中，2022年彭州市小学和初中各项指标的校际差异系数均达到部标。

与上一监测年度相比，彭州市小学、初中分别有2项和4项指标的校际均衡程度进一步提高；小学"每百名学生拥有高于规定学历教师数""生均体育运动场馆面积""生均教学仪器设备值""每百名学生拥有网络多媒体教室数"，初中"生均体育运动场馆面积""生均教学仪器设备值"的校际均衡程度有所下降(图2.18.1和图2.18.2)。

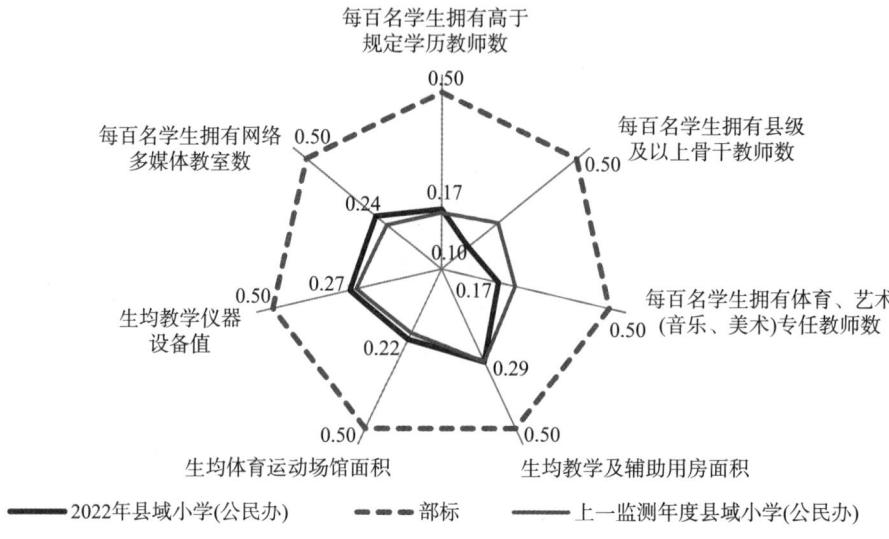

图 2.18.1　2022 年与上一监测年度彭州市小学县域内义务教育校际均衡情况

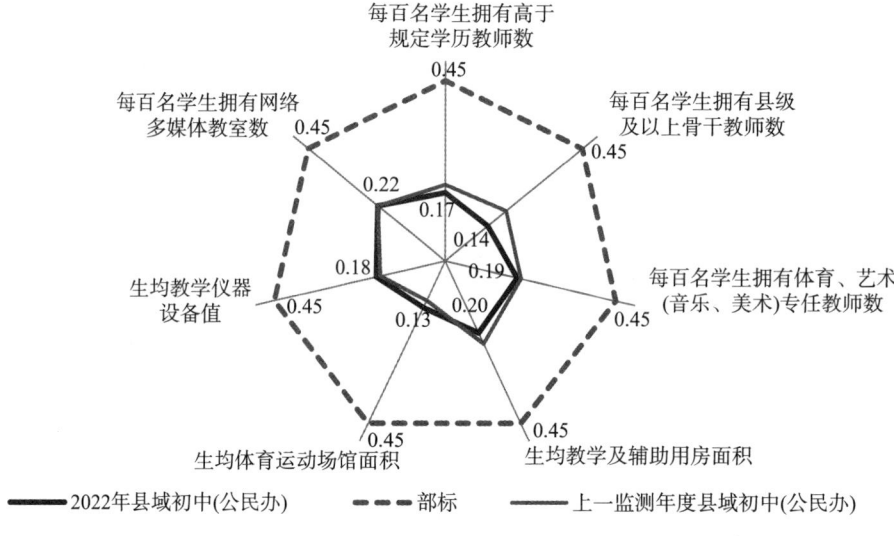

图 2.18.2　2022 年与上一监测年度彭州市初中县域内义务教育校际均衡情况

2022 年彭州市公办学校校际均衡指数为 0.19，达到了市标，且低于成都市均值（校际均衡程度高于成都市平均水平），且表明 2022 年彭州市义务教育公办学校校际均衡程度较高。

与上一监测年度相比，2022 年彭州市公办学校校际均衡指数没有变化，公办学校校际均衡程度稳定（表 2.18.1）。

表 2.18.1　彭州市公办小学、初中县域内义务教育校际均衡情况

差异系数	每百名学生拥有高于规定学历教师数	每百名学生拥有县级及以上骨干教师数	每百名学生拥有体育、艺术(音乐、美术)专任教师数	生均教学及辅助用房面积	生均体育运动场馆面积	生均教学仪器设备值	每百名学生拥有网络多媒体教室数	2022年县域内义务教育校际均衡指数	2022年成都市县域内义务教育校际均衡指数	上一监测年度县域内义务教育校际均衡指数
小学	0.16	0.06	0.18	0.29	0.22	0.28	0.24	0.19	0.22	0.19
初中	0.17	0.13	0.20	0.19	0.12	0.17	0.21			

(二)义务教育优质均衡发展水平达标情况

以部标规定的标准值为参照,2022 年彭州市各指标达到目标值的情况如表 2.18.2 所示。

表 2.18.2　彭州市小学和初中 A 类指标达标情况

	指标名称	小学 达标学校数/所	小学 达标学校比例/%	小学 成都市均值/%	初中 达标学校数/所	初中 达标学校比例/%	初中 成都市均值/%
A 资源配置	每百名学生拥有高于规定学历教师数	38	100.00	98.36	29	100.00	98.90
	每百名学生拥有县级及以上骨干教师数	38	100.00	96.40	29	100.00	97.12
	每百名学生拥有体育、艺术(音乐、美术)专任教师数	37	97.37	97.23	28	96.55	91.47
	生均教学及辅助用房面积	35	92.11	87.04	28	96.55	83.78
	生均体育运动场馆面积	37	97.37	82.70	29	100.00	80.95
	生均教学仪器设备值	38	100.00	98.93	29	100.00	97.91
	每百名学生拥有网络多媒体教室数	38	100.00	97.28	28	96.55	96.86

从 A 类指标看,部标规定每一所学校的 A 类指标均要达到标准。彭州市小学的 7 项监测指标中,各指标的达标学校比例均超过 90%,其中,"每百名学生拥有高于规定学历教师数""每百名学生拥有县级及以上骨干教师数""生均教学仪器设备值""每百名学生拥有网络多媒体教室数"4 项指标的达标学校比例为 100%,"生均教学及辅助用房面积"的达标学校比例最低,为 92.11%。

彭州市初中的 7 项监测指标中,各指标的达标学校比例均超过 90%,其中,"每百名学生拥有高于规定学历教师数""每百名学生拥有县级及以上骨干教师数""生均体育运动场馆面积""生均教学仪器设备值"4 项指标的达标学校比例为 100%,另外 3 项指标达标学校比例均为 96.55%。与成都市均值相比,彭州市小学和初中分别有 7 项和 6 项指标的达成度高于成都市均值。

从 B 类和 C 类 19 项指标看,除"单设小学学校规模达标率""单设初中学校规模达标率""小学学校班额达标率""初中学校班额达标率""小学学业水平校际差异率""初中学业水平校际差异率"6 项指标外,其余 13 项指标的达标比例均为 100%。与成都市均

值相比，彭州市有 15 项指标的达成度均高于或等于成都市均值，另外 4 项指标的达成度低于成都市均值，分别是"单设初中学校规模达标率""小学学校班额达标率""初中学校班额达标率""小学学业水平校际差异率"（表 2.18.3）。

表 2.18.3　彭州市小学和初中 B 类、C 类指标达标情况(%)

指标名称		达标比例	成都市均值
B 政府保障程度	单设小学学校规模达标率	83.33	82.32
	单设初中学校规模达标率	93.33	94.27
	九年一贯制学校规模达标率	100.00	87.34
	小学学校班额达标率	70.06	77.63
	初中学校班额达标率	90.59	94.78
	特殊教育学校生均公用经费	100.00	97.12
	学校培训经费占本校年度公用经费预算总额的比例	100.00	71.00
	教师全员培训完成率	100.00	100.00
	县域内每年交流轮岗教师的比例	100.00	100.00
	县域内优质高中招生名额分配比例	100.00	100.00
	符合条件的随迁子女在公办学校和政府购买服务的民办学校就读的比例	100.00	99.77
	县域内心理健康专职教师配备率	100.00	91.44
C 教育质量	小学六年巩固率	100.00	98.24
	初中三年巩固率	100.00	99.63
	残疾儿童少年入学率	100.00	99.89
	小学生体质健康达标合格率	100.00	98.80
	初中学生体质健康达标合格率	100.00	96.95
	小学学业水平校际差异率	67.87	93.27
	初中学业水平校际差异率	95.24	80.49

二、2022 年彭州市义务教育区域差异、城乡差异和校际差异情况

（一）总体情况

本报告中，区域差异情况是由各区（市）县的各项监测指标值与成都市均值相比较而得，比值大于 1 代表其发展水平高于成都市平均水平。城乡差异情况是由各区（市）县的农村学校各项监测指标值与城镇学校各项监测指标值相比较而得，比值大于 1 代表农村发展水平高于城镇发展水平。校际差异情况是由各区（市）县的各项监测指标差异系数与成都市各区（市）县差异系数平均值相比较而得，比值小于 1 代表其校际差异水平优于成都市平均

水平，差异系数值越小代表区域内该指标校际差异越小。

从区域差异情况看，2022年彭州市小学、初中分别有60.00%和75.00%（小学、初中各20项）的监测指标优于或等于成都市均值；从城乡差异情况看，2022年彭州市小学和初中均有88.89%（小学、初中各9项）的监测指标农村学校优于或等于城镇学校；从校际差异情况看，2022年彭州市小学和初中分别有71.43%和85.71%（小学、初中各7项）的监测指标优于或等于成都市均值。

从监测指标看，2022年，彭州市处于优势的指标为小学和初中"每百名学生拥有县级及以上骨干教师数""生均体育运动场馆面积""学校培训经费占本校年度公用经费预算总额的比例""教师全员培训完成率""县域内每年交流轮岗教师的比例""县域内优质高中招生名额分配比例""符合条件的随迁子女在公办学校和政府购买服务的民办学校就读的比例""县域内心理健康专职教师配备率""小学六年（初中三年）巩固率""残疾儿童少年入学率"，小学"学校规模达标率"，初中"每百名学生拥有高于规定学历教师数""生均教学仪器设备值""学生体质健康达标合格率""学业水平校际差异率"。

彭州市处于弱势的指标为"特殊教育学校生均公用经费"，小学"学生体质健康达标合格率""学业水平校际差异率"，初中"学校规模达标率"（表2.18.4）。

表2.18.4 彭州市小学和初中监测指标的区域差异、城乡差异和校际差异情况

	指标名称	小学			初中		
		区域差异情况	城乡差异情况	校际差异情况	区域差异情况	城乡差异情况	校际差异情况
A 资源配置	每百名学生拥有高于规定学历教师数		▓	▓			
	每百名学生拥有县级及以上骨干教师数		▓	▓		▓	▓
	每百名学生拥有体育、艺术（音乐、美术）专任教师数		▓			▓	
	生均教学及辅助用房面积		▓	▓			▓
	生均体育运动场馆面积		▓	▓		▓	▓
	生均教学仪器设备值		▓	▓			▓
	每百名学生拥有网络多媒体教室数		▓	▓		▓	▓
B 政府保障程度	学校规模达标率		—	—		—	—
	学校班额达标率		—	—		—	—
	特殊教育学校生均公用经费		—	—		—	—
	学校培训经费占本校年度公用经费预算总额的比例		—	—		—	—
	教师全员培训完成率		—	—		—	—
	县域内每年交流轮岗教师的比例		—	—		—	—
	县域内优质高中招生名额分配比例		—	—		—	—
	符合条件的随迁子女在公办学校和政府购买服务的民办学校就读的比例		—	—		—	—
	县域内心理健康专职教师配备率		—	—		—	—

续表

指标名称		小学			初中		
		区域差异情况	城乡差异情况	校际差异情况	区域差异情况	城乡差异情况	校际差异情况
C 教育质量	小学六年(初中三年)巩固率	■	—	—	■	—	—
	残疾儿童少年入学率	■	—	—	■	—	—
	学生体质健康达标合格率	□	□	□	■	■	□
	学业水平校际差异率	—	—	□	—	—	□
灰色底纹项数/项		12	8	5	15	8	6
灰色底纹项数比例/%		60.00	88.89	71.43	75.00	88.89	85.71

注：(1)区域差异情况中，■ 比值大于等于1，□ 比值小于1；(2)城乡差异情况中，■ 比值大于等于1，□ 比值小于1；(3)校际差异情况中，■ 比值小于等于1，□ 比值大于1。

(二)区域发展水平具体情况

2022年彭州市小学和初中监测指标中，小学、初中分别有60.00%和75.00%（小学、初中各20项）的监测指标优于或等于成都市均值，其中，"学校培训经费占本校年度公用经费预算总额的比例"为成都市均值的1.7461倍；另外，低于成都市均值的指标中，"特殊教育学校生均公用经费"为成都市均值的52.77%。彭州市具体情况如表2.18.5和图2.18.3所示。

表2.18.5　彭州市各项监测指标值与成都市均值的比较

指标名称		区域值			成都市均值			区域值/成都市均值		
		小学	初中	九年一贯制	小学	初中	九年一贯制	小学	初中	九年一贯制
A 资源配置	每百名学生拥有高于规定学历教师数/人	5.88	9.32	—	5.92	8.14	—	0.9932	1.1450	—
	每百名学生拥有县级及以上骨干教师数/人	2.52	3.91	—	2.13	2.88	—	1.1831	1.3576	—
	每百名学生拥有体育、艺术(音乐、美术)专任教师数/人	1.00	1.04	—	1.21	1.11	—	0.8264	0.9369	—
	生均教学及辅助用房面积/平方米	5.70	7.65	—	5.76	7.35	—	0.9896	1.0408	—
	生均体育运动场馆面积/平方米	8.93	12.08	—	8.26	11.48	—	1.0811	1.0523	—
	生均教学仪器设备值/元	5568.05	8240.03	—	4584.76	5927.48	—	1.2145	1.3901	—
	每百名学生拥有网络多媒体教室数/间	2.95	2.93	—	2.97	3.24	—	0.9933	0.9043	—
B 政府保障程度	学校规模达标率/%	83.33	93.33	100.00	82.82	93.88	88.70	1.0062	0.9941	1.1274
	学校班额达标率/%	70.06	90.59	—	74.98	94.48	—	0.9344	0.9588	—
	特殊教育学校生均公用经费/元	10379.92			19669.88			0.5277		

续表

指标名称		区域值 小学	区域值 初中	区域值 九年一贯制	成都市均值 小学	成都市均值 初中	成都市均值 九年一贯制	区域值/成都市均值 小学	区域值/成都市均值 初中	区域值/成都市均值 九年一贯制
B 政府保障程度	学校培训经费占本校年度公用经费预算总额的比例/%	6.74			3.86			1.7461		
	教师全员培训完成率/%	100.00			100.00			1.0000		
	县域内每年交流轮岗教师的比例/%	17.96			15.08			1.1910		
	县域内优质高中招生名额分配比例/%	50.00			50.00			1.0000		
	符合条件的随迁子女在公办学校和政府购买服务的民办学校就读的比例/%	96.72			96.55			1.0018		
	县域内心理健康专职教师配备率/%	100.00			68.86			1.4522		
C 教育质量	小学六年(初中三年)巩固率/%	100.00	99.36	—	97.99	99.04	—	1.0205	1.0032	—
	残疾儿童少年入学率/%	100.00			99.21			1.0080		
	学生体质健康达标合格率/%	98.56	97.90	—	98.76	97.89	—	0.9980	1.0001	—
	学业水平校际差异率	0.22	0.16	—	0.13	0.19	—	*0.5909	*1.1875	—

注:*此数值的计算公式为"成都市均值/区域值",比值大于1代表区域均衡水平优于成都市均值。

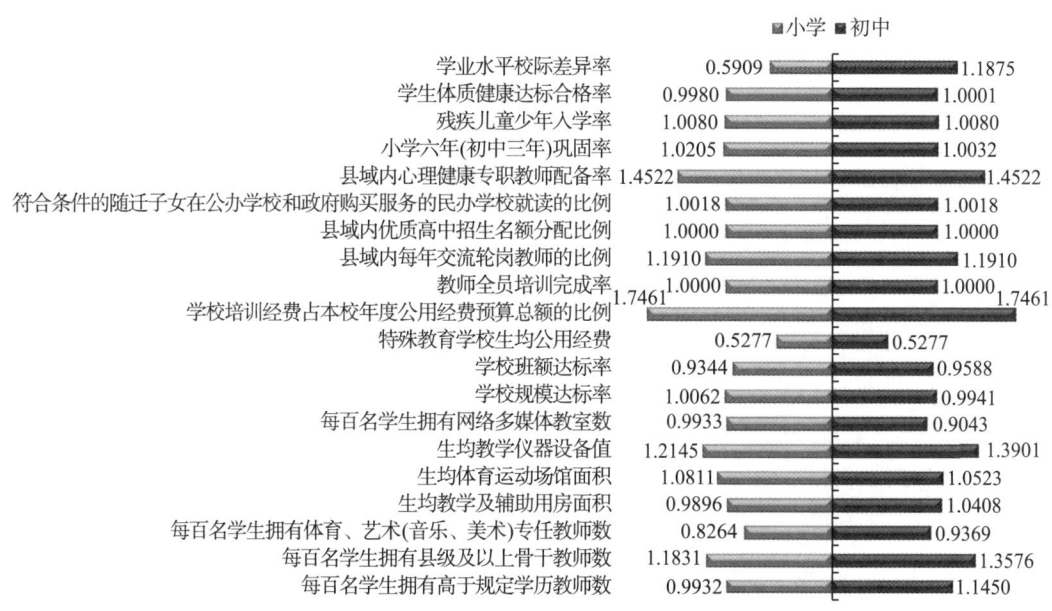

图 2.18.3 彭州市小学和初中各项监测指标值与成都市均值的比较

(三)城乡差异情况

1. 小学

2022年彭州市小学9项监测指标中,农村小学有8项指标高于城镇小学,其中,"学校班额达标率"为城镇小学的1.4653倍;农村小学"学生体质健康达标合格率"1项指标低于城镇小学,为城镇小学的99.77%(表2.18.6和图2.18.4)。

表2.18.6 彭州市小学各项监测指标城乡差异情况

指标	彭州市均值	城镇均值	农村均值	乡城比率
每百名学生拥有高于规定学历教师数/人	5.88	5.50	6.15	1.1182
每百名学生拥有县级及以上骨干教师数/人	2.52	2.49	2.54	1.0201
每百名学生拥有体育、艺术(音乐、美术)专任教师数/人	1.00	0.96	1.04	1.0833
生均教学及辅助用房面积/平方米	5.70	4.93	6.26	1.2698
生均体育运动场馆面积/平方米	8.93	7.57	9.93	1.3118
生均教学仪器设备值/元	5568.05	5016.48	5969.37	1.1900
每百名学生拥有网络多媒体教室数/间	2.95	2.55	3.25	1.2745
学校班额达标率/%	70.06	54.55	79.93	1.4653
学生体质健康达标合格率/%	98.56	98.71	98.48	0.9977

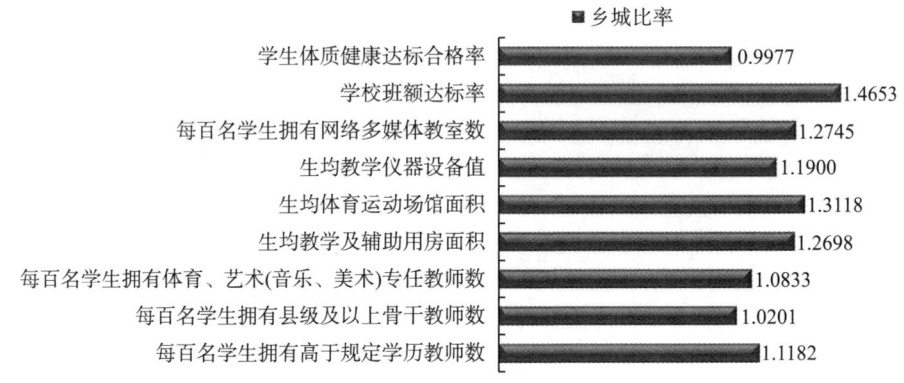

图2.18.4 彭州市小学城乡差异情况

2. 初中

2022年彭州市初中9项监测指标中,农村初中有8项指标高于城镇初中,其中,"每百名学生拥有网络多媒体教室数"为城镇初中的1.2531倍;农村初中"生均教学及辅助用房面积"1项指标低于城镇初中,为城镇初中的96.44%(表2.18.7和图2.18.5)。

2022 年彭州市义务教育优质均衡监测报告

表 2.18.7　彭州市初中各项监测指标城乡差异情况

指标	彭州市均值	城镇均值	农村均值	农村/城镇
每百名学生拥有高于规定学历教师数/人	9.32	8.72	9.49	1.0883
每百名学生拥有县级及以上骨干教师数/人	3.91	3.41	4.04	1.1848
每百名学生拥有体育、艺术(音乐、美术)专任教师数/人	1.04	0.97	1.06	1.0928
生均教学及辅助用房面积/平方米	7.65	7.87	7.59	0.9644
生均体育运动场馆面积/平方米	12.08	11.17	12.32	1.1030
生均教学仪器设备值/元	8240.03	7432.82	8457.43	1.1378
每百名学生拥有网络多媒体教室数/间	2.93	2.45	3.07	1.2531
学校班额达标率/%	90.59	75.32	94.19	1.2505
学生体质健康达标合格率/%	97.90	97.68	97.95	1.0028

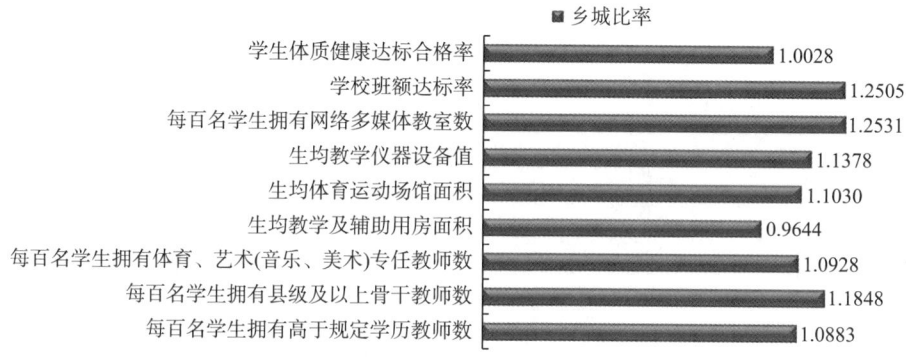

图 2.18.5　彭州市初中城乡差异情况

(四)校际差异情况

1. 小学

2022 年彭州市有 7 所小学 60% 及以上指标低于该区域平均值，分别是彭州市致和小学、彭州市濛阳小学、彭州市北城小学、彭州市天府路小学、四川省彭州市延秀小学、四川省彭州市实验小学、彭州市沁园小学，其弱势方面主要是师资配置和生均资源配置较少，"学校班额达标率"较低。彭州市小学各项监测指标校际差异具体情况比较如表 2.18.8 所示。

表 2.18.8　彭州市小学各项监测指标校际差异具体情况比较

学校	每百名学生拥有高于规定学历教师数	每百名学生拥有县级及以上骨干教师数	每百名学生拥有体育、艺术(音乐、美术)专任教师数	生均教学及辅助用房面积	生均体育运动场馆面积	生均教学仪器设备值	每百名学生拥有网络多媒体教室数	学校班额达标率	学生体质健康达标合格率	灰色底纹项数/项
彭州市白鹿小学	●	●	●	●	●	●	●	—	●	8
彭州市通济蓝天小学	●	★	●	●	●	●	●	—	●	5

261

续表

学校	每百名学生拥有高于规定学历教师数	每百名学生拥有县级及以上骨干教师数	每百名学生拥有体育、艺术(音乐、美术)专任教师数	生均教学及辅助用房面积	生均体育运动场馆面积	生均教学仪器设备值	每百名学生拥有网络多媒体教室数	学校班额达标率	学生体质健康达标合格率	灰色底纹项数/项
彭州市思文永诚小学	●	●	●	●	●	●	●	—	●	9
彭州市新兴亚东小学	●	●	●	●	●	●	●	—	●	9
彭州航空动力园区实验小学	★	●	●	●	●	●	○	—	●	5
彭州市庆兴神钢小学	●	●	●	●	●	●	●	—	●	9
彭州市北君平小学	●	●	●	●	●	●	●	—	●	9
彭州市敖平雅居乐小学	★	★	●	●	●	●	●	—	●	6
彭州市军乐小学	●	●	●	●	★	●	●	—	●	7
彭州市隆丰小学	★	★	●	●	●	●	●	—	●	6
彭州市致和小学	●	●	●	●	●	●	●	—	●	2
彭州市升平小学	●	●	★	●	●	●	●	—	●	8
彭州市九尺小学	★	★	●	●	●	●	●	—	●	8
彭州市三界小学	●	●	●	●	●	●	●	—	●	5
彭州市七一小学	★	●	●	●	★	○	●	—	●	6
彭州市濛阳小学	●	●	●	●	●	●	●	—	●	1
彭州市东城小学	●	●	●	●	●	●	●	—	●	7
彭州市北城小学	●	●	●	●	●	●	●	—	●	3
彭州市天府路小学	●	●	●	●	●	●	●	—	●	1
四川省彭州市延秀小学	●	●	●	●	●	●	●	—	●	3
四川省彭州市实验小学	●	★	●	●	●	●	●	—	●	2
彭州市沁园小学	●	●	●	●	●	●	●	—	●	1
彭州中学附属小学	●	●	●	●	●	●	●	—	●	5
彭州市嘉祥外国语学校(小学部)	●	●	●	●	●	●	●	—	●	7
彭州市博骏学校(小学部)	●	●	●	●	●	●	●	—	●	9
彭州市南部新城学校(小学部)	●	●	●	○	●	●	●	—	●	4
彭州市濛阳中学实验学校(小学部)	★	●	●	●	●	●	★	—	●	8
彭州市龙门山学校(小学部)	●	●	●	●	●	●	●	—	●	8

续表

学校	每百名学生拥有高于规定学历教师数	每百名学生拥有县级及以上骨干教师数	每百名学生拥有体育、艺术(音乐、美术)专任教师数	生均教学及辅助用房面积	生均体育运动场馆面积	生均教学仪器设备值	每百名学生拥有网络多媒体教室数	学校班额达标率	学生体质健康达标合格率	灰色底纹项数/项
彭州市磁峰中远学校(小学部)	●	★	●	●	●	●	●	—	●	9
彭州市桂花学校(小学部)	★	●	●	●	●	●	●	—	●	8
彭州市丰乐学校(小学部)	●	●	●	●		●	●		●	7
彭州市红岩学校(小学部)	★	●	★	●		●	●	—	●	6
彭州市葛仙山小学	●	●	●	●	●	●	●	—	●	9
彭州市葛仙山楠杨学校(小学部)	●	●	●	●	●	●	●		●	8
彭州市文翁丹景学校(小学部)	●	★	●	●	●	●	●		●	8
彭州市永定学校(小学部)	●	●	●	●	●	●	●		●	9
彭州市太清博世学校(小学部)	●	●	●	●	●	●	●			6
彭州市七一竹瓦学校(小学部)	●	●	●	●	●	●	●	—	★	6

注：(1)★ $p>0.05$，差异不显著；○ $p<0.05$，差异显著；● $p<0.01$，差异很显著。(2) ▨ 差异不显著或显著高于区(市)县均值；□ 显著低于区(市)县均值。(3)"学校班额达标率"达标的标准为小学班额不超过45人，初中班额不超过50人。(4)—指"学校班额达标率"只做了大小比较，未进行差异性分析，其灰色底纹表示该学校的"学校班额达标率"大于或等于区(市)县均值，无底纹表示该学校的"学校班额达标率"小于区(市)县均值。

2. 初中

2022年彭州市有6所初中60%及以上指标低于该区域平均值，分别是彭州市嘉祥外国语学校(初中部)、彭州市南部新城学校(初中部)、彭州市北城中学、彭州一中实验学校、四川省彭州市敖平中学、成都石室白马中学，其弱势方面主要是师资配置和生均资源配置较少，"学校班额达标率"较低。彭州市初中各项监测指标校际差异具体情况比较如表2.18.9所示。

表2.18.9　彭州市初中各项监测指标校际差异具体情况比较

学校	每百名学生拥有高于规定学历教师数	每百名学生拥有县级及以上骨干教师数	每百名学生拥有体育、艺术(音乐、美术)专任教师数	生均教学及辅助用房面积	生均体育运动场馆面积	生均教学仪器设备值	每百名学生拥有网络多媒体教室数	学校班额达标率	学生体质健康达标合格率	灰色底纹项数/项
彭州航空动力园区实验中学	●	●	●	●	●	●	●	—	●	9

续表

学校	每百名学生拥有高于规定学历教师数	每百名学生拥有县级及以上骨干教师数	每百名学生拥有体育、艺术(音乐、美术)专任教师数	生均教学及辅助用房面积	生均体育运动场馆面积	生均教学仪器设备值	每百名学生拥有网络多媒体教室数	学校班额达标率	学生体质健康达标合格率	灰色底纹项数/项
彭州市通济中学	●	●	●	●	●	●	●	—	●	7
彭州市嘉祥外国语学校(初中部)	●	●	●	●	●	●	●	—	●	2
彭州市博骏学校(初中部)	●	●	●	●	●	●	●	—	●	8
彭州市南部新城学校(初中部)	●	●	●	●	●	●	●	—	●	2
彭州市濛阳中学实验学校(初中部)	●	●	●	●	●	●	●	—	●	5
彭州市北君平中学	●	●	●	●	★	●	●	—	●	7
彭州市军乐中学	●	●	●	●	●	●	●	—	●	9
彭州市隆丰中学	●	●	●	●	●	●	●	—	●	4
彭州市致和中学	●	●	★	●	★	●	●	—	●	4
彭州市升平中学	●	●	●	●	●	●	●	—	●	8
彭州市九尺中学	●	●	★	●	●	●	●	—	★	9
彭州市三界中学	●	★	○	○	●	●	●	—	●	4
彭州市北城中学	★	●	●	●	●	●	●	—	●	3
彭州一中实验学校	●		●	●	●	●	●	—	●	3
彭州市龙门山学校(初中部)	●	●	★	●	●	●	●	—	●	8
彭州市磁峰中远学校(初中部)	●	●	●	●	●	○	●	—	●	9
彭州市桂花学校(初中部)	●	●	●	●	●	★	●	—	●	8
彭州市丰乐学校(初中部)	●	●	●	●	●	●	●	—	●	7
彭州市红岩学校(初中部)	●	●	●	●	●	●	★	—	●	8
彭州市葛仙山楠杨学校(初中部)	●	●	●	●	●	●	●	—	●	7
彭州市文翁丹景学校(初中部)	●	●	●	●	●	★	●	—	●	8
彭州市永定学校(初中部)	●	●	●	●	●	●	●	—	●	9
彭州市太清博世学校(初中部)	●	●	●	●	●	●	★	—	●	5
彭州市七一竹瓦学校(初中部)	●	★	●	●	●	●	●	—	●	8

续表

学校	每百名学生拥有高于规定学历教师数	每百名学生拥有县级及以上骨干教师数	每百名学生拥有体育、艺术(音乐、美术)专任教师数	生均教学及辅助用房面积	生均体育运动场馆面积	生均教学仪器设备值	每百名学生拥有网络多媒体教室数	学校班额达标率	学生体质健康达标合格率	灰色底纹项数/项
四川省彭州市敖平中学	●	●	●	●	●	●	●	—	●	2
四川省彭州市濛阳中学	●	●	●	●	●	●	●	—	●	4
成都石室白马中学	●	●	●	●	★	●	●	—	●	3
四川省彭州中学	●	●	●	●	●	●	●	—	●	4

注：(1)★$p>0.05$，差异不显著；○$p<0.05$，差异显著；●$p<0.01$，差异很显著。(2) ▨ 差异不显著或显著高于区(市)县均值；▢ 显著低于区(市)县均值。(3)"学校班额达标率"达标的标准为小学班额不超过45人，初中班额不超过50人。(4)—指"学校班额达标率"只做了大小比较，未进行差异性分析，其灰色底纹表示该学校的"学校班额达标率"大于或等于区(市)县均值，无底纹表示该学校的"学校班额达标率"小于区(市)县均值。

三、结论

（一）成绩与经验

(1)从义务教育优质均衡发展达标情况看，均衡程度方面，A类7项指标中，2022年彭州市小学和初中各项指标的校际差异系数均达到部标；2022年彭州市公办学校校际均衡指数为0.19，低于成都市均值（校际均衡程度高于成都市平均水平），达到了市标，表明2022年彭州市义务教育公办学校校际均衡程度较高。

(2)发展水平方面，A类7项指标中，2022年彭州市小学各指标的达标学校比例均超过90%，其中，"每百名学生拥有高于规定学历教师数""每百名学生拥有县级及以上骨干教师数""生均教学仪器设备值""每百名学生拥有网络多媒体教室数"4项指标的达标学校比例为100%，2022年彭州市初中各指标的达标学校比例均超过90%，其中，"每百名学生拥有高于规定学历教师数""每百名学生拥有县级及以上骨干教师数""生均体育运动场馆面积""生均教学仪器设备值"4项指标的达标学校比例为100%，与成都市均值相比，小学和初中分别有7项和6项指标高于成都市均值；B类和C类19项指标中，2022年彭州市有13项指标的达标比例达到100%，有15项指标的达成度均高于或等于成都市均值。

(3)从区域发展水平看，2022年彭州市小学和初中监测指标中，小学、初中分别有60.00%和75.00%的监测指标优于或等于成都市均值，其中，"学校培训经费占本校年度公用经费预算总额的比例"为成都市均值的1.7461倍。

(4)从城乡差异情况看，2022年彭州市小学和初中均有88.89%的监测指标农村学校优于或等于城镇学校。

(5)从校际差异情况看，2022年彭州市小学和初中分别有71.43%和85.71%的监测指标校际差异均优于或等于成都市均值。

(二) 存在的不足

(1) 从义务教育优质均衡发展达标情况看，发展水平方面，A 类指标中，2022 年彭州市小学和初中均有 3 项指标的达标学校比例低于 100%，分别为小学和初中"每百名学生拥有体育、艺术(音乐、美术)专任教师数""生均教学及辅助用房面积"，小学"生均体育运动场馆面积"，初中"每百名学生拥有网络多媒体教室数"，与成都市均值相比，初中"每百名学生拥有网络多媒体教室数"达标学校比例低于成都市均值；B 类和 C 类 19 项指标中，2022 年彭州市有 6 项指标的达标比例低于 100%，分别为"单设小学学校规模达标率""单设初中学校规模达标率""小学学校班额达标率""初中学校班额达标率""小学学业水平校际差异率""初中学业水平校际差异率"，有 4 项指标低于成都市均值，分别是"单设初中学校规模达标率""小学学校班额达标率""初中学校班额达标率""小学学业水平校际差异率"。

(2) 从区域发展水平看，2022 年彭州市小学和初中监测指标中，小学、初中分别有 40.00% 和 25.00% 的监测指标低于成都市均值，其中，"特殊教育学校生均公用经费"为成都市均值的 52.77%，与成都市均值仍存在差距。

(3) 从校际差异情况看，2022 年彭州市有 7 所小学 60% 及以上指标低于该区域平均值，分别是彭州市致和小学、彭州市濛阳小学、彭州市北城小学、彭州市天府路小学、四川省彭州市延秀小学、四川省彭州市实验小学、彭州市沁园小学；有 6 所初中 60% 及以上指标低于该区域平均值，分别是彭州市嘉祥外国语学校(初中部)、彭州市南部新城学校(初中部)、彭州市北城中学、彭州一中实验学校、四川省彭州市敖平中学、成都石室白马中学；小学和初中的弱势方面均主要是师资配置、生均资源配置少，"学校班额达标率"较低。

(三) 建议

(1) 资源配置方面，加强师资队伍建设，重点解决中小学"每百名学生拥有体育、艺术(音乐、美术)专任教师数"区域水平偏低及部分学校未达标的问题；优化资源配置，重点解决部分中小学"生均教学及辅助用房面积"、部分小学"生均体育运动场馆面积"、部分中学"每百名学生拥有网络多媒体教室数"未达标的问题；关注弱势学校，关注 60% 及以上指标低于区域均值的 7 所小学和 5 所初中，提高学校办学条件水平。

(2) 政府保障程度方面，着力解决部分中小学学校规模、学校班额较大的问题，进一步改善办学条件。

(3) 教育质量方面，进一步缩小校际办学质量水平差距，为学生提供优质、均衡的教育资源。

2022年邛崃市义务教育优质均衡监测报告

一、2022年邛崃市义务教育优质均衡发展概况

本次监测,除"县域内心理健康专职教师配备率"依据成都市《2022年政府工作报告目标任务责任分解方案》(成办发〔2022〕8号)、"小学六年(初中三年)巩固率"和"学生体质健康达标合格率"依据《成都市义务教育优质均衡监测指标体系》外,其余指标均依据部标。

《成都市人民政府教育督导委员会办公室关于印发〈成都市义务教育优质均衡监测指标体系〉的通知》(成府教督〔2017〕10号)构建的监测指标体系包括A类(资源配置,共14项指标,全部指标分小学、初中)、B类(政府保障程度,共12项指标,部分指标分小学、初中和九年一贯制)和C类(教育质量,共7项指标,部分指标分小学、初中),合计33项指标。除特别注明外,所有监测结果均为全体公民办学校总体结果。

(一)义务教育均衡程度

1. 判断标准

成都市义务教育均衡程度依据两个标准来判断:①部标,规定县域内义务教育公民办小学A类7项指标的差异系数每一项均应不高于0.50,公民办初中A类7项指标的差异系数每一项均应不高于0.45;②市标,规定县域内义务教育公办学校校际均衡指数值不高于0.27。

2. 均衡程度及达标情况

从部标看,在小学和初中共14项A类指标中,2022年邛崃市小学和初中全部监测指标的校际差异系数均达到部标。

与上一监测年度相比,邛崃市小学、初中分别有3项和6项指标的校际均衡程度进一步提高,小学"生均教学及辅助用房面积"和"每百名学生拥有网络多媒体教室数"的差异系数没有变化,小学"每百名学生拥有县级及以上骨干教师数"和"每百名学生拥有体育、艺术(音乐、美术)专任教师数",初中"每百名学生拥有体育、艺术(音乐、美术)专任教师数"的校际均衡程度有所下降(图2.19.1和图2.19.2)。

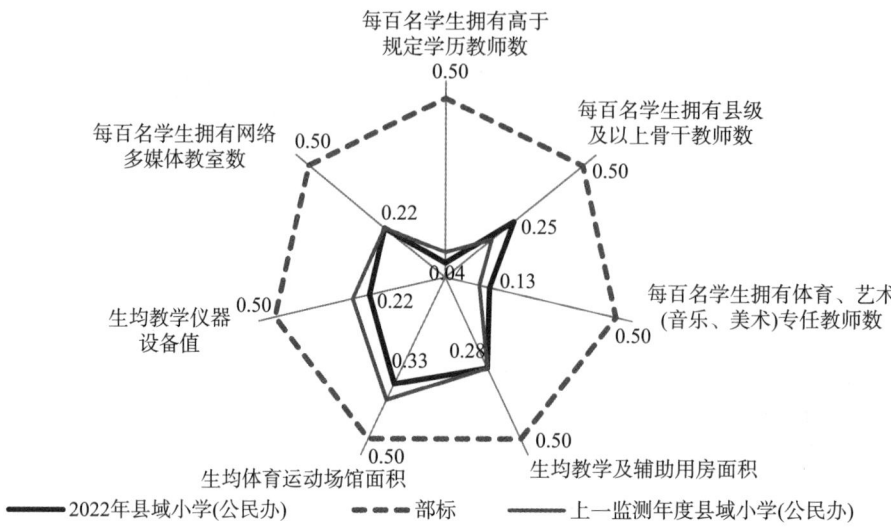

图 2.19.1 2022 年与上一监测年度邛崃市小学县域内义务教育校际均衡情况

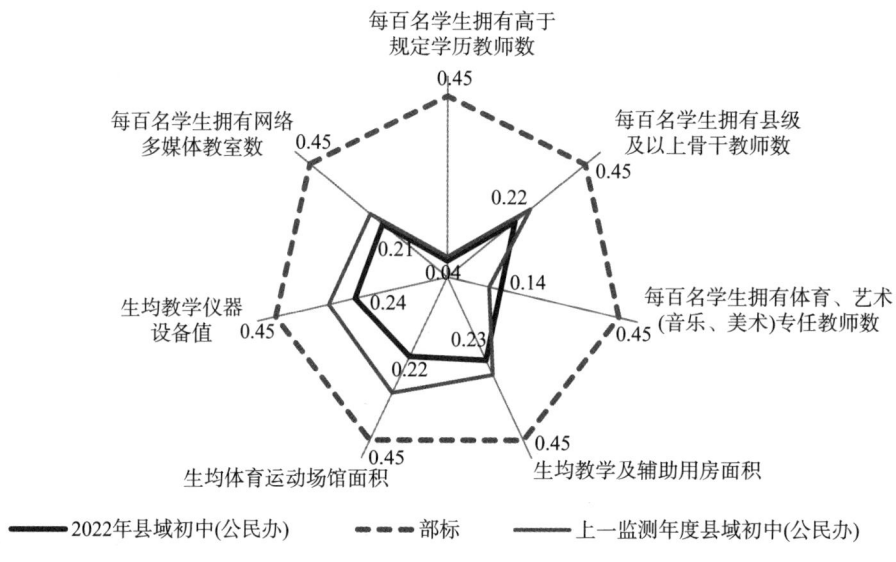

图 2.19.2 2022 年与上一监测年度邛崃市初中县域内义务教育校际均衡情况

2022 年邛崃市公办学校校际均衡指数为 0.20,低于成都市均值(校际均衡程度高于成都市平均水平),且达到了市标,表明 2022 年邛崃市义务教育公办学校校际均衡程度较高。

与上一监测年度相比,2022 年邛崃市公办学校校际均衡指数增大了 0.01,公办学校校际均衡程度有所下降(表 2.19.1)。

表 2.19.1 邛崃市公办小学、初中县域内义务教育校际均衡情况

差异系数	每百名学生拥有高于规定学历教师数	每百名学生拥有县级及以上骨干教师数	每百名学生拥有体育、艺术(音乐、美术)专任教师数	生均教学及辅助用房面积	生均体育运动场馆面积	生均教学仪器设备值	每百名学生拥有网络多媒体教室数	2022年县域内义务教育校际均衡指数	2022年成都市县域内义务教育校际均衡指数	上一监测年度县域内义务教育校际均衡指数
小学	0.04	0.24	0.13	0.29	0.34	0.22	0.23	0.20	0.22	0.19
初中	0.04	0.23	0.14	0.23	0.25	0.23	0.22			

(二)义务教育优质均衡发展水平达标情况

以部标规定的标准值为参照,2022 年邛崃市各指标达到目标值的情况如表 2.19.2 所示。

表 2.19.2 邛崃市小学和初中 A 类指标达标情况

	指标名称	小学 达标学校数/所	小学 达标学校比例/%	小学 成都市均值/%	初中 达标学校数/所	初中 达标学校比例/%	初中 成都市均值/%
A 资源配置	每百名学生拥有高于规定学历教师数	45	100.00	98.36	24	100.00	98.90
	每百名学生拥有县级及以上骨干教师数	45	100.00	96.40	24	100.00	97.12
	每百名学生拥有体育、艺术(音乐、美术)专任教师数	45	100.00	97.23	24	100.00	91.47
	生均教学及辅助用房面积	35	77.78	87.04	17	70.83	83.78
	生均体育运动场馆面积	39	86.67	82.70	18	75.00	80.95
	生均教学仪器设备值	45	100.00	98.93	24	100.00	97.91
	每百名学生拥有网络多媒体教室数	45	100.00	97.28	24	100.00	96.86

从 A 类指标看,部标规定每一所学校的 7 项 A 类指标均要达到标准。邛崃市小学的 7 项监测指标中,"每百名学生拥有高于规定学历教师数""每百名学生拥有县级及以上骨干教师数""每百名学生拥有体育、艺术(音乐、美术)专任教师数""生均教学仪器设备值""每百名学生拥有网络多媒体教室数"5 项指标全部学校达标;另外,"生均教学及辅助用房面积"的达标学校比例最低,为 77.78%。

邛崃市初中的 7 项监测指标中,"每百名学生拥有高于规定学历教师数""每百名学生拥有县级及以上骨干教师数""每百名学生拥有体育、艺术(音乐、美术)专任教师数""生均教学仪器设备值""每百名学生拥有网络多媒体教室数"5 项指标全部学校达标;另外,"生均教学及辅助用房面积"的达标学校比例最低,为 70.83%。与成都市均值相比,邛崃市小学有 6 项指标的达成度高于成都市均值,初中有 5 项指标高于成都市均值。

从 B 类和 C 类 19 项指标看，除"单设小学学校规模达标率""单设初中学校规模达标率""小学学校班额达标率""初中学校班额达标率""学校培训经费占本校年度公用经费预算总额的比例""初中三年巩固率""初中学业水平校际差异率"7 项指标外，邛崃市其余 12 项指标的达标比例均为 100%。与成都市均值相比，邛崃市有 16 项指标的达成度均高于或等于成都市均值，另外 3 项指标的达成度低于成都市均值，分别是"单设初中学校规模达标率""学校培训经费占本校年度公用经费预算总额的比例""初中三年巩固率"（表 2.19.3）。

表 2.19.3　邛崃市小学和初中 B 类、C 类指标达标情况(%)

	指标名称	达标比例	成都市均值
B 政府保障程度	单设小学学校规模达标率	94.12	82.32
	单设初中学校规模达标率	92.31	94.27
	九年一贯制学校规模达标率	100.00	87.34
	小学学校班额达标率	98.02	77.63
	初中学校班额达标率	98.99	94.78
	特殊教育学校生均公用经费	100.00	97.12
	学校培训经费占本校年度公用经费预算总额的比例	46.17	71.00
	教师全员培训完成率	100.00	100.00
	县域内每年交流轮岗教师的比例	100.00	100.00
	县域内优质高中招生名额分配比例	100.00	100.00
	符合条件的随迁子女在公办学校和政府购买服务的民办学校就读的比例	100.00	99.77
	县域内心理健康专职教师配备率	100.00	91.44
C 教育质量	小学六年巩固率	100.00	98.24
	初中三年巩固率	97.59	99.63
	残疾儿童少年入学率	100.00	99.89
	小学生体质健康达标合格率	100.00	98.80
	初中学生体质健康达标合格率	100.00	96.95
	小学学业水平校际差异率	100.00	93.27
	初中学业水平校际差异率	83.84	80.49

二、2022 年邛崃市义务教育区域差异、城乡差异和校际差异情况

（一）总体情况

本报告中，区域差异情况是由各区(市)县的各项监测指标值与成都市均值相比较而得，比值大于 1 代表其发展水平高于成都市平均水平。城乡差异情况是由各区(市)县的农

村学校各项监测指标值与城镇学校各项监测指标值相比较而得,比值大于 1 代表农村发展水平高于城镇发展水平。校际差异情况是由各区(市)县的各项监测指标差异系数与成都市各区(市)县差异系数平均值相比较而得,比值小于 1 代表其校际差异水平优于成都市平均水平,差异系数值越小代表区域内该指标校际差异越小。

从区域差异情况看,2022 年邛崃市小学、初中分别有 55.00%和 50.00%(小学、初中各 20 项)的监测指标优于或等于成都市均值;从城乡差异情况看,2022 年邛崃市小学、初中分别有 66.67%和 22.22%(小学、初中各 9 项)的监测指标农村学校优于或等于城镇学校;从校际差异情况看,2022 年邛崃市小学、初中分别有 57.14%和 85.71%(小学、初中各 7 项)的监测指标优于或等于成都市均值。

从监测指标看,2022 年,邛崃市处于优势的指标为"教师全员培训完成率""县域内每年交流轮岗教师的比例""县域内优质高中招生名额分配比例""符合条件的随迁子女在公办学校和政府购买服务的民办学校就读的比例""县域内心理健康专职教师配备率""残疾儿童少年入学率",小学"学校规模达标率"和初中"生均体育运动场馆面积""学业水平校际差异率"。

邛崃市处于弱势的指标为"特殊教育学校生均公用经费""学校培训经费占本校年度公用经费预算总额的比例",小学"学生体质健康达标合格率""学业水平校际差异率"和初中"生均教学仪器设备值""学校规模达标率""初中三年巩固率"(表 2.19.4)。

表 2.19.4　邛崃市小学和初中监测指标的区域差异、城乡差异和校际差异情况

	指标名称	小学 区域差异情况	小学 城乡差异情况	小学 校际差异情况	初中 区域差异情况	初中 城乡差异情况	初中 校际差异情况
A 资源配置	每百名学生拥有高于规定学历教师数		▨			▨	▨
	每百名学生拥有县级及以上骨干教师数						
	每百名学生拥有体育、艺术(音乐、美术)专任教师数						
	生均教学及辅助用房面积						
	生均体育运动场馆面积	▨		▨			
	生均教学仪器设备值				▨		▨
	每百名学生拥有网络多媒体教室数	▨		▨	▨		▨
	学校规模达标率		—	—		—	—
	学校班额达标率		—	—	▨	—	—
	特殊教育学校生均公用经费		—	—		—	—
	学校培训经费占本校年度公用经费预算总额的比例		—	—		—	—
	教师全员培训完成率	▨	—	—	▨	—	—
	县域内每年交流轮岗教师的比例	▨	—	—	▨	—	—
	县域内优质高中招生名额分配比例	▨	—	—	▨	—	—

续表

指标名称		小学			初中		
		区域差异情况	城乡差异情况	校际差异情况	区域差异情况	城乡差异情况	校际差异情况
B 政府保障程度	符合条件的随迁子女在公办学校和政府购买服务的民办学校就读的比例		—	—		—	—
	县域内心理健康专职教师配备率		—	—		—	—
C 教育质量	小学六年(初中三年)巩固率		—	—		—	—
	残疾儿童少年入学率		—	—		—	—
	学生体质健康达标合格率						
	学业水平校际差异率		—			—	
灰色底纹项数/项		11	6	4	10	2	6
灰色底纹项数比例/%		55.00	66.67	57.14	50.00	22.22	85.71

注：(1)区域差异情况中，■比值大于等于1，□比值小于1；(2)城乡差异情况中，■比值大于等于1，□比值小于1；(3)校际差异情况中，■比值小于等于1，□比值大于1。

(二)区域发展水平具体情况

2022年邛崃市小学和初中监测指标中，小学、初中分别有55.00%和50.00%(小学、初中各20项)的监测指标优于或等于成都市均值，其中，"县域内心理健康专职教师配备率"为成都市均值的1.4522倍。另外，低于成都市均值的指标中，"学校培训经费占本校年度公用经费预算总额的比例"仅为成都市均值的59.84%。邛崃市具体情况如表2.19.5和图2.19.3所示。

表2.19.5 邛崃市各项监测指标值与成都市均值的比较

	指标名称	区域值			成都市均值			区域值/成都市均值		
		小学	初中	九年一贯制	小学	初中	九年一贯制	小学	初中	九年一贯制
A 资源配置	每百名学生拥有高于规定学历教师数/人	5.49	7.55	—	5.92	8.14	—	0.9274	0.9275	—
	每百名学生拥有县级及以上骨干教师数/人	1.59	1.78	—	2.13	2.88	—	0.7465	0.6181	—
	每百名学生拥有体育、艺术(音乐、美术)专任教师数/人	1.14	1.10	—	1.21	1.11	—	0.9421	0.9910	—
	生均教学及辅助用房面积/平方米	5.09	6.45	—	5.76	7.35	—	0.8837	0.8776	—
	生均体育运动场馆面积/平方米	8.70	12.60	—	8.26	11.48	—	1.0533	1.0976	—
	生均教学仪器设备值/元	4045.79	4745.90	—	4584.76	5927.48	—	0.8824	0.8007	—
	每百名学生拥有网络多媒体教室数/间	3.10	3.00	—	2.97	3.24	—	1.0438	0.9259	—

续表

指标名称		区域值 小学	区域值 初中	区域值 九年一贯制	成都市均值 小学	成都市均值 初中	成都市均值 九年一贯制	区域值/成都市均值 小学	区域值/成都市均值 初中	区域值/成都市均值 九年一贯制
B 政府保障程度	学校规模达标率/%	94.12	92.31	100.00	82.82	93.88	88.70	1.1364	0.9833	1.1274
	学校班额达标率/%	98.02	98.99	—	74.98	94.48	—	1.3073	1.0477	—
	特殊教育学校生均公用经费/元	15353.95			19669.88			0.7806		
	学校培训经费占本校年度公用经费预算总额的比例/%	2.31			3.86			0.5984		
	教师全员培训完成率/%	100.00			100.00			1.0000		
	县域内每年交流轮岗教师的比例/%	19.21			15.08			1.2739		
	县域内优质高中招生名额分配比例/%	50.00			50.00			1.0000		
	符合条件的随迁子女在公办学校和政府购买服务的民办学校就读的比例/%	97.21			96.55			1.0068		
	县域内心理健康专职教师配备率/%	100.00			68.86			1.4522		
C 教育质量	小学六年(初中三年)巩固率/%	99.16	96.61	—	97.99	99.04	—	1.0119	0.9755	—
	残疾儿童少年入学率/%	100.00			99.21			1.0080		
	学生体质健康达标合格率/%	98.33	97.91	—	98.76	97.89	—	0.9956	1.0002	—
	学业水平校际差异率	0.15	0.18	—	0.13	0.19	—	*0.8667	*1.0556	—

注：*此数值的计算公式为"成都市均值/区域值"，比值大于1代表区域均衡水平优于成都市均值。

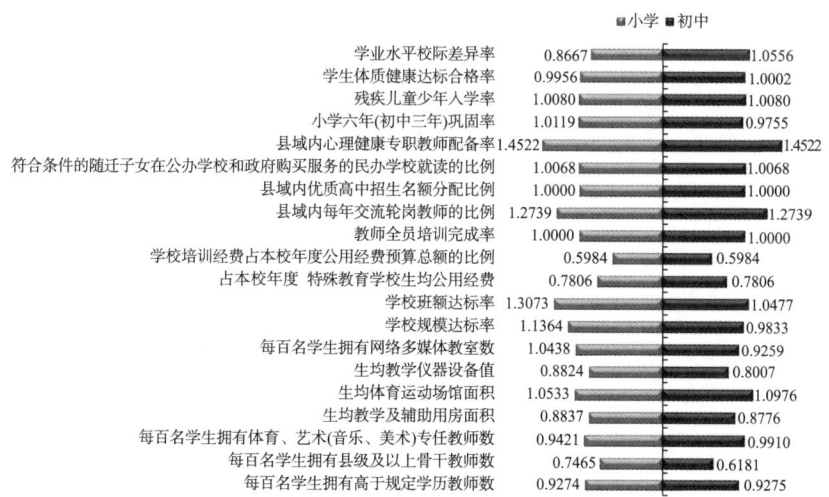

图 2.19.3　邛崃市小学和初中各项监测指标值与成都市均值的比较

(三) 城乡差异情况

1. 小学

2022年邛崃市小学9项监测指标中，农村小学有6项指标高于城镇小学，其中，"生均体育运动场馆面积"为城镇小学的1.5169倍；农村小学有3项指标略低于城镇小学（表2.19.6和图2.19.4）。

表2.19.6 邛崃市小学各项监测指标城乡差异情况

指标	邛崃市均值	城镇均值	农村均值	乡城比率
每百名学生拥有高于规定学历教师数/人	5.49	5.43	5.55	1.0221
每百名学生拥有县级及以上骨干教师数/人	1.59	1.56	1.61	1.0321
每百名学生拥有体育、艺术(音乐、美术)专任教师数/人	1.14	1.18	1.10	0.9322
生均教学及辅助用房面积/平方米	5.09	4.41	5.66	1.2834
生均体育运动场馆面积/平方米	8.70	6.79	10.30	1.5169
生均教学仪器设备值/元	4045.79	3545.82	4464.65	1.2591
每百名学生拥有网络多媒体教室数/间	3.10	2.78	3.36	1.2086
学校班额达标率/%	98.02	99.43	96.95	0.9751
学生体质健康达标合格率/%	98.33	98.44	98.26	0.9982

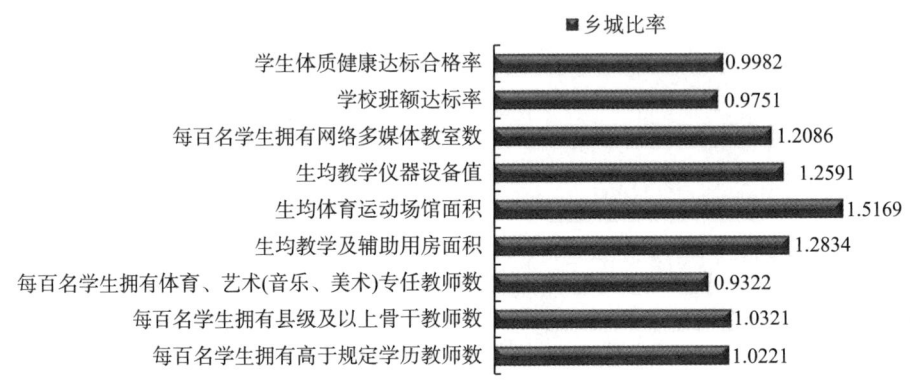

图2.19.4 邛崃市小学城乡差异情况

2. 初中

2022年邛崃市初中9项监测指标中，农村初中有2项指标高于或等于城镇初中，其中，"每百名学生拥有网络多媒体教室数"为城镇初中的1.0989倍；另外，农村初中有7项指标低于城镇初中，其中，最低的指标是"生均教学及辅助用房面积"，为城镇初中的87.11%（表2.19.7和图2.19.5）。

2022 年邛崃市义务教育优质均衡监测报告

表 2.19.7　邛崃市初中各项监测指标城乡差异情况

指标	邛崃市均值	城镇均值	农村均值	乡城比率
每百名学生拥有高于规定学历教师数/人	7.55	7.56	7.55	0.9987
每百名学生拥有县级及以上骨干教师数/人	1.78	1.85	1.73	0.9351
每百名学生拥有体育、艺术(音乐、美术)专任教师数/人	1.10	1.11	1.09	0.9820
生均教学及辅助用房面积/平方米	6.45	6.98	6.08	0.8711
生均体育运动场馆面积/平方米	12.60	12.60	12.60	1.0000
生均教学仪器设备值/元	4745.90	4994.83	4575.74	0.9161
每百名学生拥有网络多媒体教室数/间	3.00	2.83	3.11	1.0989
学校班额达标率/%	98.99	100.00	98.33	0.9833
学生体质健康达标合格率/%	97.91	98.72	97.49	0.9875

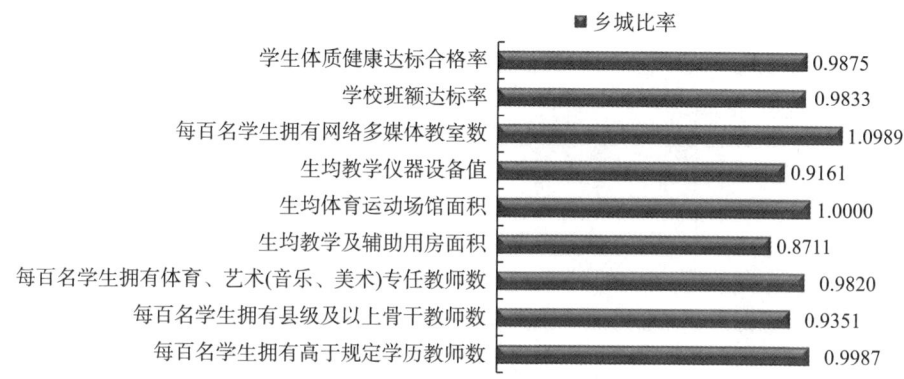

图 2.19.5　邛崃市初中城乡差异情况

(四)校际差异情况

1. 小学

2022 年邛崃市有 6 所小学 60%及以上指标低于该区域平均值,分别是邛崃市南街小学校、邛崃市北街小学校、邛崃市火井镇中心小学校、邛崃市白鹤九年制学校(小学部)、邛崃市夹关九年制学校(小学部)、邛崃市平乐九年制义务教育学校(小学部),其弱势方面主要是师资配置和生均资源配置较少。邛崃市小学各项监测指标校际差异具体情况比较如表 2.19.8 所示。

表 2.19.8　邛崃市小学各项监测指标校际差异具体情况比较

学校	每百名学生拥有高于规定学历教师数	每百名学生拥有县级及以上骨干教师数	每百名学生拥有体育、艺术(音乐、美术)专任教师数	生均教学及辅助用房面积	生均体育运动场馆面积	生均教学仪器设备值	每百名学生拥有网络多媒体教室数	学校班额达标率	学生体质健康达标合格率	灰色底纹项数/项
邛崃市文昌小学校	●	●	●	●	●	●	●	—	●	4

续表

学校	每百名学生拥有高于规定学历教师数	每百名学生拥有县级及以上骨干教师数	每百名学生拥有体育、艺术(音乐、美术)专任教师数	生均教学及辅助用房面积	生均体育运动场馆面积	生均教学仪器设备值	每百名学生拥有网络多媒体教室数	学校班额达标率	学生体质健康达标合格率	灰色底纹项数/项
邛崃市十方堂小学校	●	●	●	●	●	●	●	—	★	4
邛崃市石头小学校	●	●	●	●	●	●	●	—	●	8
邛崃市新安小学校	●	●	●	●	●	●	●	—	●	8
邛崃市马湖小学校	●	●	●	●	●	●	●	—	●	8
邛崃市南街小学校	●	●	●	●	●	●	●	—	●	3
邛崃市下坝中心小学校	●	●	●	●	●	●	●	●	●	9
邛崃市前进小学校	●	●	●	●	●	●	●	●	●	5
邛崃市卧龙小学校	●	●	●	●	●	●	●	●	●	5
邛崃市永丰小学校	●	●	●	●	●	●	●	—	●	7
邛崃市道佐小学校	●	★	●	●	●	●	●	●	●	8
邛崃市文君小学	●	●	●	●	○	●	●	●	●	5
邛崃市泉水小学校	●	●	●	●	●	●	●	●	●	6
邛崃市高何红军小学校	●	●	●	●	●	●	●	●	●	8
邛崃市桑园镇小学校	●	●	★	●	●	●	●	●	●	8
邛崃市牟礼小学校	●	●	●	●	●	●	○	—	●	7
邛崃市桑园镇南君平小学校	●	●	●	●	●	●	●	●	●	7
邛崃市拱辰小学校	●	●	●	★	●	●	●	—	●	4
邛崃市北街小学校	●	●	●	●	●	●	●	●	●	3
邛崃市西街小学	●	●	●	●	●	●	●	●	●	4
邛崃市冉义小学校	●	●	●	●	●	●	●	●	●	5
邛崃市付安小学校	●	●	●	●	●	●	●	●	●	7
邛崃市南宝山镇小学校	●	●	●	●	●	●	★	—	●	7
邛崃市火井镇中心小学校	★	●	●	●	●	●	●	—	●	3
邛崃市兴贤小学校	●	★	●	●	●	●	●	●	●	4
邛崃市滨江小学	●	●	★	●	●	●	●	—	/	6
邛崃市茶园小学	●	●	★	●	●	●	●	●	●	9
邛崃市固驿小学校	●	●	●	★	●	★	●	●	●	7
邛崃市宝林小学校	●	●	●	●	●	●	●	—	●	5

276

续表

学校	每百名学生拥有高于规定学历教师数	每百名学生拥有县级及以上骨干教师数	每百名学生拥有体育、艺术(音乐、美术)专任教师数	生均教学及辅助用房面积	生均体育运动场馆面积	生均教学仪器设备值	每百名学生拥有网络多媒体教室数	学校班额达标率	学生体质健康达标合格率	灰色底纹项数/项
邛崃市回龙小学校	●	●	●	●	●	●	●	—	●	7
邛崃市羊安小学校	●	●	●	●	●	●	★	—	●	4
成都邛崃建平学校(小学部)	●	●	●	●	●	●	●	—	●	5
邛崃市汇文学校(小学部)	●	●	●	●	○	●	●	—	●	7
邛崃市白鹤九年制学校(小学部)	●	●	●	●	●	●	●	—	★	3
邛崃市西桥九年制学校(小学部)	●	●	●	●	●	●	●	—	★	5
邛崃市大同九年制义务教育学校(小学部)	●	●	○	●	●	●	●	—	●	7
邛崃市太和小学校	●	●	●	●	●	●	●	—	●	6
邛崃市高埂九年制义务教育学校(小学部)	●	●	●	●	○	●	●	—	●	7
邛崃市临济九年制学校(小学部)	●	●	●	●	●	●	●	—	●	4
邛崃市孔明九年制学校(小学部)	●	●	●	●	●	●	●	—	●	7
邛崃市夹关九年制学校(小学部)	★	●	●	●	●	●	●	—	●	3
邛崃市高何长征小学校	★	●	●	●	●	●	●	—	●	7
邛崃市水口九年制学校(小学部)	●	★	●	●	●	●	●	—	●	7
邛崃市天台九年制义务教育学校(小学部)	●	●	●	●	●	●	●	—	●	9
邛崃市平乐九年制义务教育学校(小学部)	●	●	●	●	○	●	●	—	●	3

注：(1) ★$p>0.05$，差异不显著；○$p<0.05$，差异显著；●$p<0.01$，差异很显著。(2) ▨ 差异不显著或显著高于区(市)县均值；□ 显著低于区(市)县均值。(3)"学校班额达标率"达标的标准为小学班额不超过45人，初中班额不超过50人。(4)—指"学校班额达标率"只做了大小比较，未进行差异性分析，其灰色底纹表示该学校的"学校班额达标率"大于或等于区(市)县均值，无底纹表示该学校的"学校班额达标率"小于区(市)县均值。(5)/指未采集到"学生体质健康达标合格率"数据。

2. 初中

2022年邛崃市有5所初中60%及以上指标低于该区域平均值，分别是成都邛崃建平学校(初中部)、邛崃市平乐九年制义务教育学校(初中部)、邛崃市平乐中学校、四川省邛崃市高埂中学、邛崃市强项中学校，其弱势方面主要是师资配置和生均资源配置较少。邛崃市初中各项监测指标校际差异具体情况比较如表 2.19.9 所示。

表 2.19.9　邛崃市初中各项监测指标校际差异具体情况比较

学校	每百名学生拥有高于规定学历教师数	每百名学生拥有县级及以上骨干教师数	每百名学生拥有体育、艺术（音乐、美术）专任教师数	生均教学及辅助用房面积	生均体育运动场馆面积	生均教学仪器设备值	每百名学生拥有网络多媒体教室数	学校班额达标率	学生体质健康达标合格率	灰色底纹项数/项
成都邛崃建平学校(初中部)	●	●	●	●	●	●	●	—	●	3
邛崃市汇文学校(初中部)	●	●	●	★	●	●	●	—	●	6
邛崃市宝林初级中学校	●	●	●	●	●	●	●	—	●	4
邛崃市临邛初级中学校	●	●	●	●	●	●	●	—	●	8
邛崃市拱辰初级中学校	●	●	●	●	●	●	★	—	●	4
邛崃市白鹤九年制学校(初中部)	●	●	●	●	●	●	●	—	●	4
邛崃市兴贤初级中学校	●	○	★	●	●	●	●	—	●	9
邛崃市文昌中学校	●	●	●	●	●	●	●	—	●	5
邛崃市西桥九年制学校(初中部)	●	★	●	●	●	●	●	—	●	7
邛崃市大同九年制义务教育学校(初中部)	★	●	★	★	●	●	●	—	●	7
邛崃市高埂九年制义务教育学校(初中部)	●	●	●	●	●	●	●	—	●	7
邛崃市临济九年制学校(初中部)	●	●	●	●	●	●	★	—	●	5
邛崃市火井初级中学校	●	●	●	●	●	●	●	—	●	6
邛崃市孔明九年制学校(初中部)	●	●	●	●	●	●	●	—	●	7
邛崃市羊安初级中学校	★	●	★	●	●	●	●	—	●	7
邛崃市夹关九年制学校(初中部)	●	●	★	●	●	●	●	—	●	5
邛崃市冉义初级中学校	●	●	●	●	●	●	●	—	●	5
邛崃市牟礼初级中学校	●	●	●	●	★	●	●	—	●	6
邛崃市水口九年制学校(初中部)	●	●	★	●	●	●	●	—	●	7

续表

学校	每百名学生拥有高于规定学历教师数	每百名学生拥有县级及以上骨干教师数	每百名学生拥有体育、艺术(音乐、美术)专任教师数	生均教学及辅助用房面积	生均体育运动场馆面积	生均教学仪器设备值	每百名学生拥有网络多媒体教室数	学校班额达标率	学生体质健康达标合格率	灰色底纹项数/项
邛崃市平乐九年制义务教育学校(初中部)	●	●	●	●	●	●	●	―	●	2
邛崃市第一中学校	●	●	●	★	●	●	●	―	●	7
邛崃市平乐中学校	●	●	●	●	○	●	●	―	●	3
四川省邛崃市高埂中学	●	●	●	●	●	●	●	―	●	1
邛崃市强项中学校	●	●	●	●	●	●	●	―	●	2

注：(1) ★$p>0.05$，差异不显著；○$p<0.05$，差异显著；●$p<0.01$，差异很显著。(2) ▨差异不显著或显著高于区(市)县均值；☐显著低于区(市)县均值。(3) "学校班额达标率"达标的标准为小学班额不超过 45 人，初中班额不超过 50 人。(4) ―指"学校班额达标率"只做了大小比较，未进行差异性分析，其灰色底纹表示该学校的"学校班额达标率"大于或等于区(市)县均值，无底纹表示该学校的"学校班额达标率"小于区(市)县均值。

三、结论

(一)成绩与经验

(1)从义务教育优质均衡发展达标情况看，均衡程度方面，A 类 7 项指标中，2022 年邛崃市小学和初中全部监测指标的校际差异系数均达到部标；公办学校校际均衡指数为 0.20，低于成都市均值(校际均衡程度高于成都市平均水平)，达到了市标，表明 2022 年邛崃市义务教育公办学校校际均衡程度较高。

(2)发展水平方面，A 类 7 项指标中，2022 年邛崃市小学和初中均有 5 项指标全部学校都达标，与成都市均值相比，小学和初中分别有6项、5项指标的达成度均高于成都市均值；B 类和 C 类 19 项指标中，2022 年邛崃市有 12 项指标的达标比例达到 100%，有 16 项指标的达成度高于或等于成都市均值。

(3)从区域发展水平看，2022 年邛崃市小学、初中分别有 55.00%和 50.00%的监测指标优于或等于成都市均值，其中，"县域内心理健康专职教师配备率"为成都市均值的 1.4522 倍。

(4)从城乡差异情况看，2022 年邛崃市小学、初中分别有 66.67%和 22.22%的监测指标农村学校优于或等于城镇学校，其中，农村小学"生均体育运动场馆面积"为城镇小学的 1.5169 倍，农村初中"每百名学生拥有网络多媒体教室数"为城镇初中的 1.0989 倍。

(5)从校际差异情况看，2022 年邛崃市小学、初中分别有 57.14%和 85.71%的监测指标校际差异优于或等于成都市均值。

(二)存在的不足

(1)从义务教育优质均衡发展达标情况看，发展水平方面，A 类指标中，2022 年邛崃市小学和初中均有2项监测指标达标学校比例低于100%,其中,小学"生均教学及辅助用房面积"的达标学校比例最低,为77.78%,初中"生均教学及辅助用房面积"达标比例最低,为70.83%,与成都市均值相比,小学和初中分别有1项、2项指标低于成都市均值;B类和C类19项指标中,2022年邛崃市有7项指标的达标比例低于100%,分别为"单设小学学校规模达标率""单设初中学校规模达标率""小学学校班额达标率""初中学校班额达标率""学校培训经费占本校年度公用经费预算总额的比例""初中三年巩固率""初中学业水平校际差异率",有3项指标低于成都市均值,分别是"单设初中学校规模达标率""学校培训经费占本校年度公用经费预算总额的比例""初中三年巩固率"。

(2)从区域发展水平看,2022年邛崃市小学和初中监测指标中,小学和初中分别有45.00%、50.00%的监测指标低于成都市均值,其中,"学校培训经费占本校年度公用经费预算总额的比例"仅为成都市均值的59.84%,与成都市均值差距较大。

(3)从城乡差异情况看,2022年邛崃市小学、初中分别有3项、7项监测指标农村学校低于城镇学校,其中,最低的指标是初中"生均教学及辅助用房面积",为城镇初中的87.11%。

(4)从校际差异情况看,2022年邛崃市有6所小学60%及以上指标低于该区域平均值,分别是邛崃市南街小学校、邛崃市北街小学、邛崃市火井镇中心小学校、邛崃市白鹤九年制学校(小学部)、邛崃市夹关九年制学校(小学部)、邛崃市平乐九年制义务教育学校(小学部);有5所初中60%及以上指标低于该区域平均值,分别是成都邛崃建平学校(初中部)、邛崃市平乐九年制义务教育学校(初中部)、邛崃市平乐中学校、四川省邛崃市高埂中学、邛崃市强项中学校;小学和初中的弱势方面均主要是师资配置、生均资源配置少。

(三)建议

(1)资源配置方面,优化资源配置,重点解决中小学"生均教学及辅助用房面积""生均体育运动场馆面积"达标比例偏低,中小学"生均教学及辅助用房面积""生均教学仪器设备值"的区域水平偏低的问题;关注弱势学校,关注60%及以上指标低于区域均值的6所小学和5所初中,提高学校办学条件水平。

(2)政府保障程度方面,着力解决部分学校学校规模、班额未达标准的问题,加强对"学校培训经费占本校年度公用经费预算总额的比例"达标的管理,进一步提高"特殊教育学校生均公用经费"。

(3)教育质量方面,进一步优化教育教学及管理,提高"初中三年巩固率"。

2022年崇州市义务教育优质均衡监测报告

一、2022年崇州市义务教育优质均衡发展概况

本次监测，除"县域内心理健康专职教师配备率"依据成都市《2022年政府工作报告目标任务责任分解方案》（成办发〔2022〕8号）、"小学六年(初中三年)巩固率"和"学生体质健康达标合格率"依据《成都市义务教育优质均衡监测指标体系》外，其余指标均依据部标。

《成都市人民政府教育督导委员会办公室关于印发〈成都市义务教育优质均衡监测指标体系〉的通知》（成府教督〔2017〕10号）构建的监测指标体系包括A类(资源配置，共14项指标，全部指标分小学、初中)、B类(政府保障程度，共12项指标，部分指标分小学、初中和九年一贯制)和C类(教育质量，共7项指标，部分指标分小学、初中)，合计33项指标。除特别注明外，所有监测结果均为全体公民办学校总体结果。

（一）义务教育均衡程度

1. 判断标准

成都市义务教育均衡程度依据两个标准来判断：①部标，规定县域内义务教育公民办小学A类7项指标的差异系数每一项均应不高于0.50，公民办初中A类7项指标的差异系数每一项均应不高于0.45；②市标，规定县域内义务教育公办学校校际均衡指数值不高于0.27。

2. 均衡程度及达标情况

从部标看，在小学和初中共14项A类指标中，2022年崇州市小学5项指标、初中7项指标的校际差异系数达到部标；小学"每百名学生拥有高于规定学历教师数"和"生均教学及辅助用房面积"没有达到部标，分别为0.56和0.52。

与上一监测年度相比，崇州市小学、初中均有4项指标的校际均衡程度进一步提高，小学和初中"每百名学生拥有高于规定学历教师数""生均教学仪器设备值"，小学"生均教学及辅助用房面积"和初中"生均体育运动场馆面积"的校际均衡程度有所下降（图2.20.1和图2.20.2）。

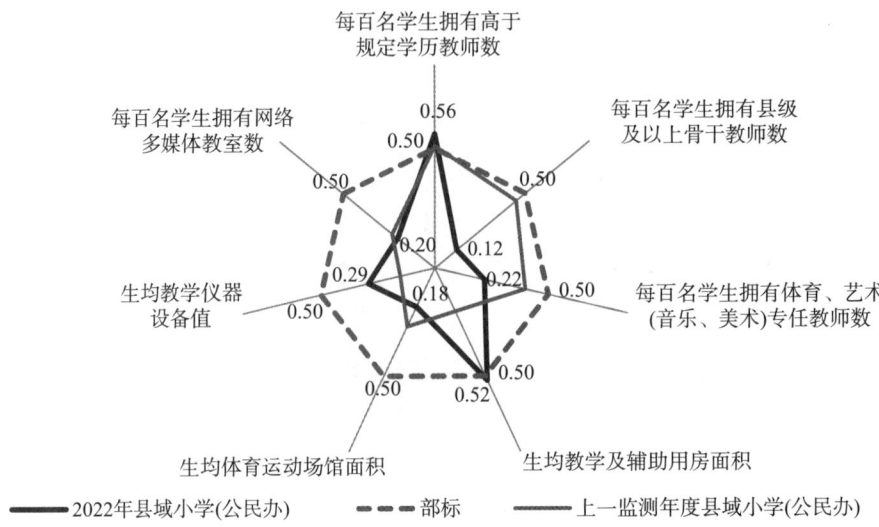

图 2.20.1　2022 年与上一监测年度崇州市小学县域内义务教育校际均衡情况

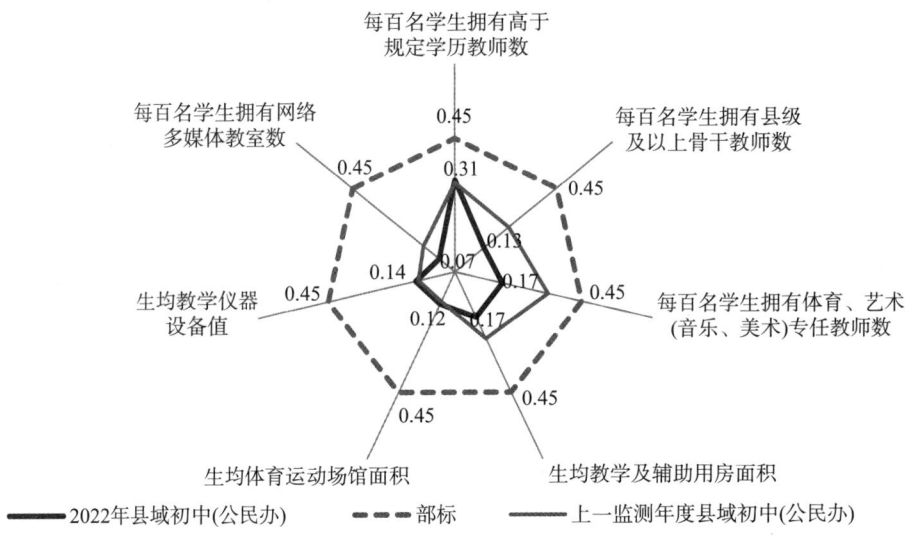

图 2.20.2　2022 年与上一监测年度崇州市初中县域内义务教育校际均衡情况

2022 年崇州市公办学校校际均衡指数为 0.23，达到了市标，但高于成都市均值（校际均衡程度低于成都市平均水平），表明 2022 年崇州市义务教育公办学校校际均衡程度有待进一步提高。

与上一监测年度相比，2022 年崇州市公办学校校际均衡指数减少了 0.04，公办学校校际均衡程度有所提升（表 2.20.1）。

表 2.20.1　崇州市公办小学、初中县域内义务教育校际均衡情况

差异系数	每百名学生拥有高于规定学历教师数	每百名学生拥有县级及以上骨干教师数	每百名学生拥有体育、艺术(音乐、美术)专任教师数	生均教学及辅助用房面积	生均体育运动场馆面积	生均教学仪器设备值	每百名学生拥有网络多媒体教室数	2022年县域内义务教育校际均衡指数	2022年成都市县域内义务教育校际均衡指数	上一监测年度县域内义务教育校际均衡指数
小学	0.56	0.12	0.22	0.52	0.18	0.29	0.20	0.23	0.22	0.27
初中	0.31	0.13	0.17	0.17	0.12	0.14	0.07			

(二)义务教育优质均衡发展水平达标情况

以部标规定的标准值为参照，2022 年崇州市各指标达到目标值的情况如表 2.20.2 所示。

表 2.20.2　崇州市小学和初中 A 类指标达标情况

	指标名称	小学 达标学校数/所	小学 达标学校比例/%	小学 成都市均值/%	初中 达标学校数/所	初中 达标学校比例/%	初中 成都市均值/%
A 资源配置	每百名学生拥有高于规定学历教师数	29	80.56	98.36	17	100.00	98.90
	每百名学生拥有县级及以上骨干教师数	36	100.00	96.40	17	100.00	97.12
	每百名学生拥有体育、艺术(音乐、美术)专任教师数	36	100.00	97.23	16	94.12	91.47
	生均教学及辅助用房面积	31	86.11	87.04	14	82.35	83.78
	生均体育运动场馆面积	35	97.22	82.70	16	94.12	80.95
	生均教学仪器设备值	36	100.00	98.93	17	100.00	97.91
	每百名学生拥有网络多媒体教室数	36	100.00	97.28	17	100.00	96.86

从 A 类指标看，部标规定每一所学校的 A 类指标均要达到标准。崇州市小学的 7 项监测指标中，"每百名学生拥有县级及以上骨干教师数""每百名学生拥有体育、艺术(音乐、美术)专任教师数""生均教学仪器设备值""每百名学生拥有网络多媒体教室数" 4 项指标全部学校达标。另外，崇州市"每百名学生拥有高于规定学历教师数"达标比例最低，为 80.56%。

崇州市初中的 7 项监测指标中，"每百名学生拥有高于规定学历教师数""每百名学生拥有县级及以上骨干教师数""生均教学仪器设备值""每百名学生拥有网络多媒体教室数" 4 项指标全部学校达标。另外，"生均教学及辅助用房面积"的达标学校比例最低，为 82.35%。与成都市均值相比，崇州市小学有 5 项、初中有 6 项指标的达成度高于成都市均值。

从 B 类和 C 类 19 项指标看，除"单设小学学校规模达标率""单设初中学校规模达标率""小学学校班额达标率""初中学校班额达标率""学校培训经费占本校年度公用经费预算总额的比例""县域内心理健康专职教师配备率" 6 项指标外，崇州市其余 13

项指标的达标比例均为100%。与成都市均值相比，崇州市16项指标的达成度均高于或等于成都市均值，"单设小学学校规模达标率""单设初中学校规模达标率""县域内心理健康专职教师配备率"3项指标低于成都市均值（表2.20.3）。

表2.20.3 崇州市小学和初中B类、C类指标达标情况(%)

	指标名称	达标比例	成都市均值
B 政府保障程度	单设小学学校规模达标率	80.65	82.32
	单设初中学校规模达标率	91.67	94.27
	九年一贯制学校规模达标率	100.00	87.34
	小学学校班额达标率	98.43	77.63
	初中学校班额达标率	97.15	94.78
	特殊教育学校生均公用经费	100.00	97.12
	学校培训经费占本校年度公用经费预算总额的比例	83.40	71.00
	教师全员培训完成率	100.00	100.00
	县域内每年交流轮岗教师的比例	100.00	100.00
	县域内优质高中招生名额分配比例	100.00	100.00
	符合条件的随迁子女在公办学校和政府购买服务的民办学校就读的比例	100.00	99.77
	县域内心理健康专职教师配备率	62.95	91.44
C 教育质量	小学六年巩固率	100.00	98.24
	初中三年巩固率	100.00	99.63
	残疾儿童少年入学率	100.00	99.89
	小学生体质健康达标合格率	100.00	98.80
	初中学生体质健康达标合格率	100.00	96.95
	小学学业水平校际差异率	100.00	93.27
	初中学业水平校际差异率	100.00	80.49

二、2022年崇州市义务教育区域差异、城乡差异和校际差异情况

（一）总体情况

本报告中，区域差异情况是由各区(市)县的各项监测指标值与成都市均值相比较而得，比值大于1代表其发展水平高于成都市平均水平。城乡差异情况是由各区(市)县的农村学校各项监测指标值与城镇学校各项监测指标值相比较而得，比值大于1代表农村发展水平高于城镇发展水平。校际差异情况是由各区(市)县的各项监测指标差异系数与成都市各区(市)县差异系数平均值相比较而得，比值小于1代表其校际差异水平优于成都市平均水平，差异系数值越小代表区域内该指标校际差异越小。

从区域差异情况看，2022年崇州市小学、初中均有45.00%（小学、初中各20项）的监测指标优于或等于成都市均值；从城乡差异情况看，2022年崇州市小学、初中分别有

88.89%和77.78%(小学、初中各9项)的监测指标农村学校优于或等于城镇学校;从校际差异情况看,2022年崇州市小学、初中分别有42.86%和85.71%(小学、初中各7项)的监测指标优于或等于成都市均值。

从监测指标看,2022年,崇州市处于优势的指标为小学和初中"学校班额达标率""学校培训经费占本校年度公用经费预算总额的比例""教师全员培训完成率""县域内优质高中招生名额分配比例""符合条件的随迁子女在公办学校和政府购买服务的民办学校就读的比例""小学六年(初中三年)巩固率""学业水平校际差异率",小学"生均体育运动场馆面积"。

崇州市处于劣势的指标为小学和初中"学校规模达标率""特殊教育学校生均公用经费""县域内每年交流轮岗教师的比例""县域内心理健康专职教师配备率""残疾儿童少年入学率""学生体质健康达标合格率"(表2.20.4)。

表2.20.4 崇州市小学和初中监测指标的区域差异、城乡差异和校际差异情况

指标名称		小学 区域差异情况	小学 城乡差异情况	小学 校际差异情况	初中 区域差异情况	初中 城乡差异情况	初中 校际差异情况
A 资源配置	每百名学生拥有高于规定学历教师数						
	每百名学生拥有县级及以上骨干教师数						
	每百名学生拥有体育、艺术(音乐、美术)专任教师数						
	生均教学及辅助用房面积						
	生均体育运动场馆面积						
	生均教学仪器设备值						
	每百名学生拥有网络多媒体教室数						
B 政府保障程度	学校规模达标率		—	—		—	—
	学校班额达标率		—	—		—	—
	特殊教育学校生均公用经费		—	—		—	—
	学校培训经费占本校年度公用经费预算总额的比例		—	—		—	—
	教师全员培训完成率		—	—		—	—
	县域内每年交流轮岗教师的比例		—	—		—	—
	县域内优质高中招生名额分配比例		—	—		—	—
	符合条件的随迁子女在公办学校和政府购买服务的民办学校就读的比例		—	—		—	—
	县域内心理健康专职教师配备率		—	—		—	—
C 教育质量	小学六年(初中三年)巩固率		—	—		—	—
	残疾儿童少年入学率		—	—		—	—
	学生体质健康达标合格率		—	—		—	—
	学业水平校际差异率		—	—		—	—
灰色底纹项数/项		9	8	3	9	7	6
灰色底纹项数比例/%		45.00	88.89	42.86	45.00	77.78	85.71

注:(1)区域差异情况中,■比值大于等于1,□比值小于1;(2)城乡差异情况中,■比值大于等于1,□比值小于1;(3)校际差异情况中,■比值小于等于1,□比值大于1。

(二)区域发展水平具体情况

2022年崇州市小学和初中监测指标中,小学、初中均有45.00%(小学、初中各20项)的监测指标优于或等于成都市均值,其中,小学"学校班额达标率"为成都市均值的1.3128倍。另外,在低于成都市均值的指标中,"县域内心理健康专职教师配备率"最低,为成都市均值的50.28%。崇州市具体情况如表2.20.5和图2.20.3所示。

表2.20.5 崇州市各项监测指标值与成都市均值的比较

	指标名称	区域值 小学	区域值 初中	区域值 九年一贯制	成都市均值 小学	成都市均值 初中	成都市均值 九年一贯制	区域值/成都市均值 小学	区域值/成都市均值 初中	区域值/成都市均值 九年一贯制
A 资源配置	每百名学生拥有高于规定学历教师数/人	5.20	8.29	—	5.92	8.14	—	0.8784	1.0184	
	每百名学生拥有县级及以上骨干教师数/人	1.65	2.13	—	2.13	2.88	—	0.7746	0.7396	
	每百名学生拥有体育、艺术(音乐、美术)专任教师数/人	1.10	1.10	—	1.21	1.11	—	0.9091	0.9910	
	生均教学及辅助用房面积/平方米	5.04	6.18	—	5.76	7.35	—	0.8750	0.8408	
	生均体育运动场馆面积/平方米	8.50	11.56	—	8.26	11.48	—	1.0291	1.0070	
	生均教学仪器设备值/元	4763.01	4951.05	—	4584.76	5927.48	—	1.0389	0.8353	
	每百名学生拥有网络多媒体教室数/间	2.74	2.56	—	2.97	3.24	—	0.9226	0.7901	
	学校规模达标率/%	80.65	91.67	100.00	82.82	93.88	88.70	0.9738	0.9765	1.1274
	学校班额达标率/%	98.43	97.15	—	74.98	94.48	—	1.3128	1.0283	
B 政府保障程度	特殊教育学校生均公用经费/元	11897.54			19669.88			0.6049		
	学校培训经费占本校年度公用经费预算总额的比例/%	4.17			3.86			1.0803		
	教师全员培训完成率/%	100.00			100.00			1.0000		
	县域内每年交流轮岗教师的比例/%	10.14			15.08			0.6724		
	县域内优质高中招生名额分配比例/%	50.00			50.00			1.0000		
	符合条件的随迁子女在公办学校和政府购买服务的民办学校就读的比例/%	100.00			96.55			1.0357		
	县域内心理健康专职教师配备率/%	34.62			68.86			0.5028		
C 教育质量	小学六年(初中三年)巩固率/%	100.00	99.91	—	97.99	99.04	—	1.0205	1.0088	—
	残疾儿童少年入学率/%	97.20			99.21			0.9797		
	学生体质健康达标合格率/%	97.91	97.55	—	98.76	97.89	—	0.9914	0.9965	
	学业水平校际差异率	0.07	0.14	—	0.13	0.19	—	*1.8571	*1.3571	

注:*此数值的计算公式为"成都市均值/区域值",比值大于1代表区域均衡水平优于成都市均值。

图 2.20.3 崇州市小学和初中各项监测指标值与成都市均值的比较

(三)城乡差异情况

1. 小学

2022年崇州市小学9项监测指标中,农村小学有8项指标均高于城镇小学,其中,农村小学"每百名学生拥有高于规定学历教师数"为城镇小学的1.8858倍;另外,崇州市农村小学"学生体质健康达标合格率"1项指标略低于城镇小学(表2.20.6和图2.20.4)。

表 2.20.6 崇州市小学各项监测指标城乡差异情况

指标	崇州市均值	城镇均值	农村均值	乡城比率
每百名学生拥有高于规定学历教师数/人	5.20	3.59	6.77	1.8858
每百名学生拥有县级及以上骨干教师数/人	1.65	1.63	1.67	1.0245
每百名学生拥有体育、艺术(音乐、美术)专任教师数/人	1.10	1.01	1.18	1.1683
生均教学及辅助用房面积/平方米	5.04	4.79	5.28	1.1023
生均体育运动场馆面积/平方米	8.50	7.60	9.36	1.2316
生均教学仪器设备值/元	4763.01	4554.23	4965.24	1.0902
每百名学生拥有网络多媒体教室数/间	2.74	2.50	2.97	1.1880
学校班额达标率/%	98.43	96.73	99.80	1.0317
学生体质健康达标合格率/%	97.91	98.02	97.82	0.9980

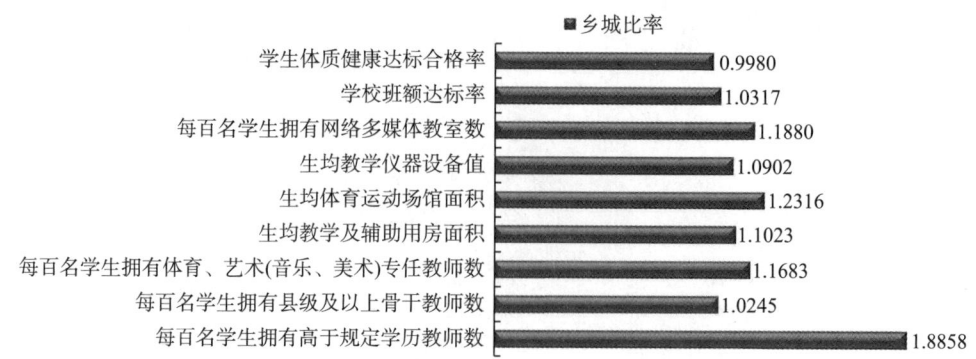

图 2.20.4 崇州市小学城乡差异情况

2. 初中

2022年崇州市初中9项监测指标中,农村初中有7项指标高于或等于城镇初中,其中,农村初中"每百名学生拥有高于规定学历教师数"为城镇初中的1.5599倍;另外,农村初中"生均体育运动场馆面积""学生体质健康达标合格率"2项指标略低于城镇初中,分别为城镇的95.35%和99.36%(表2.20.7和图2.20.5)。

表 2.20.7 崇州市初中各项监测指标城乡差异情况

指标	崇州市均值	城镇均值	农村均值	乡城比率
每百名学生拥有高于规定学历教师数/人	8.29	6.43	10.03	1.5599
每百名学生拥有县级及以上骨干教师数/人	2.13	2.13	2.13	1.0000
每百名学生拥有体育、艺术(音乐、美术)专任教师数/人	1.10	1.01	1.19	1.1782
生均教学及辅助用房面积/平方米	6.18	5.93	6.42	1.0826
生均体育运动场馆面积/平方米	11.56	11.84	11.29	0.9535
生均教学仪器设备值/元	4951.05	4776.10	5115.09	1.0710
每百名学生拥有网络多媒体教室数/间	2.56	2.47	2.64	1.0688
学校班额达标率/%	97.15	93.79	100.00	1.0662
学生体质健康达标合格率/%	97.55	97.92	97.29	0.9936

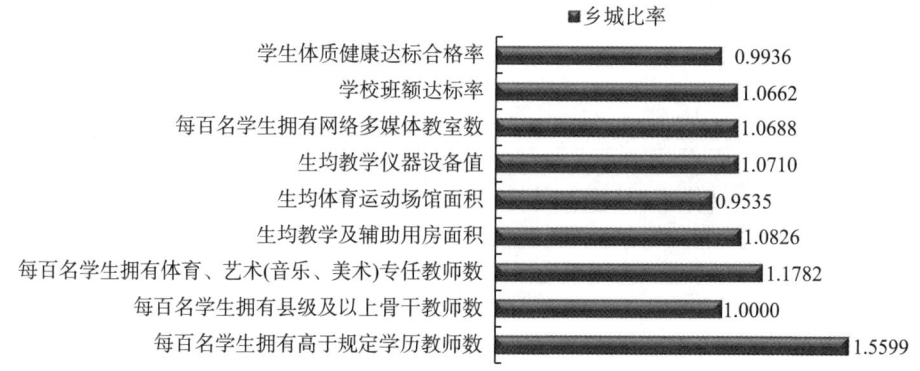

图 2.20.5 崇州市初中城乡差异情况

(四)校际差异情况

1. 小学

2022年崇州市有7所小学60%及以上指标低于该区域平均值,分别是崇州市辰居小学校、崇州市学府小学校、崇州市蜀南小学校、崇州市第二实验小学校、崇州市七一实验小学校、崇州市第三实验小学校、崇州市羊马学校(小学部),其弱势方面主要是师资配置和生均资源配置较少。崇州市小学各项监测指标校际差异具体情况比较如表2.20.8所示。

表2.20.8 崇州市小学各项监测指标校际差异具体情况比较

学校	每百名学生拥有高于规定学历教师数	每百名学生拥有县级及以上骨干教师数	每百名学生拥有体育、艺术(音乐、美术)专任教师数	生均教学及辅助用房面积	生均体育运动场馆面积	生均教学仪器设备值	每百名学生拥有网络多媒体教室数	学校班额达标率	学生体质健康达标合格率	灰色底纹项数/项
崇州市观胜小学校	●	●	●	●	●	●	●	—	★	9
崇州市辰居小学校	●	●	●	●	●	●	●		●	3
崇州市集贤小学校	●	★	●	●	●	●	●		●	8
崇州市王场小学校	●	●	●	●	●	●	●		★	9
崇州市崇平小学校	●		●	●	●	●	●		●	6
崇州市元通小学校	●		●	●	●	●	●		●	6
崇州市学府小学校	●							—		0
崇州市江源小学校	●	●	★	●	●	★	★		●	7
崇州市济协小学校	●	●	●	●	●	●	●		●	8
崇州市三江小学校	●	●	★	●	○	●	★		●	4
崇州市上元小学校	●	●	●	●	●	●	●		●	9
崇州市隆兴小学校	●	●	●	●	●	●	●		★	7
崇州市蜀南小学校	●	●	●	●	●	●	●	—	●	2
崇州市廖家小学校	●	●	●	●	●	●	●		●	8
崇州市第二实验小学校	●	●	●	●	●	●	●	—	★	1
崇州市白头小学校	●	●	●	●	●	●	●		●	8
崇州市中山小学校	●	●	●	★	●	●	●	—	●	9
崇州市梓潼小学校	●		●	●	●	●	●		●	7
崇州市锦江小学校	●	★	●	●	●	○	●		●	8
崇州市大划小学校	★	●	●	●	★	●	●		★	4
崇州市怀远小学校	●	★	●	●	●	●	●	—	●	7
崇州市东关小学校	●	●	●	●	●	●	●		●	9
崇州市听江小学校	●	●	●	★	●	●	●	—	●	7
崇州市七一实验小学校	●						●		●	2

续表

学校	每百名学生拥有高于规定学历教师数	每百名学生拥有县级及以上骨干教师数	每百名学生拥有体育、艺术(音乐、美术)专任教师数	生均教学及辅助用房面积	生均体育运动场馆面积	生均教学仪器设备值	每百名学生拥有网络多媒体教室数	学校班额达标率	学生体质健康达标合格率	灰色底纹项数/项
崇州市文井小学校	●	●	●	●	●	●	●	—	●	9
崇州市公议小学校	●	●		●	●	●	●		●	7
崇州市燎原小学校	●	●	●	●	●	●	●		●	9
崇州市崇德小学校	●	●	●	●	●	●	●		●	9
崇州市城北学校	★	●	●	●	○	●	●		●	7
崇州市明湖小学校	●		●	●	●	●	★		●	8
崇州市楒泉学校(小学部)	●	●	●	●	●	●	●		●	9
崇州市道明学校(小学部)	●	★	●	●	●	●	●		●	9
崇州市街子学校(小学部)	●	★	●	●	●	●	★		●	7
崇州市第三实验小学校	●	●	●	●	●	●	●	—	●	2
崇州市羊马学校(小学部)	●	●	●	●	●	●	●		●	2
崇州市三郎学校(小学部)	●	●	★	●	●	●	○	—	●	9

注：(1)★$p>0.05$，差异不显著；○$p<0.05$，差异显著；●$p<0.01$，差异很显著。(2) ▓ 差异不显著或显著高于区(市)县均值；□ 显著低于区(市)县均值。(3)"学校班额达标率"达标的标准为小学班额不超过45人，初中班额不超过50人。(4)—指"学校班额达标率"只做了大小比较，未进行差异性分析，其灰色底纹表示该学校的"学校班额达标率"大于或等于区(市)县均值，无底纹表示该学校的"学校班额达标率"小于区(市)县均值。

2. 初中

2022年崇州市有2所初中60%及以上指标低于该区域平均值，分别是崇州市崇庆中学附属初中、四川省崇州市蜀城中学，其弱势方面主要是师资配置和生均资源配置较少。崇州市初中各项监测指标校际差异具体情况比较如表2.20.9所示。

表2.20.9 崇州市初中各项监测指标校际差异具体情况比较

学校	每百名学生拥有高于规定学历教师数	每百名学生拥有县级及以上骨干教师数	每百名学生拥有体育、艺术(音乐、美术)专任教师数	生均教学及辅助用房面积	生均体育运动场馆面积	生均教学仪器设备值	每百名学生拥有网络多媒体教室数	学校班额达标率	学生体质健康达标合格率	灰色底纹项数/项
崇州市白头中学校	●	★	●	★	★	●	○	—	●	7
崇州市隆兴中学校	●	●		●	●	●	●	—		7
崇州市楒泉学校(初	●	●	●	●	●	●	●	—	●	9

续表

学校	每百名学生拥有高于规定学历教师数	每百名学生拥有县级及以上骨干教师数	每百名学生拥有体育、艺术(音乐、美术)专任教师数	生均教学及辅助用房面积	生均体育运动场馆面积	生均教学仪器设备值	每百名学生拥有网络多媒体教室数	学校班额达标率	学生体质健康达标合格率	灰色底纹项数/项
中部)										
崇州市元通中学校	●	●	●	●	★	●	●	—	●	5
崇州市江源中学校	●	●	★	●	●	●	●	—	●	5
崇州市崇庆中学附属初中	●	●	●	●	●	●	●	—	●	3
崇州市道明学校(初中部)	●	★	●	●	●	●	●	●	●	9
崇州市廖家中学校	●	★	●	●	●	●	★	—	●	7
崇州市街子学校(初中部)	●	●	●	●	★	●	●	—	●	5
崇州市羊马学校(初中部)	★	●	●	●	●	●	●	—	●	5
崇州市崇庆中学实验学校	●	●	●	●	●	●	●	—	●	4
崇州市明湖中学校	●	●	●	●	●	●	●	—	●	4
崇州市三郎学校(初中部)	●	●	●	●	●	●	●	●	●	9
崇州市三江中学校	●	●	●	●	●	●	●	—	●	7
崇州市怀远百丽中学	●	●	●	★	●	●	●	—	●	7
四川省崇州市蜀城中学	●	○	●	●	●	●	●	—	●	1
四川省崇州市怀远中学	●	●	●	●	○	●	★	—	★	5

注：(1) ★$p>0.05$，差异不显著；○$p<0.05$，差异显著；●$p<0.01$，差异很显著。(2) ▓ 差异不显著或显著高于区(市)县均值；□ 显著低于区(市)县均值。(3) "学校班额达标率"达标的标准为小学班额不超过45人，初中班额不超过50人。(4) —指"学校班额达标率"只做了大小比较，未进行差异性分析，其灰色底纹表示该学校的"学校班额达标率"大于或等于区(市)县均值，无底纹表示该学校的"学校班额达标率"小于区(市)县均值。

三、结论

(一)成绩与经验

(1)从义务教育优质均衡发展达标情况看，均衡程度方面，A类7项指标中，2022年崇州市小学5项指标、初中全部指标的校际差异系数均达到部标。

(2)发展水平方面，A类7项指标中，2022年崇州市小学、初中均有4项指标全部学校达标；小学有5项、初中有6项指标的达成度高于成都市均值；B类和C类19项指标中，2022年崇州市13项指标的达标比例达到100%，16项指标的达成度高于或等于成都市均值。

(3)从区域发展水平看，2022年崇州市小学和初中监测指标中，小学、初中均有45.00%的监测指标优于或等于成都市均值，其中，小学"学校班额达标率"为成都市均值的1.3128倍。

(4)从城乡差异情况看，2022年崇州市小学9项监测指标中，农村小学有8项指标均高于城镇小学，其中，农村小学"每百名学生拥有高于规定学历教师数"为城镇小学的1.8858倍；2022年崇州市初中9项监测指标中，农村初中有7项指标高于或等于城镇初中，其中，农村初中"每百名学生拥有高于规定学历教师数"为城镇初中的1.5599倍。

(5)从校际差异情况看，2022年崇州市小学、初中分别有42.86%和85.71%的监测指标校际差异优于或等于成都市均值。

（二）存在的不足

(1)从义务教育优质均衡发展达标情况看，均衡程度方面，A类7项指标中，2022年崇州市小学"每百名学生拥有高于规定学历教师数"和"生均教学及辅助用房面积"的校际差异系数没有达到部标，分别为0.56和0.52。发展水平方面，A类指标中，2022年崇州市小学和初中均有3项监测指标达标学校比例低于100%，其中，小学"每百名学生拥有高于规定学历教师数"达标比例最低，为80.56%；初中"生均教学及辅助用房面积"的达标学校比例最低，为82.35%。与成都市均值相比，小学和初中分别有2项、1项指标低于成都市均值。B类和C类19项指标中，2022年崇州市有6项指标的达标比例低于100%，分别为"单设小学学校规模达标率""单设初中学校规模达标率""小学学校班额达标率""初中学校班额达标率""学校培训经费占本校年度公用经费预算总额的比例""县域内心理健康专职教师配备率"；有3项指标值低于成都市均值，分别为"单设小学学校规模达标率""单设初中学校规模达标率""县域内心理健康专职教师配备率"。

(2)从区域发展水平看，2022年崇州市小学和初中监测指标中，小学和初中均有55.00%的监测指标低于成都市均值，其中，"县域内心理健康专职教师配备率"最低，为成都市均值的50.28%，与成都市均值差距较大。

(3)从城乡差异情况看，2022年崇州市农村小学"学生体质健康达标合格率"1项指标低于城镇小学；农村初中"生均体育运动场馆面积""学生体质健康达标合格率"2项指标低于城镇初中。

(4)从校际差异情况看，2022年崇州市有7所小学60%及以上指标低于该区域平均值，分别是崇州市辰居小学校、崇州市学府小学校、崇州市蜀南小学校、崇州市第二实验小学校、崇州市七一实验小学校、崇州市第三实验小学校、崇州市羊马学校（小学部）；有2所初中60%及以上指标低于该区域平均值，分别是崇州市崇庆中学附属初中、四川省崇州市蜀城中学。小学和初中的弱势方面主要是师资配置和生均资源配置较少。

（三）建议

(1)资源配置方面，加强师资队伍建设，重点解决小学"每百名学生拥有高于规定学历教师数"校际差异大、区域水平和达标学校比例偏低的问题，解决中小学"每百名学生拥有县级及以上骨干教师数"区域水平偏低的问题；优化资源配置，重点解决中小学"生均教学及辅助用房面积""生均体育运动场馆面积"达标学校比例偏低，小学"生均教学及辅助用房面积"校际差异较大的问题；关注弱势学校，关注60%及以上指标低于区域均值的7所小学和2所初中，提高学校办学条件水平。

（2）政府保障程度方面，着力解决部分中小学学校规模、班额较大的问题，加强对学校"培训经费占本校年度公用经费预算总额的比例"达标的管理，提高"县域内心理健康专职教师配备率"。

（3）教育质量方面，进一步提高"残疾儿童少年入学率"和"学生体质健康达标合格率"，保障学生健康发展。

2022年金堂县义务教育优质均衡监测报告

一、2022年金堂县义务教育优质均衡发展概况

本次监测，除"县域内心理健康专职教师配备率"依据成都市《2022年政府工作报告目标任务责任分解方案》（成办发〔2022〕8号）、"小学六年（初中三年）巩固率"和"学生体质健康达标合格率"依据《成都市义务教育优质均衡监测指标体系》外，其余指标均依据部标。

《成都市人民政府教育督导委员会办公室关于印发〈成都市义务教育优质均衡监测指标体系〉的通知》（成府教督〔2017〕10号）构建的监测指标体系包括A类（资源配置，共14项指标，全部指标分小学、初中）、B类（政府保障程度，共12项指标，部分指标分小学、初中和九年一贯制）和C类（教育质量，共7项指标，部分指标分小学、初中），合计33项指标。除特别注明外，所有监测结果均为全体公民办学校总体结果。

（一）义务教育均衡程度

1. 判断标准

成都市义务教育均衡程度依据两个标准来判断：①部标，规定县域内义务教育公民办小学A类7项指标的差异系数每一项均应不高于0.50，公民办初中A类7项指标的差异系数每一项均应不高于0.45；②市标，规定县域内义务教育公办学校校际均衡指数值不高于0.27。

2. 均衡程度及达标情况

从部标看，在小学和初中共14项A类指标中，2022年金堂县小学和初中全部监测指标的校际差异系数均达到部标。

与上一监测年度相比，金堂小学、初中分别有7项和6项指标的校际均衡程度进一步提高，初中"生均体育运动场馆面积"的校际差异系数没有变化（图2.21.1和图2.21.2）。

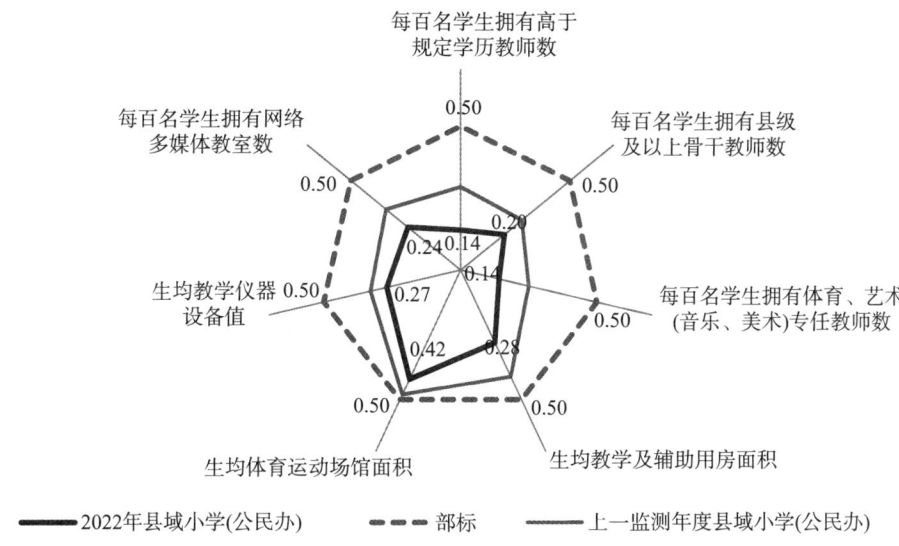

图 2.21.1　2022 年与上一监测年度金堂县小学县域内义务教育校际均衡情况

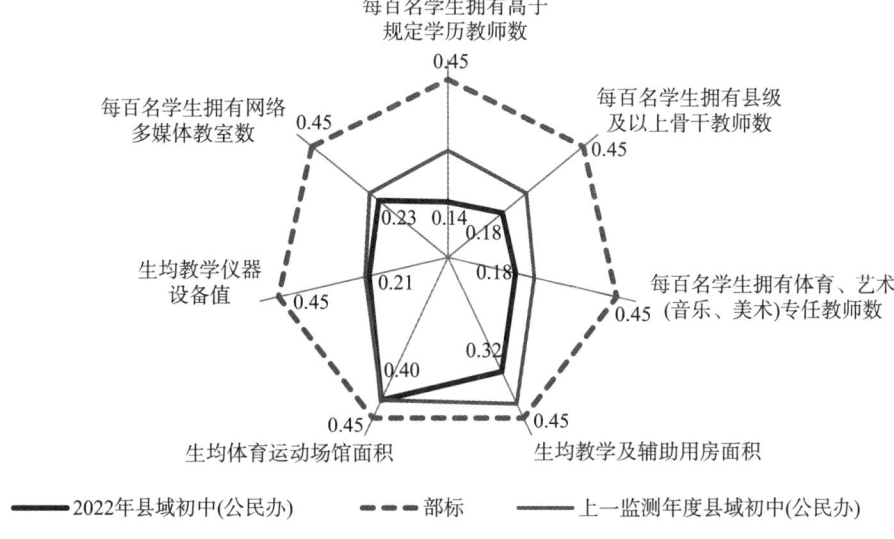

图 2.21.2　2022 年与上一监测年度金堂县初中县域内义务教育校际均衡情况

2022年金堂县公办学校校际均衡指数为0.24,达到市标,但高于成都市均值(校际均衡程度低于成都市平均水平),表明2022年金堂县义务教育公办学校均衡程度有待进一步提高。

与上一监测年度相比,2022年金堂县公办学校校际均衡指数降低了0.08,公办学校校际均衡程度有所提升(表2.21.1)。

表 2.21.1　金堂县公办小学、初中县域内义务教育校际均衡情况

差异系数	每百名学生拥有高于规定学历教师数	每百名学生拥有县级及以上骨干教师数	每百名学生拥有体育、艺术(音乐、美术)专任教师数	生均教学及辅助用房面积	生均体育运动场馆面积	生均教学仪器设备值	每百名学生拥有网络多媒体教室数	2022年县域内义务教育校际均衡指数	2022年成都市县域内义务教育校际均衡指数	上一监测年度县域内义务教育校际均衡指数
小学	0.14	0.20	0.14	0.28	0.42	0.27	0.24	0.24	0.22	0.32
初中	0.15	0.19	0.19	0.33	0.43	0.20	0.24			

(二)义务教育优质均衡发展水平达标情况

以部标规定的标准值为参照,2022年金堂县各指标达到目标值的情况如表 2.21.2 所示。

表 2.21.2　金堂县小学和初中 A 类指标达标情况

	指标名称	小学 达标学校数/所	小学 达标学校比例/%	小学 成都市均值/%	初中 达标学校数/所	初中 达标学校比例/%	初中 成都市均值/%
A资源配置	每百名学生拥有高于规定学历教师数	41	100.00	98.36	25	100.00	98.90
	每百名学生拥有县级及以上骨干教师数	41	100.00	96.40	25	100.00	97.12
	每百名学生拥有体育、艺术(音乐、美术)专任教师数	35	85.37	97.23	14	56.00	91.47
	生均教学及辅助用房面积	35	85.37	87.04	15	60.00	83.78
	生均体育运动场馆面积	29	70.73	82.70	14	56.00	80.95
	生均教学仪器设备值	41	100.00	98.93	25	100.00	97.91
	每百名学生拥有网络多媒体教室数	36	87.80	97.28	22	88.00	96.86

从 A 类指标看,部标规定每一所学校的 7 项 A 类指标均要达到标准。金堂县小学的 7 项监测指标中,"每百名学生拥有高于规定学历教师数""每百名学生拥有县级及以上骨干教师数""生均教学仪器设备值"3 项指标全部学校达标;另外,"生均体育运动场馆面积"达标学校比例最低,为 70.73%。

金堂县初中的 7 项监测指标中,"每百名学生拥有高于规定学历教师数""每百名学生拥有县级及以上骨干教师数""生均教学仪器设备值"3 项指标全部学校达标;另外,"每百名学生拥有体育、艺术(音乐、美术)专任教师数"和"生均体育运动场馆面积"2 项指标达标比例最低,均仅为 56.00%。与成都市均值相比,金堂县小学、初中均有 3 项指标的达成度高于成都市均值。

从 B 类和 C 类 19 项指标看,除"单设小学学校规模达标率""单设初中学校规模达标率""小学学校班额达标率""初中学校班额达标率""学校培训经费占本校年度公用经费预算总额的比例""县域内心理健康专职教师配备率""小学学业水平校际差异率""初中学业水平校际差异率"8 项指标外,其余 11 项指标的达标比例均为 100%。与成都

市均值相比，金堂县12项指标的达标比例高于或等于成都市均值，"单设初中学校规模达标率""小学学校班额达标率""初中学校班额达标率""学校培训经费占本校年度公用经费预算总额的比例""县域内心理健康专职教师配备率""小学学业水平校际差异率""初中学业水平校际异率"7项指标的达标比例低于成都市均值（表2.21.3）。

表2.21.3 金堂县小学和初中B类、C类指标达标情况(%)

	指标名称	达标比例	成都市均值
B 政府保障程度	单设小学学校规模达标率	96.77	82.32
	单设初中学校规模达标率	93.33	94.27
	九年一贯制学校规模达标率	100.00	87.34
	小学学校班额达标率	67.67	77.63
	初中学校班额达标率	79.33	94.78
	特殊教育学校生均公用经费	100.00	97.12
	学校培训经费占本校年度公用经费预算总额的比例	47.23	71.00
	教师全员培训完成率	100.00	100.00
	县域内每年交流轮岗教师的比例	100.00	100.00
	县域内优质高中招生名额分配比例	100.00	100.00
	符合条件的随迁子女在公办学校和政府购买服务的民办学校就读的比例	100.00	99.77
	县域内心理健康专职教师配备率	36.98	91.44
C 教育质量	小学六年巩固率	100.00	98.24
	初中三年巩固率	100.00	99.63
	残疾儿童少年入学率	100.00	99.89
	小学生体质健康达标合格率	100.00	98.80
	初中学生体质健康达标合格率	100.00	96.95
	小学学业水平校际差异率	77.28	93.27
	初中学业水平校际差异率	59.85	80.49

二、2022年金堂县义务教育区域差异、城乡差异和校际差异情况

（一）总体情况

本报告中，区域差异情况是由各区（市）县的各项监测指标值与成都市均值相比较而得，比值大于1代表其发展水平高于成都市平均水平。城乡差异情况是由各区（市）县的农村学校各项监测指标值与城镇学校各项监测指标值相比较而得，比值大于1代表农村发展

水平高于城镇发展水平。校际差异情况是由各区(市)县的各项监测指标差异系数与成都市各区(市)县差异系数平均值相比较而得,比值小于 1 代表其校际差异水平优于成都市平均水平,差异系数值越小代表区域内该指标校际差异越小。

从区域差异情况看,2022 年金堂县小学、初中分别有 60.00%和 30.00%(小学、初中各 20 项)的监测指标优于或等于成都市均值;从城乡差异情况看,2022 年金堂县小学、初中分别有 77.78%和 55.56%(小学、初中各 9 项)的监测指标农村学校优于或等于城镇学校;从校际差异情况看,2022 年金堂县小学、初中均有 57.14%(小学、初中各 7 项)的监测指标优于或等于成都市均值。

从监测指标看,2022 年,金堂县处于优势的指标为"特殊教育学校生均公用经费""教师全员培训完成率""县域内每年交流轮岗教师的比例""县域内优质高中招生名额分配比例""符合条件的随迁子女在公办学校和政府购买服务的民办学校就读的比例",小学"生均教学及辅助用房面积""学校规模达标率""小学六年巩固率"。

金堂县处于劣势的指标为"学校培训经费占本校年度公用经费预算总额的比例""县域内心理健康专职教师配备率""残疾儿童少年入学率""学业水平校际差异率",初中"学校规模达标率""学校班额达标率""初中三年巩固率"(表 2.21.4)。

表 2.21.4 金堂县小学和初中监测指标的区域差异、城乡差异和校际差异情况

指标名称		小学			初中		
		区域差异情况	城乡差异情况	校际差异情况	区域差异情况	城乡差异情况	校际差异情况
A 资源配置	每百名学生拥有高于规定学历教师数						
	每百名学生拥有县级及以上骨干教师数						
	每百名学生拥有体育、艺术(音乐、美术)专任教师数						
	生均教学及辅助用房面积						
	生均体育运动场馆面积						
	生均教学仪器设备值						
	每百名学生拥有网络多媒体教室数						
B 政府保障程度	学校规模达标率			—			—
	学校班额达标率			—			—
	特殊教育学校生均公用经费		—	—		—	—
	学校培训经费占本校年度公用经费预算总额的比例		—	—		—	—
	教师全员培训完成率		—	—		—	—
	县域内每年交流轮岗教师的比例		—	—		—	—
	县域内优质高中招生名额分配比例		—	—		—	—
	符合条件的随迁子女在公办学校和政府购买服务的民办学校就读的比例		—	—		—	—
	县域内心理健康专职教师配备率		—	—		—	—

续表

指标名称		小学			初中		
		区域差异情况	城乡差异情况	校际差异情况	区域差异情况	城乡差异情况	校际差异情况
C 教育质量	小学六年(初中三年)巩固率	■	—	—	—	—	—
	残疾儿童少年入学率		—	—		—	—
	学生体质健康达标合格率	■			■		
	学业水平校际差异率		—			—	
灰色底纹项数/项		12	7	4	6	5	4
灰色底纹项数比例/%		60.00	77.78	57.14	30.00	55.56	57.14

注：(1)区域差异情况中，■ 比值大于等于1，□ 比值小于1；(2)城乡差异情况中，■ 比值大于等于1，□ 比值小于1；(3)校际差异情况中，■ 比值小于等于1，□ 比值大于1。

（二）区域发展水平具体情况

2022年金堂县小学和初中监测指标中，小学、初中分别有60.00%和30.00%（小学、初中各20项）的监测指标优于或等于成都市均值，其中，"特殊教育学校生均公用经费"为成都市均值的1.7999倍。另外，低于成都市均值的指标中，"县域内心理健康专职教师配备率"最低，仅为成都市均值的29.54%。金堂县具体情况如表2.21.5和图2.21.3所示。

表2.21.5　金堂县各项监测指标值与成都市均值的比较

指标名称		区域值			成都市均值			区域值/成都市均值		
		小学	初中	九年一贯制	小学	初中	九年一贯制	小学	初中	九年一贯制
A 资源配置	每百名学生拥有高于规定学历教师数/人	5.86	6.97	—	5.92	8.14	—	0.9899	0.8563	—
	每百名学生拥有县级及以上骨干教师数/人	2.39	2.39	—	2.13	2.88	—	1.1221	0.8299	—
	每百名学生拥有体育、艺术(音乐、美术)专任教师数/人	1.02	0.99	—	1.21	1.11	—	0.8430	0.8919	—
	生均教学及辅助用房面积/平方米	5.86	6.05	—	5.76	7.35	—	1.0174	0.8231	—
	生均体育运动场馆面积/平方米	8.46	9.33	—	8.26	11.48	—	1.0242	0.8127	—
	生均教学仪器设备值/元	4271.03	4648.11	—	4584.76	5927.48	—	0.9316	0.7842	—
	每百名学生拥有网络多媒体教室数/间	3.12	2.89	—	2.97	3.24	—	1.0505	0.8920	—
	学校规模达标率/%	96.77	93.33	100.00	82.82	93.88	88.70	1.1684	0.9941	1.1274
	学校班额达标率/%	67.67	79.33	—	74.98	94.48	—	0.9025	0.8396	—
	特殊教育学校生均公用经费/元	35404.23			19669.88			1.7999		

续表

指标名称		区域值			成都市均值			区域值/成都市均值		
		小学	初中	九年一贯制	小学	初中	九年一贯制	小学	初中	九年一贯制
B 政府保障程度	学校培训经费占本校年度公用经费预算总额的比例/%	2.36			3.86			0.6114		
	教师全员培训完成率/%	100.00			100.00			1.0000		
	县域内每年交流轮岗教师的比例/%	16.80			15.08			1.1141		
	县域内优质高中招生名额分配比例/%	50.00			50.00			1.0000		
	符合条件的随迁子女在公办学校和政府购买服务的民办学校就读的比例/%	100.00			96.55			1.0357		
	县域内心理健康专职教师配备率/%	20.34			68.86			0.2954		
C 教育质量	小学六年(初中三年)巩固率/%	100.00	99.03	—	97.99	99.04	—	1.0205	0.9999	—
	残疾儿童少年入学率/%	98.23			99.21			0.9901		
	学生体质健康达标合格率/%	98.87	98.55	—	98.76	97.89	—	1.0011	1.0067	—
	学业水平校际差异率	0.19	0.25	—	0.13	0.19	—	*0.6842	*0.7600	—

注：*此数值的计算公式为"成都市均值/区域值"，比值大于1代表区域均衡水平优于成都市均值。

图2.21.3　金堂县小学和初中各项监测指标值与成都市均值的比较

（三）城乡差异情况

1. 小学

2022年金堂县小学9项监测指标中，农村小学有7项指标均高于城镇小学，其中，农村小学"生均体育运动场馆面积"为城镇小学的2.0887倍；另外，农村小学"每百名学生拥有县级及以上骨干教师数""学生体质健康达标合格率"略低于城镇小学，分别为城镇的94.38%和99.73%（表2.21.6和图2.21.4）。

表2.21.6　金堂县小学各项监测指标城乡差异情况

指标	金堂县均值	城镇均值	农村均值	乡城比率
每百名学生拥有高于规定学历教师数/人	5.86	5.54	6.01	1.0848
每百名学生拥有县级及以上骨干教师数/人	2.39	2.49	2.35	0.9438
每百名学生拥有体育、艺术(音乐、美术)专任教师数/人	1.02	1.00	1.03	1.0300
生均教学及辅助用房面积/平方米	5.86	4.75	6.38	1.3432
生均体育运动场馆面积/平方米	8.46	4.85	10.13	2.0887
生均教学仪器设备值/元	4271.03	3474.60	4639.30	1.3352
每百名学生拥有网络多媒体教室数/间	3.12	2.55	3.38	1.3255
学校班额达标率/%	67.67	47.20	75.95	1.6091
学生体质健康达标合格率/%	98.87	99.06	98.79	0.9973

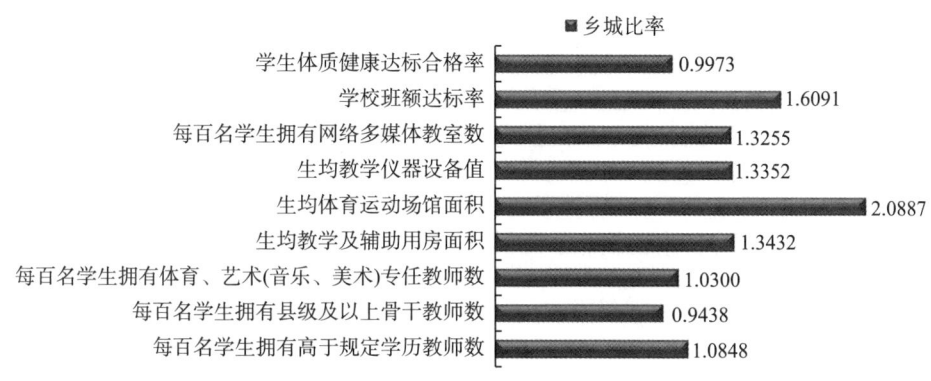

图2.21.4　金堂县小学城乡差异情况

2. 初中

2022年金堂县初中9项监测指标中，农村初中有5项指标高于城镇初中，其中，农村初中"生均教学仪器设备值"为城镇初中的1.3138倍；另外，农村初中"每百名学生拥有高于规定学历教师数""每百名学生拥有体育、艺术(音乐、美术)专任教师数""学校班额达标率""学生体质健康达标合格率"略低于城镇初中，分别为城镇的98.16%、99.00%、99.90%和99.31%（表2.21.7和图2.21.5）。

表 2.21.7 金堂县初中各项监测指标城乡差异情况

指标	金堂县均值	城镇均值	农村均值	乡城比率
每百名学生拥有高于规定学历教师数/人	6.97	7.06	6.93	0.9816
每百名学生拥有县级及以上骨干教师数/人	2.39	2.34	2.40	1.0256
每百名学生拥有体育、艺术(音乐、美术)专任教师数/人	0.99	1.00	0.99	0.9900
生均教学及辅助用房面积/平方米	6.05	5.91	6.10	1.0321
生均体育运动场馆面积/平方米	9.33	8.59	9.62	1.1199
生均教学仪器设备值/元	4648.11	3789.33	4978.61	1.3138
每百名学生拥有网络多媒体教室数/间	2.89	2.80	2.93	1.0464
学校班额达标率/%	79.33	79.39	79.31	0.9990
学生体质健康达标合格率/%	98.55	99.08	98.40	0.9931

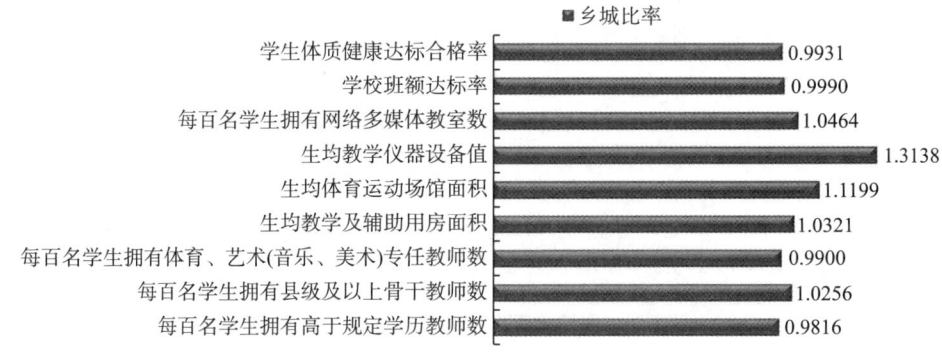

图 2.21.5 金堂县初中城乡差异情况

(四)校际差异情况

1. 小学

2022 年金堂县有 9 所小学 60% 及以上指标低于该区域平均值,分别是金堂县实验小学、金堂县金沙小学、金堂县韩滩小学、金堂县杨柳小学、金堂县赵镇第一小学、金堂县赵镇第三小学校、金堂县三星小学、金堂县淮口第四小学、金堂县淮口五星学校(小学部),其弱势方面主要是师资配置和生均资源配置较少,"学校班额达标率"较低。金堂县小学各项监测指标校际差异具体情况比较如表 2.21.8 所示。

表 2.21.8 金堂县小学各项监测指标校际差异具体情况比较

学校	每百名学生拥有高于规定学历教师数	每百名学生拥有县级及以上骨干教师数	每百名学生拥有体育、艺术(音乐、美术)专任教师数	生均教学及辅助用房面积	生均体育运动场馆面积	生均教学仪器设备值	每百名学生拥有网络多媒体教室数	学校班额达标率	学生体质健康达标合格率	灰色底纹项数/项
金堂县实验小学	●	●		●	●	●	●	—	●	0

续表

学校	每百名学生拥有高于规定学历教师数	每百名学生拥有县级及以上骨干教师数	每百名学生拥有体育、艺术(音乐、美术)专任教师数	生均教学及辅助用房面积	生均体育运动场馆面积	生均教学仪器设备值	每百名学生拥有网络多媒体教室数	学校班额达标率	学生体质健康达标合格率	灰色底纹项数/项
金堂县金沙小学	●	●	●	●	●	●	●	—	●	2
金堂县赵镇云绣小学校	●	●	●	★	●	●	●	—	●	8
金堂县隆盛希望小学	★	★	●	●	●	●	●	—	●	8
金堂县赵镇第二小学	●	●	●	●	●	●	●	—	●	6
金堂县淮口第一小学	★	●	●	★	●	●	★	—	●	6
金堂县三溪镇小学	●	●	●	★	●	●	●	—	●	5
金堂县韩滩小学	●	●	●	●	●	●	●	—	●	2
金堂县杨柳小学	●	●	●	●	●	●	●	—	★	3
金堂县赵镇第一小学	●	●	●	●	●	●	●	—	●	1
金堂县赵家小学	●	●	●	●	●	●	●	—	●	4
金堂县赵镇第三小学校	●	●	●	●	●	●	●	—	●	2
金堂县淮口实验小学	●	●	●	●	●	●	●	—	●	4
金堂县淮口第五小学	●	★	●	●	●	●	●	—	●	6
金堂县白果小学	●	●	●	●	●	●	●	—	●	8
金堂县黄家小学	●	●	●	●	●	●	●	—	●	9
金堂县竹篙镇青松小学	●	●	●	●	●	●	●	—	●	9
金堂县广兴小学	●	●	●	●	●	●	●	—	●	7
金堂县土桥小学	●	●	●	●	●	●	●	—	●	8
成都师范附属小学金堂分校	●	●	●	★	●	●	●	—	●	4
金堂县金龙镇小学	●	●	●	●	●	●	●	—	●	7
金堂县赵镇龙威小学	●	●	★	●	●	●	●	—	●	8
金堂县三星小学	●	●	●	●	●	●	●	—	●	2
金堂县高板小学	●	●	●	●	●	●	●	—	●	4
金堂县隆盛小学	●	●	●	●	●	●	●	—	★	8
金堂县赵镇第四小学	●	●	●	●	●	●	●	—	★	4
金堂县淮口第二小学	●	●	●	●	●	●	●	—	●	5
金堂县淮口第四小学	●	●	●	●	●	●	●	—	●	2
金堂县竹篙小学	●	●	●	★	●	●	○	—	●	4
金堂县福兴小学	●	●	●	●	●	●	●	—	●	6
金堂县金山小学	●	●	●	●	●	●	●	—	●	6

续表

学校	每百名学生拥有高于规定学历教师数	每百名学生拥有县级及以上骨干教师数	每百名学生拥有体育、艺术(音乐、美术)专任教师数	生均教学及辅助用房面积	生均体育运动场馆面积	生均教学仪器设备值	每百名学生拥有网络多媒体教室数	学校班额达标率	学生体质健康达标合格率	灰色底纹项数/项
金堂县五凤学校(小学部)	●	○	●	●	●	●	●	—	●	7
金堂县云合学校(小学部)	●	●	●	●	●	●	●	—	●	7
金堂县栖贤学校(小学部)	●	●	●	●	●	●	★	—	●	6
金堂县平桥学校(小学部)	●	●	●	●	●	○	●	—	●	6
金堂县转龙学校(小学部)	●	●	●	●	●	●	●	—	●	8
金堂县又新学校(小学部)	●	●	●	●	○	●	●	—	●	4
金堂县清江可口可乐希望学校(小学部)	●	●	●	●	●	●	●	—	●	8
金堂县官仓白马学校(小学部)	●	●	●	●	●	●	●	—	●	6
金堂县淮口五星学校(小学部)	●	●	●	●	●	●	●	—	●	2
金堂县港青学校(小学部)	●	●	●	●	●	●	★	—	●	5

注：(1) ★ $p>0.05$，差异不显著；○ $p<0.05$，差异显著；● $p<0.01$，差异很显著。(2) ▨ 差异不显著或显著高于区(市)县均值；□ 显著低于区(市)县均值。(3) "学校班额达标率"达标的标准为小学班额不超过45人，初中班额不超过50人。(4) —指"学校班额达标率"只做了大小比较，未进行差异性分析，其灰色底纹表示该学校的"学校班额达标率"大于或等于区(市)县均值，无底纹表示该学校的"学校班额达标率"小于区(市)县均值。

2. 初中

2022年金堂县有6所初中60%及以上指标低于该区域平均值，分别是金堂县淮口初级中学、金堂中学外国语实验学校、金堂县广兴初级中学、金堂县淮口中学校、金堂县高板中学校、金堂县竹篙中学校，其弱势方面主要是师资配置和生均资源配置较少，"学校班额达标率"较低。金堂县初中各项监测指标校际差异具体情况比较如表2.21.9所示。

表2.21.9 金堂县初中各项监测指标校际差异具体情况比较

学校	每百名学生拥有高于规定学历教师数	每百名学生拥有县级及以上骨干教师数	每百名学生拥有体育、艺术(音乐、美术)专任教师数	生均教学及辅助用房面积	生均体育运动场馆面积	生均教学仪器设备值	每百名学生拥有网络多媒体教室数	学校班额达标率	学生体质健康达标合格率	灰色底纹项数/项
金堂县福兴镇初级中学	●	●	●	○	●	★	●	—	●	4

续表

学校	每百名学生拥有高于规定学历教师数	每百名学生拥有县级及以上骨干教师数	每百名学生拥有体育、艺术(音乐、美术)专任教师数	生均教学及辅助用房面积	生均体育运动场馆面积	生均教学仪器设备值	每百名学生拥有网络多媒体教室数	学校班额达标率	学生体质健康达标合格率	灰色底纹项数/项
金堂县五凤学校(初中部)	●	●	●	●	●	●	●	—	●	4
金堂县云合学校(初中部)	●	●	○	●	●	●	●	—	●	9
金堂县淮口初级中学	●	●	●	●	●	●	●	—	●	3
成都七中育才学校金堂分校	●	●	●	●	●	●	○	●	●	6
金堂县栖贤学校(初中部)	●	●	●	★	●	●	●	●	●	6
金堂县平桥学校(初中部)	★	●	●	●	●	●	●	●	●	7
金堂县三溪镇初级中学	●	●	★	●	●	●	●	●	●	7
金堂县转龙学校(初中部)	●	●	●	●	●	●	●	●	●	8
金堂县隆盛初级中学	●	●	●	●	●	●	●	—	★	5
金堂县又新学校(初中部)	★	●	●	●	●	●	●	●	●	6
金堂县清江可口可乐希望学校(初中部)	●	●	●	●	●	●	●	●	●	7
金堂县官仓白马学校(初中部)	●	●	●	●	●	○	●	●	●	6
金堂中学外国语实验学校	●	●	●	●	●	●	●	●	●	1
金堂县白果初级中学	●	★	●	●	●	●	●	●	●	6
金堂县金龙镇初级中学	●	●	●	●	●	●	●	●	●	7
金堂县广兴初级中学	●	●	●	●	●	★	●	—	○	3
金堂县淮口五星学校(初中部)	●	●	●	●	●	●	●	●	●	6
金堂县港青学校(初中部)	●	●	●	●	●	●	●	●	●	4
金堂县赵家中学校	●	●	●	●	●	●	●	●	●	5
金堂县土桥中学校	●	●	●	●	●	●	●	●	●	8
四川省金堂实验中学	●	●	●	●	●	●	○	—	●	4
金堂县淮口中学校	●	●	●	●	●	●	●	●	○	2
金堂县高板中学校	●	●	●	●	●	●	●	—	●	2
金堂县竹篙中学校	●	●	●	●	●	●	●	●	●	2

注：(1)★ $p>0.05$，差异不显著；○ $p<0.05$，差异显著；● $p<0.01$，差异很显著。(2) ▨ 差异不显著或显著高于区(市)县均值；□ 显著低于区(市)县均值。(3) "学校班额达标率"达标的标准为小学班额不超过45人，初中班额不超过50人。(4) —指"学校班额达标率"只做了大小比较，未做差异性分析，其灰色底纹表示该学校的"学校班额达标率"大于或等于区(市)县均值，无底纹表示该学校的"学校班额达标率"小于区(市)县均值。

三、结论

(一)成绩与经验

(1)从义务教育优质均衡发展达标情况看,均衡程度方面,A类7项指标中,2022年金堂县小学和初中各项监测指标的校际差异系数均达到部标。

(2)发展水平方面,A类7项指标中,2022年金堂县小学、初中均有3项指标全部学校达标,与成都市均值相比,小学、初中有3项指标的达成度高于成都市均值;B类和C类19项指标中,2022年金堂县有11项指标的达标比例达到100%,有12项指标的达成度均高于或等于成都市均值。

(3)从区域发展水平看,2022年金堂县小学和初中监测指标中,小学、初中分别有60.00%和30.00%的监测指标优于或等于成都市均值,其中,"特殊教育学校生均公用经费"为成都市均值的1.7999倍。

(4)从城乡差异情况看,2022年金堂县小学9项监测指标中,农村小学有7项指标均高于城镇小学,其中,农村小学"生均体育运动场馆面积"为城镇小学的2.0887倍;2022年金堂县初中9项监测指标中,农村初中有5项指标高于城镇初中,其中,农村初中"生均教学仪器设备值"为城镇初中的1.3138倍。

(5)从校际差异情况看,2022年金堂县小学、初中均有57.14%的监测指标校际差异优于或等于成都市均值。

(二)存在的不足

(1)从义务教育优质均衡发展达标情况看,发展水平方面,A类指标中,2022年金堂县小学、初中均有4项指标达标学校比例低于100%,其中,小学"生均体育运动场馆面积"达标学校比例最低,为70.73%,初中"每百名学生拥有体育、艺术(音乐、美术)专任教师数""生均体育运动场馆面积"2项指标达标比例均仅为56.00%,与成都市均值相比,小学、初中均有4项指标低于成都市均值;B类和C类19项指标中,2022年金堂县有8项指标的达标比例低于100%,分别为"单设小学学校规模达标率""单设初中学校规模达标率""小学学校班额达标率""初中学校班额达标率""学校培训经费占本校年度公用经费预算总额的比例""县域内心理健康专职教师配备率""小学学业水平校际差异率""初中学业水平校际差异率",有7项指标低于成都市均值,分别为"单设初中学校规模达标率""小学学校班额达标率""初中学校班额达标率""学校培训经费占本校年度公用经费预算总额的比例""县域内心理健康专职教师配备率""小学学业水平校际差异率""初中学业水平校际差异率"。

(2)从区域发展水平看,2022年金堂县小学和初中监测指标中,小学、初中分别有40.00%和60.00%的监测指标低于成都市均值,其中,"县域内心理健康专职教师配备率"最低,仅为成都市的29.54%。

(3)从城乡差异情况看,2022年金堂县农村小学"每百名学生拥有县级及以上骨干教师数""学生体质健康达标合格率"略低于城镇小学;农村初中"每百名学生拥有高于规定学历教师数""每百名学生拥有体育、艺术(音乐、美术)专任教师数""学校班额达标率""学生体质健康达标合格率"略低于城镇初中。

(4)从校际差异情况看,2022年金堂县有9所小学60%及以上指标低于该区域平均值,分别是金堂县实验小学、金堂县金沙小学、金堂县韩滩小学、金堂县杨柳小学、金堂县赵镇第一小学、金堂县赵镇第三小学校、金堂县三星小学、金堂县淮口第四小学、金堂县淮口五星学校(小学部);2022年金堂县有6所初中60%及以上指标低于该区域平均值,分别是金堂县淮口初级中学、金堂中学外国语实验学校、金堂县广兴初级中学、金堂县淮口中学校、金堂县高板中学校、金堂县竹篙中学校;小学和初中的弱势方面主要是师资配置和生均资源配置较少,"学校班额达标率"较低。

(三)建议

(1)资源配置方面,加强师资队伍建设,重点解决中小学"每百名学生拥有体育、艺术(音乐、美术)专任教师数"达标学校比例偏低和区域水平偏低,初中"每百名学生拥有高于规定学历教师数""每百名学生拥有县级及以上骨干教师数"区域水平偏低的问题;优化资源配置,重点解决中小学"生均教学及辅助用房面积""生均体育运动场馆面积""每百名学生拥有网络多媒体教室数"达标学校比例偏低,初中"生均教学及辅助用房面积""生均体育运动场馆面积""每百名学生拥有网络多媒体教室数"区域水平偏低的问题;关注弱势学校,关注60%及以上指标低于区域均值的9所小学和6所初中,提高学校办学条件水平。

(2)政府保障程度方面,着力解决部分学校班额较大的问题,加强对"学校培训经费占本校年度公用经费预算总额的比例"达标的管理,提高"县域内心理健康专职教师配备率"。

(3)教育质量方面,进一步优化教育教学及管理,提高"初中三年巩固率"和"残疾儿童少年入学率"。

2022年大邑县义务教育优质均衡监测报告

一、2022年大邑县义务教育优质均衡发展概况

本次监测，除"县域内心理健康专职教师配备率"依据成都市《2022年政府工作报告目标任务责任分解方案》（成办发〔2022〕8号）、"小学六年（初中三年）巩固率"和"学生体质健康达标合格率"依据《成都市义务教育优质均衡监测指标体系》外，其余指标均依据部标。

《成都市人民政府教育督导委员会办公室关于印发〈成都市义务教育优质均衡监测指标体系〉的通知》（成府教督〔2017〕10号）构建的监测指标体系包括A类（资源配置，共14项指标，全部指标分小学、初中）、B类（政府保障程度，共12项指标，部分指标分小学、初中和九年一贯制）和C类（教育质量，共7项指标，部分指标分小学、初中），合计33项指标。除特别注明外，所有监测结果均为全体公民办学校总体结果。

（一）义务教育均衡程度

1. 判断标准

成都市义务教育均衡程度依据两个标准来判断：①部标，规定县域内义务教育公民办小学A类7项指标的差异系数每一项均应不高于0.50，公民办初中A类7项指标的差异系数每一项均应不高于0.45；②市标，规定县域内义务教育公办学校校际均衡指数值不高于0.27。

2. 均衡程度及达标情况

从部标看，在小学和初中共14项A类指标中，2022年大邑县小学和初中全部监测指标的校际差异系数达到部标。

与上一监测年度相比，大邑县小学、初中分别有5项和4项指标的校际均衡程度进一步提高，小学和初中"每百名学生拥有高于规定学历教师数""生均教学及辅助用房面积"，初中"生均体育运动场馆面积"的校际均衡程度有所下降（图2.22.1和图2.22.2）。

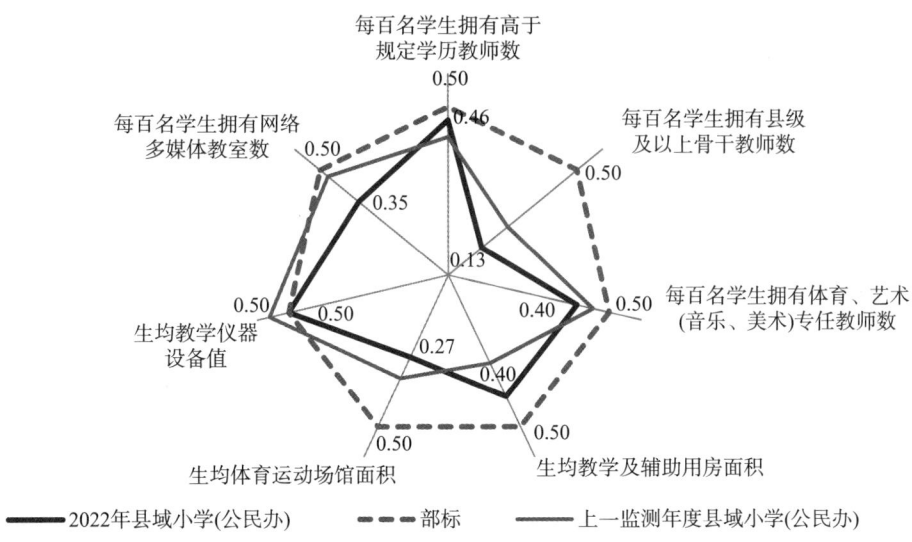

图 2.22.1　2022 年与上一监测年度大邑县小学县域内义务教育校际均衡情况

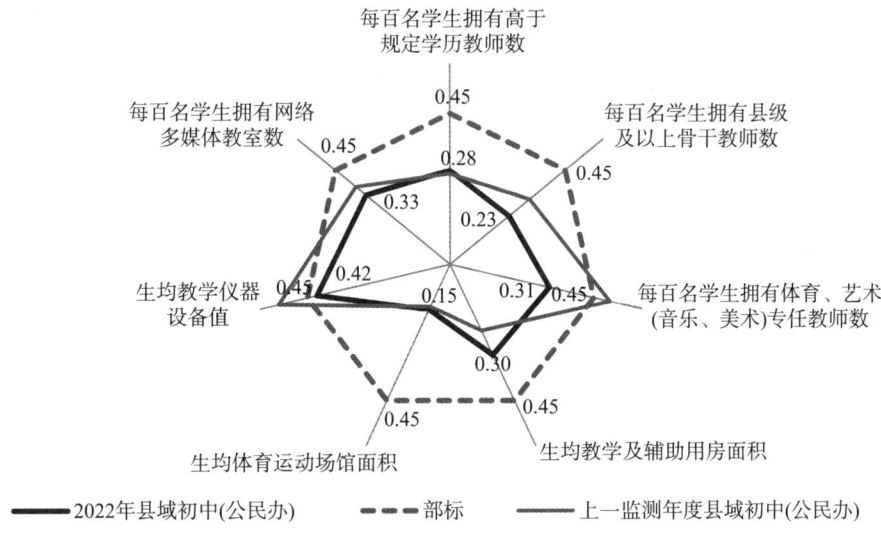

图 2.22.2　2022 年与上一监测年度大邑县初中县域内义务教育校际均衡情况

2022 年大邑县公办学校校际均衡指数为 0.31，高于成都市均值（校际均衡程度低于成都市平均水平），未达到市标，表明 2022 年大邑县义务教育公办学校校际均衡程度有待提高。

与上一监测年度相比，2022 年大邑县公办学校校际均衡指数降低了 0.01，校际均衡程度有所提高（表 2.22.1）。

表 2.22.1　大邑县公办小学、初中县域内义务教育校际均衡情况

差异系数	每百名学生拥有高于规定学历教师数	每百名学生拥有县级及以上骨干教师数	每百名学生拥有体育、艺术(音乐、美术)专任教师数	生均教学及辅助用房面积	生均体育运动场馆面积	生均教学仪器设备值	每百名学生拥有网络多媒体教室数	2022年县域内义务教育校际均衡指数	2022年成都市县域内义务教育校际均衡指数	上一监测年度县域内义务教育校际均衡指数
小学	0.45	0.12	0.33	0.40	0.27	0.49	0.33	0.31	0.22	0.32
初中	0.26	0.20	0.29	0.29	0.15	0.42	0.29			

(二)义务教育优质均衡发展水平达标情况

以部标规定的标准值为参照，2022年大邑县各指标达到目标值的情况如表2.22.2所示。

表 2.22.2　大邑县小学和初中 A 类指标达标情况

	指标名称	小学 达标学校数/所	小学 达标学校比例/%	小学 成都市均值/%	初中 达标学校数/所	初中 达标学校比例/%	初中 成都市均值/%
A 资源配置	每百名学生拥有高于规定学历教师数	28	96.55	98.36	19	100.00	98.90
	每百名学生拥有县级及以上骨干教师数	29	100.00	96.40	18	94.74	97.12
	每百名学生拥有体育、艺术(音乐、美术)专任教师数	26	89.66	97.23	17	89.47	91.47
	生均教学及辅助用房面积	26	89.66	87.04	16	84.21	83.78
	生均体育运动场馆面积	29	100.00	82.70	19	100.00	80.95
	生均教学仪器设备值	29	100.00	98.93	19	100.00	97.91
	每百名学生拥有网络多媒体教室数	29	100.00	97.28	17	89.47	96.86

从 A 类指标看，部标规定每一所学校的 A 类指标均要达到标准。大邑县小学的 7 项监测指标中，"每百名学生拥有县级及以上骨干教师数""生均体育运动场馆面积""生均教学仪器设备值""每百名学生拥有网络多媒体教室数"4 项指标全部学校达标；另外，"每百名学生拥有体育、艺术(音乐、美术)专任教师数""生均教学及辅助用房面积"的达标学校比例最低，均为 89.66%。

大邑县初中的 7 项监测指标中，"每百名学生拥有高于规定学历教师数""生均体育运动场馆面积""生均教学仪器设备值"3 项指标全部学校达标；另外，"生均教学及辅助用房面积"的达标学校比例最低，为 84.21%。与成都市均值相比，大邑县小学、初中分别有 5 项和 4 项指标的达成度均高于成都市均值。

从 B 类和 C 类 19 项指标看，除"单设小学学校规模达标率""九年一贯制学校规模达标率""县域内心理健康专职教师配备率""小学学业水平校际差异率""初中学业水平校际差异率"5 项指标外，大邑县其余 14 项指标的达标比例均为 100%。与成都市均值

相比，大邑县有 15 项指标的达成度均高于或等于成都市均值；另外，"单设小学学校规模达标率""县域内心理健康专职教师配备率""小学学业水平校际差异率""初中学业水平校际差异率"4 项指标的达标度低于成都市均值。

表 2.22.3 大邑县小学和初中 B 类、C 类指标达标情况(%)

	指标名称	达标比例	成都市均值
B 政府保障程度	单设小学学校规模达标率	81.25	82.32
	单设初中学校规模达标率	100.00	94.27
	九年一贯制学校规模达标率	92.31	87.34
	小学学校班额达标率	100.00	77.63
	初中学校班额达标率	100.00	94.78
	特殊教育学校生均公用经费	100.00	97.12
	学校培训经费占本校年度公用经费预算总额的比例	100.00	71.00
	教师全员培训完成率	100.00	100.00
	县域内每年交流轮岗教师的比例	100.00	100.00
	县域内优质高中招生名额分配比例	100.00	100.00
	符合条件的随迁子女在公办学校和政府购买服务的民办学校就读的比例	100.00	99.77
	县域内心理健康专职教师配备率	72.73	91.44
C 教育质量	小学六年巩固率	100.00	98.24
	初中三年巩固率	100.00	99.63
	残疾儿童少年入学率	100.00	99.89
	小学生体质健康达标合格率	100.00	98.80
	初中学生体质健康达标合格率	100.00	96.95
	小学学业水平校际差异率	67.47	93.27
	初中学业水平校际差异率	67.62	80.49

二、2022 年大邑县义务教育区域差异、城乡差异和校际差异情况

（一）总体情况

本报告中，区域差异情况是由各区(市)县的各项监测指标值与成都市均值相比较而得，比值大于 1 代表其发展水平高于成都市平均水平。城乡差异情况是由各区(市)县的农村学校各项监测指标值与城镇学校各项监测指标值相比较而得，比值大于 1 代表农村发展水平高于城镇发展水平。校际差异情况是由各区(市)县的各项监测指标差异系数与成都市各区(市)县差异系数平均值相比较而得，比值小于 1 代表其校际差异水平优于成都平均水平，差异系数值越小代表区域内该指标校际差异越小。

从区域差异情况看，2022年大邑县小学、初中分别有55.00%和50.00%（小学、初中各20项）的监测指标优于或等于成都市均值；从城乡差异情况看，2022年大邑县小学、初中均有100.00%（小学、初中各9项）的监测指标农村学校优于或等于城镇学校；从校际差异情况看，2022年大邑县小学、初中分别有28.57%和14.29%（小学、初中各7项）的监测指标优于或等于成都市均值。

从监测指标看，2022年，大邑县处于优势的指标为小学和初中"生均体育运动场馆面积""学校班额达标率""学校培训经费占本校年度公用经费预算总额的比例""教师全员培训完成率""县域内优质高中招生名额分配比例""符合条件的随迁子女在公办学校和政府购买服务的民办学校就读的比例""小学六年（初中三年）巩固率""残疾儿童少年入学率""学生体质健康达标合格率"，初中"学校规模达标率"。

大邑县处于劣势的指标为"特殊教育学校生均公用经费""县域内每年交流轮岗教师的比例""县域内心理健康专职教师配备率""学业水平校际差异率"，小学"学校规模达标率"（表2.22.4）。

表2.22.4 大邑县小学和初中监测指标的区域差异、城乡差异和校际差异情况

	指标名称	小学 区域差异情况	小学 城乡差异情况	小学 校际差异情况	初中 区域差异情况	初中 城乡差异情况	初中 校际差异情况
A 资源配置	每百名学生拥有高于规定学历教师数		▨	▨		▨	
	每百名学生拥有县级及以上骨干教师数		▨	▨		▨	
	每百名学生拥有体育、艺术（音乐、美术）专任教师数		▨			▨	
	生均教学及辅助用房面积		▨			▨	
	生均体育运动场馆面积	▨	▨	▨	▨	▨	▨
	生均教学仪器设备值		▨			▨	
	每百名学生拥有网络多媒体教室数		▨			▨	
B 政府保障程度	学校规模达标率		—		▨	—	
	学校班额达标率	▨	—		▨	—	
	特殊教育学校生均公用经费						
	学校培训经费占本校年度公用经费预算总额的比例	▨	—		▨	—	
	教师全员培训完成率	▨	—		▨	—	
	县域内每年交流轮岗教师的比例						
	县域内优质高中招生名额分配比例	▨			▨		
	符合条件的随迁子女在公办学校和政府购买服务的民办学校就读的比例	▨			▨		
	县域内心理健康专职教师配备率		—			—	

续表

指标名称		小学			初中		
		区域差异情况	城乡差异情况	校际差异情况	区域差异情况	城乡差异情况	校际差异情况
C 教育质量	小学六年(初中三年)巩固率		—	—		—	—
	残疾儿童少年入学率		—	—		—	—
	学生体质健康达标合格率		—	—		—	—
	学业水平校际差异率	—	—		—	—	
灰色底纹项数/项		11	9	2	10	9	1
灰色底纹项数比例/%		55.00	100.00	28.57	50.00	100.00	14.29

注：(1)区域差异情况中，▨比值大于等于1，☐比值小于1；(2)城乡差异情况中，▨比值大于等于1，☐比值小于1；(3)校际差异情况中，▨比值小于等于1，☐比值大于1。

（二）区域发展水平具体情况

2022年大邑县小学和初中监测指标中，小学、初中分别有55.00%和50.00%（小学、初中各20项）的监测指标优于或等于成都市均值，其中，"学校培训经费占本校年度公用经费预算总额的比例"为成都市均值的1.4352倍。另外，2022年大邑县初中"每百名学生拥有县级及以上骨干教师数"仅为成都市均值的40.63%。大邑县具体情况如表2.22.5和图2.22.3所示。

表2.22.5 大邑县各项监测指标值与成都市均值的比较

	指标名称	区域值			成都市均值			区域值/成都市均值		
		小学	初中	九年一贯制	小学	初中	九年一贯制	小学	初中	九年一贯制
A 资源配置	每百名学生拥有高于规定学历教师数/人	5.68	7.85	—	5.92	8.14	—	0.9595	0.9644	
	每百名学生拥有县级及以上骨干教师数/人	1.08	1.17	—	2.13	2.88	—	0.5070	0.4063	
	每百名学生拥有体育、艺术(音乐、美术)专任教师数/人	1.08	1.09	—	1.21	1.11	—	0.8926	0.9820	
	生均教学及辅助用房面积/平方米	5.94	7.04	—	5.76	7.35	—	1.0313	0.9578	
	生均体育运动场馆面积/平方米	9.91	12.59	—	8.26	11.48	—	1.1998	1.0967	
	生均教学仪器设备值/元	4385.57	5113.01	—	4584.76	5927.48	—	0.9566	0.8626	
	每百名学生拥有网络多媒体教室数/间	3.18	3.23	—	2.97	3.24	—	1.0707	0.9969	
B 政府保障程度	学校规模达标率/%	81.25	100.00	92.31	82.82	93.88	88.70	0.9810	1.0652	1.0407
	学校班额达标率/%	100.00	100.00	—	74.98	94.48	—	1.3337	1.0584	
	特殊教育学校生均公用经费/元	14571.76			19669.88			0.7408		

313

续表

指标名称		区域值 小学	区域值 初中	区域值 九年一贯制	成都市均值 小学	成都市均值 初中	成都市均值 九年一贯制	区域值/成都市均值 小学	区域值/成都市均值 初中	区域值/成都市均值 九年一贯制
B 政府保障程度	学校培训经费占本校年度公用经费预算总额的比例/%		5.54			3.86			1.4352	
	教师全员培训完成率/%		100.00			100.00			1.0000	
	县域内每年交流轮岗教师的比例/%		10.61			15.08			0.7036	
	县域内优质高中招生名额分配比例/%		50.00			50.00			1.0000	
	符合条件的随迁子女在公办学校和政府购买服务的民办学校就读的比例/%		99.29			96.55			1.0284	
	县域内心理健康专职教师配备率/%		40.00			68.86			0.5809	
C 教育质量	小学六年(初中三年)巩固率/%	100.00	99.32	—	97.99	99.04	—	1.0205	1.0028	—
	残疾儿童少年入学率/%		100.00			99.21			1.0080	
	学生体质健康达标合格率/%	98.76	98.36	—	98.76	97.89	—	1.0000	1.0048	—
	学业水平校际差异率	0.22	0.22	—	0.13	0.19	—	*0.5909	*0.8636	—

注:*此数值的计算公式为"成都市均值/区域值",比值大于1代表区域均衡水平优于成都市均值。

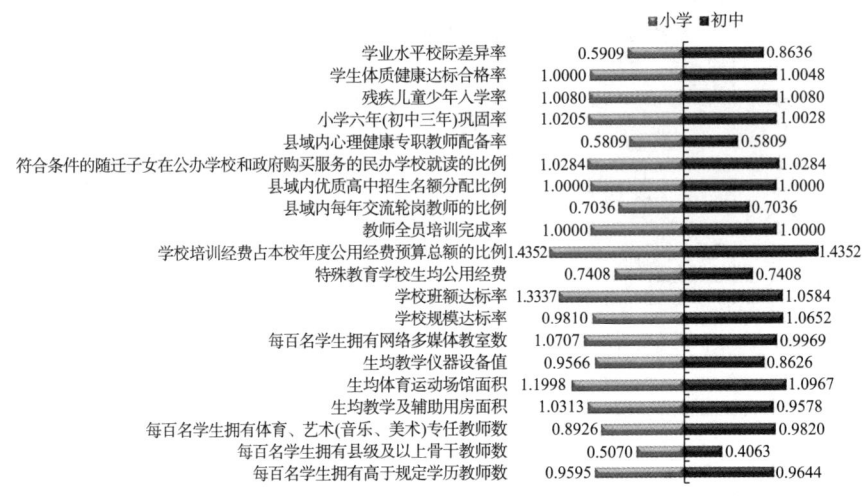

图 2.22.3 大邑县小学和初中各项监测指标值与成都市均值的比较

(三)城乡差异情况

1. 小学

2022 年大邑县小学 9 项监测指标中,农村小学 9 项指标均高于或等于城镇小学,其中,农村小学"生均教学及辅助用房面积"为城镇小学的 1.6256 倍(表 2.22.6 和图 2.22.4)。

2022 年大邑县义务教育优质均衡监测报告

表 2.22.6　大邑县小学各项监测指标城乡差异情况

指标	大邑县均值	城镇均值	农村均值	乡城比率
每百名学生拥有高于规定学历教师数/人	5.68	4.75	6.65	1.4000
每百名学生拥有县级及以上骨干教师数/人	1.08	1.05	1.11	1.0571
每百名学生拥有体育、艺术(音乐、美术)专任教师数/人	1.08	0.92	1.25	1.3587
生均教学及辅助用房面积/平方米	5.94	4.54	7.38	1.6256
生均体育运动场馆面积/平方米	9.91	7.93	11.98	1.5107
生均教学仪器设备值/元	4385.57	3694.73	5102.19	1.3809
每百名学生拥有网络多媒体教室数/间	3.18	2.71	3.66	1.3506
学校班额达标率/%	100.00	100.00	100.00	1.0000
学生体质健康达标合格率/%	98.76	98.62	98.85	1.0023

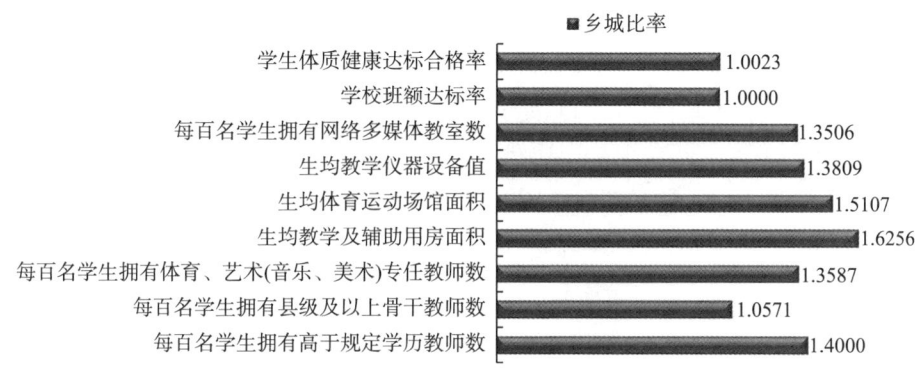

图 2.22.4　大邑县小学城乡差异情况

2. 初中

2022 年大邑县初中 9 项监测指标中，农村初中 9 项指标均高于或等于城镇初中，其中，农村初中"每百名学生拥有网络多媒体教室数"为城镇初中的 1.5117 倍(表 2.22.7 和图 2.22.5)。

表 2.22.7　大邑县初中各项监测指标城乡差异情况

指标	大邑县均值	城镇均值	农村均值	乡城比率
每百名学生拥有高于规定学历教师数/人	7.85	6.84	8.80	1.2865
每百名学生拥有县级及以上骨干教师数/人	1.17	1.04	1.29	1.2404
每百名学生拥有体育、艺术(音乐、美术)专任教师数/人	1.09	0.90	1.27	1.4111
生均教学及辅助用房面积/平方米	7.04	5.93	8.09	1.3642
生均体育运动场馆面积/平方米	12.59	11.33	13.78	1.2162
生均教学仪器设备值/元	5113.01	4517.97	5676.98	1.2565
每百名学生拥有网络多媒体教室数/间	3.23	2.56	3.87	1.5117
学校班额达标率/%	100.00	100.00	100.00	1.0000
学生体质健康达标合格率/%	98.36	97.68	98.75	1.0110

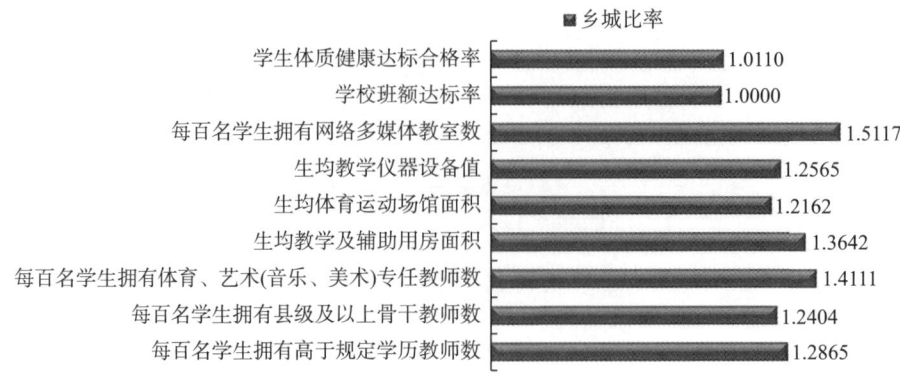

图 2.22.5 大邑县初中城乡差异情况

(四)校际差异情况

1. 小学

2022 年大邑县有 7 所小学 60%及以上指标低于该区域平均值,分别是大邑县潘家街小学、大邑县北街小学、大邑县南街小学、大邑县子龙街小学、大邑县东街小学、大邑县安仁镇学校(小学部)、大邑县银都小学,其弱势方面主要是师资配置和生均资源配置较少,"学生体质健康达标合格率"较低。大邑县小学各项监测指标校际差异具体情况比较如表 2.22.8 所示。

表 2.22.8 大邑县小学各项监测指标校际差异具体情况比较

学校	每百名学生拥有高于规定学历教师数	每百名学生拥有县级及以上骨干教师数	每百名学生拥有体育、艺术(音乐、美术)专任教师数	生均教学及辅助用房面积	生均体育运动场馆面积	生均教学仪器设备值	每百名学生拥有网络多媒体教室数	学校班额达标率	学生体质健康达标合格率	灰色底纹项数/项
大邑县龙凤小学	●	●	●	●	●	●	●	—	●	9
大邑县潘家街小学	●	●	●	●	●	●	●	—	●	1
大邑县北街小学	●	●	●	●	●	●	●	—	●	1
大邑县三岔小学	●	●	●	●	●	●	●	—	●	8
大邑县唐场小学	●	●	●	●	●	●	●	—	●	9
大邑县敦义小学	●	●	●	●	●	●	●	—	●	9
大邑县蔡场小学	●	●	●	●	●	●	●	—	●	5
大邑县南街小学	●	●	●	●	●	●	●	—	●	1
大邑县高山小学	●	●	●	●	●	●	●	—	●	9
大邑县斜源小学	●	●	●	●	★	●	●	—	●	9
大邑县子龙街小学	●	●	●	●	●	●	●	—	●	2
大邑县元兴小学	●	●	●	●	●	●	●	—	○	7
大邑县东街小学	●	●	●	●	●	●	●	—	●	2

续表

学校	每百名学生拥有高于规定学历教师数	每百名学生拥有县级及以上骨干教师数	每百名学生拥有体育、艺术(音乐、美术)专任教师数	生均教学及辅助用房面积	生均体育运动场馆面积	生均教学仪器设备值	每百名学生拥有网络多媒体教室数	学校班额达标率	学生体质健康达标合格率	灰色底纹项数/项
大邑县鹤鸣镇小学	●	●	●	●	●	●	●	—	★	9
大邑县青霞小学	●	●	●	●	●	●	●	—	★	9
成都市大邑宏文外国语学校(小学部)	●	●	●	●	●	●	●	—	●	9
大邑县新场镇学校(小学部)	●	●	●	★	●	●	★	—	●	9
大邑县沙渠学校(小学部)	●	●	●		●	●	●			6
大邑县悦来镇学校(小学部)	●	●	○	●	●	●	●	—	★	8
大邑县出江镇学校(小学部)	●	●	●	●	●	●	●		●	8
大邑县韩场学校(小学部)	●	●	●	★	●	●	●			6
大邑县董场学校(小学部)	●	●	●	★	●	●	●	—	●	4
大邑县安仁镇学校(小学部)	●	●	●		●	●	●			3
大邑县花水湾镇学校(小学部)	●	●	●	●	●	●	●		●	9
大邑县金星学校(小学部)	●	●	●	●	●	●	●		●	9
大邑县上安学校(小学部)	★	●	★	●	●	●	●		●	7
大邑县王泗镇学校(小学部)	●	●	●	●	●	★	●	—	●	8
大邑县苏家学校(小学部)	●	●	●	●	●	●	●		●	7
大邑县银都小学	●	●	●	●	●	●	●	—	●	2

注：(1)★$p>0.05$，差异不显著；○$p<0.05$，差异显著；●$p<0.01$，差异很显著。(2) ▓ 差异不显著或显著高于区(市)县均值；☐ 显著低于区(市)县均值。(3)"学校班额达标率"达标的标准为小学班额不超过45人，初中班额不超过50人。(4)—指"学校班额达标率"只做了大小比较，未进行差异性分析，其灰色底纹表示该学校的"学校班额达标率"大于或等于区(市)县均值，无底纹表示该学校的"学校班额达标率"小于区(市)县均值。

2. 初中

2022年大邑县有4所初中60%及以上指标低于该区域平均值，分别是大邑县董场学校(初中部)、大邑县晋原初级中学、大邑县实验中学、四川省大邑中学，其弱势方面主要是师资配置和生均资源配置较少。大邑县初中各项监测指标校际差异具体情况比较如表2.22.9所示。

表 2.22.9　大邑县初中各项监测指标校际差异具体情况比较

学校	每百名学生拥有高于规定学历教师数	每百名学生拥有县级及以上骨干教师数	每百名学生拥有体育、艺术(音乐、美术)专任教师数	生均教学及辅助用房面积	生均体育运动场馆面积	生均教学仪器设备值	每百名学生拥有网络多媒体教室数	学校班额达标率	学生体质健康达标合格率	灰色底纹项数/项
成都市大邑宏文外国语学校(初中部)	●	●	●	●	●	●	●	—	●	9
大邑县新场镇学校(初中部)	●	●	●	●	●	●	●	—	●	7
大邑县沙渠学校(初中部)	●	●	○	●	●	●	●	—	●	6
大邑县蔡场初级中学	●	★	●	●	●	○	●	—	●	9
大邑县悦来镇学校(初中部)	●	●	●	●	●	●	●	—	●	6
大邑县出江镇学校(初中部)	●	●	●	●	●	●	●	—	●	8
大邑县韩场学校(初中部)	★	●	●	●	●	★	●	—	●	6
大邑县董场学校(初中部)	●	●	●	●	●	●	●	—	●	2
大邑县安仁镇学校(初中部)	●	●	★	●	●	●	●	—	●	4
大邑县花水湾镇学校(初中部)	●	●	●	●	●	●	●	—	●	9
大邑县三岔初级中学	●	●	●	●	★	●	●	—	★	8
大邑县金星学校(初中部)	●	●	●	●	●	●	●	—	●	9
大邑县上安学校(初中部)	●	★	●	●	●	●	●	—	●	7
大邑县王泗镇学校(初中部)	●	●	●	●	●	○	●	—	●	7
大邑县苏家学校(初中部)	●	●	●	●	●	●	●	—	●	
大邑县晋原初级中学	●	●	●	●	●	●	●	—	●	2
大邑县实验中学	●	●	●	●	●	●	●	—	●	2
四川省大邑中学	●	●	●	★	●	●	●	—	●	3
四川省大邑县安仁中学	●	●	●	●	●	●	●	—	●	6

注：(1) ★ $p>0.05$，差异不显著；○ $p<0.05$，差异显著；● $p<0.01$，差异很显著。(2) ▨ 差异不显著或显著高于区(市)县均值；▢ 显著低于区(市)县均值。(3) "学校班额达标率"达标的标准为小学班额不超过 45 人，初中班额不超过 50 人。(4) 一指"学校班额达标率"只做了大小比较，未进行差异性分析，其灰色底纹表示该学校的"学校班额达标率"大于或等于区(市)县均值，无底纹表示该学校的"学校班额达标率"小于区(市)县均值。

三、结论

（一）成绩与经验

（1）从义务教育优质均衡发展达标情况看，均衡程度方面，A类7项指标中，2022年大邑县小学和初中指标校际差异系数全部达到部标。

（2）发展水平方面，A类7项指标中，2022年大邑县小学、初中分别有4项和3项指标全部学校达标，与成都市均值相比，小学、初中分别有5项和4项指标的达成度均高于成都市均值；B类和C类19项指标中，2022年大邑县有14项指标的达标比例达到100%，有15项指标的达成度均高于或等于成都市均值。

（3）从区域发展水平看，2022年大邑县小学和初中监测指标中，小学、初中分别有55.00%和50.00%的监测指标优于或等于成都市均值，其中，"学校培训经费占本校年度公用经费预算总额的比例"为成都市均值的1.4352倍。

（4）从城乡差异情况看，2022年大邑县小学、初中农村学校全部指标都优于或等于城镇学校，其中，农村小学"生均教学及辅助用房面积"为城镇小学的1.6256倍，农村初中"每百名学生拥有网络多媒体教室数"为城镇初中的1.5117倍。

（5）从校际差异情况看，2022年大邑县小学、初中分别有28.57%和14.29%的监测指标校际差异优于或等于成都市均值。

（二）存在的不足

（1）从义务教育优质均衡发展达标情况看，均衡程度方面，2022年大邑县公办学校校际均衡指数为0.31，高于成都市均值（校际均衡程度低于成都市平均水平），未达到市标，表明2022年大邑县义务教育公办学校校际均衡程度有待提高。

（2）发展水平方面，A类指标中，2022年大邑县小学、初中分别有3项和4项指标达标学校比例低于100%，其中，小学"每百名学生拥有体育、艺术（音乐、美术）专任教师数"和"生均教学及辅助用房面积"的达标学校比例最低，均为89.66%，初中"生均教学及辅助用房面积"的达标学校比例最低，为84.21%，与成都市均值相比，小学、初中分别有2项和3项指标均低于成都市均值；B类和C类19项指标中，2022年大邑县有5项指标的达标比例低于100%，分别为"单设小学学校规模达标率""九年一贯制学校规模达标率""县域内心理健康专职教师配备率""小学学业水平校际差异率""初中学业水平校际差异率"，有4项指标低于成都市均值，分别为"单设小学学校规模达标率""县域内心理健康专职教师配备率""小学学业水平校际差异率""初中学业水平校际差异率"。

（3）从区域发展水平看，2022年大邑县小学和初中监测指标中，小学、初中分别有45.00%和50.00%的监测指标低于成都市均值，其中，初中"每百名学生拥有县级及以上骨干教师数"仅为成都市均值的40.63%。

（4）从校际差异情况看，2022年大邑县有7所小学60%及以上指标低于该区域平均值，分别是大邑县潘家街小学、大邑县北街小学、大邑县南街小学、大邑县子龙街小学、大邑县东街小学、大邑县安仁镇学校(小学部)、大邑县银都小学；有4所初中60%及以上指标低于该区域平均值，分别是大邑县董场学校(初中部)、大邑县晋原初级中学、大邑县实验中学、四川省大邑中学；小学、初中的弱势方面主要是师资配置和生均资源配置较少，小学"学生体质健康达标合格率"较低。

(三)建议

(1)资源配置方面，加强师资队伍建设，重点解决中小学"每百名学生拥有体育、艺术(音乐、美术)专任教师数"达标学校比例和区域水平偏低的问题；优化资源配置，重点解决中小学"生均教学及辅助用房面积"和初中"每百名学生拥有网络多媒体教室数"达标学校比例偏低、初中"生均教学仪器设备值"区域水平偏低的问题；关注弱势学校，关注60%及以上指标低于区域均值的7所小学和3所初中，提高学校办学条件水平。

(2)政府保障程度方面，着力解决部分小学学校规模较大的问题，进一步统筹优化教育经费投入和使用，提高"特殊教育学校生均公用经费"和"县域内心理健康专职教师配备率"。

(3)教育质量方面，进一步优化教育教学及管理，缩小学校办学质量的校际差异。

2022年蒲江县义务教育优质均衡监测报告

一、2022年蒲江县义务教育优质均衡发展概况

本次监测，除"县域内心理健康专职教师配备率"依据成都市《2022年〈政府工作报告〉目标任务责任分解方案》(成办发〔2022〕8号)、"小学六年(初中三年)巩固率"和"学生体质健康达标合格率"依据《成都市义务教育优质均衡监测指标体系》外，其余指标均依据部标。

《成都市人民政府教育督导委员会办公室关于印发〈成都市义务教育优质均衡监测指标体系〉的通知》(成府教督〔2017〕10号)构建的监测指标体系包括A类(资源配置，共14项指标，全部指标分小学、初中)、B类(政府保障程度，共12项指标，部分指标分小学、初中和九年一贯制)和C类(教育质量，共7项指标，部分指标分小学、初中)，合计33项指标。除特别注明外，所有监测结果均为全体公民办学校总体结果。

（一）义务教育均衡程度

1. 判断标准

成都市义务教育均衡程度依据两个标准来判断：①部标，规定县域内义务教育公民办小学A类7项指标的差异系数每一项均应不高于0.50，公民办初中A类7项指标的差异系数每一项均应不高于0.45；②市标，规定县域内义务教育公办学校校际均衡指数值不高于0.27。

2. 均衡程度及达标情况

从部标看，在小学和初中共14项A类指标中，2022年蒲江县小学和初中全部监测指标校际差异系数达到部标。

与上一监测年度相比，蒲江县初中有2项指标的校际均衡程度进一步提高，小学各项指标和初中"每百名学生拥有高于规定学历教师数""每百名学生拥有体育、艺术(音乐、美术)专任教师数""生均教学及辅助用房面积""生均体育运动场馆面积""每百名学生拥有网络多媒体教室数"的校际均衡程度有所下降(图2.23.1和图2.23.2)。

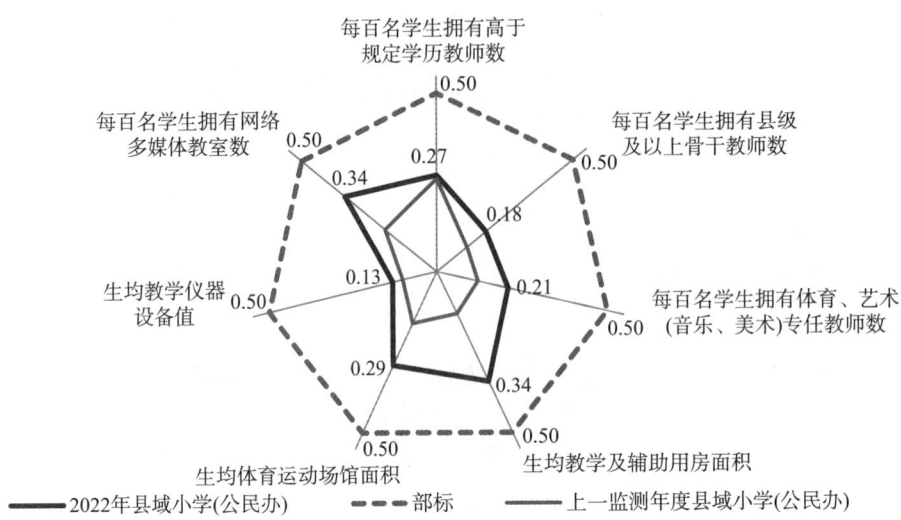

图 2.23.1　2022 年与上一监测年度蒲江县小学县域内义务教育校际均衡情况

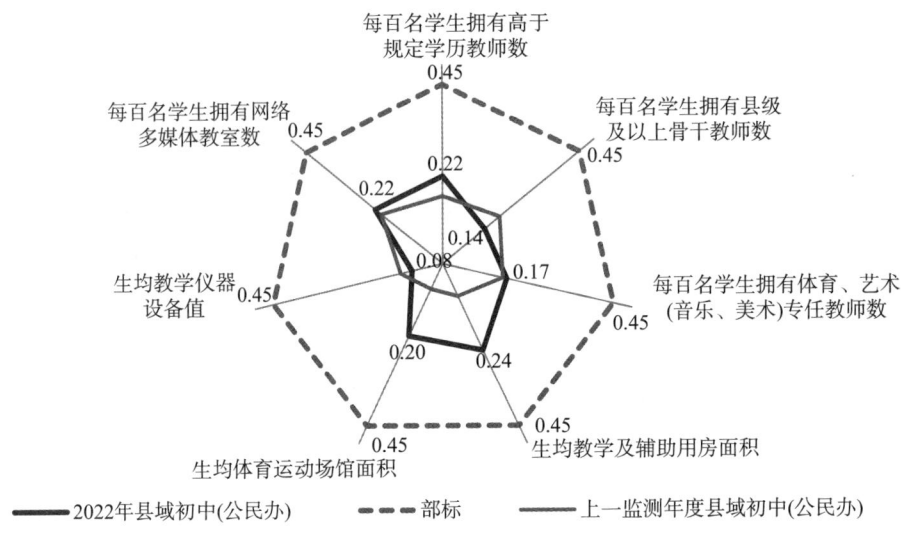

图 2.23.2　2022 年与上一监测年度蒲江县初中县域内义务教育校际均衡情况

2022 年蒲江县公办学校校际均衡指数为 0.21，低于成都市均值（校际均衡程度高于成都市平均水平），且达到了市标，表明 2022 年蒲江县义务教育公办学校校际均衡程度较高。

与上一监测年度相比，2022 年蒲江县公办学校校际均衡指数增大了 0.06，校际均衡程度有所降低（表 2.23.1）。

2022 年蒲江县义务教育优质均衡监测报告

表 2.23.1　蒲江县公办小学、初中县域内义务教育校际均衡情况

差异系数	每百名学生拥有高于规定学历教师数	每百名学生拥有县级及以上骨干教师数	每百名学生拥有体育、艺术(音乐、美术)专任教师数	生均教学及辅助用房面积	生均体育运动场馆面积	生均教学仪器设备值	每百名学生拥有网络多媒体教室数	2022年县域内义务教育校际均衡指数	2022年成都市县域内义务教育校际均衡指数	上一监测年度县域内义务教育校际均衡指数
小学	0.27	0.18	0.21	0.34	0.29	0.13	0.34	0.21	0.22	0.15
初中	0.24	0.13	0.17	0.12	0.25	0.09	0.17			

(二)义务教育优质均衡发展水平达标情况

以部标规定的标准值为参照，2022 年蒲江县各指标达到目标值的情况如表 2.23.2 所示。

表 2.23.2　蒲江县小学和初中 A 类指标达标情况

	指标名称	小学 达标学校数/所	小学 达标学校比例/%	小学 成都市均值/%	初中 达标学校数/所	初中 达标学校比例/%	初中 成都市均值/%
A 资源配置	每百名学生拥有高于规定学历教师数	17	100.00	98.36	10	100.00	98.90
	每百名学生拥有县级及以上骨干教师数	17	100.00	96.40	10	100.00	97.12
	每百名学生拥有体育、艺术(音乐、美术)专任教师数	17	100.00	97.23	10	100.00	91.47
	生均教学及辅助用房面积	17	100.00	87.04	10	100.00	83.78
	生均体育运动场馆面积	17	100.00	82.70	10	100.00	80.95
	生均教学仪器设备值	17	100.00	98.93	10	100.00	97.91
	每百名学生拥有网络多媒体教室数	17	100.00	97.28	10	100.00	96.86

从 A 类指标看，部标规定每一所学校的 A 类指标均要达到标准。蒲江县小学 7 项监测指标中，7 项指标全部学校达标。

蒲江县初中 7 项监测指标中，7 项指标全部学校达标。与成都市均值相比，蒲江县小学、初中全部指标的达成度均高于成都市均值。

从 B 类和 C 类 19 项指标看，除"单设小学学校规模达标率""特殊教育学校生均公用经费""学校培训经费占本校年度公用经费预算总额的比例""县域内心理健康专职教师配备率""小学六年巩固率""小学学业水平校际差异率""初中学业水平校际差异率" 7 项指标外，蒲江县其余 12 项指标的达标比例均为 100%。与成都市均值相比，蒲江县 13 项指标的达成度均高于或等于成都市均值，"单设小学学校规模达标率""特殊教育学校生均公用经费""县域内心理健康专职教师配备率""小学六年巩固率""小学学业水平校际差异率""初中学业水平校际差异率" 6 项指标的达成度低于成都市均值(表 2.23.3)。

表 2.23.3 蒲江县小学和初中 B 类、C 类指标达标情况(%)

	指标名称	达标比例	成都市均值
B 政府保障程度	单设小学学校规模达标率	81.82	82.32
	单设初中学校规模达标率	100.00	94.27
	九年一贯制学校规模达标率	100.00	87.34
	小学学校班额达标率	100.00	77.63
	初中学校班额达标率	100.00	94.78
	特殊教育学校生均公用经费	39.60	97.12
	学校培训经费占本校年度公用经费预算总额的比例	88.28	71.00
	教师全员培训完成率	100.00	100.00
	县域内每年交流轮岗教师的比例	100.00	100.00
	县域内优质高中招生名额分配比例	100.00	100.00
	符合条件的随迁子女在公办学校和政府购买服务的民办学校就读的比例	100.00	99.77
	县域内心理健康专职教师配备率	75.76	91.44
C 教育质量	小学六年巩固率	97.77	98.24
	初中三年巩固率	100.00	99.63
	残疾儿童少年入学率	100.00	99.89
	小学生体质健康达标合格率	100.00	98.80
	初中学生体质健康达标合格率	100.00	96.95
	小学学业水平校际差异率	71.92	93.27
	初中学业水平校际差异率	69.51	80.49

二、2022 年蒲江县义务教育区域差异、城乡差异和校际差异情况

(一)总体情况

本报告中，区域差异情况是由各区(市)县的各项监测指标值与成都市均值相比较而得，比值大于 1 代表其发展水平高于成都市平均水平。城乡差异情况是由各区(市)县的农村学校各项监测指标值与城镇学校各项监测指标值相比较而得，比值大于 1 代表农村发展水平高于城镇发展水平。校际差异情况是由各区(市)县的各项监测指标差异系数与成都市各区(市)县差异系数平均值相比较而得，比值小于 1 代表其校际差异水平优于成都市平均水平，差异系数值越小代表区域内该指标校际差异越小。

从区域差异情况看，2022 年蒲江县小学、初中分别有 60.00%和 65.00%(小学、初中各 20 项)的监测指标优于或等于成都市均值；从城乡差异情况看，2022 年蒲江县小学和初中分别有 88.89%和 77.78%(小学、初中各 9 项)的监测指标农村学校优于或等于城镇学校；从校际差异情况看，2022 年蒲江县小学和初中分别有 42.86%和 71.43%(小学、初中

各 7 项)的监测指标优于或等于成都市均值。

从监测指标看，2022 年，蒲江县处于优势的指标为小学和初中"学校班额达标率""学校培训经费占本校年度公用经费预算总额的比例""教师全员培训完成率""县域内优质高中招生名额分配比例""符合条件的随迁子女在公办学校和政府购买服务的民办学校就读的比例""残疾儿童少年入学率"，小学"每百名学生拥有县级及以上骨干教师数""生均体育运动场馆面积"，初中"每百名学生拥有体育、艺术(音乐、美术)专任教师数""生均教学及辅助用房面积""学校规模达标率""初中三年巩固率"。

蒲江县处于劣势的指标为"特殊教育学校生均公用经费""县域内每年交流轮岗教师的比例""县域内心理健康专职教师配备率""学生体质健康达标合格率""学业水平校际差异率"，小学"学校规模达标率""小学六年巩固率"(表 2.23.4)。

表 2.23.4　蒲江县小学和初中监测指标的区域差异、城乡差异和校际差异情况

		小学			初中		
	指标名称	区域差异情况	城乡差异情况	校际差异情况	区域差异情况	城乡差异情况	校际差异情况
A 资源配置	每百名学生拥有高于规定学历教师数	■	■	■	■	■	■
	每百名学生拥有县级及以上骨干教师数	■	■	■	■	■	■
	每百名学生拥有体育、艺术(音乐、美术)专任教师数	■	■	■	■	■	■
	生均教学及辅助用房面积	■	■	■	■	■	■
	生均体育运动场馆面积	■	■	■	■	□	■
	生均教学仪器设备值	■	■	□	■	■	□
	每百名学生拥有网络多媒体教室数	■	■	■	■	■	■
B 政府保障程度	学校规模达标率	■	—	—	□	—	—
	学校班额达标率	□	—	—	□	—	—
	特殊教育学校生均公用经费	■	—	—	■	—	—
	学校培训经费占本校年度公用经费预算总额的比例	□	—	—	□	—	—
	教师全员培训完成率	□	—	—	□	—	—
	县域内每年交流轮岗教师的比例	■	—	—	■	—	—
	县域内优质高中招生名额分配比例	□	—	—	□	—	—
	符合条件的随迁子女在公办学校和政府购买服务的民办学校就读的比例	□	—	—	□	—	—
	县域内心理健康专职教师配备率	■	—	—	■	—	—
C 教育质量	小学六年(初中三年)巩固率	■	—	—	□	—	—
	残疾儿童少年入学率	□	—	—	□	—	—
	学生体质健康达标合格率	■	—	■	■	—	■
	学业水平校际差异率	—	—	■	—	—	■
	灰色底纹项数	12	8	3	13	7	5
	灰色底纹项数比例/%	60.00	88.89	42.86	65.00	77.78	71.43

注：(1)区域差异情况中，■ 比值大于等于 1，□ 比值小于 1；(2)城乡差异情况中，■ 比值大于等于 1，□ 比值小于 1；(3)校际差异情况中，■ 比值小于等于 1，□ 比值大于 1。

(二)区域发展水平具体情况

2022年蒲江县小学和初中监测指标中,小学、初中分别有60.00%和65.00%(小学、初中各20项)的监测指标优于或等于成都市均值,其中,初中"每百名学生拥有体育、艺术(音乐、美术)专任教师数"为成都市均值的1.5676倍。另外,2022年蒲江县低于成都市均值的指标中,"特殊教育学校生均公用经费"为成都市均值的12.08%。蒲江县具体情况如表2.23.5和图2.23.3所示。

表2.23.5 蒲江县各项监测指标值与成都市均值的比较

指标名称		区域值			成都市均值			区域值/成都市均值		
		小学	初中	九年一贯制	小学	初中	九年一贯制	小学	初中	九年一贯制
A 资源配置	每百名学生拥有高于规定学历教师数/人	6.48	8.94	—	5.92	8.14	—	1.0946	1.0983	—
	每百名学生拥有县级及以上骨干教师数/人	2.21	2.42	—	2.13	2.88	—	1.0376	0.8403	—
	每百名学生拥有体育、艺术(音乐、美术)专任教师数/人	1.69	1.74	—	1.21	1.11	—	1.3967	1.5676	—
	生均教学及辅助用房面积/平方米	6.50	9.85	—	5.76	7.35	—	1.1285	1.3401	—
	生均体育运动场馆面积/平方米	9.89	14.44	—	8.26	11.48	—	1.1973	1.2578	—
	生均教学仪器设备值/元	4043.91	4889.98	—	4584.76	5927.48	—	0.8820	0.8250	—
	每百名学生拥有网络多媒体教室数/间	2.99	3.72	—	2.97	3.24	—	1.0067	1.1481	—
B 政府保障程度	学校规模达标率/%	81.82	100.00	100.00	82.82	93.88	88.70	0.9879	1.0652	1.1274
	学校班额达标率/%	100.00	100.00	—	74.98	94.48	—	1.3337	1.0584	—
	特殊教育学校生均公用经费/元		2376.02			19669.88			0.1208	
	学校培训经费占本校年度公用经费预算总额的比例/%		4.41			3.86			1.1425	
	教师全员培训完成率/%		100.00			100.00			1.0000	
	县域内每年交流轮岗教师的比例/%		15.00			15.08			0.9947	
	县域内优质高中招生名额分配比例/%		50.00			50.00			1.0000	
	符合条件的随迁子女在公办学校和政府购买服务的民办学校就读的比例/%		96.62			96.55			1.0007	
	县域内心理健康专职教师配备率/%		41.67			68.86			0.6051	

续表

指标名称		区域值			成都市均值			区域值/成都市均值		
		小学	初中	九年一贯制	小学	初中	九年一贯制	小学	初中	九年一贯制
C 教育质量	小学六年(初中三年)巩固率/%	96.79	99.33	—	97.99	99.04	—	0.9878	1.0029	—
	残疾儿童少年入学率/%	100.00			99.21			1.0080		
	学生体质健康达标合格率/%	98.65	97.85		98.76	97.89		0.9989	0.9996	
	学业水平校际差异率	0.21	0.22		0.13	0.19		*0.6190	*0.8636	—

注:*此数值的计算公式为"成都市均值/区域值",比值大于1代表区域均衡水平优于成都市均值。

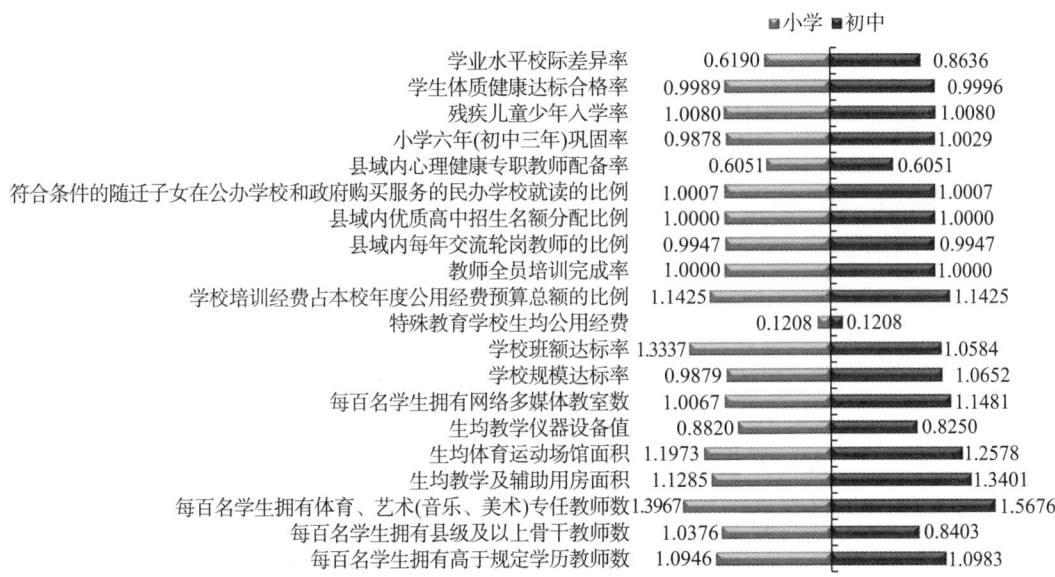

图2.23.3　蒲江县小学和初中各项监测指标值与成都市均值的比较

(三)城乡差异情况

1. 小学

2022年蒲江县小学9项监测指标中,农村小学有8项指标均高于或等于城镇小学,其中,农村小学"每百名学生拥有网络多媒体教室数"为城镇小学的1.5081倍;另外,农村小学"学生体质健康达标合格率"略低于城镇小学,为城镇的99.69%(表2.23.6和图2.23.4)。

表2.23.6　蒲江县小学各项监测指标城乡差异情况

指标	蒲江县均值	城镇均值	农村均值	乡城比率
每百名学生拥有高于规定学历教师数/人	6.48	5.74	7.56	1.3171
每百名学生拥有县级及以上骨干教师数/人	2.21	2.01	2.50	1.2438

续表

指标	蒲江县均值	城镇均值	农村均值	乡城比率
每百名学生拥有体育、艺术(音乐、美术)专任教师数/人	1.69	1.55	1.91	1.2323
生均教学及辅助用房面积/平方米	6.50	5.43	8.07	1.4862
生均体育运动场馆面积/平方米	9.89	8.26	12.27	1.4855
生均教学仪器设备值/元	4043.91	3772.28	4441.25	1.1773
每百名学生拥有网络多媒体教室数/间	2.99	2.48	3.74	1.5081
学校班额达标率/%	100.00	100.00	100.00	1.0000
学生体质健康达标合格率/%	98.65	98.80	98.49	0.9969

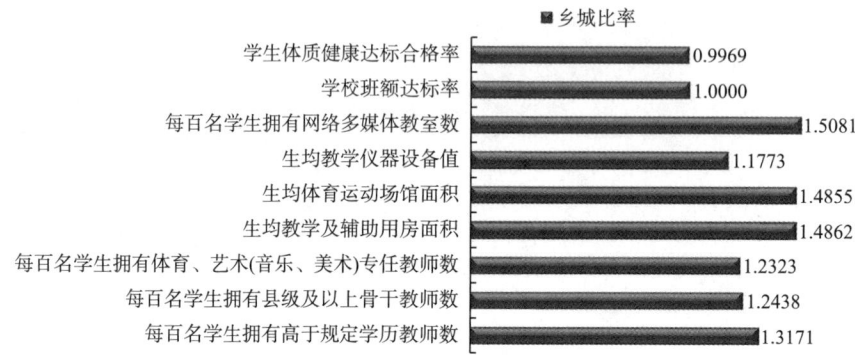

图 2.23.4 蒲江县小学城乡差异情况

2. 初中

2022年蒲江县初中9项监测指标中,农村初中有7项指标均高于或等于城镇初中,其中,农村初中"每百名学生拥有体育、艺术(音乐、美术)专任教师数"为城镇初中的1.2298倍;另外,农村初中"生均体育运动场馆面积""学生体质健康达标合格率"低于城镇初中,分别为城镇的80.82%和99.20%(表2.23.7和图2.23.5)。

表 2.23.7 蒲江县初中各项监测指标城乡差异情况

指标	蒲江县均值	城镇均值	农村均值	乡城比率
每百名学生拥有高于规定学历教师数/人	8.94	8.57	9.56	1.1155
每百名学生拥有县级及以上骨干教师数/人	2.42	2.33	2.57	1.1030
每百名学生拥有体育、艺术(音乐、美术)专任教师数/人	1.74	1.61	1.98	1.2298
生均教学及辅助用房面积/平方米	9.85	9.32	10.77	1.1556
生均体育运动场馆面积/平方米	14.44	15.54	12.56	0.8082
生均教学仪器设备值/元	4889.98	4849.19	4960.00	1.0229
每百名学生拥有网络多媒体教室数/间	3.72	3.45	4.19	1.2145
学校班额达标率/%	100.00	100.00	100.00	1.0000
学生体质健康达标合格率/%	97.85	98.19	97.40	0.9920

2022 年蒲江县义务教育优质均衡监测报告

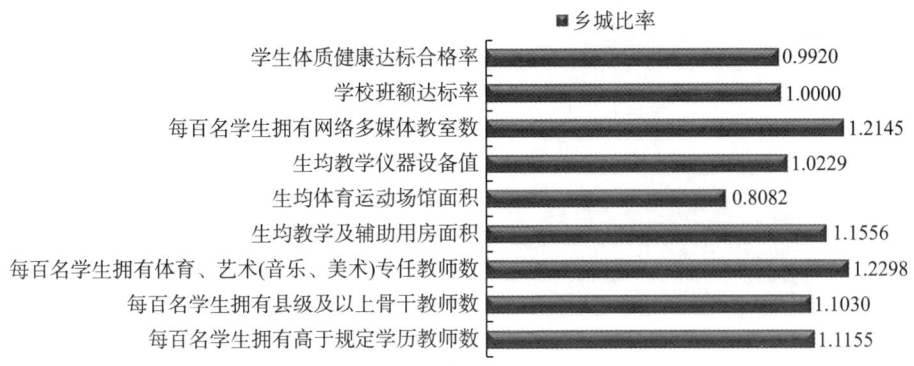

图 2.23.5　蒲江县初中城乡差异情况

(四)校际差异情况

1. 小学

2022 年蒲江县有 4 所小学 60%及以上指标低于该区域平均值，分别是蒲江县西南小学、蒲江县南街小学、泡桐树小学蒲江分校、蒲江县北街小学，其弱势方面主要是师资配置和生均资源配置较少。蒲江县小学各项监测指标校际差异具体情况比较如表 2.23.8 所示。

表 2.23.8　蒲江县小学各项监测指标校际差异具体情况比较

学校	每百名学生拥有高于规定学历教师数	每百名学生拥有县级及以上骨干教师数	每百名学生拥有体育、艺术(音乐、美术)专任教师数	生均教学及辅助用房面积	生均体育运动场馆面积	生均教学仪器设备值	每百名学生拥有网络多媒体教室数	学校班额达标率	学生体质健康达标合格率	灰色底纹项数/项
蒲江县西南小学	●	●		●	●	●	●	—	●	3
蒲江县寿民小学	●		●	●	●	●	●	—	●	8
蒲江县复兴小学	●	●	●	●	●	●	●	—	●	9
蒲江县南街小学		●	●		●		●	—		2
泡桐树小学蒲江分校	●				●		●	—		2
蒲江金钥匙学校	●	●	●	●	●	●	●	—	●	9
蒲江县北街小学	●				●		●	—		2
蒲江县成雅小学	●		●	●	●	●	●	—		6
蒲江县西来九年制学校(小学部)	●	●	●	●	●	●	●	—	●	8
蒲江县天华九年制学校	●	●	●	●	●	●	★	—	●	7
蒲江县朝阳湖镇九年制学校	●	●	●	●	●	●	●	—	●	8

续表

学校	每百名学生拥有高于规定学历教师数	每百名学生拥有县级及以上骨干教师数	每百名学生拥有体育、艺术(音乐、美术)专任教师数	生均教学及辅助用房面积	生均体育运动场馆面积	生均教学仪器设备值	每百名学生拥有网络多媒体教室数	学校班额达标率	学生体质健康达标合格率	灰色底纹项数/项
蒲江县甘溪镇九年制学校(小学部)	●	●	●	●	●	●	●	—	●	8
蒲江县大塘九年制学校(小学部)	●	●	●	●	●	●	●	—	★	9
蒲江县五星学校	●	●	●	●	●	●	●	—	●	6
蒲江县成佳镇九年制学校(小学部)	●	●	●	●	●	●	●	—	●	8
蒲江县大兴镇九年制学校(小学部)	●	●	●	●	●	●	●	—	●	9
蒲江县文靖学校(小学部)	●	●	●	●	●	●	●	—	●	6

注：(1)★$p>0.05$，差异不显著；○$p<0.05$，差异显著；●$p<0.01$，差异很显著。(2)▨差异不显著或显著高于区(市)县均值；□显著低于区(市)县均值。(3)"学校班额达标率"达标的标准为小学班额不超过45人，初中班额不超过50人。(4)—指"学校班额达标率"只做了大小比较，未进行差异性分析，其灰色底纹表示该学校的"学校班额达标率"大于或等于区(市)县均值，无底纹表示该学校的"学校班额达标率"小于区(市)县均值。

2. 初中

2022年蒲江县有2所初中60%及以上指标低于该区域平均值，是四川省蒲江中学实验学校(初中部)、蒲江县文靖学校(初中部)，其弱势方面是师资配置和生均资源配置较少。蒲江县初中各项监测指标校际差异具体情况比较如表2.23.9所示。

表2.23.9 蒲江县初中各项监测指标校际差异具体情况比较

学校	每百名学生拥有高于规定学历教师数	每百名学生拥有县级及以上骨干教师数	每百名学生拥有体育、艺术(音乐、美术)专任教师数	生均教学及辅助用房面积	生均体育运动场馆面积	生均教学仪器设备值	每百名学生拥有网络多媒体教室数	学校班额达标率	学生体质健康达标合格率	灰色底纹项数/项
蒲江县西来九年制学校(初中部)	●	●	●	●	●	●	●	—	●	8
四川省蒲江中学实验学校(初中部)	●	●	●	●	●	●	●	—	●	3
蒲江县甘溪镇九年制学校(初中部)	●	●	●	★	★	●	★	—	●	7
蒲江县大塘九年制学校(初中部)	●	★	●	●	●	●	●	—	●	8
蒲江县成佳镇九年制学校(初中部)	●	★	●	●	●	●	●	—	●	5
蒲江县大兴九年制学校(初中部)	●	●	●	●	●	●	○	—	●	6

续表

学校	每百名学生拥有高于规定学历教师数	每百名学生拥有县级及以上骨干教师数	每百名学生拥有体育、艺术(音乐、美术)专任教师数	生均教学及辅助用房面积	生均体育运动场馆面积	生均教学仪器设备值	每百名学生拥有网络多媒体教室数	学校班额达标率	学生体质健康达标合格率	灰色底纹项数/项
蒲江县鹤山初级中学	●	●	●	●	●	●	●	—	●	7
蒲江县寿安初级中学	★	●	●	●	●	●	○	—	●	6
蒲江县文靖学校(初中部)	●	●	●	★	●	●	●	—	●	3
四川省蒲江县蒲江中学	●	●	●	●	●	●	●	—	●	5

注：(1)★$p>0.05$，差异不显著；○$p<0.05$，差异显著；●$p<0.01$，差异很显著。(2) ▨ 差异不显著或显著高于区(市)县均值；☐ 显著低于区(市)县均值。(3)"学校班额达标率"达标的标准为小学班额不超过45人，初中班额不超过50人。(4)—指"学校班额达标率"只做了大小比较，未进行差异性分析，其灰色底纹表示该学校的"学校班额达标率"大于或等于区(市)县均值，无底纹表示该学校的"学校班额达标率"小于区(市)县均值。

三、结论

(一)成绩与经验

(1)从义务教育优质均衡发展达标情况看，均衡程度方面，2022年蒲江县小学和初中14项A类指标校际差异系数全部达到部标。2022年蒲江县公办学校校际均衡指数为0.21，低于成都市均值(校际均衡程度高于成都市平均水平)，达到了市标，表明2022年蒲江县义务教育公办学校校际均衡程度较高。

(2)发展水平方面，A类7项指标中，2022年蒲江县小学、初中全部指标100%学校达标，与成都市均值相比，小学、初中全部指标的达成度高于成都市均值；B类和C类19项指标中，2022年蒲江县有12项指标的达标比例均为100%，有13项指标的达成度均高于或等于成都市均值。

(3)从区域发展水平看，2022年蒲江县小学和初中监测指标中，小学、初中分别有60.00%和65.00%的监测指标优于或等于成都市均值，其中，初中"每百名学生拥有体育、艺术(音乐、美术)专任教师数"为成都市均值的1.5676倍。

(4)从城乡差异情况看，2022年蒲江县小学和初中分别有8项和7项的监测指标农村学校优于或等于城镇学校，其中，农村小学"每百名学生拥有网络多媒体教室数"为城镇小学的1.5081倍，农村初中"每百名学生拥有体育、艺术(音乐、美术)专任教师数"为城镇初中的1.2298倍。

(5)从校际差异情况看，2022年蒲江县小学和初中分别有42.86%和71.43%的监测指标校际差异优于或等于成都市均值。

(二)存在的不足

(1)从义务教育优质均衡发展达标情况看,发展水平方面,B类和C类19项指标中,2022年蒲江县有7项指标的达标比例低于100%,分别为"单设小学学校规模达标率""特殊教育学校生均公用经费""学校培训经费占本校年度公用经费预算总额的比例""县域内心理健康专职教师配备率""小学六年巩固率""小学学业水平校际差异率""初中学业水平校际差异率";有6项指标低于成都市均值,分别为"单设小学学校规模达标率""特殊教育学校生均公用经费""县域内心理健康专职教师配备率""小学六年巩固率""小学学业水平校际差异率""初中学业水平校际差异率"。

(2)从区域发展水平看,2022年蒲江县小学和初中监测指标中,小学、初中分别有40.00%和35.00%的监测指标低于成都市均值,其中,"特殊教育学校生均公用经费"仅为成都市的12.08%,与成都市均值存在差距。

(3)从城乡差异情况看,2022年蒲江县农村小学学生"体质健康达标合格率"略低于城镇小学;农村初中"生均体育运动场馆面积""学生体质健康达标合格率"低于城镇初中。

(4)从校际差异情况看,2022年蒲江县有4所小学60%及以上指标低于该区域平均值,分别是蒲江县西南小学、蒲江县南街小学、泡桐树小学蒲江分校、蒲江县北街小学;有2所初中60%及以上指标低于该区域平均值,是四川省蒲江中学实验学校(初中部)、蒲江县文靖学校(初中部);小学、初中弱势方面是师资配置和生均资源配置较少。

(三)建议

(1)资源配置方面,加强师资队伍建设,重点解决初中"每百名学生拥有县级及以上骨干教师数"的区域水平偏低的问题;优化资源配置,重点解决中小学"生均教学仪器设备值"的区域水平偏低的问题;关注弱势学校,关注60%及以上指标低于区域均值的4所小学和2所初中,提高学校办学条件水平。

(2)政府保障程度方面,着力解决部分小学学校规模偏大、"特殊教育学校生均公用经费"较低、"县域内心理健康专职教师配备率"较低的问题。

(3)教育质量方面,进一步提高"小学六年巩固率"和"学生体质健康达标合格率",保障学生健康发展。